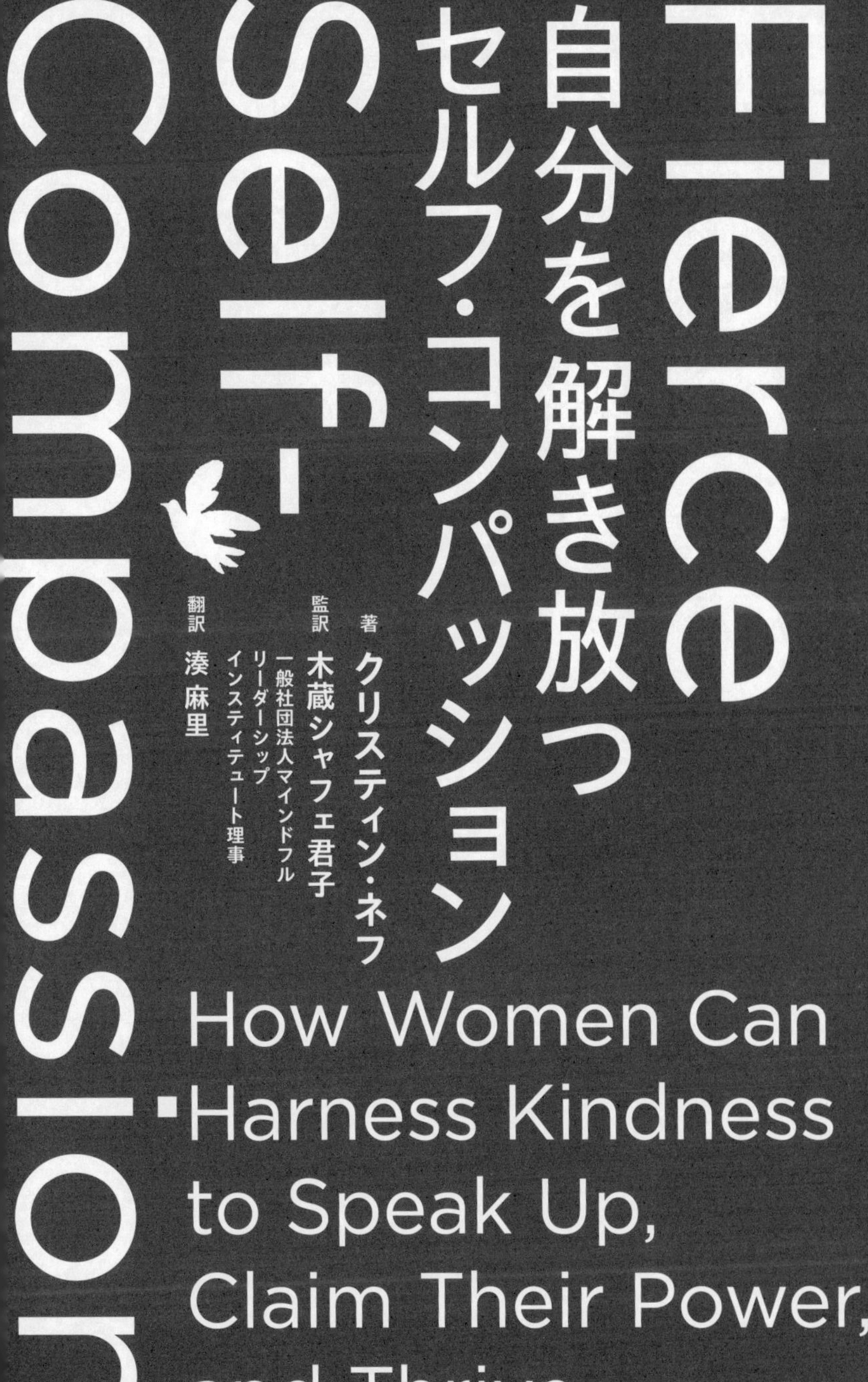
Fierce Self-Compassion
自分を解き放つ
セルフ・コンパッション
著 クリスティン・ネフ
監訳 木蔵シャフェ君子
一般社団法人マインドフルリーダーシップインスティテュート理事
翻訳 湊 麻里
How Women Can Harness Kindness to Speak Up, Claim Their Power, and Thrive
英治出版

愛する息子のローワンと、あらゆる場所で暮らすあらゆる女性たちに

FIERCE SELF-COMPASSION

How Women Can Harness Kindness to Speak Up,
Claim Their Power, and Thrive

By Krstin Neff

Published by arrangement with Harper Wave,
an imprint of HarperCollins Publishers,
through Japan UNI Agency, Inc., Tokyo

監訳者による序文

著者のクリスティン・ネフ博士は、前作 *Self-Compassion*（邦題『セルフ・コンパッション［新訳版］』〈金剛出版〉）で自分に優しくすることの有効性について科学的根拠を持って力強く説き、世界的な反響を呼びました。自分に厳しすぎる日本人の傾向や、自分のことは我慢して他者のニーズを満たすことを美徳とする文化に対して、セルフ・コンパッションという道筋を示してくれたことに、私は一読者として大きな感銘を受けたのでした。

その後、私は彼女とクリス・ガーマー博士が考案したＭＳＣ（マインドフル・セルフ・コンパッション）の10週間トレーニングも受講しました。自分に厳しくしなければ、私は甘えて成長しなくなってしまう、という恐れが以前よりも和らぎ、徐々に自分との優しい向き合い方ができるようになったと感じたのでした。

セルフ・コンパッションについてはこの一冊で十分なのでは、とさえ思っていたところ、同じくクリスティンによって新たに本書が書かれたのです。即購入し、引き込まれるように読みました。それは前作から大きく進化し、個人の生きづらさはもちろん組織や社会、文化さえも変容させるセルフ・コンパッションの2つの側面が解き明かされていたのです。セルフ・コンパッションの陰と陽、すなわち優しさと強さのセルフ・コンパッションです。本書では特に、これまであまり明確にされていなかった強さのセルフ・コンパッションが、優しさのセルフ・コンパッションに加わることによって、前作で語られた以上のパワフルな変化をもたらすこと、そしてそれを実践するための具体的方法が説かれています（前作でセルフ・コンパッションに出会い再婚に至ったクリスティンのその後についても、本作で赤裸々に描かれているので乞うご期待です）。

私はぜひこの本を日本に届けたいと強く感じ、つてを辿って著者であるクリスティンに直接日本語版出版のお願いメールを送信。同時に *Standing at the Edge*（ジョアン・ハリファックス著）の日本語版『Compassion（コンパッション）』を出すために大変お世話になった英治出版さんに声をかけさせていただき、本書が実現したのでした。

原題 ***Fierce Self-Compassion*** の fierce とは「激しい、勇猛な」と訳されますが、口語的には「何にも屈せず、向かうもの敵なし」という含みを持つ言葉です。これまで、優しく自分をいたわり癒すイメージだったセルフ・コンパッションに、このような強い要素があるとは、矛盾すると思われるかもしれません。しかも日本人の特に女性にはあまり使われない形容詞です。しかし、コンパッションの本質を知れば、優しさと強さの両方が必要不可欠であることがわかります。

コンパッションとは、自分や相手が苦しみを乗り越えられるよう、苦しみの根源を理解し、何が一番役に立つかを模索し可能な限り実行していくことです。ベトナムの名僧ティク・ナット・ハンが「コンパッションとは動詞である」と言ったのも、コンパッションは単なる感情や思考ではなく、困難を乗り越えるための行動につながる心のエネルギーだからです。

そしてセルフ・コンパッションとは、自らが面している困難を乗り越えるために、優しさと強さの両方を自分にもたらして、行動していくことなのです。

困難や生きづらさを感じている自分自身をいたわり癒すことでエネルギーを取り戻す「優しさのセルフ・コンパッション」と、そのエネルギーで困難の原因に向き合い変化を起こす「強さのセルフ・コンパッション」の両方によって、苦しみを根源から変容させ成長や自信をもたらすことができるのです。「強くなければ優しくなれない」とよく言われるのも、私たちが直感的にコンパッションの本質を感じ取っているからでしょう。

本書でも取り上げられている、禅僧・社会活動家でありコンパッションの世界的な権威であるジョアン・ハリファックス博士は、コンパッションを体現する状態を、「Strong back, soft front（背筋はしっかりと強く、体の前側は柔らかく）」と表現しています。自分にとって大切なことを貫くゆるぎなく強い軸を持つと同時に、心を開いてありのままを観る柔軟性と優しさを体現するものです。

読者の皆さんがなりたいと思う自分のあり方、あるいは尊敬する人のあり方を想像してください。そこにも、Strong back, soft front な、強さと優しさの両方の資質があるのではないでしょうか。屈することなく自分の価値を貫き、時にはそのために闘い、またときには柔らかく理解し受容して、自分の過ちも素直に認められる、きっとそのような共通点が浮かび上がってくるはずです。

「そんな自分にはなれない」と思われるかもしれません。しかし本書では心の訓練によって、誰もが強さと優しさを育成できることが多くの実例と科学的根拠を持って説かれています。そして具体的な強さと優しさのセルフ・コンパッションの育成方法として27ものワークがちりばめられています。そのうちの８つのワークは日本語・英語で音声ガイドもご準備しています。**英語音声ガイドは** FierceSelf-Compassion.org、**日本語音声ガイドは** https://www.youtube.com/playlist?list=PLeqOLUj_FV7rWrGzqB2v0n58XJkUcOhle **からアクセスできます**。

そして何より、読者の皆様が困難にあるときや辛い状況に面したときに、本書のワークを実際に使ってみてください。単に理論や情報としてではなく、ご自身が何かを我慢し続けていたり、板挟みになって感情の行き場がなくなったりする状況で、本書でのワークや気づきが役立つことでしょう。

セルフ・コンパッションを高め自己の成長をもたらしてくれるのは、実は困難に面しているときであり、順風満帆なときではありません。落ち込んでいる、モヤモヤしている、腹が立っている、まさにそんなときにこそ、本書の内容とワークをご活用いただき、どんな変化があるか（あるいは変化がないか）、観察してみましょう。そうすることによって徐々にご自身の生きづらさは行動への力に変わり、強さと優しさのセルフ・コンパッションが培われていくでしょう。本書はこのように実用的なワークブックとしてお使いいただくことも意図して構成されています。

また、本書を日本の読者にぜひお伝えしたかったもう一つの理由は、ジェンダーによる社会的な期待や誤った役割の認識を打破する力を、セルフ・コンパッションが持っているからです。

優しく感じの良い女性は社会的に受け入れられる一方、どんなに正当であっても、怒りを表現したり、意見を主張する女性は煙たがられてしまいます。ジェンダーによる社会の期待や縛りは、無意識のうちに私たちの行動や人格を狭め、本来の力や権利を奪ってしまっているのです。それに気づかず、人に好かれ社会に受け入れてもらおうと努力するうちに、生きづらさを感じてしまう。それは、その大変な努力の下に覆い被されたありのままの伸びやかなあなた本来の姿が「ここに私はいるよ。私を解放して」と言っているからなのです。

社会や文化のジェンダー・バイアスが無くなるのを待っている時間はありませんし、その必要もありません。私たち個人が優しさと強さのセルフ・コンパッションを培って、心身を癒すことを自分に許し、力強く困難に立ち向かうとき、すでに社会と文化に一石を投じているのです。

真のコンパッションは3乗のポジティブな影響をもたらす、と言われています。コンパッションを受け取る人（自分自身）とコンパッションを与える人（これも自分自身）に心身の健康をもたらし、そしてそれを目撃する人にも勇気やポジティブな感覚を与えるのです。セルフ・コンパッションとは、私たち一人ひとりが個人で培えるものですが、それを体現するとき、周りや社会は少しずつ影響されていくのです。

また、優しさと強さの両方を兼ね備えることは、周囲の支持を得てより生きやすくなるためにも賢明な戦略です。あなたが自分のために心身を休めることを許したうえで、自分の尊厳を守るために平静さと自信を持って立ち上がるとき、すなわち優しさと強さの両方を体現するとき、女性であってもその主張は受け入れられやすくなる、と本書では指摘しています。

また本書では、女性が置かれている困難な状況について多く触れられていますが、同じくジェンダー・バイアスによって優しさを抑圧されがちで、強くあらねばならないという性役割を課せられる男性や、さらに社会の偏見にさらされがちな多様なジェンダーの人々にも、セルフ・コンパッションの本質に共感していただけると思います。社会に受け入れられようと無意識にあるいは意識的にありのままの自分を抑圧するという問題は、どのようなジェンダーでも起こっているからです。

セルフ・コンパッションでありのままの自分を認め表現する人が増えれば、他の人も同じように自分らしくあることを受け入れられやすくなります。同時に、他者の生きづらさに共感する能力もそのコミュニティで底上げされていくでしょう。

逆に、セルフ・コンパッションが欠落して、むやみに自分に厳しく、自分のジェンダー・バイアスも気づかずほったらかしの状態では、他者にも厳しさを強要しパワハラを起こしても、「そんなことは当たり前。厳しさは相手のため」、セクハラも「このくらいで何の問題がある」といった認識で、周囲に被害をもたらしながらも自覚できなくなってしまうのです。また、それを目撃した人にとっても、パワハラ、セクハラがまかり通る状況が普通になってしまうのです。

セルフ・コンパッションは個人の問題であると同時に、その影響はポジティブであれネガティブであれ、組織やコミュニティ、ひいては社会や文化へ浸透していきます。その点において、優しさと強さのセルフ・コンパッションを培うことは、小さな、しかし着実な社会改革とも言えるのです。

ですから、監訳者として、また本書の日本語版出版の言い出しっぺとして、重ねての願いは、まずご自身の辛さや困難の克服に、本書で気づいたことやワークをお使いいただき、お一人お一人のセルフ・コンパッションを育んでいただくことです。するとこれまでの生きづらさの意味がわかり、伸びやかなありのままの自分が徐々にこの世界で力を発揮することを許されるでしょう。そのとき、あなたは周りにもありのままで力を発揮することを許し勇気づけているのです。

最後に、日本語版を制作するにあたり、MSCの日本人講師として的確な訳語のアドバイスと、日本語版音声ガイドでコンパッションあふれる声の出演をしてくださった一般社団法人セルフ・コンパッション・サークル（https://self-compassion.jp）の海老原由佳さんに心より御礼申し上げます。また、『Compassion（コンパッション）』（ジョアン・ハリファックス著）に続いて本作でも出版への道を切り開いてくださった英治出版の安村侑希子さん、そして女性のエンパワメントという志を持ってプロデュースしてくださった同じく英治出版の齋藤さくらさんにも感謝の念にたえません。そして本書に時間が割けるようサポートしてくれた一般社団法人マインドフルリーダーシップインスティテュートの仲間には、マインドフルネスとコンパッションを実践し、日本でより多くの人にお伝えするというミッションに共に向かう喜びをありがとう、とここで伝えさせていただきます。

読者の皆様が、一度しかない人生をより深い理解と喜びを持って送れるよう、本書が一助となることを願ってやみません。

木蔵(ぼくら)シャフェ君子

自分を解き放つセルフ・コンパッション

目次

第2部 セルフ・コンパッションのツール 187

第1部

強さのセルフ・コンパッションが女性に必要な理由

はじめに
思いやりの力

一つ確かなことがあります。私たちが慈悲と力を融合させ、力と正義を融合させれば、私たちは愛を後世に残し、子供たちの生得権を変えるでしょう。

――アマンダ・ゴーマン、全米青年桂冠詩人

何かが起こりそうな予感がする。私と話す女性はみな、そう感じています。私たちはうんざりしながら、怒りながら、変化を待ちかねています。伝統的な性役割と社会的な権力構造は、女性が自分らしさを存分に発揮する能力を制限し、個人と社会の双方に大きな犠牲を強いています。女性は穏やかで、命を育む、優しい存在としては受け入れられています。しかし、過度に勇猛になると――激怒したり、荒々しく振る舞ったりすると――、人々は私たちを恐れて悪態をつきます（思いつくだけでも、魔女、ババア、ガミガミ女、男勝りの女など。さらにひどい侮辱もあります）。私たちが男性による力の独占を乗り越え、影響力を持つ人たちの集まるテーブルに居場所を確保しようとするのなら、勇猛に振る舞う権利を取り戻さなければなりません。そ

れがきっかけとなり、今日の世界が直面する根強い貧困、制度的人種差別、医療制度崩壊、気候変動などの問題にも変化を起こせるでしょう。本書は、まさにそうした勇気ある行動を、女性がとれるようになることを目的としています。

女性はどうすれば生産的な変化を起こせるのでしょうか。それを理解するうえで役立つ枠組みが、セルフ・コンパッションです。コンパッション（慈悲）とは、苦しみを和らげるためのものです。[2] 助けたいという衝動、積極的な気遣いの気持ち、苦しむ人を思いやる本能です。ほとんどの人は他者へのコンパッションを自然に感じるものですが、この本能を自分の内側へ向けるのは簡単ではありません。私は20年間のキャリアを通じて、セルフ・コンパッションの心の健康への効果を研究し、自分により優しく、自分をよりサポートできるようになる方法を人々に伝授してきました。親しい同僚のクリス・ガーマー博士と共に開発したトレーニングプログラム、MSC（マインドフル・セルフ・コンパッション）[3]は、世界各地で教えられています。このセルフ・コンパッションのメリットを最大限に引き出すには、その勇猛な面と優しい面の両方を育まなければなりません。

このことに、私は最近になって気がつきました。セルフ・コンパッションのワークショップを指導していた頃、私がよく披露していた面白い実話があります。マインドフルネスやセルフ・コンパッションによって、怒りなどの「困難な」感情に対処できることを説明するものです。

息子のローワンが6歳くらいの時、彼を連れて動物園の鳥のショーを見に行きました。席に着いた途端、自閉症のローワンは周囲に少し邪魔になる行動に出始めました。叫んだり暴れたりするわけではないのですが、大声で話したり、椅子に座っていられず立ち上がったりするのです。私たちの前に座っていた女性は、極めて行儀の良いお嬢さん2人を隣に座らせ、何度も振り返ってはローワンを黙らせようとしました。しかし、ローワンは決して黙ろうとしません。私もどうにか落ち着かせようと試みましたが、彼はあまりに興奮し、自分を抑えられなくなっていました。3回ほど黙らせようとして失敗した後、女性は振り返り、逆上した目つきで叫びました。「お願いだから静かにしてちょうだい！　ショーの音が聞こえないじゃないの！」

　ローワンは困惑しました。私の方を向き、怯えた声でこう聞いてきました。「ママ、あれは誰？」

　息子が誰かに脅かされたり攻撃されたりすると、私は母グマに変身します。凄まじい怒りを覚えました。そこで私はローワンに、「あれはね……」と話しました。私が使ったのは「B」で始まる言葉で――あとはご想像にお任せします（女性への侮辱的な呼び方bitchを示唆したもの）。その後まもなく鳥のショーは終わり、女性は振り返って私と向き合いました。

「よくもあんな風に私を呼んだわね！」と彼女。

「よくもうちの息子をにらみつけたわね！」と私。そこから口論が始まりました。**鳥のショーの会場で、小さな子供を連れた2人の母親が怒鳴り合いを繰り広げたのです！**　矛盾しているようですが、幸いにも、私は当時マインドフルネスを大いに実践していましたから、比較的冷静に「私は今とても怒っている」と相手に伝えられました。「わかりきったことを言わないで」と女性は答えました。けれど、それは私にとって重要な瞬間でした。憤怒に我を忘れることなく、マインドフルに怒りに気づき、それを鎮めて、その場を離れられたのですから。

これは示唆に富んだ話です。マインドフルネスのような技術が、反射的な感情に押し流されそうになっている私たちを、その瀬戸際から引き戻してくれることを示しています。しかし、私は何年もの間、自分に起きたこととの重要性を、本能的に湧き上がった勇猛な母グマのエネルギーを、十分に受け入れられずにいました。あの瞬間の防衛的な怒りを大切だとは思わず、問題だと思い込んでいました。ただ、実際には、あの怒りは畏敬に値する素晴らしいものだったのです。

マーベル・コミックの作家であるジャック・カービー[4]は、自動車事故の現場に居合わせた際、3000ポンド〔約1360キロ〕の車体を持ち上げて、下敷きになっていた赤ん坊を救出する母親の姿を目撃しました。彼はその光景に衝撃を受け、心を動かされて、「超人ハルク」を生み出しました。私たちに備わった勇猛な面は、問題であるどころか、ヒロインやヒーローの持つような強大な力です。単に「受け入れる」だけでなく、マインドフルに祝福されるべきものです。この力を利用すれば、私たちは子供を守れるだけでなく、自分自身を守り、自分のニーズを満たし、変化を促し、正義のための活動に従事できます。本書の目的は、女性が立ち上がり、世界を変えられるよう自らの内なる勇猛な戦士を呼び覚ましてもらうことです。

思いやりの力

女性は今なお、男性優位の社会に生きています。私たちの立場を高めるには、あらゆる道具を手に入れ、健全な状態で本来の全体性（whole）を体現することが必要です。私たちの兵器庫にある武器の中で何よりも強力なのは、思いやりの力です。優しさのセルフ・コンパッションは、**慈しむエネルギー**を使って苦しみを和らげます。一方で、強さのセルフ・コンパッションは、**行動するエネルギー**を使って苦しみを和らげます。これらが完全に統合されると、セルフ・コンパッションは思いやりの力となって表れるのです。思いやりの力は強さと愛を兼ね備えるため、高い効果を発揮します。それを教えてくれたのは、マハトマ・ガンジー、マザー・テレサ、ネルソン・マンデラ、スーザン・B・アンソニーなどの、社会を変革した偉大な指導者たちです。マーティン・ルーサー・キング・ジュニア牧師も、ベトナム戦争の終結を訴えた際、次のように断言しました。「私が愛について語るとき、[5]私は何らかの感傷的で弱々しい反応について語ろうとしているのではありません。私が語ろうとしているのは……生命の最高の統一原理とされる力についてです」

幸いにして、思いやりの力は自分の外側だけでなく、内側にも向けることができます。私たちは、この力を用いて正義のために戦いながら、個人としての成長と癒しの道を進むことができるのです。究極的には、社会運動とは、（他者のみならず）自分にコンパッションを向ける行動です。というのも、私たちはみな相互に結びついており、いかなる不正も全ての人に影響するからです。

かつての私は、自分の勇猛さについて、克服すべき性格上の欠点だと考えていました。けれど今は、この勇猛さが自分の人生を成功に導いてくれたのだと理解しています。2003年、私はセルフ・コンパッションを理論的に定義した最初の論文を発表し[6]、同年にそれを測定するためのセルフ・コンパッション尺度（SCS）[7]を考案しました。初期研究では、SCSの得点が高い人ほど、ウェルビーイング〔身体的、精神的、社会的に良好で満たされた状態〕の度合いも高いことを実証しました[8]。最初の数年間は私が中心となってセルフ・コンパッションを研究していましたが、以降、この分野の研究者は爆発的に増えています。今では科学雑誌に3000以上の記事が書かれ[9]、新たな研究が日々発表されています。ときにトラブルの原因にもなる（鳥のショーの会場で、子供の目の前で見知らぬ人に悪態をつくような）戦士のようなエネルギーがなければ、私はこの未知の領域に足を踏み入れる勇気など持てなかったでしょう。

原点への回帰

セルフ・コンパッションの優しい面だけでなく勇猛な面を解き明かすことは、私の研究における最新の展開で、まだ詳しくは書いてこなかったことです。同時に、キャリアを通して研究してきたテーマを生かす試みでもあります。私はカリフォルニア大学バークレー校のエリオット・テュリエルという学者と共に、道徳的発達の分野で博士号研究を行いました。テュリエルの師であったローレンス・コールバーグは、道徳が主要な3段階を通して発達することを提唱した有名な理論家です。コールバーグのモデルによると、幼少期に起こる第1段階では、個人のニーズを満たすことが重視されます。[10] 青年期に見られる第2段階では、他者を思いやること、他者のニーズを満たすことが重視されます。そして成人期の最終段階では、正義が重視され、全ての人々の権利とニーズが公平に考慮されますが、そこに達しない人もいます。主に1960年代に行われたコールバーグの研究では、女性が思いやりに基づいて道徳的判断を下す傾向を持つのに対し、男性は権利や正義に基づいて判断を下しやすいことがわかりました。これは、道徳的思考において女性が男性より未発達であることを意味するものと解釈されました。

当然ながら、多くのフェミニストはこの考え方に憤慨し、それを偏見と捉えました。***In a Different Voice***（邦題『もうひとつの声で――心理学の理論とケアの倫理』〈風行社〉）という反響を呼んだ著書を持つキャロル・ギリガンも、思いやりと正義は、人が世界を見るうえでの2つの異なる倫理のレンズだと反論しました。女性は自律的な思考というよりも、他者とのつながりを通して知識を得ているものの、その視点は男性に劣るわけではない、というのです。ギリガンの説が意図していたのは、女性が道徳面で男性に劣るという見方を改めることでした。ところが皮肉にも、この説によって、女性は正義を軽んじる存在として世間に伝えられてしまったのです。

私はどちらの考え方にも反対ですし、それぞれ違った点で性差別的だと感じています。テュリエルは、成長の全段階にいる男女が状況に応じた自律性、思いやり、正義に基づいた道徳的判断を下すことを実証し、この議論に決着をつけました。[11]年齢、性別、文化を問わずほとんどの人が、「他者を傷つけるよりも思いやったり助けたりすべきである」「個人の問題については本人の自律的な意思決定がなされるべきである」「正義は重要である」と判断することがわかったのです。実際、幼い子供が最初に下す道徳的判断の一つは、「そんなの不公平だ！」というものです。テュリエルの研究は、人が推論を述べる際に社会的権力が重要な役割を果たすことも示しています。[12]つまり、優位な立場にあると自律的な意思決定をしやすく、従属する立場にあると他者への思いやりを重視しがちになるというわけです。言うまでもなく、権力の主要な特徴は、全てを意のままにできることです。そして従属を定義づける特徴の一つは、権力者のニーズに応じなければならないことです。全ての人のニーズが公平に考慮されるためには、誰もが等しく力を持つことが必要です。私は博士論文の研究のために1年間インドに滞在した際、文化に根付いた性別による上下関係についての信念が、夫婦間のいさかいでそれぞれの考え方にどう影響を与えるかを検証しました（詳細は後述します）。

私がセルフ・コンパッションについて学んだのは、バークレー校に戻って論文を完成させた直後のことでした。最初の著書 ***Self-Compassion***（邦題『セルフ・コンパッション［新訳版］』〔金剛出版〕）にも詳しく書いたとおり、自分への優しさを手に入れるまでの道のりは過酷なものでした。海外での研究を始める直前、夫と別れ、別の男性のもとへ走りました（自分を思いやりに満ちた道徳的な人間だと思っていたので、私にとって非常に恐ろしく、恥ずかしいことでした）。この男性とはインドで合流する予定になっていましたが、彼はパートナーと別れられず、とうとう姿を見せませんでした。それだけではありません。彼が脳腫瘍を患い、私の帰国後まもなく亡くなったことを、私は自宅に戻ってから知ったのです。

砕け散った人生の破片を拾い集めるため、私は瞑想を学びたいと思い、ティク・ナット・ハンの教えを守るグループと共に実践を始めました。ティク・ナット・ハンはベトナム出身の禅師で、他者だけでなく自分にもコンパッションを向けるべきだと説いています。シャロン・サルツバーグの *Lovingkindness*（未邦訳）や、ジャック・コーンフィールドの *A Path with Heart*（未邦訳）といった先駆的な西洋の仏教師の本も読みました。これらの本もまた、自分自身をコンパッションの輪の中に加えることの重要性を訴えています。

本を読み、瞑想を実践した結果、私は自分に対してより温かくサポートする態度を心がけるようになりました。過去の行為について自分を責めるのをやめたのです。私が自分を責めていたのは、悪い人間だった過去の自分を嫌うことで、今の自分は良い人間であると納得するためでした。心とは何と屈折しているのでしょう。そんな態度を手放し、自分に対する理解を深め、より寛容であろうとしました。最初は少しぎこちなく感じました。「間違いを犯すのが人間だ」と自分に言い聞かせようとすると、別の声が現れて、「あなたは言い訳をしているにすぎない」と言います。けれど、自分でつけた傷の痛みを認め、自分に優しくできるようになると、やがて反論する声は静まりました。私は自分にこう語りかけました。「もし違うやり方ができたなら、あなたはきっとそうしていたでしょう。でも、当時のあなたには無理だった。あなたは結婚生活に失望し、幸せを見つけようとしていた。誰だって幸せになりたいじゃない」。私は自分自身や自分の過ちについて思い悩むのではなく、不完全な人間である自分を受け入れ、その不完全さが自分をさらに大きな全体とつなげてくれていることに感謝するようになりました。当時はよく胸に手を当て、こう言ったものです。「傷ついているのは知っているよ。でも、きっと良くなる。私は等身大のあなたを、欠点も含めて全て受け入れる」。そうしているうちに、自分の行為に対して全面的に責任を負えるようになりました。痛みは感じましたが、その過程で自分を非難することはありませんでした。実践を重ねると、愛を持って自分の恥を受け入れられるようになりました。そして、このことが私の人生を劇的に好転させたのです。

博士課程を修了後、デンバー大学のスーザン・ハーター教授と共に、2年間のポスドク研究〔博士号取得後に就く任期制の研究〕を行いました。ハーター教授は、自尊心に関する全米屈指の研究者でした。自尊心とは、ウェルビーイングの心理学的な捉え方を数十年にわたり支配していた概念で、「自己価値を肯定的に評価すること」と定義されます。研究が進むにつれわかってきたのは、自分に対する肯定的な判断は高い幸福感をもたらす一方で、人をナルシシズム（自己愛）や絶え間ない他者との比較といった罠や苦境に陥れる恐れがあるということでした。また、多くの場合、自尊心は社会的承認や外見の魅力、失敗ではなく成功に左右されます。自尊心は、いわば口先だけの友人です。物事がうまくいっているときにはそばにいますが、最も必要とされるとき、つまり物事がうまくいかなくなったときには人を見捨てるのです。

セルフ・コンパッションは、自尊心の完璧な代替手段です。セルフ・コンパッションを持つのに、他者に優越感を抱く必要も、他者に好かれる必要も、物事を正しく行う必要もありません。あなたが他者と同様に、欠点を抱えた人間であるだけで良いのです。セルフ・コンパッションは、常にあなたを支えてくれる、心のよりどころになります。

テキサス大学オースティン校で教職に就いた当初、私が研究していたのは、人間関係において自律性、思いやり、正義感に権力がどう影響するかということでした。一方で、セルフ・コンパッションについても考えを深め、次第に自尊心の健全な代替手段として紹介するようになりました。私はすっかりセルフ・コンパッションに魅了され、他の研究を全てやめました。それ以来、セルフ・コンパッションは私の一番の関心事になっています。ごく最近、自分の初期の研究対象をセルフ・コンパッションの文脈から再検討するようになりました。優しさのセルフ・コンパッションと自分を結びつければ、自分を思いやり、慈しむことができます。強さのセルフ・コンパッションと自分を結びつければ、自律性を主張し、自らの権利のために立ち上がることができます。セルフ・コンパッションの優しさと強さが調和していれば、公平かつ公正な人間でいられます。権力や、性別による期待も、セルフ・コンパッションの表れ方に関わっています。支配する男性は強さを求められ、従属する女性は優しさを求められますが、男女平等を推進するには両者を統合しなくてはなりません。ばらばらだった私の研究は、パズルのピースがカチッとはまるかのように、ここで一つにまとまったのです。

なぜ本書は女性のために書かれ、そしてなぜ今なのか

セルフ・コンパッションは誰にでも役立ちますし、私がこれまでに書いてきた内容のほとんどは性的に中立でした。しかし、歴史上の現時点において、とりわけ女性にセルフ・コンパッションが必要だと考えています。女性は男性からマンスプレイニング〔mansplaining：男性が女性に対して、見下した態度で説明やアドバイスをすること〕を受け、無能であるかのように扱われることにうんざりしています。私たちは今こそ、適切な報酬を受け取り、ビジネスでも政治の世界でも、国際的なリーダーとして、男性と同等の権力や発言権を持たなければなりません。強さのセルフ・コンパッションは、優しさのセルフ・コンパッションと調和していればなおさら、私たちが自らの権利のために戦い、何世紀にもわたる黙って可愛らしくしていろという仕打ちへの反撃を後押ししてくれます。

#MeToo運動の影響もまた、本書を書くきっかけとなりました。女性はあまりにも長い間、性的な嫌がらせや虐待を受けたことを隠していました。真実を打ち明けたところで、誰にも信じてもらえないのではないかと恐れていたからです。恥をかくことになるのではないか、余計に傷ついて終わるだけではないか、と考えたからです。しかし、2017年に何十万人もの女性が「#MeToo」というハッシュタグを使い、性的な嫌がらせや暴力を受けた経験を共有すると、状況は一変しました。突然、告発された男性たちは評判の失墜とともに仕事をやめていったのです。

詳しくは後で述べますが、私のストーリーは、世界中にいる無数の女性のストーリーと共鳴しています。私はマインドフルネスとコンパッションの著名な講師であるにもかかわらず、のちに性犯罪者と判明する人物にだまされ、操られていました。私が信頼し支えていた男性は、私の知らないところで、数多くの女性に嫌がらせや虐待を行っていたのです。次々に発覚する恐ろしい事実に対処できたのは、セルフ・コンパッションを実践していたおかげでした。優しさのセルフ・コンパッションは私を癒し、強さのセルフ・コンパッションは私に声を上げさせ、被害の継続を許さないという責任感を持たせてくれました。

女性の権利を護る運動のおかげで、私たちは職場に参入できるようになりました。しかし、そこで成功するには、男性のように振る舞い、男性社会では評価されない優しさを封印するよう求められます。同時に私たちは、攻撃的すぎるとか、自己主張が強すぎるとかいった理由で揶揄されます。成功して嫌われるか、力を奪われたまま好かれるかという誤った選択を迫られるわけです。女性は、仕事で実力を証明しなければならないというプレッシャーを抱えやすいだけでなく、性的ハラスメントや低賃金に甘んじることを余儀なくされています。要するに、現在の社会構造は私たちのために機能しないということです。セルフ・コンパッションの強さと優しさの両面を育み統合することにより、女性は本当の自分に気づき、周囲に必要な変化を生み出せるようになると確信しています。家父長制は今なお存続し、大きな害をもたらしています。今日の差し迫った問題――性的ハラスメント、賃金の不平等、偏見の広がり、医療格差、政治的分断、環境問題――は、私たちに、自らの力を主張して行動を起こすよう呼びかけているのです。

私は白人で、シスジェンダー〈自己の性別の認識と身体的な性別が一致すること〉で、異性愛者の女性ですから、私の書くものには間違いなく、無意識の偏見が存在しています。可能な限り、女性を自認する人々の多様な経験を取り上げるつもりですが、きっと十分ではないことをどうかお許しください。本書の示す一般的な原則が、何らかの有意義な形で、さまざまに交差するアイデンティティを持つ人々の経験に語りかけるものであってほしいと願っています。全ての女性は同じではありませんし、全ての苦しみは同じではありません。しかし、勇猛さと優しさを兼ね備えたセルフ・コンパッションは全ての人に役立つものであり、性差別、人種差別、同性愛者差別、障害者差別などの迫害と闘う鍵になるはずです。

実践としてのセルフ・コンパッション

セルフ・コンパッションは、単なる良い考えではなく、**実行できること**です。脳を鍛え、新たな習慣を身につけると、精神的、身体的、感情的な痛みにコンパッションを持って対処できるようになります。研究で示されているとおり、私たちがセルフ・コンパッションを高められれば、人生までもが劇的に好転します。[13] 本書は、その基本となる考え方を紹介し、研究されてきたことを踏まえて、皆さんがセルフ・コンパッションの優しさと勇猛さの両方を育むお手伝いをします。両者を組み合わせて思いやりの力を生み出し、その力を人間関係、介護、育児、仕事といった人生の重要な場面に生かす方法もお伝えします。

本書には全体を通して、実体験として内容を理解してもらうためのワークがあります。ときには、セルフ・コンパッション、性別によるステレオタイプ、人間関係の型など、一般的に研究で使われる実証されたアセスメントも紹介するので、ご自身を検証してみてください。セルフ・コンパッションの力を鍛えるための具体的なエクササイズも盛り込んでいます（一部の実践には音声ガイド版が用意されています。英語音声ガイドはFierceself-Compassion.orgで、日本語オリジナル音声ガイドはhttps://www.youtube.com/playlist?list=PLeqOLUj_FV7rWrGzqB2v0n58XJkUcOhleで入手できます）。瞑想もいくつか登場しますが、本書は瞑想の手引書ではありません。私はスピリチュアルな教師ではなく、科学者です。ただ、セルフ・コンパッションが深まれば、それは精神的な体験にもなり得ます。

本書に収録されている実践の大半は、私がクリス・ガーマーと共同開発し、実証されているMSCプログラムを改作したものです。MSCのコースはオンライン（www.CenterforMSC.org）〔日本語のコースもさまざまな講師が提供している〕で受講できますし、『マインドフル・セルフ・コンパッション ワークブック』〔星和書店〕を使って自習することもできます。MSCは心理療法ではありませんが、心理的な効果を感じる人は多くいます。MSCは過去の特定の傷を癒すことに注力するものではなく、セルフ・コンパッションの手法を日常生活に取り入れやすくするものです。ある初期の研究でMSCの効果を調べたところ、8週間のプログラムを通じて、セルフ・コンパッションのスコアが43％増加したことがわかりました。[14]また、参加者は、よりマインドフルになり、他者へのコンパッションを持ちやすくなり、さらに、うつっぽさ、不安、ストレス、感情的回避が減り、人生に対する幸福感や満足感が高まったと言います。何より重要なのは、プログラム受講後も、セルフ・コンパッションというリソースが参加者の「変わらぬ友人」となったことです。ＭＳＣによるセルフ・コンパッションとウェルビーイングの向上は、１年以上も持続することが証明されています。

プログラムから参加者が受ける恩恵は、どれだけ実践を重ねたかということとも関連していました。最低でも一日に20分間は、意図的に実践することをお勧めします。セルフ・コンパッションの手法の効果は研究で示されていますが、あなたがそれを実感する方法は、試してみるほかありません。

WORK

1

自分のセルフ・コンパッション度を確かめる

自分にどの程度セルフ・コンパッションがあるか、この短縮版セルフ・コンパッション尺度（SCS）[15]に回答して確かめてみてください。SCSは、ほとんどのセルフ・コンパッションの研究で使用されている尺度です。現在の得点を記録しておき、本書を読み終えてから再びここに戻ってきて得点が変わるか見てみるのも楽しいでしょう。お気づきのように、SCSでは、強さのセルフ・コンパッションと優しさのセルフ・コンパッションを区別していません。将来的には、この二面性が反映されるように改良されるかもしれませんが、あくまでも現在のSCSは一般的な尺度として特性を測るものです。

各文をよく読んで、自分がどれだけの頻度でそのように振る舞うかを、数値で示しましょう。**どうあるべきか**ではなく、自分の経験に照らし合わせて答えてください。

「ほとんどそうしない」を1、「ほとんどそうする」を5として、1〜5の数字を回答します。

自分のパーソナリティの好きでないところについて理解し、やさしい目で見るようにしている。	
何か苦痛を感じることが起こったとき、その状況についてバランスの取れた見方をするようにする。	
自分の失敗は、人間のありようの一つであると考えるようにしている。	
苦労を経験しているとき、必要とする程度に自分自身をいたわり、やさしくする	
何かで苦しい思いをしたときには、感情を適度なバランスに保つようにする。	
自分自身にどこか不十分なところがあると感じると、多くの人も不十分であるという気持ちを共有していることを思い出すようにする。	

これよりあとは、「ほとんどそうなる」を1、「ほとんどそうならない」を5として、1〜5の数字で答えてください。これまでとは逆になっているので注意しましょう。数値が高いほど頻度が低いということです。

自分にとって重要なことを失敗したとき、無力感で頭がいっぱいになる。	

気分が落ち込んだとき、多くの人がおそらく自分より幸せであるという気持ちになりがちである。	
自分にとって大切な何かに失敗したとき、自分の失敗の中でひとりぼっちでいるように感じる傾向がある。	
気分が落ち込んだときには、間違ったこと全てについて、くよくよと心配し、こだわる傾向にある。	
自分自身の欠点や不十分なところについて、不満に思っているし、批判的である。	
自分のパーソナリティの好きでないところについては、やさしくなれないし、いらだちを感じる。	

■得点の出し方

合計（12項目の得点を全て足す）＝	
平均得点（合計÷12）＝	

一般には、2.75 ～ 3.25 点で平均、2.75 点を下回ると低め、3.25 点を上回ると高めとされています。

ゆっくりと進む

本書を読み進めるうち、あなたは困難な感情も経験するでしょう。それは、コンパッションを実践する際に自然に起こることです。自分に愛を与えようとすると、過去に自分が愛されなかったときのあらゆる記憶が瞬時に蘇ったり、自分が愛されないことについてのさまざまな理由が頭に浮かんだりすることがあります。たとえば、あなたの体型について不適切な発言をする同僚男性との間に一線を画して自分をケアしようとすると、少女時代に父親から服装をからかわれたことを思い出すかもしれません。失恋の悲しみに暮れる自分を慰めようとすると、面白みが足りないのではないか、魅力が足りないのではないか、刺激が足りないのではないかといった、昔からの不安が押し寄せてくるかもしれません。これらは実は、あなたの心が開かれつつあることを示す良い兆候です。無意識の底に押し込められていた古い痛みが、ようやく昼の光の中で解放されようとしているのです。余裕を持って温かく受け入れれば、痛みは癒えていくでしょう。

ただし、この種の感情に圧倒されてしまう場合もあります。セルフ・コンパッションを実践するときは、くれぐれも自分にとって安全だと感じられる方法で行ってください。そうでなければ、セルフ・コンパッションのある人にはなれません！　過去にトラウマを持つ女性の場合は特に、ゆっくりと自分のペースで進むことが大切です。必要なときはいつでも実践から離れ、時間が経ってから再開しましょう。心理療法士などの、メンタルヘルスの専門家に指導を受けながら行っても良いかもしれません。感情的に圧倒された状態では新たなことは学べませんから、特定のエクササイズや実践に強烈な難しさや不安を感じたら、思い切って中止しましょう。**自分の感情面の安全に責任を持ち、その場で違和感があることには無理に挑戦しないでください。**

本書は、セルフ・コンパッションに秘められた可能性を、その強さと優しさという両方の形態から明らかにするものです。勇猛さと優しさはバランスを失いやすいため、いかに統合するかを学ばなくてはなりません。セルフ・コンパッションが身につけば、あなたは自分の内なる力を見つけ、力強く幸せに生きられるようになります。自分らしさを手に入れ、内的に充足して、社会の発展に貢献できるようになります。世界が急速に変わりつつある現在、女性は良い変化をもたらすために率先して行動することが求められています。思いやりの力があれば、不可能なことはありません。

第 1 章

セルフ・コンパッションの基礎

私たちが必要としているのは、強さゆえに優しくなれる女性……勇猛さゆえに慈悲深くなれる女性です。

――カヴィタ・ラムダス
グローバルファンド・フォー・ウィメン旧代表

セルフ・コンパッションは、決して難しいものではありません。瞑想を長年実践してようやく達成されるような、何らかの高尚な精神状態でもありません。基本的に必要なのは、自分自身と良き友人になることだけです。これは心強い知らせなのではないでしょうか。私たちのほとんどは、少なくとも他人に対してはどうすれば良き友人でいられるかはすでに知っているのですから。親しい人が無力感を覚えていたり、人生の困難に直面していたりするときに何を言うべきかを、私たちは長年かけて学んできました。「本当に大変だったでしょう。今、あなたには何が必要ですか？　何かお手伝いできることはありますか？　私がそばにいますからね」。私たちは声を和らげ、温かい口調で話し、身体をリラックスさせる方法を理解しています。ハグをしたり、手を握ったりといったボディタッチを上手に使い、相手を思いやっているという事実を伝えることができます。必要な場合には、大切な人のために勇猛な行動に出ることも珍しくありません。大切な誰かが脅かされて保護を求めているとき、あるいは課題に取り組もうとする誰かを奮起させなければならないとき、私たちは自分の中から母グマのようなエネルギーが湧き上がるのを感じてきました。状況に応じてどんなステップが求められているかを理解するのです。

しかし残念なことに、私たちは自分が苦しんでいるときには、それほどのコンパッションを持って自分自身を扱いません。自分を慰めてサポートするために「今、あなたには何が必要？」と立ち止まって自問する人は少なく、自己批判をして問題解決に没頭するか、ただ取り乱してしまう人が多いのです。たとえば、あなたが仕事に向かう途中、コーヒーをこぼしたことに気を取られて交通事故に遭ったとしましょう。そんなとき、心の中で交わされるのはたいてい次のような会話です。「あなたって本当にばかね。とんでもないことをやらかした。保険会社にすぐ電話をして、上司には会議を欠席すると伝えなさい。きっと解雇されるわ」。あなたは大切な人に、こんな言い方をするでしょうか？　おそらくしないでしょう。にもかかわらず、私たちはしばしば自分に辛くあたり、それを良しとしています。嫌いな人に向けるよりさらに厳しい態度で、自分をいじめ抜くこともあります。多くの宗教、哲学の黄金律では、**自分**

がしてもらいたいと思う行為を他人にもせよと言われます。これには、**自分にしているような行為を他人にはするな、さもなければ、あなたは友達を失う**という補足が必要なのかもしれません。

セルフ・コンパッションを高めるうえで、苦しんでいる自分への接し方を観察し、それを自分が気にかける人々への接し方と比べてみることは重要な第一歩になります。比べるのに最も適しているのは、親しい友人です。なぜなら、私たちは自分の子供や家族、パートナーといった身近すぎる存在に対して、持つべきコンパッションを持てないときがあるからです。友人には余裕を持って対応しやすいですし、友情は自発的な関係であるため、当たり前と思わずに大切にしやすくなります。つまり、親しい友人に接するときには、理想的な自分でいられることが多いのです。

WORK

2

苦しんでいる友人や自分への接し方

友人に示しているコンパッションと、自分に示しているコンパッションの度合いを比べると、大いに驚くことになるかもしれません。MSCのプログラムは、このワークから始まります。筆記式のエクササイズなので、紙とペンを用意してください。

あなたの親しい友人が何らかの理由で苦しんでいる場面を、いろいろと想像してみてください。その人は自分の犯した過ちを悔やんでいるのかもしれないし、職場でいじめられているのかもしれません。子供の世話に疲れているのかもしれないし、難しい課題への不安を抱えているのかもしれません。さまざまな状況を考えてみましょう。そのうえで、次の質問に対する答えを書き出してください。

- そうした状況に置かれた友人に、あなたは普段どのように対応しますか？　かける言葉、口調を思い出してみましょう。また、そのときの姿勢やジェスチャーなども思い浮かべてみてください。
- 同様の状況に置かれた自分に、あなたは普段どのように対応しますか？

かける言葉、口調、姿勢、ジェスチャーを同様に思い返してください。

- 友人への接し方と自分への接し方を比べて、何か**違ったパターン**があることに気づきましたか？（たとえば、自分には大げさで悲観的な態度をとりそうだが、友人にはより客観的な見方を示しそうだ、など）
- 友人に接するように自分にも接するようになったら、どうなると思いますか？ それがあなたの人生にどういった影響を与えるか想像してみてください。

このエクササイズをしてみると、多くの人が、自分への接し方と友人への接し方の違いにショックを受けます。自分をどれほど軽んじていたかに気づいてうろたえる人もいます。幸い、私たちは他者に向けたコンパッションの豊富な経験をひな形として利用することで、自分との関わり方を学べます。ただ友人に接するように自分に接してみると、最初は少し妙な感じがするかもしれません。私たちは習慣的に自分自身を敵のように扱っているからです。時間が経てば、自然にできるようになるでしょう。何よりも大切なのは、あなたが磨いてきたコンパッションのスキルを、思い切って内側に向けることです。

もちろん、それを妨げる障害も存在します。自己批判の習慣や、自分は無価値で恥ずべき人間だという感覚は、簡単に振り払えるものではないかもしれません。セルフ・コンパッションなどあまり役に立たないのではないか、自分を怠惰で身勝手な負け犬に変えるだけではないかという不安もあるでしょう。この問題については以降の章で取り上げるつもりですが、障害の乗り越え方をさらに深く理解するためには、『セルフ・コンパッション〔新訳版〕』〔金剛出版〕や『マインドフル・セルフ・コンパッション ワークブック』〔星和書店〕を読んでいただくのもおすすめです。

練習が完璧を作ると言われますが、セルフ・コンパッションの世界では、練習によって不完全になろうと言います。実践を積むことで、人間の限界を上手に受け入れられるようになります。物事を改善するためにどう行動すべきかを学べます。ジャック・コーンフィールドが述べるように、「精神的な実践を行う際の要点は、自分を完璧にすることではなく、自分への愛をションのどちらをも駆り立てる力になります。

セルフ・コンパッションの3つの要素

セルフ・コンパッションとは、親友に対して自然に見せるような優しさを持って、自分自身を扱うことです。とはいえ、必要なのは優しさだけではありません。自分に優しくするだけでは、たやすく自己陶酔やナルシシズムに陥ります。優しさだけでは不十分なのです。同時に必要なのは、自分の欠点を見極め、失敗を認め、自分の経験を広い視野から眺められるようになることです。自分の苦しみを他者の苦しみと結びつけ、自分という小さな存在を超えて、より大きな関係性の中で自らを認識しなければなりません。

私のモデルでは、セルフ・コンパッションはマインドフルネス、共通の人間性（common humanity）、優しさという3要素で構成されます。[3] これらは別々の要素でありながら、互いに影響し合っています。セルフ・コンパッションの状態を健康的で安定的なものとするには、3つ全てが不可欠です。

マインドフルネス。 セルフ・コンパッションの基礎となるのは、自分の不快感とマインドフルに向き合い認める能力です。痛みを抑圧して見て見ぬ振りをすることも、痛みに関する大げさなストーリーに逃げることもよくありません。マインドフルネスが身についていれば、私たちは自分の犯した間違いや失敗をはっきり見極められます。喪失感、恐れ、悲しみ、怒り、不安、後悔といった、問題に伴う困難な感情から逃げるのではなく、向き合えます。今この瞬間の経験に注意を払い、自分の思考、感情、感覚が絶えず変化しながら広がっていくのを意識できます。マインドフルネスは、苦しんでいる自分に気づき、自分に優しく対応できるようになるために欠かせないものです。痛みを無視したり、痛みにすっかりのみ込まれたりしてしまうと、私たちは冷静に「これはしんどい。ちょっとサポートしてもらいたいな」と言えなくなってしまいます。

マインドフルネスは単純な技術ですが、脳の自然な傾向に逆らうため、実践が難しいときもあります。神経科学者は、脳の正中線に沿った前頭部から後頭部に、デフォルト・モード・ネットワークという相互に接続された一連の領域が存在することを特定しました。[4]デフォルト・モードと呼ばれるのは、人間が課題に積極的に集中・従事していないときの、通常の活動状態だからです。デフォルト・モードは、（1）自分という感覚を生み出す、（2）その自己を過去や未来に投影する、（3）問題を探す、という3つの基本的な機能を果たします。この機能の影響により、私たちは現在と共に在ろうとせず、心配や後悔にとらわれるようになります。過去の困難に学び、自らの生存を脅かす将来の脅威を予測し、行動を変えたらどうなるかと想像するのに役立つという点では、デフォルト・モードは進化にとって有益です。しかし、それは苦しんでいる最中に、自分の苦しんでいることにに気づきにくくなることを意味します。それどころか、問題を解決しようともがくうちに、私たちは過去や未来のストーリーにのみ込まれてしまうのです。マインドフルネスによる意図的な集中は、このデフォルト・モードを無効化し[5]、私たちが痛みを感じながらそれと共存することを可能にします。

マインドフルネスは、透明で波のない静かなプールのように、私たちの意識に歪みのない現実を映し出します。自分自身や自分の人生についての広い視野を与えてくれます。これにより、自分を救うために取るべき最善の行動を、賢明に判断できるようになります。自分の痛みに向き合い、それを認めるのは勇気が要ることです。しかし、心を開いて苦しみに対処しようとするのなら、この勇気ある行為は不可欠です。感じることのできない苦しみを癒すことはできません。だからこそ、マインドフルネスはセルフ・コンパッションを支える柱なのです。

共通の人間性。 セルフ・コンパッションにとって同じく重要なのは、自分も一人の人間であることを自覚することです。セルフ・コンパッションと自己憐憫（れんびん）との違いは、実はこの点にあります。ラテン語の compassion は、「共に（com）」「苦しむこと（passion）」を意味します。つまり、コンパッションには結びつきの感覚が備わっているのです。コンパッションが自分の内側へ向くと、人間は誰しも欠点を抱えており、誰しも完璧ではない人生を送っているのだと理解できます。当たり前のように聞こえるかもしれませんが、私たちはしばしば、万事うまくいくはずだ、うまくいかなければ何かが間違っているという思い込みに陥ります。他の人はみな順調に過ごしているのに、転んでガラスを割って親指の神経を切り、治るまでの3カ月間、巨大なピンクのチーズのような物体を手に装着する羽目になったのは私だけだ（実話です）、などと不合理にも感じるわけです。痛みを抱えているうえに、孤立感や孤独感まで覚えるのですから、これはまさに踏んだり蹴ったりの状態です。この断絶の感覚は恐ろしいもので、実際に進化生物学でも「孤立したサルは死んだサルだ」とよく言われます〔米国の心理学者ハリー・ハーロウの言葉〕。

痛みが人間の共有する経験の一部であることを思い出すと、私たちは自己憐憫の沼から抜け出します。「ああ悲しいかな」と叫ぶのではなく、苦しみという共通の性質を受け入れられるようになります。もちろん、苦しみの状況や程度は人によってさまざまです。制度的不正や根強い貧困に虐げられている人々は、特権を持つ人々より強い苦しみを味わっています。しかし、肉体的、精神的、または感情的な困難からは誰しも逃げ切れないのです。

コンパッションが前提としているのは、意識を持つ全ての存在は生来、人道的な扱いを受けるにふさわしい存在であるという考え方です。自分にコンパッションを注ぐことを拒否して他者にそれを向けたり、ある集団のニーズを別の集団のニーズ以上に重視したりするとき、全ての人間は相互に依存する大きな全体の一部なのだという基本的な真実を無視しています。私の行動があなたの行動に影響を与えるように、あなたの行動もまた私の行動に影響を与えます。「食べる場所で用を足すな」という慣用句は、下品かもしれませんが、この考え方をよく表すものです。自分に対する接し方は、接する全ての他者との関わりに影響を及ぼします。他者に対する接し方も同様に、あらゆる面で自分との関わりに影響を及ぼします。人間の相互依存性が理解されないことによる影響は、人種的、宗教的、政治的緊張などさまざまな形で表出し、暴力を生んでいます。米国の政策によって経済的悪化に追い込まれた国々から、移民が米国に逃れています。急速な温暖化が進んだ地球は、まもなく人が住めない惑星になろうとしています。こうした問題においても、共通の人間性を自覚するという英智があれば、私たちはより広い視野で世界を眺め、誰もが一緒にそこにいるのだと気づけるのです。

優しさ。セルフ・コンパッションの主要な動機づけとなるのは、優しさ、つまり苦しみを和らげたいという欲求です。この思いやりの本能は、助けたいという衝動として経験されます。それは、人生の泥沼をかき分けていく中で、自分を温かく友好的にサポートしようとする態度です。苦しんでいるときにやってしまいがちなのは、自分の肩を抱いてサポートするのではなく、自分を責めることです。他人には常に優しい人でさえ、自分のことは粗末に扱いがちになるのです。この傾向が自分への優しさによって覆されると、私たちは自分に心から親切にできるようになります。

間違いを犯したと気づいたとき、自分への優しさがあれば、自己を理解して受け入れ、次はうまくやろうと励ますことができます。悪い知らせを受けたり、人生の問題にぶつかったりしたときは、積極的に心を開き、痛みに動揺する自分を許すことができます。そして、立ち止まってこう言うのです。「これは本当に難しい問題だ。今この瞬間、どうすれば自分を思いやれるだろうか？」

私たちは完璧にはなれません。人生に苦しみが伴うことは避けられないでしょう。それでも、慈悲と善意を持って痛みに対処すれば、ポジティブな変化をもたらす愛と思いやりの感情が生まれます。自分への優しさは、困難に対処するためのリソースとなり、困難を耐えられるものにしてくれます。人生の苦みに対抗する甘みとして、人生に実りや充足感をもたらすのです。

セルフ・コンパッションのメリット

セルフ・コンパッションとウェルビーイングとの関連性は、これまで何千もの研究によって検証されてきました。典型的なセルフ・コンパッションについての研究方法は3種類あり、たいていそのいずれかで行われます。最も一般的な方法は、セルフ・コンパッション尺度（SCS）を利用し、得点の高さが肯定的結果（幸福感など）や否定的結果（抑うつなど）と相関するかどうかを確かめるというものです。2つ目は、セルフ・コンパッションの状態を実験的に誘導する方法で、多くの場合、参加者に人生の困難をテーマにした自分宛ての手紙を書いてもらい、マインドフルネス、共通の人間性、優しさを呼び起こしていきます。参加者は、セルフ・コンパッション誘導グループとコントロールグループ（対照グループ）のどちらかに無作為に割り当てられます。コントロールグループの参加者は、何らかのニュートラルな物事、たとえば彼らが楽しんでいる特定の趣味などについて書き出します。その後、試験勉強への意欲などの行動面から両グループを比較するのです。3つ目の、最近普及しつつある方法は、MSCなどのプログラムを通じて参加者のセルフ・コンパッションを鍛え、練習後にウェルビーイングが変化したかどうかを確かめるというものです。これら3つの研究方法は、いずれも同様の所見を呈する傾向があります。[6]

セルフ・コンパッションのメリットに関する研究文献は本書全体を通して紹介していきますが、ここで簡単にまとめておきましょう。[7]セルフ・コンパッションが高い人は、そうでない人より幸福で、前向きで、楽観的な傾向があります。[8]人生への満足感が高く、自分が所有しているものに感謝しています。不安や落ち込み、ストレス、恐怖はあまり感じません。[9]自殺を考えたり、[10]薬物やアルコールを乱用したりすることも少ないでしょう。[11]聡明で感情的知性が高く、ネガティブな感情を効果的に制御できます。[12]ポジティブな身体イメージを持っており、摂食障害を起こす可能性は低いと言えます。[13]運動をする、正しい食生活を送る、定期的に医師の診察を受けるといった、有益な行動に取り組むことが多いでしょう。[14]身体的に健康で、[15]よく眠り、風邪をひきにくく、強い免疫系を有しています。やる気にあふれ、[16]誠実で、自分に対する強い責任感があります。[17]人生の困難に直面したときのレジリエンスが高く、[18]目標達成のための強いやり抜く力と決意を持っています。友人、家族、恋人と親密かつ上手に付き合い、[19]高い性的満足感を得ています。[20]寛容で、共感的で、他者の視点に立つことができます。[21]他者に強いコンパッションを向けるだけでなく、燃え尽きずに相手の面倒を見ます。[22]親友に接するように自分に接するという単純なことで、これだけの特典がついてくるとしたら、悪くはないのではないでしょうか。

セルフ・コンパッションを持つ人は高い自尊心も持ち合わせていますが、高い自己評価を追い求めて罠にはまることはありません。[23] 自尊心の高さはナルシシズムと関連していますが、セルフ・コンパッションはナルシシズムとは結びつきません。絶え間ない社会的比較や、エゴの防衛（ego-defensiveness）にもつながりません。セルフ・コンパッションに由来する自己価値の感覚は、特定の外見をしているかどうか、成功しているかどうか、他人に認められているかどうかには左右されません。それは無条件に感じられるものだからです。つまり、セルフ・コンパッションに紐づく自分の価値の感覚は、安定的に長続きします。

セルフ・コンパッションは数え切れないほどのメリットを備え、しかも現実的に習得可能なスキルであることから、多くの研究者がこの考え方の調査に乗り出しています。私の友人で、研究仲間であり、マインドフルネスとセルフ・コンパッションに関する名著 *Good Morning, I Love You*（未邦訳）を書いたショーナ・シャピロがよく言うように、セルフ・コンパッションは人生の隠し味です。

セルフ・コンパッションの生理学

前にも述べたとおり、たいていの人は、他者に向けるほどのコンパッションを自分には向けません。失敗したり、劣等感を覚えたりしているときは特にそうです。その原因の一部は、人間の神経系の自動的な反応と関わっています。間違いを犯したり、人生の困難に遭遇したりすると、私たちは本能的に脅威を感じます。何かがおかしい、と思うわけです。そこで、察知した危機に「脅威—防御反応」[24]で対応します。これは人間の爬虫類脳とも呼ばれるもので、危険に対して最も素早く簡単に引き起こされる反応です。脳が脅威を認識すると、交感神経系が活性化します。[25]扁桃体が活動を始め、コルチゾールとアドレナリンを放出させて、闘争、逃走、あるいは硬直の準備をします。このシステムは、うなる犬や倒れてくる木などの、身体に及ぶ脅威から自分を守るためには有効です。しかし、その脅威が「私は負け犬だ」とか「この服を着ると太って見えるかな？」とかいった思考から生じている場合は、問題になりかねません。

自分の描く自己イメージが脅かされるとき、危険は内面に向かいます。このときの私たちは、攻撃する側にも、攻撃される側にも回ります。なぜなら、私たちは弱点を克服するために、自分に変化を強いて、批判によって自分自身と闘争するからです。恥に身をすくめ、自分は無価値だという意識に閉じこもることで、他者から心理的に逃走します。ときには心身を硬直させて反すうし、39回考えれば問題が解決されると言わんばかりに、ネガティブな思考を繰り返します。こうした反応状態が継続するため、自分への厳しさは健康に悪影響を及ぼし、ストレス、不安、抑うつを引き起こします。[26]大切なのは、反応はあくまで安全でいたいという純粋な欲求から生じていることを知り、これらの反応を理由に自分を批判しないことです。

しかし、私たちは別の方法で安心感を得ることもできます。哺乳類のケアシステムを利用するのです。哺乳類が爬虫類に比べて進化的に優れているのは、哺乳類の仔が非常に未熟な状態で生まれ、より長い発達期間を経て環境に適応するという点です。他の全ての哺乳類と比較すると、人間は成熟するまでに最も長い時間を必要とします。その驚くべき神経可塑性[27]により、前頭前野を発達させるのに25年から30年かかるからです。この長い発達期間を通して脆弱な子供を守るため、人間は「守り、つながろうとする反応」を進化させました[28]。これは、親子が社会的絆を通して親密さを保ち、安全を得られるようにする反応です。このケアシステムが活性化すると、オキシトシン（愛情ホルモン）やエンドルフィン（快楽をもたらす天然麻薬）が分泌され、安心感が高まります[29]。

守り、つながろうとする反応が本能的に活性化するのは他者を思いやるときですが、私たちはこの反応を内側に向けることも可能です。自分自身と仲良くなれれば、安全、安心、ウェルビーイングの感覚がもたらされます。そうするうちに副交感神経系が働き、（よりオープンでリラックスした状態を作るために）心拍変動が増加して、（緊張を減らすために）交感神経活動が抑制されます[30]。実際、セルフ・コンパッションの3つの要素――自分への優しさ、共通の人間性、マインドフルネス――は、脅威―防御反応の一部として起こる自己批判、孤立、反すう思考に直接働きかけます。つまり、安全確保のために高度に進化したこれら2つの本能行動のバランスは、一方を増やし、もう一方を減らすことで変えられるのです。

セルフ・コンパッションは生理学的に起こります。したがって、身体と触れ合うことは、自分への思いやりを示すための非常に効果的な方法です。身体は触れ合うと即座に反応し、サポートされているという感覚を素早く私たちにもたらします[31]。触れられること（タッチ）は副交感神経系に働きかけて、私たちを落ち着かせ、心を整えます。人間の身体は、触れられることでケアされていると感じるよう精緻に設計されています。赤ちゃんが生まれてからの２年間、親がその子に触れて安心感や愛情を伝えるように、自分自身と触れ合ってみましょう。

WORK

3

自分を落ち着け、サポートするためのタッチ

MSCプログラムでは、セルフ・コンパッションの基本的な実践として、自分を落ち着けてサポートするためのタッチを教えています。動揺すると、私たちは感情的になりすぎて、自分に優しく語りかけるのを忘れてしまうことも少なくありません。思考から注意を逸らしてタッチなどの身体的感覚に集中させることにより、意識を頭から身体に向けるという行為は、困難なときに大いに役立ちます。

いろいろな種類のタッチを試して、どんな感じがするか確かめましょう。タッチは各種15秒ほど続け、その体験をしっかり味わいます。身体への効果も確認しましょう。気持ちをなだめて安心させてくれるタッチを1種類、力強さや自信やサポートを感じさせてくれるタッチを1種類見つけることが理想的です。感じ方は人それぞれですから、自分に最適なものが見つかるまで試してみてください。

自分を落ち着ける優しいタッチの例

- 片手または両手を胸に当てる
- 両手で顔をさする

- 両腕を優しくなでる
- 腕を交差させて、自分を優しく抱きしめる
- 自分をハグし、前後にそっと揺れる

自分を力強くサポートするタッチの例

- 片方の手を拳にして胸に当て、もう片方の手をその上に重ねる
- 片手または両手で、エネルギーの中心であるみぞおち（胸郭の真下、へその上5センチほどの場所）に触れる
- 片方の手を胸に、もう片方の手をみぞおちに当てる
- 片方の手で、もう片方の手を握りしめる
- 両手を腰にしっかりと当てる

ストレスや困難を感じる状況ですぐに使用できるような、「頼りになる」タッチを見つけることが理想的です。ひとまず2種類を選び、感情的または身体的な不快感を覚えたらいつでも使ってみましょう。あまりの苦しさに頭ではまともに考えられないような場合でも、タッチすることで身体にコンパッションを伝えられます。これは自分を思いやり、サポートするための、驚くほど簡単で効果的な方法です。

セルフ・コンパッションを持つ難しさ

私たちの中には、自然にしていてセルフ・コンパッションが高い人もいれば、そうでない人もいます。その原因の一つとして挙げられるのが、どのように育てられたか、ということです。親が子供を安定的に養育し、優しく扱うと、哺乳類のケアシステムが十分に作用し、うまく機能するようになります。そのように育てられた子供は、大人になったとき、親の支援的な態度を高い確率で自分のものとして内面化します。[32] 一方で、親が子供を厳しく批判したり、育児放棄や虐待を行ったりしていた場合は、セルフ・コンパッションを持つことが難しくなりがちです。[33]

親に対して感じた安心感の度合いを、愛着スタイル尺度[34]と呼びます。親と安定した愛着を形成した人――親が一貫して温かく、思いやりがあり、子のニーズを満たしていた――は、自分を安心や支援を受けるに値する存在だと感じる傾向があり、自分に優しい大人でいられます。[35] 親が不安定だった――親は心の支えになることも、ならないこともあった――人や、親から育児放棄を受けていた人は、自分を無価値で愛されない存在だと感じやすくなり、セルフ・コンパッションを持つことは通常より困難です。親から心理的、身体的、性的な虐待を受けていた人は、タッチケアの合図を恐怖と混同してしまうこともあるでしょう。自分にコンパッションを向けるのがとても恐ろしく感じられるかもしれません。[36]

私の同僚であり、臨床心理士であり、洞察に満ちた著書 ***The Mindful Path to Self-Compassion*** (未邦訳)を書いたクリス・ガーマーは、上記の傾向を自分のクライアントによく見出していました。そして、これを説明する言い方として、消防用語である「バックドラフト」を思いつきました。[37] 密閉された部屋や風通しの悪い部屋で火事が起きたとき、消防士は慎重にドアを開けて消火活動を行います。室内の酸素が火によって使い果たされた状態で急にドアを開けると、新鮮な酸素が流れ込み、火の勢いがさらに強くなるからです。この状態は危険で、爆発を招く恐れもあります。同様のことは、セルフ・コンパッションでも起こり得ます。私たちが心のドアを固く閉ざすことで、幼少期の痛みに対処しているとしましょう。そのドアが開き始め、愛という「新鮮な空気」が流れ込んでくると、私たちは自分の内に閉じ込めていた苦しみに気づきます。この苦しみは、不快な形で噴出し、私たちを圧倒することもあります。バックドラフトを経験するのは、過去にトラウマを負った人だけではありません。困難な感情を手懐けるために心を閉ざしたことのある人なら誰でも、セルフ・コンパッションの実践を始めたばかりのときにバックドラフトを経験する可能性があります。これは、実際には良い兆候であり、癒しのプロセスが始まったことを意味しています。

バックドラフトほどは恐ろしくない比喩も紹介しましょう。雪かきをしているところを想像してみてください。手が凍りついてしびれ、その後に部屋に入って温まると、激しい痛みが生じます。手と同じように、凍りついた心をも解かさなければなりません——たとえ痛みを感じても、それは素晴らしいことです。ただし、焦って進もうとしてはいけません。消防士が斧を持っている理由の一つは、燃えている建物の外周に穴を開け、空気をゆっくりと招き入れるためです。ときには同じことを自分にする必要があります。つまり、勢いが強くなりすぎないように、ゆっくりとコンパッションを取り入れるのです。セルフ・コンパッションの実践は、セルフ・コンパッションのある方法で行わなければならない、ということです。

自分が必要としているものを自分に尋ねてみると、「しばらくセルフ・コンパッション以外の何かに集中したい」という答えが返ってくるときがあります。そんなときは、別の間接的な方法を見つけて自分を思いやると良いでしょう。お風呂に入ったり、散歩をしたり、犬をなでたり、お茶を飲んだりしてみてください。実際に自分に優しくする行動をとるのです。こうした自分を思いやり、自分のニーズを満たす行動は、コンパッションを習慣づけるのに役立ちます。より気持ちが安定してきたら、さらにはっきりと心を開く実践を再開しましょう。

バックドラフト[38]に向き合う際には、マインドフルネスが非常に有効です。一つの対象に心を集中させると、私たちはいつでも自分を落ち着かせることができます。意識的に呼吸をしているときも、思考以外のことに集中している状態になりますから、やはり落ち着きを得られます。別の効果的な実践として、両足の裏で床をただ感じるという方法があります。これを行うと、意識が安定し、地に足をつけやすくなります。

WORK

4

足裏を感じる

研究によると、人は取り乱しているとき、足裏を感じることで感情を制御し[39]、冷静さを取り戻しやすくなるとされています。次に示すのはＭＳＣで教えている、バックドラフトに向き合うための重要な実践です。通常は立ったまま行いますが、座った姿勢で行っても構いません。

- 立ち上がり、まずは足裏が床についている感覚（触覚）に注意を向けます。
- 足裏の感覚を受容しやすくするため、足裏を前後左右に優しく動かしてみます。それが終わったら、足裏の感覚が変化するのを感じながら、小さな円を描くように膝を動かしてみます。
- 全身が床に支えられていることを感じます。
- 心がさまよいだしたら、再び足裏を感じることだけを意識します。
- 次に、足裏の感覚の変化に気づきながら、ゆっくりと歩き始めます。足を持ち上げる感覚、前に踏み出す感覚、足を床に置く感覚に注意を向けます。今度はもう片方の足で同じことをします。

これを交互に繰り返します。

- 歩きながら、片足の足裏の表面積がいかに小さいか、両足がいかに全身を支えているかを実感します。普段は当たり前のように懸命に働いてくれる両足に、ここで時間をとって感謝を伝えても良いかもしれません。
- 一歩踏み出すごとに、地面が盛り上がりながら自分を支えてくれる様子をイメージしても良いでしょう。
- 足裏を感じながら、ゆっくりと歩き続けます。
- 立った状態に戻り、意識を全身に広げます。感じられることは何でも感じ、ありのままの自分でいましょう。

セルフ・コンパッションは弱虫には向かない

文化は往々にして、セルフ・コンパッションに関する偽りの物語を生み出します。セルフ・コンパッションは人の意欲を奪い、人を軟弱にする甘やかしだというのです。私の研究に関する初めての大きな記事が『ニューヨーク・タイムズ』紙に掲載された時のことです[40]。読者から寄せられたコメントの多くが否定的であったことに、私は心底驚かされました。特に印象に残っているのが、「素晴らしい。まさに我々が必要としているのは、弱虫の国だ」という（皮肉の）コメントです。セルフ・コンパッションの強力な性質がほとんど理解されていないことに気づき始めました。セルフ・コンパッションは、思いやりや優しさと関連していることから、弱いもの、受動的なものと思われがちです。しかし、コンパッションは力強くも、活動的にもなり得ます。たとえば、ファーストレスポンダー〔救急措置のため現場に最初に駆けつける人〕は自分の命を危険にさらし、ハリケーンの進路から人々を救い出すこともあるでしょう。親が複数の仕事を掛け持ちして、子供を食べさせることもあるでしょう。教師が低賃金に耐えてスラム街でコツコツと働き、生徒が貧困の連鎖を断ち切れるよう手助けすることもあるでしょう。これらはみな、素晴らしいコンパッションの行為です。

仏教の教えでは、この強力で行動志向なコンパッションを「強さのコンパッション」と呼んでいます。強さのコンパッションは、苦しみや不正に立ち向かう力です。シャロン・サルツバーグはこれを、優しさ、明確さ、強さ、バランス、行動を結びつける一種の厳しい愛（tough love）

だと語ります。[41]仏教学者のボブ・サーマンは、これを「熱の力による強力なエネルギーであり……内なる強さと決断力を育むために利用できるもの」と表現します。[42]自分の苦しみを和らげるため、そして今この瞬間に真に必要なものを自分に与えるため、私たちは利用できる全ての反応を――強さや優しさを――呼び起こさなければなりません。このセルフ・コンパッションの二面性は、陰と陽に例えることで理解しやすくなります。

セルフ・コンパッションの陰と陽

陰と陽の概念[43]は、古代中国の哲学に由来します。この概念が前提としているのは、普遍的なエネルギーの原理には2つの面があり、それらは常に対立し合っているという考え方です。陰は静けさを表し、陽は動きを表します。陰が柔らかさ、従順さ、受容、養育のエネルギーであるのに対し、陽は堅さ、荒々しさ、威厳、目標志向のエネルギーです。歴史的に陰は女性性と結びつけられ、陽は男性性と結びつけられてきましたが、性別にかかわらず、どちらも人間が生きていくために不可欠な側面だと考えられています。なぜなら、陰と陽は「気」（生命エネルギー）の相補的な表出であり、それぞれが健康とウェルビーイングにおいて重要な役割を担っているからです。実際、この観点から、病気は陰と陽のエネルギーのバランスが崩

れることで起きると言われています。有名な陰陽のシンボルに見られるように、暗い色が表す陰と、明るい色が表す陽は、ネガティブとポジティブの両極を示しながらも互いの要素を含み、根本的な非二元論を象徴しています。この陰陽の考え方は、強さのセルフ・コンパッションと優しさのセルフ・コンパッションの主要な違いを見事に反映するものです。セルフ・コンパッションがこうした視点から検討されることはほとんどありませんし、私自身も中国哲学に詳しいわけでは全くありません。それでも、陰陽という考え方はわかりやすいので、敬意と謙虚さを持って参考にしています。

陰の資質を持つ優しさのセルフ・コンパッションは、受容的な方法で自分と「共に在る」ことを意味します。自分を慰め、孤独ではないと安心させ、痛みと共存するのです。これがセルフ・コンパッションの癒しの力です。優しさのセルフ・コンパッションは、泣いている子供を揺らしてあやす母親によく例えられます。傷ついているときや、無力感に苛まれているとき、自分をなだめ、自分の痛みを認め、ありのままの自分を受け入れるために共にいるようにするのです。思いやりのエネルギーを利用し、普段は大切な他者に注がれやすいそのエネルギーを、自分の内側へと向けます。優しさのセルフ・コンパッションを体現するときの感覚は、**愛とつながりを持って今に在ること**と表現されることがあります。これは、自分への優しさ、共通の人間性、マインドフルネスと対応する感覚です。優しさを持って痛みを受け入れると、自分への愛を感じます。共通の人間性について思い出すと、つながりを感じます。痛みに対してマインドフルになると、自分が存在していることを感じられます。「愛とつながりを持って今に在ること」によって、痛みは耐えられるものへと変容していくのです。

陽の資質を持つ強さのセルフ・コンパッションは、苦しみを和らげるために「この世界で行動すること」と関わっています。その表れ方は必要とされる行動によって異なりますが、自分を守ったり、自分に与えたり、自分を動機づけたりすることと絡んでいる場合がほとんどです。このコンパッションの活動的なエネルギーは、母グマが、脅かされた自分の仔を猛然と守ったり、魚を獲って仔に食べさせたり、資源の枯渇した縄張りを離れて豊かな新天地を探したりするときのエネルギーに例えられます。優しさを自分の内側へ向けられるのと同様に、この母グマの勇猛なエネルギーもまた、内向きにすることが可能です。私たちは立ち上がって自分を守り、心身に滋養を与え、自分を養い、モチベーションを高め、力強く生きるために必要な変化を起こすことができるのです。

セルフ・コンパッションの本質にあるのは、「今、私には何が必要か?」という問いです。より具体的には、「私の苦しみを和らげるには何が必要か?」ということです。この問いに対する答えは、状況に応じて変化します。ときには、あらゆる人間らしい欠点を抱えた自分を受け入れなければなりません。この場合に求められるのは、優しさのセルフ・コンパッションです。

一方で潜在的な危険から自分を守らなければならないときは、コンパッションは別の形で表れます。この場合の自分への優しさとは、すなわち**勇気**です。私たちは境界線を引くために、ノーを言うために、鋼のように強くなるために必要な勇気を見つけるのです。共通の人間性

〔自分を含め誰もが不完全な存在であるという理解〕によって、自分が孤独に戦っているわけではないことを、誰もが公正に扱われるべき人間であることを認識します。他者と協力し、正しさのために立ち上がることで、**エンパワメント**されます〔権限や力を与えられる感覚を持つということ〕。マインドフルネスは、**明確さ**と決断力を持って行動することを可能にしてくれます。私たちに真実を見せ、真実を語らせます。セルフ・コンパッションの目的が危険から自分を守ることである場合、私たちが体現するのは**勇気と自信を持ったクリアな状態**です。

自分を養いたいとき、つまり、幸せになるために必要な何かを自分に与えたいときには、コンパッションの形は再び変化します。この場合、自分への優しさとは、自分を感情的、肉体的、精神的に**充足**させることを意味します。私たちは自らのニーズの重要性を理解し、それを満たすために行動を起こします。共通の人間性によって、自分と他者を**バランスの取れた**公平な方法で満足させます。利己的になることも、他者のニーズに従うこともありません。自分を含めた、あらゆる人の欲望を尊重します。マインドフルネスは、**自分らしく**ある力を高め、自分が心の奥底で真に求めているものに気づく力を高めてくれます。その結果、必要なものを自分に与え、自らの価値観に忠実でいられるようになります。セルフ・コンパッションの目的が自分を養うことである場合、私たちが体現するのは**満ち足りてバランスの取れた自分らしさ**です。

最後に、目標を達成したり変化を実現したりするために自らを動機づけたいときには、また別の形のセルフ・コンパッションが必要とされます。ここで自分への優しさとして求められるのは、自分を**励まし**、サポートすることです。優秀なコーチがアスリートを奮起させたり、親が子供にやる気を起こさせたりするように、何か違うことをしてみてはどうかと自分に促すのです。建設的な批判やフィードバックを活用すると、ベストを尽くしやすくなります。共通の人間性を自覚すると、失敗から学べます。私たちは**英智**を駆使し、どのように行動を修正すべきかを判断します。自分が今後も必ず間違いを犯すであろうことを、しかしそこから成長できるであろうことを理解します。マインドフルネスは、何をなすべきかに気づくためのビジョンを提供してくれます。このビジョンを通して、私たちは自分のためにならない行動を認め、より役立つ行動を模索できるようになります。次のステップをはっきりと見据え、目標に集中したままでいられます。セルフ・コンパッションの目的が自分を動機づけることである場合、私たちが体現するのは**励ましと英智を導くビジョン**です。

慈悲の仏である観世音菩薩[44]（「世界の嘆きの声を

セルフ・コンパッションの表れ方			
目的	**自分への優しさ**	**共通の人間性**	**マインドフルネス**
共に在る（優しさ）	愛	つながり	今ここにいること
守る（強さ）	勇気	自信	明確さ
養う（強さ）	充足感	バランス	自分らしさ
動機づける（強さ）	励まし	英智	ビジョン

聞く人」という意味）は何本もの腕を持ち、それぞれに苦しみを和らげるための異なる道具を携えています。表は、私たちが利用できるセルフ・コンパッションのさまざまな形をまとめたものです。自分を思いやるためのこれらの方法については、以降の章で一つずつ詳しく探っていきます。ですから、今はよくわからなくても心配しないでください。

不思議に思う人もいるでしょうが、強さのセルフ・コンパッションに３つの形があるのに対し、優しさのセルフ・コンパッションには一つの形しかありません。その理由は、自分の痛みと「共に在る」ことが、静的な状態（stillness）だからです。共に在るために必要なのは、開かれた心を持って物事をありのままに受け入れることですから、主要な形は一つです。この開かれた心がどのように表出するかは、人によって少しずつ違うかもしれませんが（身体が癒される、優しい言葉が出てくるなど）、全てはコンパッションに満ちた在り方の下に集約されます。一方で苦しみを和らげるための行動は、多様な形があります。実際には３つ以上、もっと多くあっても不思議ではありません。セルフ・コンパッションの行動としての表出は、人間のニーズ同様にさまざまです。とはいえ、守る、養う、動機づけるという３つの主要な形は、苦しみを和らげるために使用できるセルフ・コンパッションの行動の根幹を成すものです。

WORK

5

セルフ・コンパッションを感じる動作

セルフ・コンパッションの3要素は、どんなニーズを満たすかによって、それぞれ異なる感覚をもたらします。そして、私たちはそのエネルギーを実際に体感することが可能です。MSCプログラムでは、強さのセルフ・コンパッションと優しさのセルフ・コンパッションを実感として参加者に捉えてもらえるよう、この実践を教えています。このエクササイズは立ったまま行うのが理想的ですが、座ったまま行っても構いません。

一連の動作を行うと、さまざまに表出するセルフ・コンパッションを身体で感じられるでしょう。最初に大切なのは、セルフ・コンパッションが欠落している感覚を探ることです。

- 拳を握り、身体にぎゅっと押し当てます。拳を握るとき、**あなたの中にどんな感情が生じるかを確かめてください**。緊張感、窮屈さ、ストレス、または締め付けられている感じに気づきませんか。これは**自己批判や抵抗の象徴**であり、私たちが自分自身と闘ったり、自分の痛みに抵抗したり、自分のニーズを無視したりするときに感じるものです。自己批判や抵抗は、たいてい無意識のうちに行われます。

次に、優しさのセルフ・コンパッションの感覚を探ってみましょう。

● 手を開いて、上に向けます。どんな感じがしますか？　特に、拳を握ったときと比べてどうでしょうか？　多くの人が気づくのは、リラックス感、穏やかさ、落ち着き、受容されている感覚です。これは、優しさのセルフ・コンパッションに組み込まれた**マインドフルネスの象徴**であり、開かれた広い意識を持って現実を受け入れるときに感じるものです。この感覚は、私たちが痛みを認め、それと共存することを可能にしてくれます。

● 今度は、腕を広げ、誰かに差し伸べるように前に出します。友人や大切な人をハグするところを想像すると良いかもしれません。このとき、どんな感じがしますか？　つながり、連帯感、または広がりを感じられるでしょうか。これは、優しさのセルフ・コンパッションに組み込まれた**共通の人間性の象徴**であり、私たちが個々の存在である自分を超え、他者を内包するときに感じるものです。孤独ではないのだとあらためて感じられたとき、この感覚は生じます。

● 腕を伸ばした状態から、片方の手をもう片方の手に重ね、ゆっくりと胸の中心に持ってきます。胸の上で、手の温かさと軽い圧迫感を受け止めてください。穏やかに呼吸をしましょう。このとき、どんな感じがしますか？　ほとんどの人は、安心感、癒し、温かさ、リラックスを感じると言います。これは、優しさのセルフ・コンパッションに組み込まれた**自分への優しさの象徴**であり、私たちが自分に愛を与えるときに感じるものです。この感覚は、とても良い気分をもたらすこともあります（バックドラフトを経験している場合は別ですが、それはそれで構いません）。

- 最後に、上記をまとめて一つの動作として行います。手のひらを上に向け、腕を伸ばし、両手を胸に持っていきます。このときに感じられるのは、優しさのセルフ・コンパッションの総体的な感覚、すなわち**愛とつながりの在り方**です。

強さのセルフ・コンパッションは、これとは違う形で表れます。どう表れるかは、その目的に応じて変わります。

- 可能であれば立ち上がり、武道で呼ばれるところの「騎馬立ち」をしましょう。足を腰幅に広げ、膝を少し曲げて、骨盤を前に傾けます（背筋を伸ばして座っているだけでも構いません）。騎馬立ちは、重心が低く、バランスの良い安定した姿勢です。この姿勢をとれば、その場で必要とされるどんな行動にも出られます。

私たちはときに、自分を守ることを必要とします。

- 片腕をしっかり前に伸ばし、手のひらを前に向け、はっきりと大きな声で「ノー！」と言います。これを3回繰り返します。

● この動作のエネルギーが背骨を上下に伝わっていくのを感じられるでしょうか。それはどんな感じがしますか？ほとんどの人は、力強さや勇敢さを感じると言います。これは強さのセルフ・コンパッションのうち、**「勇気と自信を持ったクリアな状態」の体現**です。

私たちはときに、自分を養うこと、自分を幸せにするものを自分に与えることも必要とします。

● 腕を伸ばし、自分に必要なあらゆるものを集めるイメージで動かしてから、エネルギーの中心であるみぞおちに両手を置きます。両手を内側に持ってくるときに、「イエス！」と言いましょう。これを3回繰り返します。

● 「イエス！」と言うことで、身体に活力が湧くのを感じられるでしょうか。こうして自分の権利を主張してみると、どんな感じがしますか？　くだらないと感じるかもしれませんが、ひょっとすると満足感も得られるかもしれません。これは強さのセルフ・コンパッションのうち、**「満ち足りてバランスの取れた自分らしさ」の体現**です。

私たちはときに、困難に挑むために自分を動機づけることや、変化を実現するために自分をサポートして高揚させることを必要とします。

● 拳を突き上げて前後に振りながら、「あなたにはできる！」と情熱的に3回言います。

● 拳を前に突き出す動作の支援的なエネルギーを感じられるでしょうか。それはどんな感じがしますか？　前向きになれる感じがしますか、希望を感じられますか、それとも鼓舞される感じがしますか？　これは強さのセルフ・コンパッションのうち、**「励ましと英智を導くビジョン」の体現**です。

以上の動作は、日常生活で繰り返し行われることを目的としたものではありません。セルフ・コンパッションのさまざまな形を理解し、体験してもらうための実験に近いものです。ただし、いずれかの動作に高い効果を感じられる場合は、その場で必要とされる種類のセルフ・コンパッションを呼び出す手段として、いつでも使用して構いません。

陰と陽のバランス

セルフ・コンパッションの力が最大限に生かされるためには、陰と陽のバランスが保たれるように、陰が陽に、陽が陰に寄り添っていなければなりません。そうでなければ、セルフ・コンパッションは不健康な行動につながる恐れがあります。仏教には、「近くにいる敵」[45]という概念が存在します。これは、一見すると望ましい状態（つまり「近くにいる」）ながら、実際には害となる（ゆえに「敵」である）心の状態を指すものです。陰陽のバランスが保たれていないと、セルフ・コンパッションのいずれの形も、近くにいる敵に変わる可能性があります。たとえば、陰の「受容」が陽の「意志」を伴わないまま行動を起こすと、それは受動的な行動にも、自己満足な行動にもなり得ます。チベットのチョギャム・トゥルンパ師は、これを「愚か者のコンパッション」と表現しました。今この瞬間の自分を愛し、受け入れることが大切とはいっても、私たちはこの瞬間に甘んじることを望んではいません。牛の群れがあなたに向かって押し寄せてきたら、あなたはその状況を受け入れている場合ではありません。喫煙などの有害な行為にふけっているとき、または心理的な虐待関係などの悪い状況に置かれているときには、自分の痛みを受け入れるだけでなく、それに対して何らかの手を打たなくてはならないのです。

同時に、愛とつながりの在り方がないまま自分を守る力が生じると、その力は他者への敵意や攻撃性に変わることがあります。私は正しくてあなたは間違っているといったように、「私たち」対「彼ら」として状況を捉え始める人もいるかもしれません。コンパッションは常に、思いやりに満ちている必要があります。コンパッションは勇猛にも勇敢にもなり得ますが、攻撃的にはなりません。力づけることはあっても、威圧的にはなりません。真実をはっきりと語りますが、むやみに独善的ではありません。同様に、陰のエネルギーが不足している場合は、自分のニーズを満たそうとする行動が利己的になったり、向上したいという意欲が完璧主義に転じたりします。

この問題については後ほど詳しく掘り下げますが、まずお伝えしたいのは、陰と陽が調和され統合されているとき、セルフ・コンパッションはより建設的なものになるということです。無益な行動パターンを手放し、状況を改善すべく行動を起こします。それは、ありのままの自分が受け入れ難いからではありません。自分を思いやり、苦しめたくないと望むからです。こうした無条件の自己受容の中で安心感が高まるほど、私たちは高いエネルギーを持って自分を守り、自分のニーズを満たし、目標達成に挑むようになります。

強さのセルフ・コンパッションと優しさのセルフ・コンパッションを私と一緒に1年ほど実践してきた親友は、この取り組みのおかげで別人になれたと言います。私はテキサスに越してきてまもなく、ジェスと知り合いました。ジェスは私と同年代で、瞑想を実践しており、深刻なＡＤＨＤを抱えたビリーという息子を育てています。つまり、私と彼女は似た者同士というわけです。優しさのセルフ・コンパッションのおかげで、ジェスは息子の神経的な症状にうまく対処できるようになりました。ビリーが感情をあらわにしたとき、彼女は自分が必要とする優しさとサポートを自分自身に与えられるようになったのです。また、子育ての失敗を受け入れやすくなり、「私も一人の人間だ。できる限り努力はしているじゃないか」と自分を元気づけられるようになりました。しかし、優しさのセルフ・コンパッションだけでは、息子以上に挑戦的に振る舞う人物への対処には不十分でした。ジェスの母親のサマンサです。

誤解しないでもらいたいのですが、ジェスは母親を深く愛しています。にもかかわらず、サマンサはジェスを逆上させます。家族の年長者であるサマンサは、（中年の）娘が何か間違ったことをしているとき、それを指摘して直させるのは自分の権利だと思っています。サマンサは個人の権限の境界線を踏み越えるだけでなく、境界線の存在を認めようともしません。ジェスは母親の心からの思いやりを理解していましたが、余計なアドバイスによって常に侵害されていると感じます。「口出しばかりするんじゃなくて、私が間違うことを許してくれたらいいのに」。ジェスはいら立っていました。

ジェスはサマンサに対して、「お母さんの話は聞いているし、思いやりにも感謝している。でも自分のことは自分で決めるね。どうもありがとう」と説明し、良好な関係を長く保とうとするのがお決まりのパターンでした。長年練習を積んできた瞑想も、普段は役に立っていました。そう、普段はそれで良かったのです。問題は、ジェスの怒りがくすぶり続け、どこかの時点でついに爆発することでした。きっかけになるのは、たいてい些細な出来事です。たとえば、ある年の感謝祭の夕食で、スタッフィング（細かく切ったパンや野菜を七面鳥のお腹に詰めたもの）のお代わりはやめなさいとサマンサにさりげなく注意された時、ジェスはつい「くたばれ！」と言って食卓から立ち去ってしまいました。ジェスは後で最低の気分になり、激怒したことを恥ずかしく思いました。本来なら、家族に感謝するはずの日だったのに！　何年も瞑想を続けたにもかかわらず、いまだに付け合わせの料理をめぐって我を忘れることを思い、ジェスは希望を失っていきました。

私たちが強さのセルフ・コンパッションについて話すようになった頃、私はジェスにこう尋ねました。あなたの怒りが手懐けるべきものではなく、祝福すべきものだとしたら、その怒りはどんな風に感じられるだろうか。あなたの内なる母グマが、境界線を侵されそうになるたび立ち上がり、あなたを守ろうとすることに感謝してみてはどうだろうか。「ちょっと怖そう」とジェスは言いました。「いつか本当に我を忘れて取り返しのつかないことを言うかもしれない。私は母を愛しているし、母が本心で私を助けようとしてくれていることも知っているのに」「過剰反応してしまうのは、あなたにとって重要な一部である怒りの感情を、あなたが批判し、低く評価しているからじゃないかな」と私は言いました。「内なる戦士が現れたとき、あなたがその戦士を歓迎しながら、自分の優しさや愛に満ちた部分にも触れ続けていたらどうなるだろう？」ジェスはこれを試してみることにしました。

最初はかなり調子に波がありました。毎週の昼食会でサマンサに何かを指図されそうになると、ジェスは思いやりを持ちつつサマンサに指図をやめてもらうよう言うことにしました。しかし、どうしても怒りが抑えられず、サマンサを非難してしまうこともありました。強さのエネルギーと優しさのエネルギーをようやく結びつけられるようになってきたのは、その後しばらく経ってからのことです。あるとき、ジェスは私に電話をかけてきて、サマンサに再び自分の権限を踏みにじられそうになったけれども、うまく処理できた自分を誇りに思うと伝えてくれました。「ビリーが学校でトラブルに巻き込まれたことがあってね。その出来事に私がどう対処したかを話していたら、違うやり方をすべきだったと母が言ったの。すると、私の身体の奥深くから荒々しい声が出た。『やめて！　ビリーのしつけ方をお母さんに指図されては困るの！』。その『やめて！』という声の力に私も母も驚いたけれど、会話はすっきり終わって、それ以上は何も話さなかった」。ランチが終わって1時間ほど経った後、ジェスはサマンサから謝罪の電話を受けたそうです。「あなたの言うとおりだわ」とサマンサ。「私の出る幕じゃない。あなたはビリーのためによくやってくれた。ごめんなさい」。嫌な自分になることなく、これほどの力強さを持って母親に立ち向かえるようになった喜びに、ジェスの声は弾んでいました。

強さのセルフ・コンパッションと優しさのセルフ・コンパッションをどちらも鍛えることは、多くの苦しみの根底にあるバランスを崩した状態に働きかけ、人生を変える手段になると私は確信しています。幸いにも、セルフ・コンパッションは単なる概念ではなく、実践できることです。女性として自らの力を主張する中で、これら2つのセルフ・コンパッションの側面を強化し統合すれば、私たちは今日の世界が直面する課題に取り組めるようになります。女性は社会的刷り込みの結果、怒ったり勇敢になったり、人を不機嫌にすることを避けるようになりました。ですが、私たちはもう波風を立てないように受け身でいるわけにはいきません。むしろ、波風を立てなくてはならないのです！　セルフ・コンパッションは、いつでも後ろのポケットに忍ばせておいて発揮できる強大な力です。この強大な力が自分にあることを思い出し、それを思い切って使いましょう。必要なことはただそれだけです。

第2章

強さのセルフ・コンパッションとジェンダーとの関係

どうして人は「タマを育てろ」〔「根性を鍛えろ」の口語的表現〕って言うのかしら？　男性のタマは弱くて繊細なのに。屈強になりたければ、ヴァギナを育てなさい。ヴァギナはどれだけ強く打たれたって屈しない。[1]

――ベティ・ホワイト、俳優兼コメディアン

強さのセルフ・コンパッションを育むことが女性に必要な理由の一つは、性役割のステレオタイプ、すなわち男らしさや女らしさといった社会の慣習的な見方によって、女性にとって意義ある力の表し方が制限されているためです。ほとんどの文化では、女性は「共同的」(communal) であり、男性は「作動的」(agentic) であると考えられています。[2] こうしたステレ

オタイプは、陰の資質である優しさや、陽の資質である強さと密接に関わっています。女性が繊細で、温かく、協調的で、他者の幸福を気にかける存在と見なされるのに対し、男性は強く、攻撃的で、目標志向で、自立した存在と見なされます。つまり、優しさは女性のもの、強さは男性のものと見られているのです。

ジェンダーのステレオタイプは、実際の個人の感じ方や振る舞いと相反することも少なくありません。世間には、作動的というよりは共同的な人（女性性優位型）も、共同的というよりは作動的な人（男性性優位型）も、作動的でも共同的でもないという人（未分化型）も、作動的であり共同的でもあるという人（両性具有型）も存在します。これら全ての特性は、性自認とは区別されます。性自認とは、個人が自分の性を、身体の性と一致している（シスジェンダー）と感じるか、身体の性と反対（トランスジェンダー）だと感じるか、そのどちらでもある（ジェンダーフルイド）と感じるか、どちらでもない（ノンバイナリー）と感じるか、という概念です。また、特定の性自認を持つ人々の間でも、作動的か共同的かという程度には差があります。人間は信じられないほど複雑で、多様性に富んでいます。問題が現れるのは、そんな私たちを社会が狭い箱の中に押し込めようとしたときです。

女性は文化的に、優しさを育むことを奨励されますが、強さを育むことは奨励されません。男性は優しい面を抑制せよ、代わりに強くあれと教えられます。本来、人格の全体性を育むには、陰と陽が調和され統合されていなければなりませんが、性役割の社会による刷り込みは、男女が半分の人格しか持てないことを意味しているのです。陰と陽の発達が性役割によって阻害されるという事実は、それらの表出が極端になることも意味します。陰は「お砂糖とスパイスとあらゆる素敵なもの」になり、陽は『ランボー』や『G．I．ジョー』になるというわけです（マザーグースに、「女の子は何でできている？　お砂糖とスパイスとあらゆる素敵なものでできている」という一節がある）。性別に関わりなく、陰と陽を健康的かつ調和的に統合して循環させるためには、この性役割という制限を乗り越えなければなりません。

ジェンダーによる行動への強い期待は、男女どちらにとっても問題になります。男性を傷つけているのは、穏やかさ、繊細さ、弱さを恥とする有害な男らしさの文化です。[3] 心理学者が主張してきたように、こうした規範は、人間関係を犠牲にして攻撃性を重視することにより、男性の感情的知性（EQ）を損なわせます。[4] 言い換えれば、男性の場合は、陰の資質である優しさを育むことで貢献度を高められるのです。しかし、陽の特徴である勇猛さを育むという女性のニーズは、さらに重要です。限定された性役割は男女双方に心理的な害を及ぼしているかもしれませんが、男性は指導的役割と利用可能なリソースを与えられているという点で、偏った恩恵を受けています。これに対して、勇敢な行動を犠牲にして優しさを優先するという女性のジェンダー規範は、女性の権力や、不当な扱いに対抗する力に制限をかけています。

陰の資質である協調性や、他者のニーズへの配慮は、美しく不可欠なものです。とはいえ、それが陽の資質である自己主張や作動性と調和していないと、社会的不平等が続いてしまうのです。[5]

女性が「感じ良くあること」や他者に与えることを期待されながら、声を上げることや多くを求めることは期待されないと、女性は必要なものを得られず、男性は欲しいものを手に入れるという傾向が維持されます。女性の自己犠牲的な理想像は、異性愛者の女性は男性のニーズを――セックス、出産、家事、育児に関して――満たしてくれるだろうという期待を抱かせ続けます。このとき、女性がパートナーや社会から何を受け取るべきか、そして自分のために何をすべきかが考慮されることはほとんどありません。

女性が男性と肩を並べるつもりなら、立ち上がり、自分が欲するものや必要とするものを求める能力が不可欠です。女性が一方的に社会を変えるのは難しく、男性にも役割を果たしてもらわなければなりません。しかし、窮屈なステレオタイプを打破することは、社会変革を実現する重要な手段の一つです。私たちは、攻撃的で利己的になったり、優しさを欠いた残酷さを身につけたりすることで平等を得るべきではありません。そうではなく、白人至上主義、健康と富の極端な格差、地球温暖化を抱えた世界を苦しみから救い出せるように、自らの力を思いやりに向けるべきなのです。この課題に取り組むには、強さのセルフ・コンパッションと優しさのセルフ・コンパッションを調和させ、統合させる能力が何よりも大切です。

3匹の（性差別的な）子豚

ジェンダー間の不平等は、男性の女性に対する偏った見方に根差しているのではないかと考える人がいるかもしれません。しかし、現実はさらに複雑です。研究結果によると、性差別には少なくとも3つの形態があり、しばしば互いを支え合うように機能します。敵意的性差別は、男性は女性より優れているという思い込みを助長するもので[6]、偏見や差別と密接に関連しています[7]。この世界観を持つ男性は、フェミニストや女性CEOなどの、非伝統的な性役割を持つ女性を積極的に嫌悪します。たとえば、テレビ伝道師のパット・ロバートソンの発言を見てみましょう。「フェミニズムの課題は、女性の平等な権利と関わっているのではない。女性に夫を捨て、子供を殺し、魔術を行い、資本主義を破壊し、レズビアンになることを促すような、社会主義的で反家族主義的な政治運動と関わっているのだ」[8]。こうした見方は、社会規範に背く女性が実際に魔女として絞首刑に処されていた[9]1600年代から米国史に組み込まれてきました。そして今もなお、一部の社会にまん延しています。

その最たる例が、新型コロナウイルス感染症のパンデミック襲来前に開催を予定されていた、2020年10月の「Make Women Great Again（女性を再び偉大に）」会議です[10]。この会議は実際には開かれなかったため、単なる宣伝行為だった可能性も否定できませんが、その内容は敵意的性差別の典型でした。この3日間の男性の理屈で固められた会議は、女性の聴衆を相手に男性が講演を行うというもので、『ニューヨーク・ポスト』紙で「子宮のためのMAGAハット[11]」と紹介されました（MAGAハットとは、トランプ前大統領の選挙スローガンだった「Make America Great Again（米国を再び偉大に）」が刺繍された帽子のこと）。極右の講演者が名を連ね、女性がより女らしくある（すなわち従順になる）方法や、夫を満足させて「限りない数の赤ん坊」

を授かる方法を伝授することになっていたのです。彼らは参加者への約束として、次のように書いていました。「有害で脅迫的なフェミニストの教義に屈する必要はもうありません。古代から続く女性としての生物学的性質に逆らう必要もありません。男性が皆さんを助けに来ました」。このイベントを主催しようとしていたのは、「マノスフィア」を率いる人々[12]です。マノスフィアとは、女性嫌悪や女性への性暴力を助長する反フェミニズム的なブログやウェブサイト、オンラインフォーラムの集合体です。敵意的性差別者は常に過激であるとは限りませんが、レイプにまつわる俗説を支持し[13]（「嫌だったなら止められたはずだ」などと言って）性的暴行を正当化し続ける傾向があります。

これに対して、慈悲的性差別とは、女性を守ろうとする「肯定的な」形態の偏見です。このイデオロギーは、女性（少なくともジェンダーのステレオタイプに近い特徴を持った女性）に対するかなり好意的な見方を有し、女性を男性より生まれつき優しく、温かく、思いやりのある存在と捉えます。また、男性には女性を守り、大切にし、養う義務があると考えます。慈悲的性差別は、女性に最もふさわしいのは私的な家庭内役割であり、男性に最もふさわしいのは公的な指導者としての役割であるという領域分離のイデオロギーと強く結びついています。男女は分離されてはいるが平等であるという考え方です（法的には、少なくとも人種には適用できないものとして、１９５４年に連邦最高裁判所で否定されている考え方です）〔公立学校での人種隔離をめぐって争われた１９５４年のブラウン裁判で、「分離すれども平等」の原則は否定されました〕。この観点から言えば、男性の義務は導くことであり、女性の義務は従うことです。男性の義務は達成することであり、女性の義務は補助することです。男性の義務は守ることであり、女性の義務は育てることです。自分の妻を「伴侶」と呼ぶ男性は、彼女の共同的特性を心から称賛しているのかもしれません。しかし、彼はこの特性を自分の外にあるものと考えています。ある女性は、自分の親切で優しい性格を誇りに思っているかもしれません。しかし、彼女は夫の作動的資質に頼らない限り、自分を守ることも、自分を養うことも、自らの利益になる成功を収めることもできないと感じているかもしれません。慈悲的性差別の世界観においては、陰と陽両方の重要性や相補性が認識されてはいるものの、この二面性が個人の内部には据えられず、異性愛者のカップルなどの限られた場合のみ受け入れられています。陰と陽の性別による分離は、家父長制（および異性愛主義）を安定的に保つ接着剤になっているのです。[14]

敵意的性差別の考え方は女性より男性から強く支持されていますが、慈悲的性差別は多くの女性から支持を集めています。最も有名な支持者は、男女平等憲法修正条項への反対を推進したフィリス・シュラフリーです。シュラフリーは、フェミニズムによって家族の構造が脅かされるだけでなく、伝統的価値体系の中で女性に与えられる保護や経済支援といった恩恵までもが脅かされると感じていました。当然ながら、非対称的な依存関係と完全な平等とは両立しません。なぜなら、ケアを受ければ、その対価として権力、自分らしさ、選択を奪われることになるからです。男性の保護を受けるつもりなら、女性はその男性に積極的に挑戦することは許されません。女性は社会秩序の中で自分の居場所を確保するため、管理者としての男性のアイデンティティを支え続けなければならないのです。この場合の平等は、真の平等ではありません。

３つ目の現代的性差別は、単純に性差別の存在を否定するものです[15]。これは最も陰湿な形態の差別です。なぜなら、男女が異なる扱いを受けるのは当然だと主張するのではなく、男女は**すでに**等しく扱われていると断言するものだからです。現代的性差別は、不平等の存在を認めながらも（事実を否定するのは困難です）、それは女性にとって制度的不利益があるせいでは決してないと主張します。成功するかどうかは、主に個人の能力と意欲次第だと見なされます。作動的な男性が熱心に働いて成功を収めやすいのに対し、共同的な女性は育児や人間関係に注力しやすく、キャリアを中断しがちだというのです。

現代的性差別は、平等な扱いを求めて団結するフェミニストを、ルールに従って競争せず、自分に特別有利になるようにシステムを利用しようとするクレーマーと考えます。これは、女性にジェンダー均衡を達成させるための政策によって**逆差別されているのは自分たち**である[16]、という男性の主張を正当化するものです。このように、競争の場は公平だと考えれば、作動性が強い女性は理論的には男性と同等の成功を収められることになります。

現代的性差別においては、ジェンダー不平等は差別の結果ではなく、男性の作動性と女性の共同性という本質的な違いの結果であると見なされます。この見方の典型例を示すのが、トロント大学の教授であり、右派の英雄であるジョーダン・ピーターソンです。ピーターソンは、「女性は仕事よりも子供を優先しがちである[17]」という事実が男女の業績差につながっていると確信し、次のように述べています。「我々の文化が抑圧的な家父長制だと考える人々は（中略）

現在の序列が能力によって成り立っている可能性を認めたがらない」。

これら3つの形態の性差別に共通するのは、男性は作動的であり、女性は共同的であるという強固な思い込みです。この思い込みによって、不平等な現状が正当化されています。

性差別と生物学

性差別的な世界観を持つ人がよく主張するのは、作動性や共同性における性差は生まれつきのものだということです。一部の研究結果は、作動性または共同性に向かう傾向には生物学的性差がわずかにあるらしいことを示唆しています。たとえば、オキシトシンやテストステロンといったホルモンの性差[18]は、女性の共同的行動と男性の作動的行動にそれぞれ影響を与えているようです。オキシトシンが思いやり、親和性、社会的絆を促進するホルモンであるのに対し、テストステロンは競争力、意欲、攻撃性といった作動的資質と関わっています。また、女性の脳が共感性や協調性に優れていることを示唆する神経学的な証拠も存在します。[19]赤ん坊のニーズを理解する母親の能力が種の生存に不可欠であることを考えると、この証拠は進化的にも妥当です。

とはいえ、生物学と社会的な力は常に互いに影響し合っています。たとえば、権力を体感すると、男女ともにテストステロンが増加します。[20]ある研究では、参加者を模擬的な職場に置き、[21]部下を解雇する演技をさせたところ、その後の検査で女性のテストステロンが著しく増えたことがわかりました。同様に、乳児の世話に費やした時間は、男女のオキシトシン濃度に影響します。[22]

生物学に基づく遺伝的素因がどのような行動として表出するかは、それが起こる環境状況に左右されます。たとえば、男の子は女の子より身体機能が活発で、女の子は男の子より集中力が高いというわずかな生物学的傾向が存在します。[23] しかし、動きを必要とする荒っぽい遊びを親が男の子と行いがちな場合や、集中力を必要とするごっこ遊びを女の子と行いがちな場合には、そうした親の行動によって生物学的な傾向が大きく増幅されます。[24]

一般に、個人差がより大きいのは性別集団間ではなく性別集団内であり、男女の差異は極めて小さい傾向にあるという研究結果が出ています。この結果は、生物学を性差の主要因[25]とする説に異議を唱えるものです。ジェンダー・ステレオタイプの根底にわずかな事実が存在するとしても、それは社会的要因によって誇張された、[26] 限りなく小さな真実でしかありません。したがって、作動性や共同性におけるあらゆる性差を検討する場合には、社会による刷り込みについて考慮する必要があります。

ジェンダーの地図

私たちは幼い頃から、女の子ならピンクの服を着せられ、おもちゃの人形を与えられ、良き女性は愛らしく、養育的で、思いやりがあるというメッセージを受け取ります。男の子は青い服を着せられ、おもちゃのトラックや銃を与えられ、良き男性は強くて活発だというメッセージを受け取ります。このようにジェンダーに紐づいた理想像は、大人になったときアイデンティティの中心に据えられます。人生のほぼあらゆる重要な領域に影響を及ぼし[27]、自分の行動や他者の行動を、どう解釈するか方向付けます。ジェンダーの刷り込みが起こる過程を理解することは、その束縛からの逃れ方を知るヒントになります。

私たちは子供の頃に、ジェンダーで規定された役割、特徴、活動についての詳細な――しかし言葉にされることはめったにない――取扱説明書を内面化します。この説明書はジェンダースキーマと呼ばれます[28]。スキーマとは、心の地図のような働きをする組織化された知識構造のことです[29]。スキーマは無意識のうちに機能し、私たちの心理的認識にフィルターをかけ、全てのことへの意味付けを助けるのです。

北米の例で言えば、私たちは誰かの誕生日パーティーに招待されたとき、そこで何が起きるかをわかっています。なぜなら、誕生日パーティーのスキーマを持っているからです。私たちはプレゼントを持っていく必要があることを知っています。ケーキとろうそくが用意されるだろうと予測できます。それがサプライズパーティーなら、しばらく無言のままでいて、誕生日の人が部屋に入ってくる瞬間に「サプライズ！」と叫ぶべきだとわかっています。要するに、スキーマは私たちが物事の意味を理解するのに役立っているのです。スキーマを使って人々を分類することにより、行動の予測が可能になり、パーティーに何を着て行くべきか、他人はどう行動するか、どんなプレゼントを買うべきかといった期待が形成されやすくなります。

物事がスキーマに一致しないと、私たちは落ち着かない気持ちになります。これがいわゆる「認知的不協和」[30]です。以前、同僚が、認知的不協和を効果的に使った話を聞かせてくれたことがあります。彼女はボーイフレンドの誕生日にサプライズをしようと、彼の友達全員に裸になってもらい、部屋に入ってくる彼を待ち構えました。「サプライズ！」と叫んだ時、彼は本当に驚いていたそうです！（その顔を見られたら良かったのですが）人間は不協和を経験したがらないため、心を懸命に働かせ、スキーマが一致しているときの落ち着いた感覚を得ようとします。可能な場合には、スキーマに合わせて情報を歪めてしまうこともあります。したがって、料理をしている男の子の写真を、料理をしている女の子の写真と記憶する人がいても不思議ではないのです[31]。

自分の先入観に一致しない情報を無視すると、スキーマは強化されます。研究によると、女子学生は自分の数学的能力に自信を持ちにくく[32]、たとえ科学で男子学生より高い成績を収めても、科学的才能に劣ると男子から判断されるそうです[33]。成績の情報が無視されるのは、「男性は女性より数学や科学が得意である」というスキーマに一致しないためです。これをもたらしているのは、「女性は男性より知能が低い[34]」という一般的な感覚ではありません。女子は読み書きの能力については男子と同程度に自信を持っており、男子もそれに同意しています。というのも、「男子のほうが読み書きが得意である」というスキーマは存在しないからです。

スキーマは無意識のうちに保持されることが多い[35]ため、私たちはその広範な影響を自覚しません。男女は平等だと考えている人でも、この目に見えない認知のフィルター[36]に影響を受けています。意識のうえでは、男女は同じくらい有能だと判断していたとしても、評価の基準となる明確な情報が少ない場合は特に、男性は作動的で女性は共同的であるというステレオタイプに頼って判断を下しがちです。この無意識のステレオタイプは、私たちが自分で選択して得たものでも、理性的な思考に根差すものでもありません。私たちはこのステレオタイプを、触れてきた本や映画、テレビ番組、音楽などから吸収したのです。そこでは、男性が力強く作動的な存在として、女性が思いやり深く養育的な存在として描かれます。こうした偏見はあまりにも空気のように浸透しているため、気づくのは困難ですが――私たちはその空気の中にいるのです。

無意識のジェンダー・バイアスを研究する際に一般的なのが、男性名か女性名かという点だけが異なる人物のプロフィールをさまざまな参加者に読んでもらい、性別による反応の違いの有無を見極める方法です。デューク大学経営大学院の研究チームは、建築家とされる人物の名前がキャサリンではなくジョンだった場合、家のデザインはより革新的だと見なされることを突き止めました。[37] ニューヨーク大学の研究チームは、担当部長の名前が男性だった場合、ビジネス戦略はより独創的だと評価され、この部長は賞与、昇給、昇進によりふさわしい人物と判断されることを発見しました。[38] 同様に、複数のメンバーを含む共同プロジェクトを評価する際には、女性の貢献に関する情報が明確でない限り、チームの成功は男性メンバーの手柄と認められやすいこともわかりました（第9章では、強さのセルフ・コンパッションが働く女性に役立つ理由を検討し、無意識の偏見が及ぼす悪影響についても詳しく掘り下げます）。

残念ながら、ジェンダーのステレオタイプは私たちの精神に深く刻み込まれており、簡単には変化しません。過去30年間で、女性は社会において多くを獲得し、人々は以前に比べて平等主義的な態度を取るようになりました。しかし、ある研究によれば、男性は作動的で女性は共同的であるとのステレオタイプは、1983年から2014年までの間にほぼ変わっていないそうです。[39] こうしたステレオタイプは、時間と共に驚くほど頑強になり、加齢に伴って根深くもなるようです。

私はテキサス大学オースティン校に着任してまもなく、自分の実験室でジェンダー・ステレオタイプの研究を行いました。支配性（指導力がある、自立している）や従属性（従順である、他者のニーズに敏感である）に関連する特性に重点を置き、ジェンダー・ステレオタイプが初期青年期（10〜14歳）から初期成人期（18〜40歳）にかけてどう発達するかを観察したのです。[40] その結果、性差への意識は、加齢に伴っていっそう極端になることがわかりました。初期成人期の人々は初期青年期の人々に比べ、かなり多くの部分で、男性を支配的、女性を従属的と見ていました。これはおそらく、メディアに接する時間が長くなり、米国文化に関する知識が増えたためでしょう。私たちは彼らの潜在的な思い込みにも着目し、このような性差が存在する原因は何かと尋ねました。すると、若い女性の多くが「男女の育てられ方の違いが原因」と答え、若い男性の多くが「遺伝子やホルモンなどの生物学的差異が原因」と答えました。若い女性はまた、性差を女性への社会的刷り込みによるものと見ていたこともあって、より平等主義的な態度を有し、ビジネスや政治の場で女性に与えられる機会が増えるべきだと考えていました。

つまり彼女たちは、女らしい従属性というステレオタイプを強く意識しながらも、権力の不平等は根本的な不公平であると判断していたのです。このことは、抑圧的な性役割を私たちの力で変えられるという希望につながります。

私は誰？

内面化されたステレオタイプを克服するのが難しい理由の一つは、それがほぼ生まれながらに根付き、私たちの自己感覚が、共同的または作動的なものとしてジェンダーに紐づいたアイデンティティを中心に形成されるから[41]です。乳児は生まれてすぐに性別というカテゴリーを学び[42]、生後3カ月から8カ月の間に男女を知覚的に区別するようになります。4～5歳になる頃には、屈強さや勇敢さなどの作動的なパーソナリティ特性を男性と同一視し、穏やかさや優しさなどの共同的な特性を女性と同一視[43]して、ステレオタイプが深く刻み込まれます。

このステレオタイプは、与えられた性役割に適合しない人々への社会の反応を観察することで強化されます。優しく共同的な特性を示す男の子は、弱虫と呼ばれます。彼らはその不適合性のためだけではなく、女の子のように振る舞うことを非力さと解釈されるために、あざ笑われるのです。幼少期に作動的な特性を示す女の子は、ばかにされることなく、一般におてんば娘として受け入れられます。彼女たちの行動は社会での立場を下げるのではなく上げるものだ[44]

というのも理由の一部です。しかし、作動的な女の子が「おてんば娘」のレッテルを貼られるという事実自体が、そのように行動する女の子は「普通」ではないという事実を浮き彫りにしています。青年期になると、女の子は――特に異性愛者の女の子は――強いプレッシャーにさらされます。人気者になって恋愛を成功させるために[45]、性役割のステレオタイプに迎合しなければならないというプレッシャーです。他者から好かれ、受け入れられようとして、断定的な物言いを避け、性的魅力を重視し、自分の能力を軽んじ始めることもあります[46]。

成人期には、性的指向にかかわらず、押しの強い女性は社会からの反発を経験しやすくなります[47]。男性がとっても全く問題にされないであろう自己主張的な行動を女性がとると、嫌われ、侮辱され、信頼を失いがちになるのです。誰かの提案が不十分であるという理由で、男性がその案をきっぱり拒否すると、決断力と自信がある人物と見なされます。女性がそれと全く同じことをすると、支配的で嫌な女と見なされます。反発への恐怖心から、多くの女性は自らの勇猛な面を抑制し、社会的承認を得ようとしています（繰り返しますが、この問題については後で詳しく取り上げます）。

しかし、女性の心の健康と関連するのは、実際には共同的な特性ではなく作動的な特性なのです[48]。毅然とした態度で自分らしさを表現できる女性は、人生に対する高い幸福感や満足感を得ています。自己主張ができない女性は、課題に直面すると強い不安や落ち込みを感じます[49]。自分のするべきことを明確にし、それ以外はノーを言ったり、欲しいものを求めたりする能力がないと、ストレスを募らせ、感情にのみ込まれかねません。加えて、高度に共同的でありながら作動的ではないという女性は、二重の苦悩を抱える傾向があります。このタイプの女性は、ケアする人という役割に自分を強く重ね合わせるため、自分以外の大切な人の問題にも苦しむことになるのです[50]。

両性具有型で、作動性も共同性も高いという自己評価を下している女性は、いずれかの資質が未発達な女性より心の健康が良好に保たれている傾向があります[51]。研究で示されているように、両性具有型の女性はストレスと付き合うのがうまく、失敗から立ち直るのが上手です[52]。なぜなら、2通りの問題処理法[53]を持っているからです。状況の改善が可能な場合、彼女たちは積極的に行動します。変化が望めない場合には、落ち着いて物事を受け入れます。自分らしくいられ、ためらいなく本当の自分を表現[54]できるのも、両性具有型の女性です。

「未分化型」の女性、すなわち作動性と共同性の得点がどちらも低い女性は、最も苦労する傾向にあります。このタイプの女性は思いやりと自己主張の両方に問題を抱えていることから、個人的にも対人的にも苦境に陥ってしまうのです。繰り返しになりますが、勇猛さと優しさをどちらも育み、バランス良く統合することで、女性が全体性を持ち、健康になれるのは明らかです。

WORK 6

あなたの作動性と共同性の度合いを調べてみましょう

次に示す表は、テキサス大学オースティン校のジャネット・スペンスとロバート・ヘルムレイクが開発した「個人属性アンケート（Personal Attributes Questionnaire)」（PAQ[55]）の改良版です。PAQは、研究において男らしさや女らしさを測定する方法として、一般的に用いられています。

それぞれの特性について、**あなたが尺度上のどこにいるかを示す数字を選んでください。**

- 左側の選択肢があなたを言い表しているなら1を
- 右側の選択肢があなたを言い表しているなら5を
- どちらでもない場合はその中間の数字を選びます。

たとえば、「全く芸術的でない」から「非常に芸術的だ」までのどこに自分がいるかを決める場合、芸術的才能が全くないと思うのなら1を選びましょう。かなり得意な方だと思うのなら、4を選んでも良いかもしれません。ほどほどだと思うのなら、3ぐらいを選ぶのがおすすめです。

　だいたいの目安として、作動性または共同性の平均得点が3点より低い場合は、その特性が低いことを示します。3点より高い場合は、その特性が高いことを示します。

　作動性が低く共同性が高い人は女性性優位型、作動性が高く共同性が低い人は男性性優位型、どちらも低い人は未分化型、どちらも高い人は両性具有型に分類されます。

■得点の出し方

作動性の合計得点(奇数項目8つを全て足す)=	
作動性の平均得点(合計÷8)=	
共同性の合計得点(偶数項目8つを全て足す)=	
共同性の平均得点(合計÷8)=	

■個人属性アンケート（PAQ）

1	全く自立していない	1 2 3 4 5	非常に自立している
2	全く感情的でない	1 2 3 4 5	非常に感情的である
3	非常に受動的である	1 2 3 4 5	非常に能動的である
4	非常に受動的である	1 2 3 4 5	大いに献身的である
5	競争心が全くない	1 2 3 4 5	非常に競争心がある
6	非常に荒っぽい	1 2 3 4 5	非常におとなしい
7	決断を下すのに 困難を伴う	1 2 3 4 5	決断を 簡単に下せる
8	人のために自分を 役立たせることができない	1 2 3 4 5	人のために自分を 役立たせることができる
9	非常に簡単に あきらめる	1 2 3 4 5	簡単には 決してあきらめない
10	全く親切でない	1 2 3 4 5	非常に親切である
11	全く自信がない	1 2 3 4 5	非常に自信がある
12	全く人の気持ちに 心を配らない	1 2 3 4 5	非常に人の気持ちに 心を配る
13	強い劣等意識を 持っている	1 2 3 4 5	非常に優越感を 持っている
14	他人を全く理解しない	1 2 3 4 5	他人を非常に理解する
15	圧力に屈する	1 2 3 4 5	圧力によく耐える
16	他人との関係において 非常に冷たい	1 2 3 4 5	他人との関係において 非常に温かい

ジェンダーとセルフ・コンパッション

では、ジェンダーとセルフ・コンパッションにはどのような関係があるのでしょうか？　これは私が大いに関心を寄せてきた問いであり、研究の中で模索を続けているテーマです。女性は社会的刷り込みの結果として温かさや思いやりを育んだのだから、男性よりセルフ・コンパッションが高いはずだと考える人がいるかもしれません。しかし、研究が示しているのは逆の結果、つまり女性のセルフ・コンパッションは男性より低いという結果です。71件の調査をメタ分析したところ、その差はわずかながら、女性のセルフ・コンパッションの得点は男性より一貫して低いことがわかりました。[56]　女性のセルフ・コンパッションが低い原因の一つに、私たちが自己批判的になりがちだという事実があります。[57]　前述のとおり、脅威—防御反応は、しばしば自己批判、孤立感、過剰に自分のせいにするといった形で表出します。従属的な立場にいる人は、危険に対してより用心深くなければならないため、女性は安心感を得る手段として自己批判に頼らざるを得ないのです。

女性はセルフ・コンパッションの度合いでは男性に劣りますが、他者に向けるコンパッションの度合いでは男性に勝ります。[58]　成人約1400人を対象にＳＣＳ（Self-Compassion Scale）を実施し、それと類似のコンパッション尺度[59]を用いて、優しさ、共通の人間性についての感覚、他者の苦しみについてのマインドフルネスも評価したところ、女性は男性に比べてＳＣＳの得点がやや低かったものの、コンパッション尺度の得点では男性を大きく上回りました。[60]　自分より他者に多くのコンパッションを向けるという一般的な傾向は男女に共通していましたが、そのギャップがより極端なのは女性の方でした。男性では、自分より他者に著しくコンパッションを向ける人が67%、他者より自分にコンパッションを向ける人が12%、自分にも他者にも同程度のコンパッションを向ける人が21%存在していました。一方で女性では、自分より他者に著しくコンパッションを向ける人は86%、他者より自分にコンパッションを向ける人は５%、自分にも他者にも同程度のコンパッションを向ける人は９%しか存在しませんでした。

この結果は、女性が自分のニーズより他者のニーズを優先するよう教えられてきたことを反映しています。自分のニーズを満たすことのできる人間は権力によって決まり、女性は友好的な関係を維持するため、自分のニーズを男性のニーズに従属させてこなければなりませんでした。男性は女性以上に、自分のニーズを満たす権利があると感じていますから、自分自身にコンパッションを向けることにあまり抵抗がないようです。

ただし、セルフ・コンパッションの度合いに違いをもたらしているのは、生物学的性ではありません。社会的に刷り込まれた性役割が真の原因です。私たちが成人約１０００人を対象に別の研究を行ったところ、作動性と共同性を兼ね備えた両性具有型の女性は、男性と同程度のセルフ・コンパッションを持っていることがわかりました。[61] このタイプの女性は自信があり、自分を価値ある存在だと感じているため、苦しいときには自らが培ってきた「慈しむ」という能力を内側へ向けることができます。作動性と共同性が共に低い女性は、温かさと強さを生かして自らを思いやることができないため、セルフ・コンパッション度が最も低くなります。

こうした結果からわかるのは、私たち女性がセルフ・コンパッションを全面的に利用するにあたって、共同的な資質を捨てる必要はないということです。セルフ・コンパッションの可能性を最大限に引き出すには、作動性の感覚を強化し、陽を陰に調和させるだけで良いのです。

幸い、女性が思いやりに価値を置くように社会的に刷り込まれたという事実は、女性が男性に比べてセルフ・コンパッションを恐れにくく[62]、その技術の習得に前向きであるということも意味しています。厳密なデータをとっているわけではありませんが、だいたいMSCのワークショップに参加する人の85～90％は女性です。コンパッションを問題処理力や回復力の源として利用するという発想は、男性より女性に理解されやすいのかもしれません。また、幼い頃から他者を思いやるように訓練されてきた女性は、コンパッションの専門家に成長します。いかにして温かく親切で支援的でいられるかをすでに心得ているぶん、自分自身にもコンパッションを与えやすい立場にあると言えるわけです。

女性の共同的な性役割は穏やかなものになりがちですが、私たちが強く勇敢になることを許される状況が一つだけ存在します。我が子を守る場合のみにおいては、力強い母グマのように振る舞うことを奨励されるのです。共同性が作動性を従えること――すなわち、我が子を助けるために強い行動に出ること――は許容されるだけでなく、伝説のように語り継がれます。実際に子供を持っているかどうかにかかわらず、ほとんどの女性が自分の中に母グマのエネルギーを感じることができるのです。この思いやりの力を意識的に転換させ、内側に向けてみましょう。

性別を乗り越える

作動性と共同性、陰と陽のジェンダーによるステレオタイプによって私たちは、みな傷ついてきました。これら2つの不可欠な在り方を表出する能力に制限をかけると、成長は妨げられ、それぞれのエネルギーが歪められかねません。陰の資質である親切さ、受容性、理解力は、勇猛な陽のエネルギーから切り離されると、無力感や依存性に変形しやすくなります。陽の資質である勇気や行動力は、優しい陰のエネルギーから切り離されると、攻撃性、支配性、無関心に歪曲しやすくなります。

陰と陽が女性性や男性性と結びついていなかったら、どうなるでしょうか？　一人ひとりが独自の声を表現できるとしたら、何が起こるでしょうか？　どちらかの資質を優先するのではなく、両方を統合して使いこなすことは、決して不可能なことではありません。支配と従属の力学から陰と陽が解放されるとき、私たちは思いやりの力を利用して自分自身を変革できます。そしてこの力は、壊れた社会システムを変革する原動力にもなるのです。

ここ数年、私は自分自身の陰と陽のバランスを深く探求してきました。女性は文化によって勇猛な面を抑制されるのが普通ですが、人間としての旅はどれ一つとして同じではありません。私の場合は、自分の優しい面を取り戻し、統合するために旅を続けています。というのも、私は人生のほとんどの期間を、陰より陽に近い存在として過ごしてきたからです。これは意図的な選択でした。16歳くらいの頃、高校の廊下を歩いていた時の記憶ははっきり残っています。

男子から注目されるようになると、私は自己肯定感を得るため、魅力的でいなければ、人気者でいなければというあらゆるプレッシャーを感じるようになりました。私は自分にこう言い聞かせました。「くだらない！　私は美しくあることで世の中を渡っていくつもりはない。賢くあることで自分の道を進んでいく！」。男性の支援を当てにすれば非力になることを私が理解していたのは、2歳の時に、父が私たち家族を捨てたからです。良き夫に支えられて専業主婦になるという母の夢は絶たれ、母は生活のために（楽しくはない）秘書の仕事をしていました。私はそうなりたくはありませんでした。

そこで私は勉学に専念しました。UCLAへの全額支給奨学金を獲得した後、バークレー校で博士号を取得し、デンバー大学でポスドクの地位に、次にオースティン大学で教授の地位に就きました。私は基本的に学校から離れませんでした。知性は安心の源泉になってくれました。誰にも劣らず議論ができましたし、自分を強く保つのはたやすいことでした。セルフ・コンパッションを教えたり、息子を育てたりする中で優しい面もそれなりに育んできましたが、自分の強さと優しさははっきり分かれている感覚がありました。そして、多くの時間を**行動すること**――研究の実施、論文の執筆、トレーニング法の開発、講演などに――費やすうちに、私の陰と陽のバランスは失われていったのです。

そのことに気づいて以来、意図的に集中して、ときに知力に負けてしまう、自分のより柔軟で直感的な陰の側面を理解しようとしてきました。私は普段、導きを求めて女性の祖先に祈るなど、かなり非科学的なこともしています。知識への欲求を手放し、人生を信頼し、不確実性を受け入れる練習をしています。私という人間に備わった両方の在り方を称賛し、それらが自分の内部で融合し統合するよう促しています。

強さのセルフ・コンパッションと優しさのセルフ・コンパッションを意図的に同時に呼び起こすと、高い満足感と充実感を持てることを私は知りました。社会でも以前よりバランスの取れた状態で活動できるようになりました。時間が経つと普段の心がけを忘れ、中心から外れてしまいますが、そのたびに思い出して元の位置に戻るようにしています。セルフ・コンパッションは直線的に進行するものではなく、陰と陽を統合させたらそれで完了、ということにはなりません。継続的に喚起することを求められる反復プロセスです。自分に何が必要かを問いかけてみると、強さが多めに必要だという場合もあれば、優しさが多めに必要だという場合もあるでしょう。それでも、私たちには常に両方が必要なのです。

WORK
7
陰と陽の呼吸

この実践は、古典的な呼吸瞑想を利用し、陰と陽のエネルギーに働きかけて両者を調和させるものです。私は自分に備わった強さと優しさを統合するためにこれを開発し、現在はワークショップで教えています。すぐに効果を体感でき、自分の全体性を取り戻し落ち着いた感覚が高まるという声を多く聞く実践です（この実践の英語音声ガイドはFierceself-Compassion.orgで、日本語オリジナル音声ガイドはhttps://www.youtube.com/playlist?list=PLeqOLUj_FV7rWrGzqB2v0n58XJkUcOhleで入手できます）。

- 楽な姿勢で座り、背中をまっすぐにします。両手をみぞおちか、強さとサポートを感じられる身体の場所に置きます。
- 呼吸に注意を向けていきます。変えようとしたりコントロールしたりせず、ただ自然に呼吸します。
- 心がさまようこともあるでしょう。そうなったとしても批判せず、呼吸に注意を戻します。
- 次に、吸う息に特に注意を向け、息を吸い込むたびにその感覚に意識を向けます。
- 息を吸いながら、強さに満ちた陽のエ

ネルギーを吸い込んでいると想像します。背骨の付け根（仙骨）のあたりから力が湧いてくるのを感じましょう。

- 強さのエネルギーを、あなたの全身を流れる明るく白い光として想像しても良いかもしれません。
- これを約2分間、または必要に応じてもっと長く続けます。
- 大きく息を吸って5秒ほど保った後、息を吐き出します。
- 今度は、両手を胸の上または安心できる他の場所に置きます。
- 吐く息に注意を向け、息を吐くたびに自分がリラックスするのを感じます。
- 息を吐くときには、全ての努力を手放し、ありのままのあなたでいます。
- 息を吐くたびに、優しい陰のコンパッションが――愛とつながりをもたらす在り方が――広がっていくのを想像します。その感覚に包まれ、癒されていきます。
- この優しいエネルギーを、あなたの体内を流れる柔らかい金色の光と想像しても良いかもしれません。
- この呼吸を2分ほど続けます。
- 再び息を大きく吸い、5秒ほど保ってから吐き出します。
- 今度は、陰と陽を統合していきます。片手を胸の上に置き、もう片方の手をみぞおちか、心地良く感じられる他の場所に置きます。
- 息を吸いながら、力強さを吸い込んでいると想像します。息を吐きながら、優しさを吐き出していると想像します。
- これら2つのエネルギーが体内を自由に流れ、融合し、統合できるようにします。
- 海の流れのように自然に、内側へと外側のエネルギーが流れるようにしましょう。波が寄せては返すイメージです。

- 必要であれば、あなたが今この瞬間に最も必要としていることに応じて、吸う息または吐く息への集中をさらに強めても良いでしょう。
- これを約5分間、または続けたければもっと長く続けます。
- 目を閉じている方は、準備ができたらそっと目を開けます。

ここで注意したいのは、この実践に正しい方法はないということです。吸う息で優しさを喚起し、吐く息で強さに満ちたエネルギーを世に送り出すのがしっくりくるという人もいます。吸う息と吐く息の順番を入れ替えても構いません。いろいろなやり方を試して、自分に最適なものを見つけてください。

第3章 怒れる女性

真理はあなたを自由にします。しかしそれは、初めにあなたを怒らせます。[1]

——グロリア・スタイネム、作家兼活動家

党派投票により僅差でブレット・カバノーが連邦最高裁判事に承認された後、多くの社会評論家が考察したのは、カバノーの上院司法委員会の公聴会で怒りが担った役割についてでした。公聴会で自ら名乗り出て証言したクリスティン・ブレイジー・フォード博士は、上院委員会の前で驚くべき勇気を示し、10代の頃にカバノーから性的暴行を受けたというプライベートな記憶を詳しく述べました。その行動と同じくらい印象的だったのは、公聴会中のフォード博士の態度です。彼女は自らの専門分野であるトラウマの心理学については堂々と証言していましたが、それ以外の時間は、周囲の権力のある男性陣を懸命になだめようとする少女のように話していました。だからといって、彼女があの場にいることで示した勇気の価値が下がるわけではありません。素晴らしい行動でした。しかし、自分の話をわずかでも聞いてもらうには穏やかで愛らしくいなければならない、と彼女が感じていたことは明らかでした。

フォード博士は正しかったと思います。彼女がカバノーへの怒りをあらわにしていたら、「良き」女性のステレオタイプを破ったとして反感を買っていたでしょう。少しでも感情を爆発させていたら、その証言は信用できないものとして多くの人々の目に映ったでしょう。フォード博士は、被害者としての痛みを示すことは許されましたが、それ以上のことは許されなかったのです。

対照的に、カバノーが激怒するのはもっともだとして、多くの一般大衆や上院議員から称賛されました。怒りを示すことにより、彼は最高裁判事として承認されることを確実にしたのです。

感じの良い女の子は怒らない

怒りは、陽のエネルギーの強力な表現です。怒りは警報を発し、危険の存在を知らせます。脅威を減らすための緊急の行動を促します。成長の初期段階では男の子も女の子も同じ割合で怒りを経験しますが、女の子の怒りは男の子のそれと同じには扱われません。[2] よちよち歩きやおしゃべりを覚えるとすぐ、女の子は優しい資質を――愛想が良く、人の役に立ち、協調的であることを――示すよう親や先生に奨励される一方で、怒りという強さの資質を示すことには積極的に反対されます。[3] 大人は男の子の怒りを自然で受容すべきものと見なして反応しますが、女の子の怒りをそのようには受け止めません。[4] 小さな女の子は、「感じの良い」話し方をしなさいと男の子の３倍言いつけられます。[5] これにより女の子は、計画をぶち壊すのではなく平穏を維持するのが自分の役割だというメッセージを心に刻みます。

怒りは男の子にとって適切だが、女の子には適切でないという考え方はあまりにも強く定着しているため、母親は苦しんでいる子供を見ると、それが女の子なら悲しんでいる、男の子なら怒っていると思う傾向があります。[7] 当然ながら幼い子供も、男の子が怒るのは普通のこと、女の子が怒るのは異常なことと思い込むようになります。[8] 小さな女の子にとって、これを理解するのは極めて困難です。自分の感情を否定され、誤解されることは、声を上げて自己主張する能力を抑制する第一歩になります。

テネシー大学のサンドラ・トーマスとその同僚は、１９９０年代に女性の怒りに関する先駆的な研究を行いました。[9] ５３５人の女性を対象に、怒りの経験について自由回答形式で質問した結果、多くの女性が自分の怒りを自覚していないか、怒りへの強い不快感を抱いているということがわかりました。ある女性はこう回答しました。「きっと私は、怒りを正当な人間の感情として認めないように社会に刷り込まれたのだと思います。その結果、自分が怒っていることに気づけないことが多いですし、怒りを効果的に表現する術をほとんど持っていません。

怒っているときは、よく無力感を抱きます。絶望的な気分になります。ばかげていると感じます。恐ろしくなります。怒りが自分自信を脅かすことがあります」[10]。研究チームによると、女性の怒りの原因として最も多かったのは、無力感、話を聞いてもらえないこと、不正、他者の無責任な行為、自分の望む変化を起こせないことでした。

研究では、女性が怒りを抑制し、身体的緊張として抱え込むと、無力感、自分のちっぽけさ、惨めさを感じやすくなることで、さらに怒りを押し殺すとやがて爆発し、コントロールを失ったような感覚に陥って、無力感をいっそう募らせることがわかりました。ある女性はこう書きました。「私は夫から、ジキルとハイドのようだと言われます。いたって普通の優しい口調で話すこともできるのですが、あるとき爆発して……金切り声を上げ、憎しみの塊のように表情を歪ませてしまいます……知らず知らずのうちにそうしているのです。まるで自分が別人になったかのような感じです。夫に腹を立てるあまり、ティーカップを手に取り、彼の顔に押し付けたこともあります。夫は自分に対する仕打ちを信じられない様子でした。私も自分がしたことを信じられず、泣いてしまいました」[11]。皮肉にも、怒りという本来強力な感情は、人間の本性の一部として認めることを許されないために、女性の無力感の原因になっているのです。女性たちは異質な力に支配されているように感じ、「我を忘れていた」と言ったり、「いつもの自分ではなかった」と言ったりします。これは、怒りを拒絶して異物と見なすよう教えられてきたためです。

怒りは不自然なものだという女性の思い込みを支えているのは、他者の反応です。怒っている女性は正気ではない、訳がわからなくなって、混乱していると見なされます。女性が怒ったり、「破壊的」になったりすると、彼女は精神障害を抱えているに違いないと一般の人々は感じます。おそらくは月経周期によるホルモンの影響で、感情的に不安定になっているのだろう、と思われるのです（ニュース解説者のメーガン・ケリーに討論会で鋭い質問を受けた後、ドナルド・トランプが「彼女の目から血が出ているのが見えた。他のところからも血が出ていた」と発言したことは有名です）。「女性は共同的で慈しむ存在である」というステレオタイプはあまりにも根強いため、女性がそれ以外の行動を見せると、規範から逸脱していると解釈されます。[12] 女性が悲しむことは問題視されません。悲しみは、ありのままを受け入れる従順で優しい感情だからです。禁じられているのは、とにかく怒ることです。男性が激怒すると、情熱的で正義感があり、課題に全力で取り組んでいると見なされます。男性の怒りは、行動や変化という作動性としてステレオタイプ化されたアイデンティティと一致しています。男性が怒ると、男らしいと見られて称賛される一方で、女性が怒ると、他者のプライドを傷つけると見られて罵られるのです。

黒人女性と怒り

女性の怒りに関するトーマスの研究に参加した人のほとんどは白人でしたが、トーマスは一部の黒人参加者にも詳細なインタビューを行い、経験に違いがあるかどうかを検証しました。[13]

その結果、黒人女性も怒りの力に支配されることを恐れているものの、この感情が持つポジティブな機能をよりはっきり意識していることが明らかになりました。性差別と人種差別という二重の脅威にさらされているため、黒人女性は母親や祖母から、不当な世界で自分を守りながら生き抜くには怒りも必要だと教わっていたのです。ただし、クレイトン州立大学の研究チームの発見によると、反射的な怒り、怒りっぽさ、言語的または身体的な怒りの表現、怒りのコントロールという点から見ると、黒人女性は決して他の女性より怒るわけではないそうです。[14]むしろ、批判されたり、軽んじられたり、否定的に評価されたりした際の反射的な怒りの度合いは、他の女性に比べて低いことが報告されています。この発見は、日常的に人種差別や性差別への対処を迫られることが成熟につながったことの証明であると解釈されました。黒人女性は、怒りが自分を守ってくれることを認識しているだけでなく、怒りを制御することもできるのです。

残念ながら、こうした発見があってもなお、社会は黒人女性を怒りっぽく反抗的な存在としてステレオタイプ化してきました。怒れる黒人女性というお決まりの設定は、サファイア・ステレオタイプとも呼ばれます。[15]その由来となったサファイアというキャラクターは、1950年代のテレビ番組『エイモスとアンディ』に登場し、夫に文句を言い続けるとげとげしい女性として描かれました。学者の主張によれば、このネガティブなステレオタイプは黒人女性への不当な扱いを正当化するために発達したものであり、[16]今も有害な影響を及ぼしています。白人大学生約300人を対象にしたある研究では、同じ人種の配偶者間で起きた家庭内暴力について、それを招いたのが女性だったと、どの程度認識されるかを検証しました。[17] 黒人カップル間または白人カップル間での家庭内暴力に関する同一の説明を参加者に読ませると、黒人女性は白人女性より暴力に対する責任が大きいと評価されることがわかりました。これはおそらく、黒人女性は白人女性より怒りっぽく攻撃的であるというステレオタイプによるものと考えられます。伝統的なジェンダー観を持つ人々の間では、同様の結果がいっそう顕著に見られました。この憂慮すべき結果は、黒人の家庭内暴力被害者が白人の被害者と比べて警察に軽視されがち[18]であるという統計と一致しています。怒りによって理想的な女らしさの型を破る女性は誰であれ社会から敬遠されますが、この有害な決めつけは黒人女性に最も大きな打撃を与えています。

怒り、ジェンダー、そして力

女性の怒りの抑制は、不均衡な力関係が維持される一因になっています。同じ怒りでも、男性には力を高めるものという印象を与えやすく、男らしい強さや自信の根拠となる一方で、女性の力を弱めているのです。アリゾナ州立大学のある研究では、参加者に殺人事件の模擬陪審評議に参加してもらうと伝えて、この知覚的バイアスを検証しました。[19] 実験はインターネット上で行われ、参加者が下した事件の評決に対し、4人の陪審員がコメントを通じて賛成し、1人の陪審員が反対するよう設計されていました。この5人は実在しない陪審員、つまり、参加者のフィードバックに対する反応を調べるために用意された架空の人物です。反対する陪審員が男性の名前で怒りを表現すると、参加者は自分の見方にあまり自信を持てなくなり、反対意見に左右されやすくなりました。ところが、反対する陪審員が女性の名前で怒りを表現すると――彼女は男性と同じ主張をし、男性と同程度に怒りを表現したにもかかわらず――、参加者は自信を強め、反対意見に左右されにくくなりました。

男性は怒りを表現することで人々の心に尊敬を植え付け、有能であるというイメージを高めます。しかし、女性は怒りを表現することで軽蔑され、能力が低いというイメージを持たれます。怒りという基本的な感情を否定されると、女性は他者に効果的な影響を及ぼせなくなります。これは心の健康にとっても有害です。

女性、怒り、そしてウェルビーイング

女性は男性のように怒りを外向きに表現することを許されないため、それを自己批判という形で内側に向ける傾向があります。脅かされていると感じながらも、対外的に行動して危険に立ち向かうことができないとき、闘争反応は内面に向かいます。自分に変化を強いれば安全を取り戻せると期待し、自己批判を通じてコントロールを取り戻そうとするのです。また、女性は男性に比べて自分の怒りを否定的に判断しやすい[20]ため、自己批判もいっそう厳しいものにな

ります。自己批判という形で内面化された怒りは、女性（特に女性的な性役割の自認を持つ女性）が男性に比べて低いレベルのセルフ・コンパッションを持つ大きな理由になっています。[21]
このことは、女性が男性の2倍うつ病に罹患しやすい理由の説明にもなります。[22]自己嫌悪のプレッシャーに屈し、自分自身を絶え間なく攻撃することで精神的に参ってしまうのです。交感神経系の継続的な活性化によってコルチゾールが増え、炎症が悪化すると、心身の機能がシャットダウンします。[23]さらに、自己批判はパニック発作などの不安障害[24]や、拒食症などの摂食障害を発症させる原因にもなりかねません。[25]
怒りを表現できないと、同じくうつ病の原因になる反すう思考が起きやすくなります。[26]思い出してほしいのは、反すうは危険に対する凍りつき反応の象徴であり、自己批判と同様、基本的な安全確保のための行動であるということです。反すうは、痛みを消し去りたいという欲望に根差した、現実への抵抗の一種です。怒りは自然に湧き上がって消えていくのではなく、私たちの抵抗によって行き場を失いとどまってしまいます（結局のところ、女性は決して怒ってはいけないことになっていますから）。こうして私たちの思考は磁石のように怒りに貼り付いて、怒りの思考は延々と繰り返されてしまうのです。
ウェイクフォレスト大学のロビン・サイモンとダートマス大学のキャスリン・ライブリーは、大規模にもアメリカ人1125人を全米からまんべんなく選んで研究を行い、女性の怒りが――教育、収入、人種などの社会人口学的要因を調整した後も――男性のそれより強く、長引くことを発見しました。[27]対象となった女性間で観察されたうつ病の発生率の高さは、女性の怒りの強度と持続性の高さからも部分的に説明できることもわかりました。社会は女性が正当な怒りを自由に表現することを拒絶し、それによって怒りをのみ込ませた気にさせているのです。[28]

怒りという才能

女性の怒りに関する規範は、私たちの心の健康を損なうだけでなく、重要で強力なリソースを手に入れる妨げになっています。カリフォルニア大学アーバイン校の教授であり、怒りの研究の専門家であるレイモンド・ノヴァコによると、怒りは少なくとも5つの点において有益な感情となり得るそうです。[29]

1つ目に、怒りは人間を活性化します。私たちは、怒ると、背筋が伸び、エネルギーが脈動しながら血管を伝わるのを感じられます。このエネルギーは私たちを行動に駆り立て、惰性や自己満足を克服させてくれます。被害や不正を阻止するために必要な動機づけを高めてくれます。当局に相談するにせよ、投票に行くにせよ、あるいはドナルド・トランプの選出やジョージ・フロイドの死を受けて多くの人々が行ったように、街頭へ繰り出すにせよ、変化を生み出すには怒りが欠かせません。

2つ目に、怒りは、私たちに害を及ぼす恐れのあるものに対し驚異的な注意力をもたらします。それはレーザービームのように働き、今そこにある危険をピンポイントで照らしてくれるのです。怒りが反すう思考に変わると人を消耗させかねませんが、注意するべき問題を照らし出すその力は、決して当たり前のものと考えてはならない特別な才能です。怒りは、私たちが必要とするまさにその瞬間に、驚くほど明晰な思考を授けてくれます。

３つ目に、怒りは自分を防御し保護するのに役立ちます。恐れの反応を克服し、自分を傷つける人間や不当に扱う人間への反撃を後押ししてくれます。自分を脅かしたり軽んじたりする相手に勇気を持って立ち向かうには、ときに怒りが必要です。怒りを感じなければ、自分のために立ち上がれる可能性ははるかに低くなるでしょう。怒りは私たちにエネルギーを与え、目の前にある脅威に注意を向けさせてくれるため、自分を守る行動に備えられます。

４つ目の有益な点として、怒りは明確なコミュニケーション機能を有しています。何かが間違っているという事実を私たちに知らせると同時に、私たちがそれを不満に思っていることを他者にも知らせてくれるのです。たとえば、仕事の成果について同僚からちょっとした嫌味を言われたとき、怒りを感じなければ、その発言が不適切または有害なものであることを自覚すらしないかもしれません。一方で、叫んだり怒鳴ったりして聞き手を黙らせてしまったら、有意義なコミュニケーションは成立しません。しかし、怒りを確固たる信念として表現すれば（「さっきの発言は不要だと思います」などと言って）、その場でも当分の間も、聞き手の注意を高めやすくなります。

怒りは、単なる痛みの表現であるときも重要なカタルシス効果（ネガティブな感情を解放し心が浄化されること」を果たします。つま先をぶつけた後に口をついて出る悪態などもそうです。実際、ある研究では、参加者に氷水に手を浸させたとき、悪態をつくよう指示された参加者は、反応しないよう指示された参加者に比べて痛みへの耐性が高く、手を浸していられる時間も長いことがわかりました。この効果は、一般に男性より悪態をつくことが少ない女性の間で特に顕著に表れました。女性は怒りのカタルシス的な力をほとんど知らなかったため、その「鎮痛剤」としての効果をとりわけ大きく感じたようです。[30]

最後に、怒りは自分を制御する感覚や、力を付与される感覚を授けてくれます。怒りを持って物事の改善に取り組むとき、私たちはもう無力な被害者ではありません。たとえ状況を変えられなくても、恐怖や恥の中に崩れ落ちることを防いでくれます。私たちは生き残るための精神を受け継いでいるのです。人生をどう生きるかについての強力な発言権が自分にあるのだということを、怒りは思い出させます。

建設的な怒りと破壊的な怒り

もちろん、怒りはどれも有益であるとは限りません。実際、研究者によって怒りは2種類に区分されています。建設的な怒りと破壊的な怒りです。[31] 破壊的な怒りは、**「あいつらは悪党だ！」**と個人を拒絶し、非難するものです。これは敵意に満ちた攻撃的なエネルギーであり、多くの場合は報復や破壊に向かいます。破壊的な怒りは独善的で、受け手への影響は気にかけず、相手がどんな目に遭おうと自業自得であると考えます。エゴを防衛するためにも働き、まるで死活問題であるかのようにセルフイメージを守ろうとします。衝動的で無分別になり、判断力の低下を招きます。この白熱した怒りを抱えると、私たちは物事を明確に見極められなくなり、害を及ぼす恐れのある人間を罰することのみに執着します。その人間が自分自身である場合も同様で、間違いを犯したと自分を厳しく批判し、打ちのめします。この怒りは人間関係を破壊し、言語による、または身体的攻撃を含めた暴力に発展しかねません。[32]交感神経系を活性化させるため、高血圧症[33]や免疫系の機能不全[34]、さらには血圧上昇や冠動脈性心疾患[35]などの重大な健康問題を引き起こすこともあります。

破壊的な怒りは、「怒りはそれを蓄えた器を腐食する」とか、「怒ることは、誰かに投げつけるために熱い炭を掴むことに等しい。やけどを負うのは、あなた自身である」などの言葉の真実性を裏付けています。自分自身や他者に対して怒っているとき、私たちは相互の結びつきから自分を切り離し、怒りを向ける相手を敵に変えます。要するに、コンパッションを損なっているのです。この状態になると孤立感や憎しみが増大し、（他者だけでなく）自分自身を傷つけることになります。

一方、建設的な怒りは、敵意や攻撃性を持つことなく自分のために立ち上がり、自らの権利を守るプロセスです。[36]この怒りは、加害や不公平からの保護を重視します。悪事を行っている人間を攻撃するのではなく、行われた悪事に怒りを向け、加害につながる状況を理解しようとします。怒りの表現が他者に与える影響も考慮します。苦しみの軽減を目的とした怒りは、問題を悪化させずに、その解決を模索します。建設的な怒りは、不正を防止してノーを言うことに焦点を当てた行動の源泉となるのです。

建設的な怒りは、心身の健康にプラスの効果をもたらします。アラバマ大学の研究チームは、成人男女約2000人を対象とした大規模な研究を行い、ビデオ録画されたインタビューの中で参加者が表現した怒りを観察しました。[37] 参加者は4つの基準のうち1つを満たしていた場合、建設的な怒りを示していると分類されました。基準の内容は、「自己主張し、怒りを向ける相手に直接対応していた」「自分が不機嫌になった理由を検討していた」「相手の見方を理解しようとしていた」「状況を別の角度から眺められそうなヒントを得るため、怒りについて他者と話し合っていた」というものです。

研究の結果、建設的な怒りを示した参加者はそうでない参加者と比べて、皮肉な態度や攻撃性、敵意を他者に向けることが少なく、不安やうつ状態の程度も低めであることがわかりました。血圧が上がりにくいという点では、身体の健康状態も良好でした。

破壊ではなく理解を目指す怒りは、紛争解決にも効果的に利用できます。怒りの重要な目的は、権利の侵害や公平性の侵害を是正することです。[38] 怒りが建設的な感情であるとき、人はバランスの取れた方法で紛争解決に乗り出そうとします。[39] たとえば、ある研究グループが、エルサレムの地位およびパレスチナ難民の地位に関する妥協案をめぐる、イスラエル人の支持率を調べたところ、怒りが憎しみを伴っている場合、妥協案への支持率は低くなることがわかりました。[40] しかし、憎しみのない怒りが生じている場合――つまり、パレスチナ人が敵ではなく人間として見なされている場合――には支持率が上昇しました。建設的な怒りは、それが被害の防止を目的としており、個人に対するものでない限り、善を促進する力になり得るのです。

怒りと社会正義

怒りは物事をありのままに表現します。私たちが差別されたり、不公平に扱われたりしているとき、怒りはその状況に気づき、闘うことを可能にしてくれます。女性が怒らなければ、女性の要求、ニーズ、欲望は考慮されません。つまり、状況を効果的には変えられなくなるということです。女性の怒りを「ふさわしくないもの」や「女性らしくないもの」として禁じるのは、「社会統制」の一種であり、女性を元の場所にとどめておこうとする手段の一つです。したがって、積極的に怒ることは政治行為であり、個人の権利を主張することでもあります。*Rage Becomes Her*（未邦訳）の著者であるソラヤ・チェマリーは次のように書いています。「実際には、怒りは私たちの道を塞ぐものではなく、私たちの道なのだ。私たちはただ、怒りを認めなければならない[41]」。怒りは、自分のいる環境についての発言権を得たいときに生じます。怒りが生む強さのエネルギーは行動の動機となり、自己主張を促し、作動性の感覚を刺激します。怒りがあることで、大きな声で自分らしく公平な扱いを主張でき、自分のニーズを満たしやすくなります。他者にむやみに憤怒をぶつけるのは不毛ですが、苦しみの原因となる不正なシステムに怒りが重点的に向きエネルギーが正しく使われれば、驚くほど有益なものになり得ます。

怒ることを恐れている女性は、不正に直面しても声を上げることが少ないようです。カリフォルニア大学サンタバーバラ校のダイアナ・レオナルドとその同僚は、女性の怒りに関するステレオタイプが、不正に対して行動を起こしたいという欲望にどの程度影響を与えるかを検証する研究をしました。[42] ここでは、女子大学生たちに、次のような仮定の状況が伝えられました。「男性受講者がほとんどを占めるキックボクシングのクラスで、男性講師が『セッション内容を筋力トレーニング中心のものに変えることにした』と発言する。その後、講師はジェシカを呼び寄せ、エアロビクスクラスへの編入を真剣に考えるべきだと彼女に伝える」。一般に、女性の怒りに関して否定的なステレオタイプを支持する人々は、この状況にさほど怒らない傾向がありました。これを差別行為と見なす傾向も、他の女性と協力して講師と対決したがる傾向もありませんでした。このような性差別的発言を無視すれば、今後も不正がまかり通ることになります。

怒りは、女性を団結させ、行動に駆り立てることで、ジェンダー不平等への抗議を可能にする鍵になります。「集団行動[43]」とは、ある集団が不正や差別と戦うために取る手段と定義されます。これに該当すると考えられるのは、抗議、行進、ボイコット、嘆願書への署名、投票、虐待を糾弾する発言などです。歴史的にも、集団行動は女性が社会変革を実現するための極めて有効な手段となってきました。たとえば、米国では婦人参政権論者による抗議のおかげで、1920年に女性参政権が確保されました。飲酒運転根絶を目指す母親の会は、飲酒年齢の21歳への引き上げと、飲酒運転に対する罰則強化を議会に働きかけ、飲酒運転による死亡者を半減させることに成功しました。現在の米国の政治状況を形作っているのは、「レイジ・マムズ（怒れる母親たち）[44]」の怒りです。レイジ・マムズとは、『ニューヨーク・タイムズ』紙のジャーナリストであるリサ・レラーとジェニファー・メディナによる造語で、100万人の会員を持つ政治活動団体の「マムズライジング（立ち上がる母親たち）[45]」や、銃規制支持団体の「マムズ・デマンド・アクション（行動を要求する母親たち）[46]」など、怒りを原動力とする社会運動団体を指しています。「ブラック・ライブズ・マター[47]」は、子供や家族やコミュニティへの暴力に激怒した3人の女性――アリシア・ガルザ、パトリッセ・カラーズ、オパール・トメティ――が立ち上げた運動でした。怒りは、社会正義運動を駆り立てるパワーの源なのです。

セルフ・コンパッションと怒り

セルフ・コンパッションと怒りに関する研究は多くはありませんが、セルフ・コンパッションが怒りの悪影響を軽減すると示唆するものがわずかに存在します。これを証明するため、カレッジ・オブ・ニュージャージーのアシュリー・ボーダーズとアマンダ・フレスニクスは調査を行い、２００人以上の大学生を対象にセルフ・コンパッションと怒りの関係を検証しました。[48]最初にわかったのは、セルフ・コンパッション度が高い人はそうでない人に比べて、わずかではあるものの、怒っている――激しくいら立っているとか、誰かを怒鳴りたいとか――と報告する傾向が弱いということでした。セルフ・コンパッションは怒りと共存できないわけではありません。むしろ、セルフ・コンパッションが身についていれば、私たちは怒りをさらに効果的に活用できます。事実として、セルフ・コンパッションが高い人は反すう思考の傾向がほとんどなく、怒りの思考や記憶、復讐の空想にとらわれていると感じる傾向もほとんどないことが証明されています。セルフ・コンパッションは自己批判や抑制を伴わずに怒りを感じさせてくれるので、不健全な形で怒りに執着せずに済むのです。冒頭の研究によると、セルフ・コンパッションが高い参加者は、半年間に身体または言語で攻撃的になったと報告する傾向も弱く、この攻撃性の低さは反すうの少なさによるものと説明されました。私たちが他者を攻撃する危険が最も高くなるのは、何よりも怒りに押し流されているときです。怒りの感情にマインドフルになり、怒りが人間の生活における重要な一部であることを思い出せば、他者を傷つけずに自己主張ができます。

セルフ・コンパッションには怒りを変容させる効果があります。セレステという隣人の生活を通して、私はこの効果を目撃しました。セレステは60代後半の白人で、司書を引退し、２人の成人した子供と3人の孫がいます。それから、チュチュという名前の神経質なプードルを飼っています。セレステはミシガン州グランドラピッズで成長し、女性は笑顔を絶やさず、感じ良く、優しく、協調的であるべきだという考えの下で育てられました。夫のフランクは自動車販売代理店の経営を引退したばかりで、セレステと多くの時間を一緒に過ごすようになっていました。フランクは話が長く、人をうんざりさせるところがありました。セレステが話をしていると何度も遮ったり、彼女をまるで子供扱いしたりして、ニュースになっている政治の状況を説明したりしました。しかし、彼女は何も言いませんでした。文句を言うガミガミ女にはなりたくなかったのです。時間が経つにつれ、彼女の不満はますます募っていきました。引退して楽になる予定でいたにもかかわらず、セレステは以前にも増していら立っていました。感謝の心が足りないと自分を批判しましたが、その自己批判は事態を悪化させるばかりでした。いら立ちはやがて不安に変わり、彼女は自分への違和感を抱き始めました。

セレステは、セルフ・コンパッションに関する私の研究を知っており、私たちの間ではそのことがよく話題になりました。彼女は私の本を一冊読んだのをきっかけに、自分への優しさを学ぶことに興味を持ってくれました。私はセレステに心理療法が効果的なのではないかと思い、それをさりげなく勧めようと、ローラという地元のセラピストに出会ってとても助けられたことを話しました。ローラが用いていたのは、リチャード・シュワルツによって開発された、内的家族システム（ＩＦＳ）療法[49]というアプローチです。ＩＦＳは、自分自身のさまざまな側面とつながりを持ち、それら全ての側面にコンパッションを向けるよう促します。セレステはローラに電話をしたいと思ってくれたでしょうか？　幸い、彼女は私の提案を受け入れてくれました。

セレステはローラに、自分が心理療法を受けようとしているのは、いら立ちと不安への助けを必要としているからだと伝えました。そうした症状は不快なだけでなく、彼女の結婚生活にも悪影響を及ぼし始めていました。なぜそれほどやっかいになったのかとローラが尋ねると、セレステは、きっとホルモンの変化や加齢のせいだろうと答えました。身体のどこに苦しみを感じるかとローラが聞くと、セレステは、お腹のあたりだと説明しました。そこでローラは聞きました。「もしあなたのお腹が言葉を話せるとしたら、何と言うでしょうか？」

セレステは最初、ローラはどうかしている、と思いました。「私は空腹だ、とか？」と意を決して答えましたが、あきれた顔をしないように必死でした。それでもセレステは質問に答えていき、最終的にはこう言いました。「私はイライラしているんです」

「そのイライラについて詳しく教えてくれますか？」ローラは尋ねました。「あなたはフランクに怒っているのではないでしょうか？」

「いいえ、もちろん違います」とセレステ。その時、彼女は頬が紅潮するのを感じました。ローラに指摘を受け、セレステは**怒っている自分がいる**ことに気づいたものの、それを恥ずかしいと感じたのです。彼女は幼い頃、怒るのは悪いことだと教わりました。怒っているとき、おばから醜いと言われたこともはっきり覚えていました。

「そのメッセージを受け取ったのは何歳の時ですか？」とローラ。

セレステは、7歳くらいの時だったと答えました。

ローラの指導の下、セレステはその少女に、つまり怒ることを恥じていた自分に向かって話しかけました。「大丈夫。私はもぅ大人だから、怒りと上手に付き合える。でも、私の安全を守ろうとしてくれてありがとう」。やがて、セレステの中の少女は緊張を解いていきました。これによりセレステは、腹の中で熱く燃えるしこりのように感じられていた怒りの部分と密接につながれるようになりました。この部分に声を与えると、自分自身が長年ため込んできた凄まじい怒りに驚かされました。彼女は夫に侮辱され、価値を下げられ、見下されていると感じていました。彼女の怒りはその扱いから自分を守ろうとするものでしたが、怒ることを恐れる少女がそれを繰り返し封じていました。ローラに促されたことにより怒りと深く打ち解けられるようになると、セレステは長年失っていた自分の一部を見つけたように感じました。

初めのうち、セレステの怒りは破壊的でした。フランクに話を遮られたり、上から目線で話をされたりすると、彼女は瓶から解放された精霊のごとく激怒しました。怒鳴り声を上げ、映画の中で聞いたことはあっても自分では口にしたことのないようなあらゆる言葉で夫を罵りました。すると、フランクは黙って自分の殻に閉じこもるようになり、2人の関係は緊迫していきました。セレステは自分の感情と深くつながれるようになったことに感謝する一方で、フランクをまだ愛していました。彼女の結婚生活は、いつ引き裂かれてもおかしくない張りつめた状態でした。問題を解決すべきであることはセレステにもわかっていましたが、今までの自分がそうしてきたように、感情を封じ込めることはしたくありませんでした。

数カ月間の心理療法を通じて、ローラはセレステに、怒りを受け入れ、敵ではなく味方と見なすよう教えました。セレステは怒っている自分と対話する方法を学び、怒りが発している言葉に耳を傾け、与えられたエネルギーに感謝するようになりました。怒りが体内を自由に流れるのを許し、緊張が高まって怒りと戦ったり、怒りを抑圧したりしていると感じたら、意識的にリラックスすることを心がけました。しばらくすると、セレステはフランクにいら立っても瞬間的に怒鳴ることなく、心の中で怒りに感謝し、夫本人ではなく彼の行動に怒りを向けられるようになりました。彼女は冷静に、しかし毅然とした態度で、話を遮らないでほしい、自分から意見を求めない限りは物事を説明するのをやめてほしいとフランクに伝えました。

彼らの結婚生活が劇的に改善したとか、フランクが彼女の新たな生き方を受け入れたとか言えば嘘になります。フランクがそうすることはありませんでした。とはいえ、彼は完全に心を閉ざすこともしませんでした。セレステが悪態をつかなければ、フランクは彼女の怒りにうまく対処できるようになり、話を遮ることもほとんどなくなりました。やがて、２人は休戦状態に入りました。セレステは以前よりずっと自分らしくなれた、自信がついたと感じました。そして、結婚生活を自分の幸せの最大の源としてこだわることをやめると、いら立ちや不安はすっかり消えていったのです。

WORK

8

自分の怒りを理解する

この実践は、内的家族システム（ＩＦＳ）療法で教えられている基本原則に従うものです。私たちに怒りなどの感情を受け入れ、認め、理解する必要があり、そうした感情が究極的には安全確保や目標達成に役立つことを認識する必要がある、という原則です。研究では、この心理療法的アプローチによってうつ病や自己批判が軽減されることが示されています[50]。私個人の経験から言っても、ＩＦＳは効果的であり、切り離されていた自分の一部を統合してくれる極めて優秀なシステムです。これは筆記式エクササイズなので、ペンか鉛筆を用意してください。

あなたの私生活の中で、誰かに怒りを感じた最近の出来事を考えてみてください（政治の出来事、より大きな世界での出来事、自分自身に怒りを感じた出来事などにはひとまず注目しないようにしてください）。ひどく腹が立った出来事を選んでしまうと、感情にのみ込まれて実践が難しくなるでしょうし、些細な出来事を選んでしまうと、やりがいを感じにくくなります。ですので、これらの両極端の中間にある出来事を選んでください。それはどんな状況でしたか？（例としては、パートナーがあなたに隠し事をしていた、娘が失礼な話し方をした、従業員が重要な仕事をさぼった、などです）

- あなたは怒りをどのように表現しましたか？（怒鳴ったり、冷たい口調や厳しい言葉を使ったりしましたか？ あるいは何も言わず、心の中で怒りをくすぶらせましたか？）
- 怒った結果、どうなりましたか？ 何か破壊的なこと、もしくは建設的なことにつながったでしょうか。
- 怒った後の気分はどうでしたか？ あなた個人にどんな影響がありましたか？（力が湧いてくる感じがしたり、恥ずかしくなったり、混乱したりしましたか？）
- あなたの怒りは、何かあなたに役立つことをしようとしていたのかもしれません。それが何なのか、知りたいと思えますか？ たとえ有益な結末にはならなかったとしても、危険があることを指摘しようとしていたのかもしれません。または何らかの方法で、あなたを守ろうとしていたのかもしれません（たとえば、あなたが感情的に傷つくのを防ごうとしていたとか、あなたが真実を求めて立ち上がったり、明確な境界線を引いたりするのを助けようとしていたのかもしれません）。
- あなたを助けようとする怒りに対して、感謝の言葉を書いてみましょう。怒りが理想的な方法で表現されなかった場合や、怒りによって現実的に役立つ結果が得られなかった場合でも、あなたを守ろうとするこの内なるエネルギーを称賛できるでしょうか？（たとえば、こんな風に書いてみてはどうでしょうか。「怒りよ、ありがとう。私のために立ち上がってくれたことに、確実に真実を明らかにしてくれたことに感謝します。あなたがどれだけ私を守りたいと思っているか、私にはわかっています……」）

- 自分の怒りに感謝し、それを称賛した今、怒りから何か学ぶべき教訓がありますか？　それはどんなものか書いてみてください。

書き終わったら、自分の状態を確かめてみてください。すっかり圧倒された気分になっているなら、63ページの「足裏を感じる」実践を利用して、自分を落ち着かせましょう。怒りの感情に伴う自己批判や恥を少しでも感じる場合（あるいは、怒りに触れることさえ難しいと感じる場合）は、優しさのセルフ・コンパッションを使って、自分を優しく受け入れるよう心がけます。今この瞬間、あなたはありのままの自分でいることを許せますか？

怒りが持つ思いやりの力

強さのセルフ・コンパッションは、ときに怒りの形で表れます。ヒンドゥー教の女神カーリー[51]は、女性の勇猛さの見事な象徴であり、心のよりどころにできる存在です。多くの場合、カーリーは青色や黒色の肌をしており、舌を出し、骸骨のネックレスを首にかけ、暴れる無力な男（夫のシヴァ）の上に立っている姿で描かれます。彼女は裸で、豊満な乳房を誇らしげに露出させています。何本もの手を持ち、通常はその手には剣と生首が握られています。カーリーは破壊の象徴でありながら、同時に宇宙の母であり、究極の創造主でもあると考えられています。カーリーが破壊するのは幻想、特に分離の幻想です。彼女に備わった残酷さは愛と正義の道具です。この道具で分離と抑圧の構造を一掃し、平等と自由のための場を生み出しています。

女性である私たちは、カーリーの力を利用できます。これは科学的な事実というより、ほとんどの女性が直感的に知っていることではないでしょうか。私たちは彼女を恐れることを、あるいは彼女に対する他者の反応を恐れることをやめなければなりません。自分の内なるカーリーを批判したり否定したりせず、受け入れなくてはなりません。このエネルギーは抑圧されればされるほど、不健全な形で爆発し、自分や他者を傷つけます。しかし、破壊的な怒りではなく建設的な怒りとして形になるよう仕向ければ、私たちはカーリーの力を善のために利用できるのです。

しかも、カーリーは賢明です（なにしろ彼女は女神です）。分離の幻想を破壊する彼女の能力は、彼女の持つ深いコンパッションを象徴しています。コンパッションを持つ人は、人間の在り方がさまざまな原因や条件と相互に依存していることを認識しています。人間が有害な行動を取る理由の多くは遺伝子、家族史、社会的・文化的影響といったコントロールできない条件にあることを理解しています。つまり、間違いを犯す人々にもコンパッションを向け、彼らが社会全体の一部であることを理解しながら、間違いに怒ることができるのです。私たちが相互の結びつきを自覚すると、一人への加害は全員への加害に等しいといっそう明確にわかるようになります。だからこそ加害者を憎むことで怒りを増幅させてはならない、危害そのものに立ち向かわなくてはならないと考えるようになります。セルフ・コンパッションのある怒りは、脅威をもたらす人間を敵視せずに自分を守ることを奨励します。

コンパッションを持って怒りを利用するには、陰と陽のバランスを取ることが重要です。陽の力が陰の優しさで中和されていないと、それは乱暴で衝動的な力になります。怒りは私たちを、相手への思いやりに欠けた行動に駆り立て、破壊的な行動を引き起こします。

私たちが心を開いたまま、自分自身や他者と共に在り、その存在を受け入れることができれば、怒りは苦しみを和らげることに集中し続けます。詩人のデビッド・ホワイトは、著書 *Consolations*（未邦訳）の中で次のように書いています。「怒りとは、他者への、世界への、自己への、生命への、身体への、家族への、あらゆる理想への、あらゆる弱さへの、そしておそらく、あらゆる傷つけられそうなものへの最も深遠な形をしたコンパッションである。身体的な拘束や暴力的な反応を取り除かれたとき、怒りは最も純粋な形の思いやりとなる。怒りに宿る生き生きとした炎は、私たちが何に属しているのか、何を守りたいのか、何のためなら我が身を危険にさらせるのかを、常に照らし出してくれる」[52]。

怒りは中国語で「シェンチー（生气）」と言います。文字通りに直訳すると、「気を生み出す」という意味です。**気**は中国語で「エネルギー」を表し、怒りは陽の状態の気であるとされます。先にも述べましたが、漢方医学では、気を構成する陰と陽が調和しているとき、そこには健康、ウェルビーイング、充足[53]があると考えます。陰と陽が調和していないとき、そこには病気、痛み、苦しみが存在します。陽の表現である怒りが、陰の表現である気遣いと釣り合ってさえいれば、それは健康的で建設的な力になります。怒りが生む強さのエネルギーが、思いやりの優しいエネルギーと統合されていないときだけ、それは有害で破壊的な怒りになります。私たちの力を持続可能かつ効果的なものとするには、思いやりが不可欠なのです。

愛のない怒りは憎しみですが、怒りのない愛は空虚で見かけ倒しです。愛が不正に直面すると、それは怒りになります。禅の老師であるバーニー・グラスマンはこう書いています。「怒りは、それが自発的かつ自己中心的なものであるとき、毒だと考えられる。だが、そうした自己への執着が取り除かれると、怒りの感情は決断の勇猛なエネルギーになる。これは極めて前向きな力だ[54]」。私たちは優しい女神であると同時に、激しい戦士でもあります。どちらか一方を欠けば、不完全な存在にしかなれません。

怒りとの旅

強さのセルフ・コンパッションを定期的に実践し始める前、私は他者への優しさと怒りとの間を揺れ動くことが多く、統合は難しいと感じていました。心から正直に言うと、今でも難しいと感じています。特に仕事においては——陽のエネルギーを多く消費する場では——、私は母グマというよりブルドッグになりがちです。つまり、私の力は必ずしも思いやりを含んではいないということです。他者を侮辱したり攻撃したりはしませんが、自分の言葉の影響をいちいち気にすることなく、自分に見えているままの真実を話します。私の無遠慮になりがちなところや、人に好かれるかどうかを気にしないところは、組み合わさると危険です。誰かが筋の通らない議論を展開したり、明らかな事実を見落としていたり、大きな欠点のある研究を行ったりすると、いら立ちを感じます。私は自分のこうした側面を「イライラメーター」と呼ぶようになりました。落ち着かない気分になるということは、何かが正しく機能していないことを意味し、イライラメーターが有益な情報を提供してくれているのです。しかし、ブルドッグが主導権を握り、その瞬間にマインドフルになることやコンパッションを持つことを忘れていると、あまり良い結果にはなりません。私の場合、書かなければならない本があり、進めなければならない研究があり、行わなければならないワークショップがあるとき、人に親切にしている余裕がないと感じます。当然ながら、問題は、私が他者に与える影響について十分な注意を払わず反応してしまうことです。

たとえば、最近ある同僚から、彼が数年かけて取り組んできたセルフ・コンパッションの研究に関する論文が送られてきました。彼は論文を書き上げたばかりで、査読に提出する前に私の意見を聞きたがっていました。私はこの同僚に、「あなたの方法論は絶望的に理解し難い」と無遠慮なメールを送り、論文の長所には一切触れずに、研究のあらゆる問題点を指摘しました。建設的なフィードバックの与え方はわかっているのですが、イライラメーターが危険域に達してブルドッグが現れると、そうした知識は消え失せてしまうことが多いのです。私の無遠慮さは、意地悪とも受け取られかねません。メールを送った直後、自分の行いに気づき、2通目のメールを送りました。このメールでは、分析の改善のために彼に試してもらいたい方法を提案し、研究の長所についてもコメントを添えました。すると彼は返信をくれました。「そういうことだったのか。君は僕を助けようとしてくれているんだね。正直言って、最初のメールにはショックを受けたよ」。私は謝罪し、許しを請いました。

私の強さを思い切りぶつけられると、私のことをよく知らないほとんどの人は反応に驚いて困った様子を見せます。それは、普段の私が温かく親切だからというのもあるでしょう。また、人々は強さを身体的または感情的な暴力と結びつけ、私に脅かされているわけではないのに、恐怖に身をすくませる傾向があります。この強烈なエネルギーを前にするだけで、人々は恐れをなすのです。かつてはこうしたことが起きると、言い過ぎたことに気づいて謝罪すると同時に、恥ずかしさを感じていました。この問題には長く苦しめられました。セルフ・コンパッションを長年実践してもなお、かなり反射的になりやすい自分に失望してきました。ブルドッグを受け入れ、自分の不完全さを許そうとはしたものの、私は自分の勇猛さを強みではなく弱みと見なしがちでした。

幸い、強さのセルフ・コンパッションを明確に実践するようになって以降は、状況が変わっていきました。ここで気づいたのは、ブルドッグの正体は方向性を誤ったカーリーだったということです。彼女は幻想を断ち切り、自分が見た真実を守ろうとしていました。ときに私を他者への非難に駆り立てる強さのエネルギーは、実のところ、私を優れた科学者にしてくれたエネルギーであり、学界における議論が盛んな分野で私を成功に導いてくれたエネルギーだったのです。たとえば、セルフ・コンパッション尺度としてのＳＣＳ[55]の妥当性をめぐっては激しい議論が続いていますが（私はこれを「尺度戦争」と呼んでいます）、私はこの議論に積極的に参加し、尺度の裏付けとなる信頼性の高い実験データ[56]を大量に収集してきました。ある学者がこのデータを「科学的な偽装」だとはねつけ[57]、人格への攻撃によって持論を展開したとき、私は激怒し、わずか3日間で包括的な回答を書き上げました。[58]この回答では、実験から得られた証拠がいかに私の見解を裏付け、いかに彼の見解を否定するものであるかを、斬新かつ（私の考えでは）非常に説得力ある方法で説明できました。すると、やる気が湧いてきました！　私の怒りは建設的な目的にかなっており、思考を研ぎ澄ませて、この分野に関する貢献の質を高めてくれるのです。

私は気づきました。内なる戦士は自分の一部であり、私はこの戦士を批判したり制御したりするのではなく、祝福しなければならないと。それは、非常に生産性の高い方法で集中を高めてくれる強力なエンジンなのだと。しかし、強さは、優しさとのバランスが取れていなければ役には立ちません。私はこの統合を続けるための象徴として、地球をお腹に宿す妊婦の姿をした女神が描かれた日本の巻物を購入し、寝室の壁に掛けました。反対側の壁には、瞑想用クッションの真上に、破壊的な輝きを放つカーリーの絵を掛けました。今では怒りを感じると、カーリーの絵の下に座って、彼女の怒りのエネルギーが自由に私の体内を流れるようにしています。強さと勇気を与えてくれる彼女に感謝し、世界で必要とされている仕事をこなすために力を貸してほしいと祈ります。同時に、優しい心を授けてくれる母なる女神にも感謝し、私が有害な行動をとることのないよう、平和と愛で満たしてほしいと祈ります。最後に、これら2つのエネルギーが自分の身体、心、精神の内部で融合し、統合するのをイメージします。そうすることで、私はバランスの取れた全体性を取り戻した自分になれるのです。

WORK

9

怒りと向き合う

怒りと上手に向き合うには、怒りを全面的に認める必要があります。怒りは自分を守るために存在するのだと理解したうえで、そのエネルギーが流れるのを許さなければなりません。また、怒りが破壊的なものとならないよう、自分と他者の双方に向けられる優しい感情にも触れていなければなりません。最終的には、自分を傷つける人に――たとえその人が自分自身であっても――許しを示す必要もあります。しかし、許すことは後半のステップであり、習得にはある程度の時間がかかります（自分と他者への許しを育むための実践は、『マインドフル・セルフ・コンパッション ワークブック』（星和書店）にも掲載されています）。このエクササイズの目的は、実践を通して怒りが生む強さのエネルギーと向き合い、このエネルギーを優しさと統合することです。

この実践にあたっては、セラピストやメンタルヘルスの専門家に指導を受けて行う場合を除き、あなたにとって大きなトラウマになっている出来事や、あなたを圧倒する可能性のある出来事を選ばないでください。

まずは小さなこと、たとえば、自分に対して失礼だった知り合いや、無責任に振る舞った友人や、人をだまそうとするセールスパーソンなどを思い出すと良いでしょう。もし安全でないと感じたら、必ずエクササイズから離れてください。あなたに続けたい気持ちがあれば、その後いつでも再開することは可能です。

はじめに

- あなたの怒りの原因となる出来事を考えます。過去のことでも、現在のことでも構いません。今この瞬間に安心して向き合えることを、賢く選んでください。
- その出来事を思い浮かべながら、できるだけ鮮明に細部を見直します。そこでは何が起きましたか？　たとえば、あなたの権限が侵害される、尊重してもらえない、十分に配慮してもらえない、不正が起きるなどのことです。
- 怒りの感情をそのまま湧き上がらせます。
- 両手をみぞおちか、心の支えになる他の場所に置き、怒りを感じながら自分を安定させます。
- 同時に、足が床に触れているのを感じます。足裏を通して自分を大地にグラウンディング〔大地にしっかり支えられている感覚を取り戻し心身の安定を図ること〕させます。
- ここで、怒りの原因となる人物や物事についてのストーリーを手放し、怒りを身体的な感覚として感じられるかどうかを確かめます。その感覚は身体のどこにあり、どんな感覚ですか？　たとえば熱さや冷たさ、脈動やズキズキした感覚があるかもしれません。あるいは、何も感じないこともあるでしょう。

自分の強さを認める

- ここまで浮かんできた感覚は、あなたにとって全く自然なものだと理解してください。これは、あなたの内なる勇猛な母グマが、あなたを守ろうとしてやっていることです。一種のセルフ・コンパッションなのです。「怒りを感じても大丈夫！　これは自分を守りたいという自然な欲望なのだから」と自分に言い聞かせても良いでしょう。
- 起きたことに執着しすぎないようにして、怒りの経験を全面的に認めます。怒りそのものに寄り添ってください。
- 怒りに押し流されそうなときは、必ず足裏を意識して集中を取り戻し、怒りを身体的感覚として感じられる状態に戻ります。
- 強さのエネルギーが自由に体内を流れているかどうかを確かめます。このエネルギーを抑圧したり、封じ込めたり、批判したりする必要はありません。強さは優しさと同様に、コンパッションのある人間の大切な側面です。
- グラウンディングを保ち、両手のサポートを感じながら（安全だと感じられる程度に）自分の怒りに向き合ってみます。怒りが背骨を上下に伝わり、強さと決意が授けられるのを感じられるかもしれません。もしかすると、あなたの怒りには、何か言いたいことや表現したいメッセージがあるのではないでしょうか。安定し、心が整った状態のあなたから見て、あなたの怒りは何を言いたいのでしょうか？
- 自分の怒りの部分に耳を傾け、その部分があなたを守ろうとしていることに感謝できますか？

優しさを取り込む

- 足裏を通してグラウンディングしながら、勇猛な保護のエネルギーを体内に流し続けます。
- ひたすら怒りに寄り添うことが最も効果的だと感じる場合は、思い切ってそうしましょう。
- 強さだけでなく優しさもいくらか取り込みたい場合は、片方の手をみぞおちに置き、もう片方の手を心臓か、それ以外の安らげる場所に置きます。両手の間の空間を感じてください。
- 自分を守るために湧き上がる勇猛さ、すなわち強さや決意とのつながりを保ちます。そして、この力強い状態から心臓に意識を向けます。
- 怒りは愛の表現であり、自分の安全を守りたいという欲望なのだと認識します。
- 自分の中に存在し、自分を守りたいという欲望をかき立てる優しい感情、すなわち思いやりや気遣いともつながりを持てているかどうか確かめます。
- 自分の怒りについて、何らかの恥や批判の気持ちが生じたら、その気持ちも優しく受け入れられますか?
- 愛とつながりの在り方を招き入れ、その感覚を怒りと融合させて統合します。
- あなたの強さと優しさを両立させます。2つのエネルギーがその瞬間に必要としているダンスを何でもさせてみてください。
- この全体性を取り戻した感覚を味わい、受け入れることを心がけます。
- 苦しみを和らげたいという欲望を感じましょう。このコンパッションのある状態のあなたから見て、過去に対処するために何か取りたい行動はありますか？　それは、将来の自分を守るのだという単純な決意でも構いません。

- 準備ができたら、エクササイズを手放し、今の経験の中で休息します。この瞬間をあるがままにしておき、あなた自身もあるがままでいましょう。

この実践はかなり激しいものになりかねないので、終了後は忘れずに自分を労ってください。散歩をする、お茶を飲むなど、心が落ち着くことを何でもしましょう。

自分の怒りとしばらく意図的に向き合ってからは、状況は楽になっていきました。いら立って反射的になることは今でもありますが、その強さや頻度は（少なくともいくらかは）減ってきました。私は、自分の怒りが他者に与える影響を考慮し、できる限り人を傷つけないようにすることを誓いました。一日を通してこの誓いを自分に言い聞かせると、怒って視野が狭くなっているときに支えになります。統合への道は長く、私はまだ小さな一歩を踏み出したに過ぎません。しかし、これは私だけでなく女性全体にとって、前進のための唯一の道であると確信しています。私たちは歴史の重要な岐路に立っています。私たちはこれまでに、女性や人種的マイノリティをはじめとする多くの人々が抑圧され、搾取され、虐待されている現実をはっきり認識し、それをさまざまなやり方で非難してきました。次に**私たちがすべきことは、怒ること**です。怒らなければ、眠っているのと同じです。しかし、私たちはその怒りを利用して何をするつもりなのでしょうか？　権力を持つ白人男性を憎み、彼らを怒鳴りつけて黙らせたり、冷酷に振る舞ったりして、仲間になってくれそうな人を遠ざけるつもりなのでしょうか？　共同的な役割が女性を抑制するために利用されてきたからといって、私たちの研ぎ澄まされた優しさ、母性、そして愛というリソースに背を向けるつもりなのでしょうか？

私たちは女性として、優しさ、母性、愛を持ったまま今までの行動を変えることができるのです。怒りに感謝し、怒りがもたらす意欲や決意に感謝し、この感情を人間の本性の一部として全面的に受け入れられます。怒りを前にしても落ち着いていられるようになり、結果として怒りに怯えにくくなります。そして何より、怒りを愛と結びつけることで、思いやりの力を使って効果的に不正と戦うことができます。私たちが苦しみを減らそうと模索する中で、強さのセルフ・コンパッションは、自分を含めたあらゆる存在を救うために利用できる強力なリソースとなるのです。

第4章

#MeToo

主体性のある人には、固有の力が備わっています。
#MeToo は多くの点で、主体性と関わるものです。[1]

——タラナ・バーク、#MeToo 運動創始者

2017年10月、著名な映画監督のハーヴェイ・ワインスタインが、多くの女性に性的ハラスメントや性的虐待を行っていたことを暴露されました。これを受け、女優のアリッサ・ミラノはツイッター上で、性的ハラスメントや性的暴行を受けたことのある全ての女性にハッシュタグ「#MeToo」をつけて返信するよう呼びかけました。数日後には、全フェイスブック利用者の約半数が、ミラノの呼びかけに応えた友達を持つまでになりました。それから現在までの短期間に、権力の座にある何百人もの男性が、女性への性的ハラスメントや性的暴行を告発されています。ロイ・ムーアなどの政治家から、ルイ・C・Kなどの俳優、ライアン・アダムス

などのミュージシャン、チャーリー・ローズなどのニュースキャスター、レス・ムーンベスなどのCEO、ジェフリー・エプスタインなどの億万長者、トニー・ロビンズなどの自己啓発の指導者に至るまで、その名簿は日々増え続けています。有名な男性の多くが、自らの行いの報いを受けているなか、それをまだ逃れている男性も――ドナルド・トランプを筆頭に――少なくありません。当然ながら、女性への性的不適切行為はいつの時代も社会にはびこっています。ツイッターが普及する以前の #MeToo 運動は、2006年にタラナ・バークが黒人女性への性的虐待の蔓延を訴えるために始めたものでした。現在が当時と大きく違うのは、私たちがより公然と被害について語るようになったことです。#MeToo 運動はさまざまな意味において、女性の強さのセルフ・コンパッションが一斉に湧き上がり、「もう許さない!」と声を上げる状況を象徴しています。

2018年、「#MeToo 運動の背後にある事実」と題された大規模研究が行われ、米国で起きている性的ハラスメントや性的虐待の影響範囲の数値化が試みられました。[2] その結果は、現実の厳しさを突きつけます。女性の大多数(81%)は、公の場や職場で不適切行為を経験したことがあると報告しました。女性が耐えている不適切行為の形態として最も一般的なのは、品位を貶(おとし)めるような発言(77%)ですが、不快な身体的接触(51%)、ヌード写真を送られるなどのサイバーハラスメント(41%)、ストーカー行為や攻撃的なつきまとい(34%)、性器の見せつけ(30%)を経験した女性も多くいます。

また、女性の3人に1人が受けている職場でのハラスメント[3]は、ストレスや敵対的環境の原因となり、女性が仕事をこなす能力をむしばんでいます。不快な行為は、地位の低い立場で働く女性に向けられるのが普通だと考える人がいるかもしれません。しかし、女性が指導的立場にいる場合、リスクはいっそう大きくなることが研究で示されています。ある研究によれば、男性優位な職場環境にいる女性管理職の58％がハラスメントを受けているといいます。[4] 皮肉なことに、地位のある女性の力は男性のアイデンティティを脅かすため、自信のない男性は彼女たちに屈辱を与えて品位を貶めてやろうと行動しているのです。結局のところ、性的ハラスメントの本質は性ではなく、権力にあるということです。

この流れを受け、職場での性的不適切行為に立ち向かう女性を支援するための「タイムズ・アップ」などの組織が登場しました。エンターテインメント業界のアーティスト、プロデューサー、重役が始めたタイムズ・アップ運動は、野火のように広がり、たちまちあらゆる分野に拡大して、農場労働者から学者までを巻き込みました。また、「タイムズ・アップ」司法支援基金は暴行、ハラスメント、虐待、関連報復を含む職場での性的不正行為を経験した全ての女性に法的支援を提供しています。

しかし、この惨状は職場をはるかに超えた範囲にまで広がっています。女性の4分の1以上は、人生のどこかの時点で強制的な性的接触の経験があると報告しています。[5] 社会的に疎外されている女性、たとえばレズビアンやバイセクシュアル、貧しい女性、知的障害のある女性の間では、報告される暴行の件数はさらに多くなります。女性の約5人に1人は、生涯の中でレイプ（合意のない性交）またはレイプ未遂を経験しています。[6] そのうち半数近くを占めるのは、

17歳以下の子供です。5件のうち4件では被害者と加害者に面識があり、加害者は友人、家族、恋人のいずれかでした。知り合いから加害を受けた場合は特に、被害者が恥じたり、責任の一部を負わされることを恐れたりするため、レイプ事件のほとんどは警察に通報されません。加えて、通報されたレイプ事件のうち、有罪判決に至るものはごくわずかしかありません。[7] これが女性の生きる現実なのです。

WORK 10

あなたが経験した性的ハラスメント

このエクササイズは、性的ハラスメントの被害があったかどうかを明らかにすることを目的としています。あからさまな出来事もあれば、判断が難しい出来事もあるでしょう。どちらにしても、不適切な扱いを受けた特定の状況に注意を向けると、今起きていることへの意識が高まり、自分を上手に守れるようになります。

過去に性的トラウマを負ったことがある人は、このエクササイズを飛ばすか、セラピストやカウンセラーの指導を受けながら進めてください。職場での性的ハラスメントを現在受けている人や、最近経験したという人は、できるだけ早くその出来事を記録して上司に報告しましょう。その際には必ず、あなたの話を真摯に聞いてくれそうな上司を選ぶようにしてください。何の措置も講じられない場合は、米国雇用機会均等委員会に助けを求めることができます(https://www.eeoc.gov/harassment)。

〔日本でもハラスメント対策は事業主の義務とされています。組織内対応で改善が見られない場合は、都道府県労働局雇用環境・均等部(室)に相談することもできます(https://www.mhlw.go.jp/stf/seisakunitsuite/bunya/koyou_roudou/koyoukintou/seisaku06/)。〕

以下に示すのは、よくあるタイプの性的ハラスメントの一部です（RAINN.orgより引用）。

- 性行為や性的指向に言及するジョークなどの、性的な意味合いを帯びた言葉による嫌がらせ
- 不快なボディタッチや身体的接触
- 不快にさせるような性的な誘い
- 職場や学校、その他の不適切な場所で性的な関係を持とうとすること、性的な内容の語りかけをすること、性的な妄想について議論しようとすること
- 不快で露骨な性的な写真、メール、テキストメッセージを送ること

エクササイズ

- 学校、家庭、または職場での過去を振り返ります。性的ハラスメントに関する出来事が何か思い出せたら、それを書き出します。
- 次に、その出来事が起きた後、あなたがどう感じたかを書き出します。怒りや混乱はありましたか？　傷ついたり怖くなったり、イライラしたりはしましたか？
- その行為が起きた後、あなたは（もし行動を起こせるとして、もしくは起こしたとして）どんな行動を取りましたか？
- こうした状況が起きると、私たちはしばしばうろたえ、どう反応すべきかわからなくなります。報復を恐れる気持ちから、思うように反応できないことがあることを優しく受け入れましょう。
- 危険にさらされていない今の状態で、その出来事にどう対処するのが理想的だったかを書き出します。

ハラスメントがそこまで悪質でない場合は特に、女性はそれを些細なこととして軽視したり、悪い冗談として受け流したりすることがあります。しかし、自分を不快にさせる全ての行為に注意を払わなければ、私たちは声を上げることも、容認されない行為であることを人々に知らしめることもできません。ある出来事がとりわけ悩ましいものとして心に残っているなら、そこで起きたことについて、コンパッションのある手紙を自分宛てに書いてみましょう（180ページの「コンパッションある手紙を書く」エクササイズを参照）。

残される心の傷

性的不適切行為は女性にどのような影響を及ぼすのでしょうか？　研究では、慢性的なストレス、不安、うつ病、人間不信の原因になることが明らかになっています。[8] 職場においては、仕事に対する満足度の低下、組織への関心の低下、心身の健康状態の悪化につながる可能性があります。[9] 性的暴行の影響はいっそう深刻です。[10] ＰＴＳＤ、不眠症、摂食障害、薬物使用および乱用、さらには自殺をも招きかねません。#MeToo 運動は、女性が形勢を変えるチャンスです。この運動は、私たちがようやく真実を受け入れ、自分を癒そうと考える出発点になるかもしれません。[11]

男性、特にゲイ、バイセクシュアル、トランスセクシュアルの男性も、性的ハラスメントや性的暴行の被害を受けることがあります。とはいえ、被害者の大多数は女性であり、加害者の圧倒的多数は男性です。社会やメディアがそうしても構わないというメッセージを発しているため、一部の男性は、性的満足のために女性を利用する権利があると考えています。女性は性の対象として[12]――パーティーに同伴する美女として、アクション映画の誘惑的な恋愛対象として、商品の魅力を高める広告のお飾りとして――見られることが少なくありません。女性の価値は、男性の性的欲求を満たすことができるかどうかで常に評価されています。ジェンダーの社会的刷り込みによって、ある種の男性は陰のエネルギーから、つまり思いやりやコンパッションから深く切り離されてしまいました。その結果、彼らは女性を人間としてではなく、利用すべき「モノ」として扱うようになりました。過度な男らしさ――攻撃性を美化し、優しい感情を弱く女らしいものとして軽んじる男性的な態度[13]――は、性的ハラスメントや性的虐待に直結します。[14] 39の研究のメタ分析によると、過度な男らしさは、男性が性的暴行を働く可能性を予測する極めて強力な因子であることがわかりました。[15]

この結果は、陰と陽の統合の強化が男性の差し迫ったニーズであることを示しています。しかし、本章では、それらの統合が女性にもたらす効果を中心に語っていきたいと思います。私がこれほど女性のための強さのセルフ・コンパッションに傾倒している理由の一つは、その思いやりの力が、悪しき家父長制の遺産と戦う私たちを後押ししてくれると信じているからです。女性が強さのセルフ・コンパッションを理解し、強化し、自らの生き方により深く組み入れるとき、私たちは性的不適切行為に対して立ち上がる力を与えられ、「もう許さない！」と言えるようになるはずです。

テキサスの詐欺師

私が本書を執筆する一番のきっかけとなったのは、大切な人が性的虐待の被害者であると打ち明けてくれたことでした。私がとりわけ衝撃を受けたのは、その加害者が、私が何年も信じ支えていた人物だったからです。当時の私は、彼を親友とさえ呼んだでしょう。マインドフルネスを長年実践していたにもかかわらず、彼の良い面だけを見たいという気持ちから、恐ろしい真実に目を背けていました——彼は女性を食い物にする人間だったのです。この状況への対処を試みるうちに、性的虐待の恐怖に向き合うためには、強さのセルフ・コンパッションと優しさのセルフ・コンパッションがどちらも切実に必要であることが明らかになってきました。虐待によって必然的に生じる傷や恥を受け入れるには、優しさが必要です。被害が続かないように声を上げるには、強さが必要です。罪なき人々を守るため、以下の物語に登場するさまざまな人の名前や、身元がわかるような詳細は変更しています。

ジョージは40代後半の魅力的でハンサムな南部の紳士で、歌うようにのんびりと話す人でした。彼はオースティン郊外で、自閉症児とその家族にサービスを提供する非営利組織を運営していました。そのセンターは私の住んでいたエルジンから車で30分ほどの場所にあったので、ローワンが幼い頃には、たびたびそこへ連れて行きました。ジョージは非伝統的なアプローチで自閉症児と関わっており、その一環である芸術や音楽や遊びにはローワンもよく反応しました。当時、私はジョージを良い刺激をくれる素晴らしい人だと思い、彼と親交を深めるようになりました。私は喜んでこの組織を宣伝しました。センターの資金調達のためにセルフ・コンパッションのイベントを開催し、毎年寄付をしていました。

ジョージはこのセンターに、ボランティアと有給職員の両方を配置していました。米国内外からスタッフとして集まっていたのは、利他的で、明るい目をした、好奇心旺盛な（主に女性の）ティーンエイジャーや若者たちです。彼女たちは自閉症児とその家族を熱心に支援し、世界に変化をもたらしたいと願っていました。スタッフの多くは、いくつかの建物からなる小さな複合施設のようなセンターに住んでいました。そこでは、ジョージを崇拝しない人はいません。彼は主導権を握るカリスマ的人物であり、愉快で、知的で、自閉症へのアプローチによって社会通念を覆す強烈な異端児でした。

確かに、ジョージには好色なところもありました。女性の容姿について不適切な発言をすることも珍しくなく、いつも肩の痛みを訴えて、誰かに背中をさすってくれるよう求めていました。私たちはこう言うのが常でした。「ジョージは単にああいう人なのだ。彼はとんだ浮気者だけれど、子供のために大いに貢献している素晴らしい人だ」。ジョージは、アイルランド出身で20歳ほど年下のアイリーンという美しい女性と結婚しており、彼女もセンターの運営を手伝っていました。夫婦には2人の幼い子供がおり、どちらも女の子でした。私はアイリーンと特別親しかったわけではありません。彼女はこの非営利組織を破綻させないよう、運営に専念しているように見えました。私はジョージの浮気を疑っていましたが、彼が誠実であろうとなかろうと、自分には無関係だと言い聞かせていました。全ては職場の外で起きていることであり、同意した成人の間で行われていることだと思っていました。

センターで働く明るい目をしたティーンの一人に、キャシーがいました。彼女の母親は2つの仕事を掛け持ちするシングルマザーで、私とは家族ぐるみの付き合いがありました。キャシーはローワンを数年間担当してくれており、私は彼女をとても気に入っていました。彼女は活発で、陽気で、賢く、一緒にいると楽しい人でした。キャシーはローワンと相性が良く、私は自分に娘がいないこともあって、彼女に特別な愛情を感じていました。彼女は自閉症児に関わることが好きだと気づき、わずか14歳の時からセンターでボランティアを始めました。私はたまに彼女を車に乗せ、何か新しいことに興味を持ってはどうかと勧めていました。ジョージの軽薄さを心配してはいましたが、センターは活気あふれる場所で、キャシーはそこにいることに大きな喜びを感じていました。私はこう考えました。「ジョージは境界線をわきまえているはず。自分の下で働く女性、特に若い女性に言い寄ったりはしないだろう」。なにしろ、彼自身も娘を持つ身なのだから。

そのうち、キャシーは毎週末センターで過ごすようになりました。ジョージやスタッフとそれまで以上に親密になり、彼の子供のベビーシッターを務めることもありました。この状態が2年ほど続きました。ジョージはキャシーに、君には天性の才能があると思う、大いに注目していると言葉を掛けていました。キャシーは最終的にセンターに雇われ、ジョージの弟子の一人となって、彼の治療法を学びながら自閉症の分野でキャリアを目指すことになりました。ジョージとキャシーは２人きりで用事に出かけ、何時間も戻ってこないことがよくありました。私の頭の中では「うーん。ちょっとおかしい」という小さな声が聞こえましたが、別の声が割り込んできてこう言いました。「大丈夫だって。ジョージはとにかく親切だから、キャシーにとりわけ目をかけているだけだろう。キャシーには父親がいないのだし、年上の男性が身近にいるのは彼女にとっても良いことだ」

とはいえ、私たちは親しい間柄だったので、念のためキャシーにも折を見て確認していました。

「ジョージがあなたに不適切な態度をとったことはない?」そう聞くと、キャシーは「いいえ、もちろんそんなことはありません! ジョージさんは私にとって父親のような人で、年齢だって私の3倍なんですから」と言います。あまりにも素っ気なく即答されたので、私は疑ったことに罪悪感を覚えました。しばらく経つと、キャシーの様子に変化が見られました。どこか内向的になった感じがしましたが、思春期にありがちなただの気まぐれだろうと私は考えました。

ジョージの誕生日を祝うパーティーが開かれた時、彼は酔っ払って、若い女性とあからさまに性的なダンスを始めました。数メートル先に妻と2人の娘が座っていたことはもちろん、他にも多くの理由で、それは極めて不適切な行為でした。アイリーンはダンスフロアに背を向け、2人の子供の目隠しになるような位置に陣取っていました。彼女が夫のダンスを見ていたかどうかはわかりません。彼女はただ下を向き、子供を注視していました。私はとても不愉快になり、早々にパーティーを後にしました。

パーティーにはキャシーも参加していたので、翌日、私たちはジョージの行為について話し合いました。ジョージは自制心を失っているように見えた、と彼女も同意してくれました。私は再び、今度はもっと力強く、ジョージがあなたに不適切な行動を取ったことはないかと聞きました。「ええと……」。キャシーはためらっていましたが、次の瞬間に全てが明らかになりました。キャシーがセンターでボランティアを始めて2年ほど経った頃から、ジョージが彼女を口説くようになったというのです。

ジョージはまず、セックスについてキャシーに話すことから始めました。キャシーは落ち着かない気持ちになりましたが、そうした大人びた話題についてジョージと話し合えることに嬉しさも感じていました。しばらくすると、ジョージは性器をさらけ出し、キャシーの前で自慰をしてみせました。それから2人の関わりは肉体的なものになり、最初は触れ合うだけだった行為が、次第に激しくなっていきました。キャシーはこの関係に大いに困惑し、葛藤しました。けれどキャシーの人生において父親のような愛をくれる存在はジョージ以外になく、彼女はそれを失いたくはありませんでした。キャシーの18歳の誕生日に、ジョージは彼女の処女を奪いました。「その後、ジョージさんは私にあまり関心を示さなくなりました。彼が欲しいのは私の身体だけだったのでしょう。気にかけてくれていると思っていたけれど、今はそうは思えません。すごくばかげた気分です」

キャシーが話をしている時、私の中にはカーリーの怒りが湧いていました。私はジョージの虐待行為に心の底から動揺し、激怒しました。しかしキャシーへの心配も大きかったので、この怒りは、優しい気遣いの感情によって中和されました。キャシーを守りたいという欲求と、被害の拡大を防ぐのだという明確で決然とした力を感じました。

「あなたは何も恥じることなんかない」と、私はキャシーを元気づけました。「ジョージはあなたを操り、利用したのだから」

「そうみたいですね」。キャシーは自信なさげに言います。「何をするにしても、母には黙っていてください。ひどく落ち込むだろうから」

私はキャシーに、どんな行動を選択するかはキャシーに任せると約束しました。そのうえで、ジョージが他の女性を食い物にしないよう、一部のスタッフに事情を話してはどうかと優しく促しました。しかし、キャシーは面倒を起こしたくないという気持ちで動けなくなっていました。ジョージの家族を傷つけることも、センターの評判を落とすこともしたくなかったのです。自分が傷つけられることとさえ顧みず、他者を傷つけないことを第一に考えるという傾向は、女性には――キャシーのような若い女性にも――お決まりのものです。ただ何よりも印象的だったのは、キャシーが怒らず、妙に受け身な態度でいることでした。数年前に出会った少女の輝きはそこには見られません。留守になった家のように、彼女の目からは光が消えていました。

私たちは話を続けました。話を聞いていると――私はほとんど口を挟まず、もっぱらキャシーをサポートし、無条件に受け入れていました――、ジョージと関わったことへの彼女の自分自身への根深い嫌悪感が浮上してきました。キャシーは自分が汚され、利用されたと感じており、それを長く放置していたことへの罪悪感があると話してくれました。彼女の自己批判は、見ていられないほど痛烈でした。キャシーが自閉症児を抱きしめて支援するように、彼女自身が自分の困難な感情をコンパッションによって抱きしめられるように、私は手助けを試みました。ジョージはキャシーにとって父親代わりでした。彼女が彼の愛を求めるのは当然であり、人間である以上は仕方のないことでした。また、ジョージの弟子であるキャシーが仕事や出世をふいにしたくないと考えていたことも、事態に大きな影響を及ぼしました。ジョージを拒めなかったのはキャシーのせいではありません。愛とつながりの在り方を持って自分を受け入れられるようになると、キャシーの態度は軟化していきました。

私が信じていたとおり、キャシーにとって（多くの人々にとっても）優しさのセルフ・コンパッションは、彼女の自己愛を怒りの形に変えるために必要な条件でした。キャシーは時間をかけて、自分の行為が無理からぬものであったことを、ジョージの行為が間違ったものであったことを認識していきました。ジョージはキャシーが感情的に弱いことを知っていて、その弱みにつけ込んでいました――そして言うまでもなく、ジョージはキャシーの上司でした。力の不均衡があまりにも大きかったために、彼女は同意せざるを得なかったのです。ここでようやく、キャシーの強さが顔をのぞかせました。彼女は自分が虐待されていたことを認め始めました。こんな風に搾取されるべきではなかった。これは良くないことだ！　怒りを認めると、彼女の背筋は伸びました。陽のエネルギーが血管を流れ始め、目に輝きが戻ったのがわかりました。彼女は生き返り、激怒しました。そして苦しそうな、しかし決然とした表情を浮かべました。「あなたの言う通りです」とキャシー。「被害者は私だけではないはず。ジョージさんはセンターの他の女の子も食い物にしているに違いありません。彼を止めなくては！」

私たちは仮の計画を立てました。まずは私が情報を集めて疑惑が本当かどうかを確かめ、それから次の行動を考えることにしました。かつてのボランティアや職員に何度か電話をかけてみると、真実は私が恐れていたよりいっそう深刻であることがわかりました。ジョージと親しく働いていた女性の多くが、性的に虐待されたり、搾取されたり、品位を貶められたり、あるいはもっと悪質な行為を受けたりしていたのです。それは若い女性に限りませんでした。センターでは60歳のペルー人の乳母が突然退職していましたが、ある人の話によると、その理由はジョージに無理やり身体をまさぐられたことだったそうです。幸いにして彼女は派遣社員だったため、派遣会社は彼女に新しい仕事を紹介し、ジョージをブラックリストに載せました。

誰かが急にセンターを辞めたときはいつでも、ジョージは自分を被害者として描写するような作り話をしていました。この人はお金を盗んだ、あの人は嘘をついた、この人は無能だった、という具合です。しかし私が調査した結果、多くの人は性的虐待を受けたために退職していたことが明らかになりました。以前ボランティアをしていたある女性は、ジョージに性的な不適切行為を受けたことを認めました。彼女が3回拒んでも、ジョージはやめませんでした。ジョージは身体的な力ではなく心理的な力を使って彼女を支配していたので、彼女は恥ずかしさを感じ、混乱し、自分を疑いました。苦悩しながらも、この状況は大丈夫なのだと自分の心に言い聞かせるために、彼女はとうとう合意のうえでジョージと関係を持ちました。こうした傾向は誰にでもよくあります。自分が踏みにじられているという現実があまりにも恐ろしいので、私たちは心を反転させて、その現実を受容可能なものに変えるのです。

私が聞き取りを行っていることをかぎつけると、ジョージはセンターの関係者全員に、クリスティンはおかしくなった、ノイローゼ気味だと吹聴し始めました。あの女には近づくなと警告もしました。この時ジョージの下で働いていたボランティアや職員のほとんどは、彼の言葉を信用しました。ジョージは驚くほど説得が上手く、テキサスで言われるところの「茹でられた玉ねぎ以上につるつると」口が滑らかでした。

ジョージは巧みに煙幕を張り、自分の証拠を隠していました。自らの性的不正行為が暴かれるのを防ぐために使ったのは、被害者を混乱させるという方法でした。ジョージは不安を煽るために相手を操ったり（ある人に「みんなが君を批判している」と言ったり）、相手を脅したり（別の人に「君は二度と自閉症の世界で働けないだろう」と言ったり）するのが常でした。かと思えば、自分は必要とされる存在なのだと感じさせたり（「君がいなければセンターは破綻する」と言ったり）、特別な存在なのだと感じさせたり（複数人に「僕を理解してくれるのは君だけだ」と言ったり）することもありました。ジョージはこうした心理戦を用いて、被害者を沈黙させていたのです。

そう考えた時、私はジョージが有害なナルシストなのではないかと気づきました。有害なナルシストは、絶えず自慢をして優越感を味わう尊大なナルシストとは異なり、良心の呵責なく自己中心的に他者を利用し、嘘と心理操作によって欲しいものを手に入れます[16]。セックスを権力の源として利用し、標的となる人々の無意識に深く根差した無価値感や不全感につけ込みます。吸血鬼のように他者を食い物にし、心の隙間を埋めるために利用します。他者をけなしたり操ったりして、自分は重要な人間であるという感覚を高め、支配を確立することも珍しくありません[17]。有害なナルシストはまた、親切で思いやりのあるお人好しを被害者に選ぶ傾向があり、彼らの尊い資質を悪用します。私は自分の親友が、長く支えてきた男性が、見た目の良いハーヴェイ・ワインスタインだったことに気づきました。私がオズの魔法使いだと思っていた異端児の正体は、単なるテキサスの詐欺師だったのです。

自分に現実が見えていなかったことに私はショックを受けました。どうしてやすやすとだまされてしまったのか？　どうしてキャシーをあれほど危険な状況に置いてしまったのか？　それればかりか、センターの資金集めに協力し、自分と大学との結びつきや、自分の科学者としての評判を通じて、センターに信用性を与えていました。知らず知らずのうちに、私はこの全ての惨状を助長していたのです！　私はここで、キャシーに対して行ったことを自分にも行わなければなりませんでした。まずは、自分自身に無条件の愛とサポートを与えました。自分の痛みや恥を、優しい思いやりで包み込み、思い違いをしていたことを受け入れようと努めました。その思い違いを心のどこかで認められず、楽な選択をしたために、私は恐ろしい真実から目を背けることになりました。ですが、それは極めて人間らしい行動でした。

次に、私は火山が噴火するような怒りを受け入れました。ジョージを叱ることも考えましたが、直接対決はしないと決めました。彼は異常な人間であり、対決は逆効果になるだろうとわかっていたからです。それに、確実にトラウマになりそうな衝突から自分を守りたいという思いもありました。対決を避ける代わりに、私は行動に出ました。

私の家には、聡明な女性祖先の精神が宿る、素晴らしく巨大なオークの古木があります。私はいつもその枝の下に座り、癒し、愛、自分への許しが与えられるよう願っていました。ジョージの件でこの木のそばに座った時には、自分の怒りの力が最大限に発揮されるよう願いました。怒りが生む強さのエネルギーが自分の体内を自由に流れることを許しました。楽な手段を選ぼうとせず、ひたすら前に進むことを誓いました。被害を食い止めるためなら何だってするつもりでした。

キャシーは、ジョージの妻であるアイリーンにこの出来事を知らせたがっていました。アイリーンには夫の虐待行為の全容を知る権利があり、それが彼女自身や子供を守ることにつながると考えたからです。キャシーはアイリーンに切実な手紙を書き、彼女を傷つけることを詫びて、全てを打ち明けました。キャシーから手紙の伝達役を頼まれましたが、私はアイリーンと親しいわけではなかったので、うまくやれる自信がありませんでした。ただアイリーンはセンターの共同運営者でしたから、ジョージが告訴された場合は彼女が法的責任を負わされるのではないかと心配でした。アイリーンが十分な知識を得たうえで行動を選択できるように、女性から女性へ、つまり私から彼女へ情報を提供すべきだという気持ちもありました。ジョージからの直接的な影響がない状態でアイリーンに真実を知ってもらうため、彼が留守にするタイミングを待つのが最善だと私は考えました。

私はキャシーの手紙と一緒に、他の女性が書いて共有を許可してくれた声明文を何通か印刷しました。「クリスティンがおかしくなった」という話をアイリーンが信じているであろうことはわかっていたので、ジョージの行為の具体的な証拠を示したかったのです。アイリーンの反応は、私が予想していたものとは全く違いました。彼女は防衛的になりました。手紙を開封せず、私に怒りをぶつけてきました。自分たちを脅迫しようとしていると訴えようとさえしました。おそらく、それが彼女なりの対処法だったのでしょう。愛する男性を悪者にするより、私を悪者扱いするほうが簡単だったというわけです。

キャシーがついに勇気を出して母親に事情を話すと、私は母親から「話し合いのためにお茶をご一緒できませんか」というメールを受け取りました。彼女の反応もまた、私の予想とは違っていました。激しく怒るのではないかと思っていましたが、そんなことはありませんでした。むしろ、彼女は心配してばかりでした。ジョージの性的行為はキャシーが17歳（テキサス州の性的同意年齢）になる以前から始まっているので、裁判に持ち込むことは可能だと私は伝えました。ですが、キャシーの母親は告発を望みませんでした。公の法廷闘争に娘を巻き込むことを恐れたからです。いまやジョージを危険な人物だと感じ、彼に報復される可能性を恐れてもいました。性的虐待が通報されないのは、一般にこうした理由——問題を悪化させるのではないかという恐怖——からです。そして、加害者の大多数が有罪判決を受けないことを考えれば、この恐怖には十分な根拠があります。

当時のセンターのスタッフで、「クリスティンはおかしくなった」という話を聞かされていた一人は、私にこんなテキストを送ってきました。「あなたは声明文をお持ちだそうですね。私にも見せてもらえないでしょうか？」私は彼女に会うことを了承し、声明文を読んでもらいました。彼女は震え上がり、センターで暮らす他の女性スタッフにも内容を伝えました。女性たちは全員、その日のうちに退職することを決めました。いまやジョージが恐ろしくなった彼女たちは、彼との対決を避けるため、夜明け前に荷物をまとめてそっと出て行きました。

私は何人かの女性から、次の行動を決めるまでの数日間、家に泊めてほしいと頼まれました。私たちは起きたことについて、怒りに満ちた長い会話を交わしました。どの女性も、ジョージと性的な関係を持っていたことを認めました。（隠されていたとはいえ）特別で例外的だと思っていた関係が少しも例外的なものではなかったとわかると、全員が落胆しました。彼女たちは、ジョージが彼を受け入れるほぼ全ての女性や少女と寝ていたことを知り、自分たちがハーレムの一員にすぎなかったことに気づきました。より正確には、カリスマ的で無責任なリーダーが率いるカルト教団の一員だった、と言ったほうが良いかもしれません。ここで再び、セルフ・コンパッションが必要になりました。彼女たちは優しさのセルフ・コンパッションによって真実の衝撃と悲しみを受け止め、強さのセルフ・コンパッションによって行動を起こしました。事件について知らせるべき人々に彼女たちが警告を発すると、やがてそのニュースは自閉症の世界にも広まりました。ジョージのカリスマ性は、もはや彼を支えきれなくなりました。彼はセンターを閉鎖し、家族を州外に移住させました。

アイリーンはジョージと別れませんでした。幼い子供がいたからかもしれないし、彼女自身が心理的な虐待を受けて精神を病んでいたからかもしれません。私はアイリーンをよく知らないので断言はできませんが、女性が自分を虐待するパートナーと離れないのは、非常にありがちなことです。ジョージは現在に至るまで、自分が傷つけた人々に謝罪せず、人生を台無しにされたと言ってキャシーと私を非難しています。

私はジョージの被害に遭ったと自覚する何人もの女性と話しながら、事態がなぜこれほど長く続いたのかを理解しようとしました。ジョージのガスライティング――彼というナルシストが人を混乱させるために用いた嘘や心理操作――は確かに巧妙で、何が起きているのかを見極めるのは困難でした。しかしそこには、注意を必要としながら放置されていた、明らかな兆候もありました。私が思い出したのは、ジョージがキャシーを誕生日のディナーに連れ出した時のことです。不安になりましたが、疑念を無視し、最も良いシナリオを考えました。まさかジョージが、娘のような10代の少女に言い寄るはずがない。心から正直に言うと、考えない方が楽だったので、あまり考えないようにしていました。自分の疑念を深刻に受け止めていたら、見たくないものと直面することになったでしょう。そしてあの夜、ジョージはキャシーの処女を奪っていたのです。

センターの閉鎖後、ジョージの件について私と話した人々はショックを受けていましたが、驚く人は少数でした。このニュースを聞いた多くの関係者は、ジョージの疑わしき行為の意味を理解することになりました。私たちは何年も前からそうした行為に気づいていたにもかかわらず、何らかの無意識の抑制をかけて正しい結論を導き出せずにいたのです。他者の最も良い面を見たいという欲求も、そうしたブロックの一つになるようです。もちろん関係者は全員、ジョージの軽薄さが不適切で、いささか下品であることを知っていました。しかしその一方で、「彼は子供たちに大いに貢献しているじゃないか!」と考えていました。世界の法則に関するスキーマに一致しない情報を得ると——すなわち認知的不協和を経験すると——、私たちはいつでも現実を無視し、物事を自分が理解しやすいように、自分が見たい世界に合うように書き換えます。自分が善人だと考えている人が悪しき行動を取りうるとは信じられないため、疑念や戸惑いを押し殺し、心の平穏を保とうとします。しかし私たちは女性として、もはや現実から目を背けるわけにはいきません。自分自身とお互いを守れるように、有害な行動をしっかりと把握しなければならないのです。

私が話をしてきた女性の中には、元恋人、元夫、元同僚、元上司からの性的虐待を報告する人が驚くほど多く存在します。異常なのは、私たちがそうした経験をほとんど話題にしないことです。前にも述べた通り、人々を #MeToo 運動に駆り立てた行為は決して新しいものではありません。唯一新しいのは、私たちがそうした行為についてようやく公に議論を始めたという事実です。沈黙によって無意識のうちに虐待行為を許容してきたことを、私たちははっきりと見つめる必要があります。その行為を認識し、その行為を阻止するための情報共有を妨げているのは何なのかを認識する必要があります。この種の性的虐待の責任を負うのは加害者ですが、加害者たちが自発的に不適切行為をやめるのを待ってはいられません。私たちは今こそ自分を守るために行動すべきなのです。

性的虐待を止める方法

では、強さのセルフ・コンパッションをどのように使えば、性的不適切行為の発生を防げるのでしょうか？　あなたが上司から加害を受け、解雇されることを恐れている場合、声を上げるのは簡単ではありません。だからこそ、性的ハラスメントや性的虐待を犯罪化する法律をあらゆる場所で成立させる必要があります。信じられないような話ですが、テキサスをはじめとする多くの州では、従業員が15人未満の企業での性的ハラスメントを禁じる法律が存在しません。[18] そのため、ジョージの自閉症センターの有給職員も、訴訟を起こす意思を持ちながら最終的にはそれに踏み切りませんでした。このような女性への法的保護の欠如は是正されなければなりません。

不適切な行為が始まった瞬間に内なるカーリーのエネルギーを呼び覚まし、はっきりと毅然とした態度で「やめて！ それはダメです！」と言うのも効果的です。加害者はたやすく標的になりそうな人を好むため、この種の強さがあれば、虐待をその場でやめさせることも不可能ではありません。センターで働いていた少女の何人かはジョージの誘いを拒絶し、その後は手出しを受けなくなったようです。ジョージが一部の人をしつこく追いかけた一方で、一部の人を諦めたのはなぜなのか、はっきりしたことは言えません。しかし私が見たところ、ジョージが諦めた少女たちは陽のエネルギーにあふれていました。彼女たちに言い寄るには労力がかかりすぎると感じ、ジョージは別のところに狙いを定めたのではないでしょうか。当然ながら、ノーを言うことは常に可能とは限らず、権力、特権、経済状況、相手への心酔度といった多くの関連要因に依存します。また、加害をやめさせるのは女性の責任ではなく、その責任は100％加害者にあります。それでも、私たちの内なる強さは自分を守るために有効ですし、必要な場合には恐れず利用しなければなりません。

ジョージをうまく撃退できた職員と話をすると、彼女たちはみな、彼の誘いについて黙っていたことを後悔していました。他の職員にさりげなく警告することはあっても（「周囲に人がいないときに肩をさすってくれと頼まれたら気をつけてね」などと言って）、ジョージの行いを暴露する人はいませんでした。それは彼女たちがジョージの悪行の酷さに気づかなかったからでもありますが、彼女たちがジョージを単なる浮気者として軽視し、その行為をあまり深刻に捉えていなかったからでもありました。残念ながら、家父長制の長い歴史は、女性が虐待行為を見過ごすきっかけとなりがちです。「ジョージは、ハーヴェイは、チャーリーは、ジェフリーは、ドナルドは、（後は好きに名前を入れてください）そういう人なのだ」と私たちは言います。それはまるで、男性は略奪的なのが当たり前で、自分たちはそれに耐えるしかないと言っているようです。

女性は自分らしい性の在り方を自由に選べるようになるために、長い間懸命に戦ってきました。しかし、権力の不均衡が自分たちの同意にどう影響するかについて、どこまでが許されどこまでがそうでないか、性に関する身体的・心理的境界線を尊重しない男性の行動が実際どれほど有害であるかについて、私たちは十分に考慮できていないときもあります。#MeToo運動をきっかけに事態はようやく変わり始めています。女性は自らの歴史を清算する段階に達したのだと私は信じています。私たちが沈黙すれば、性的虐待を許すことになります。事態を改善する唯一の方法は、たとえどれだけ不快な気持ちになろうとも、私たちが現状を認識することです。女性が公に声を上げるかどうかは個人の問題であり、多くの状況――安全かどうか、発言することで利益以上に害がもたらされないかどうか、さまざまな関係者がいるかどうかなど――に左右されます。しかし、少なくとも自分自身に対しては真実を認めなければなりません。そうすれば、自分を守り、癒し、生き残るために最善を尽くすことができます。

セルフ・コンパッションの役割

幸い、セルフ・コンパッションは性的虐待からの回復を促進し得ることが研究で示されています。被害者のセルフ・コンパッションに関する研究の大半は、詳細なインタビューを実施し、女性が虐待に対処する際にセルフ・コンパッションがどう役立ったかを明らかにするという方法で行われています。被害者の証言に共通する一つの主張は、彼女たちが虐待の経験によって恥辱で満たされてしまうことで、セルフ・コンパッションを持つ力が実際に妨げられているということです。ある研究の参加者はこう述べました。「自分が自分であるという感覚を持てないと、自分に心からの愛情や思いやりを与えることはできません。私にとって、性的虐待自体も確かにつらい経験です。けれど、その本質は、自分に植え付けられたあらゆる恥や、自分が無価値であるという思い込みです。『私は悪い人間に違いない。そうでなければ、こんな仕打ちは受けなかっただろう』と考えてしまうのです[19]」。虐待を受けた女性がセルフ・コンパッションから大きな恩恵を得られるのは、このように自分が自分であるという感覚に生じた傷をセルフ・コンパッションが修復してくれるためです。

時間をかけ、専門家の助けを借りれば、女性は自分のせいで虐待を受けたわけではないと気づき、トラウマに対するコンパッションを育むことができるようになります。研究結果によると、セルフ・コンパッションは、被害者が恥などの困難な感情[20]と生産的に向き合うことを助け、彼女たちがその感情に圧倒されることを少なくします。ある研究で、セルフ・コンパッションが虐待からの回復に果たした役割を女性たちに尋ねたところ、「自己価値を確認できた」「ありのままの自分を受け入れられた」「自分を責めなくなった」「つらい感情を尊重できた」「自分を思いやる時間を確保できた」「似たような経験を持つ他者とつながりを持てた」「自分の成長に感謝できた」、そして何より「自分の力を主張できた」という声が聞かれました。[21]ドミニクという女性は言います。「性的暴行が起きても、それによって自分という人間が定義されるわけではないと気づきました。セルフ・コンパッションは、『私は反撃に出る。この経験に私を支配させるつもりはない。この経験に私の人生を支配させるつもりはない。私は奪われた力を再び手にできる。きっとそれを取り戻せる』と信じる力を与えてくれます[22]」。この研究に参加した女性たちは、ジェンダー不平等に立ち向かい、他者の権利を擁護するという責任感も共有していました。

とはいえ、虐待を受けてもなお力を与えられたという境地に達するには、その前に優しさのセルフ・コンパッションを自分に向ける必要があります。最初のステップは、トラウマの痛みをマインドフルな意識を持って捉え、目を背けずにその痛みを認め、受け入れられるようになることです。それは不快に感じられるかもしれませんが、泣いている子供から離れずにそばにいるように、自分の苦しみに寄り添わなければなりません。多くの女性から、虐待の経験を忘れて前へ進みたいという話を聞いてきました。しかし、痛みが認められずに忘れられると、回復までのプロセスは必然的に長引きます。重要なのは、その出来事の真相をはっきり見つめ、セラピストや友人に、あるいは自分自身にだけでも良いので打ち明けることです。それと同様に、癒しの作業の途中で自分のトラウマを蘇らせないことも重要です。虐待が家族や恋人によるものだった場合、被害の痛みに向き合う中でバックドラフトが生じるのはほぼ間違いありません。安全だと感じられるペースで、できれば専門家の助けを借りながら進んでいきましょう。MSCには、「ゆっくりと進み、遠くまで歩いて行こう」という格言があります。虐待後の癒しを焦らなくなるのは、セルフ・コンパッションから与えられる贈り物の一つです。

また、自分をできるだけ温かく理解し、無条件に受容することも癒しにつながります。私たちは自分が壊れてしまったと感じるとき、その壊れた部分も受け入れられるでしょうか？　虐待の被害に遭うと、汚されたように感じる人がいるかもしれません（昔なら「堕落した」女性と呼ばれていたでしょう）。しかし、私たちの身に何が起ころうとも、私たちの魂が純粋で美しいことに変わりはありません。愛とつながりの在り方でもって意識を満たすと、私たちの真の自己価値が明らかになります。

最後に、私たちは共通の人間性を思い出す必要があります。女性人口の少なくとも4分の1は何らかの暴行を受けた経験を持ち、大多数はハラスメントを受けた経験を持っています。その原因は個人的なものではありません。起きたことによって孤立感や恥ずかしさを感じる必要はありません。私たちは一人ではないのです。私たちは世界中にいる多くの女性とのつながりを、そして歴史を通して私たち同様に苦しんできた多くの女性とのつながりを感じられます。たとえ他者への信頼が打ち砕かれても、似たような経験を持つ女性たちと接触すれば、新たなセーフティネットを形成できます。私たちはその絆に力を見出し、性的虐待を根絶するという責任感を共有できるのです。

WORK 11

コンパッションある手紙を書く

コンパッションある手紙を書くことは、マインドフル・セルフ・コンパッションプログラムで教えられている実践です。定期的に行えば、高い効果を得られることが研究で示されています。[23] あなたが性的不適切行為の被害者なら、その経験にまつわるコンパッションある手紙を自分宛てに書いてみましょう。

この実践を行うときは、トラウマになった出来事（レイプなど）ではなく、不快な出来事（男性にわいせつなことを言われたなど）について考えるのが最も安全です。あなたが性的虐待や性的暴行に苦しんでいる場合、この実践は一人で行うには刺激が強すぎるかもしれないので、セラピストをはじめとするメンタルヘルスの専門家に助けを借りて進めたほうが良いでしょう。

また、感じ方は人それぞれであり、エクササイズによって起こる反応に驚く人もいます。ですので、感情にのみ込まれそうだと感じたら、思い切って中止してください。それも立派なセルフ・コンパッションです。

性的暴行（強制的な性的接触）を最近経験したという人は、ただちに助けを求めてください。911に電話をしても良いですし、全米最大の反性暴力組織であるRAINN（レイプ・虐待・近親相姦全米ネットワーク www.rainn.org）から助けを得ることも可能です。RAINNは性的暴行ホットラインも提供しているので、800-656-HOPE（4673）に電話をかけ、あなたの地域で性的暴行被害者向けのサービスを提供する熟練のスタッフにつないでもらいましょう。

〔日本では、性犯罪・性的暴行の被害に最近遭った方は110番へ連絡、または各都道府県の支援センターでスタッフに相談することができます（https://www.gender.go.jp/policy/no_violence/seibouryoku/consult.html）。〕

　過去に性的ハラスメントや性的不適切行為を受けた状況のうち、今向き合うのにふさわしいと感じる状況を考えます。軽度から中程度のものにしましょう。それは過去の事件で、すでに終わった出来事であり、今のあなたは安全で、自分に癒しをもたらしたいのだということを確認します。生々しすぎてこの状況を考えられない場合、可能なら、そこまで衝撃的でない別の状況を選んでください。決める基準は、あなたが大丈夫だと感じられるかどうかです。

- まずは、当時の出来事をただ書き出します。関連すると思われる情報があれば、その詳細も盛り込みます。あなたが強い苦しみを感じるようになったら、セルフ・コンパッションが休憩のサインを出しているのかもしれません。その場合はお茶を飲んだり、足裏で床を感じたりしてみましょう。
- 起きたことを描写した後、この経験による痛みにマインドフルな意識をもたらす文章を書きます。当時、あなたはどんな感情を抱いていましたか？　今はどんな感情を抱いていますか？　こうした感情がどのような身体的感覚（喉の違和感、お腹を突き刺すような痛み、胸に穴が開いた感じなど）として表れるかを説明してみてください。湧き上がる感情は、それがどんなものであれ批判せず、そのままにしておきます。恥ずかしさ、嫌悪、恐怖、怒り、いら立ち、悲しみ、混乱、罪の意識など、あらゆる感情を意識に浮上させます。こうした感情を経験することの難しさに注意を向け、自分の痛みを受け入れてみましょう――痛みを感じるのは、ごく自然なことです。

- 次に、その経験についての、共通の人間性を想起させる文章を書きます。残念ながら、このような状況は日々起こっています。これはあなただけの話ではありません。あなたは一人ではありません。そして何より、あなたに責任はありません。女性への不適切行為は、何千年も続く家父長制と権力格差から生じています。しかし、このような扱いをもう受け入れてはならないと知っていれば、身近な女性と共に力強く立ち上がることができます。自分という存在が、より大きな何かに組み込まれていることの力を感じてください。
- 今度は、自分に対する深い優しさを表現する文章を書いてみましょう。あなたが経験した痛みや傷を癒し、安心させるような言葉を綴ります。同じような経験をした親友に向かって恥ずかしさや自己疑念が生じたら、「愛とつながりを持って今に在ること」で、それらの感情を捉えられるかどうかを確かめます。痛みの中にあっても、あなたは

- 自分自身に優しくなれるでしょうか？
- 次に、あなたの内なるカーリーや勇猛な母グマについての文章を書きます。自分と身近な女性を守ることを心に誓いながら、力強く、大胆で、勇敢な言葉が出るようにしてください。自分に対して不正が行われたことをはっきりと認めます。抵抗せず、怒りを湧き上がらせていきます。感情にのみ込まれそうだと感じたら、足裏を通して自分をグラウンディングさせ、その怒りが体内を流れるのを許しましょう。このとき、我を忘れるほど加害者について考えるのは避けてください。あなたの脳細胞はもう十分にブドウ糖を使って加害者のことを考えてきたので、これ以上注意を払う必要はありません。その代わり、被害そのものに最大の怒りの力を向けてください。「こんなことはあってはならない！」というように。
- 最後に、自分の怒りが行動に向かうエネルギーになるかどうかを確かめます。こうした被害が自分や別の女性に再び起きることを防ぐため、あなたに何かできることはありますか？　もしありそうなら、それに向けた小さな一歩を踏み出すと約束ができそうなら、してみましょう。
- 手紙を書き終えたら、何度か深呼吸し、それを安全な場所に保管します。自分に合うタイミングで、手紙を取り出して読み、言葉をしっかり心に染み込ませてください。実際に自分宛てに手紙を投函し、数日後に受け取ってから読み返すことを好む人もいます。

このエクササイズ中に困難な感情が表れたら、忘れずに自分をケアしましょう。「今、私には何が必要か」と自分に聞いてみてください。あなたが求めているのはハグですか、散歩ですか、信頼できる誰かとの会話ですか、それとも一人で過ごす静かな時間ですか？　その瞬間に最も役立ちそうなものは何でも、自分に与えてみましょう。

行動を起こす

セルフ・コンパッションを生かして性的虐待の傷を癒すことは確かに重要ですが、癒すだけでは十分ではありません。将来にわたって女性への危害を防ぐよう努めることもまた、重要です。性的不適切行為の主な原因は社会にあり、男性が女性に対して権力を振るう構造的不平等にあります。女性が団結すれば、虐待の加害者を訴えるのに必要な勇気が生まれます。#MeToo運動は、権力を持つ男性であっても有罪となり、裁かれることを実証しました。私たちが団結すれば、こうした悪質な行為の発生を許している構造そのものを解体に導くことができます。

しかし、報復の恐れがある場合は特に、どのような方法で虐待に声を上げることが最善なのでしょうか？　性的虐待を匿名で通報する手段を設けている企業もありますが、大半はそうではありません。また、こうした行為は仕事以外の場面で起こることが一般的です。実際に、多くの性的虐待は家庭の中で起きています。[24]どう対策を取れば良いのでしょうか？　残念ながら、私はこうした問いへの答えを持っていませんし、この話題については私よりはるかに詳しい専門家がいます（ＲＡＩＮＮなどの組織はホットラインを設けており、すぐにアドバイスを提供してくれます〔日本でもＷＯＲＫ11でご紹介したリンク先の被害者サポートセンターの多くがホットラインを設けています〕）。ですが、その答えをセルフ・コンパッションの原則によって導き出す必要があること、自分を守るための勇気や、ゆるぎない明確さを持って行動を起こさなければならないことは、私にもはっきりとわかります。強さと優しさを兼ね備えた、開かれた心を持って私たちが団結すれば、進むべき最善の道が見えてくるはずです。

今後はさらに多くの男性が私たちの仲間になってくれることを、そして彼らが私たち同様に強さのセルフ・コンパッションを利用し、他の男性による問題行為を目撃したときには声を上げてくれることを願っています。しかし、男性が同調してくれるのを待ってはいられません。私たちは女性として、今こそ自分を守らなければなりません。女性の意識に変化をもたらすような、何かが起きようとしています。私たちの怒りは燃え、陰と調和する陽が湧き上がっています。女性はついに自分の本性に、すなわち、穏やかな優しさと共に在る力強い強さに目覚めようとしています。カーリーが立ち上がろうとしているのです。

第2部
セルフ・コンパッションのツール

第5章

自分を優しく受け入れる

一瞬一瞬の経験を思いやりと共に抱きしめて、自分自身と自分の人生を丸ごと全て受け入れれば、檻から脱出する道が開かれます。[1]

——タラ・ブラック、作家兼瞑想指導者

セルフ・コンパッションは、その瞬間に必要とされることに応じて、苦しみを和らげるさまざまな手段を提供します。強さのセルフ・コンパッションのツールを詳しく検討する前に、優しさのセルフ・コンパッションについて理解を深めなければなりません。陰が陽と究極的に調和され統合されることなくして、全体性やウェルビーイングは達成されないからです。本章で簡単に説明していきますが、さらに掘り下げたいという人は、私の前著『セルフ・コンパッション［新訳版］』（金剛出版）を参考にしてください。陰の性質である自己受容の発達について重点的に取り上げています。

優しさのセルフ・コンパッションは、**ありのままの自分に寄り添う**ことを可能にする力です。一人ではないのだと自分を安心させ、元気づけながら、自分の痛みを認められるようになるのです。このコンパッションには、生まれたばかりの子供へ向けられる母親の優しさや思いやりがあります。手がつけられないほど子供に泣かれ、新しいブラウスに嘔吐されても、母親は気にしません。その子を無条件に愛しているからです。優しさのセルフ・コンパッションを持つ人は、これと同じ態度を自分自身に取ることができます。泣き叫ぶ赤ん坊を抱きしめるのと同じように、強烈で不快な感情を愛と共に抱きしめることができれば、その感情に圧倒されません。この思いやりの資質があれば、自分の経験の中で何が起きているか――それがつらいことであれ、難しいことであれ、挑戦的なことであれ、がっかりすることであれ――をあまり気にせず、自分がその出来事とどう関わっているかを重視できます。私たちは自分との新たな寄り添い方を学びます。痛みにのみ込まれて我を忘れるのではなく、痛みのなかにいるからこそ自分にコンパッションを向けるのです。自分に思いやりや気遣いを向けると、安心感や受容されている感覚が得られます。ありのままの世界に対して心を開けば、傷を癒してくれる温かさが生まれるのです。

本書の執筆中、新型コロナウイルス感染症が世界を襲いました。私のオフラインでのワークショップは全て中止になり、ローワンはズームで授業に出ることを余儀なくされました。この期間に執筆を進めるのは大変でした。私は息子に勉強を教え、息子を楽しませようと努めるかたわら、十分な食料（念のため20キロ以上の米と豆を買い込みました）とトイレットペーパー（20キロ以上の米と豆を消費しても事足りるだけ）を確保し、パンデミックによってもたらされるあらゆる大きな生活の変化に対処しなければなりませんでした。孤独で、未来を案じていました。仕事や大切な人や健康を失った多くの人々に比べれば、私はとても幸運でした。しかし、だからといって、ストレスがなかったわけではありません。そんな風に恐怖や悲しみや不安を感じるとき、何をすべきかわかっています。自分に優しさのコンパッションを向けるのです。私は自分にこう語りかけます。「本当につらい時間だね。今この瞬間、あなたには何が必要か？」必要なのは自分を落ち着かせることだというときもあります。そんなときは散歩をしたり、熱いシャワーを浴びたりします。もっとよくあるのは感情的なサポートが必要なことです。そんなときは片方の手を胸に、もう片方の手をみぞおちに当て、自分の存在を感じます。温かさや愛を意識的に取り込み、その経験の普遍性を（コロナ禍においては、文字通り何十億人もの人々が同じ経験をしていることを）思い出します。困難が消えるわけではありませんが、自分の状態を数分かけて確認し、自分に優しさを与えると、大きな変化が生まれます。

苦しんでいるとき自分にコンパッションを向けると、意識は苦しみに支配されなくなり、苦しみに対する気遣いで満たされます。私たちは痛みよりも大きな存在であり、痛みを受け入れる愛の存在です。その瞬間の物事がどれほどつらくても、セルフ・コンパッションは大きな意義や充足感の源泉にもなり得るのです。セルフ・コンパッションの3つの要素——優しさ、共通の人間性、マインドフルネス——は、それぞれが優しさのセルフ・コンパッションにおいて重要な役割を果たします。優しさは、自分を癒して安心させる感情的な態度です。共通の人間性は、私たちが一人ではないことを理解し、不完全さを人間の共通要素と見なすための英智を授けます。そしてマインドフルネスは、苦しみと共存し、困難な感情をすぐに解決したり変えたりしようとせずに受け入れることを可能にしてくれます。これら３つの要素は、優しさのセルフ・コンパッションが私たちのニーズを満たすために使われるとき、「愛とつながりを持って今に在ること」という特別な形を取ります。

愛

セルフ・コンパッションの中核要素である優しさは、私たちがありのままの自分でいることを必要としているとき、愛に変わります。この愛は柔らかく、温かく、慈しみに満ちています。優しさは女性の性役割に深く浸透しているため、女性は一般的に、コンパッションの優しい面にはとてもよく慣れています。私たちは生まれながらに他者を思いやるように育てられた、コンパッションの専門家なのです。ところが、女性はそうした気遣いを自分の内側に向けることにはあまり慣れておらず、居心地の悪さを覚えることさえあります。

ほとんどの人は、他者に対するのに比べてはるかに厳しく自分に接します。他者には決して言わないであろう無慈悲で不親切なことを、自分自身にはよく言います。たとえば、とても忙しくて、母親の誕生日に電話をするのを忘れてしまったとしましょう。そういう出来事があったと親しい友人に聞かされたら、あなたはこんな風に言うのではないでしょうか。「お母さんに電話するのを忘れたから動揺しているんだね。でも、よくあることだよ。別にこの世の終わりじゃない。あなたはすごくストレスを抱えていたし、忙しかった。それでつい度忘れしたというだけ。今からでも電話をして、お母さんがあなたにとってどれほど大切な存在かを伝えたらどうかな」。しかし、自分自身が同じ状況に置かれると、私たちは次のように言う傾向があります。「あなたはひどい娘だ。信じられないくらい自己中心的だ。ママはきっと傷ついているし、あなたを決して許さないだろう」

友人に接するとき、私たちはその人自身（「あなたはひどい娘だ」）ではなく、その人の行為（「お母さんに電話をするのを忘れた」）に注目します。その行為の原因は中核にあるパーソナリティ（「あなたは自己中心的だ」）にあるのではなく、状況（「あなたは忙しかった」）にあると考えます。些細な出来事を大惨事のように捉える（「ママはきっと傷ついている」）のではなく、起きたことを客観的に見つめます（「別にこの世の終わりじゃない」）。そして、事態が永遠に続くと考える（「ママは決してあなたを許さないだろう」）のではなく、これは一時的な状況だと思います（「今からでも電話をしたらどうかな」）。

では、私たちはなぜ自分自身を友人とこれほど区別して扱うのでしょうか？　その理由の一つは、人が脅威に対してどう対処するかと関連しています。自分の短所に気づいたとき、あるいは人生の困難に直面したとき、人は自分の存在が脅かされていると感じます。前述の通り、脅威に対する本能的な反応は、闘争、逃走、凍りつきであり、これを自分自身に向けると、自己批判、孤立感、過剰な同一化として表出します。このように反応することで、私たちは物事をコントロールして失敗を防いでいるような感覚になり、それによって安全が守られていると感じます。一方で、私たちは他者の苦しみにはそれほど直接的な脅威を感じないため（解雇された友人を気の毒に思うかもしれませんが、その出来事が自分をただちに危険にさらすわけではありません）、他者に対しては思いやり、つながろうとする反応を積極的に活用します。セルフ・コンパッションを実践すると、私たちは脅威－防御システムからではなく、この思いやりのシステムから本能的な安心感を得るようになります。結果として、より支援的な態度で自分と接することができ、より効果的に困難な状況と向き合うことができるのです。

こうした支援的なムードを生み出すために重要な要素の一つは、私たちが自分に語りかけるときの――声に出す場合も、心の内で話す場合も――口調です。人間は驚くほど口調に敏感です。というのも、生まれてから言葉を理解するまでの2年間は、口調が親子のコミュニケーションの主要な手段だからです。[2] 人は言葉の意味とは無関係に、言葉に込められた感情的な意図を感じ取ります。[3] 親切な言葉を使ったとしても、言い方が平坦だったり冷たかったりすれば、そのメッセージは自動音声電話による勧誘ほどの効果しか持たないでしょう。しかし、自分に対する口調に慈悲と善意が込められていれば、私たちはそれを肌で感じます。自分自身に備わっている温かさに本能的に反応するのです。

厳しい自己批判が優しさに変わることの素晴らしい点は、恥や劣等感を生じさせるような困難な瞬間が、愛を与え、受ける機会となることです。たとえどれだけ過酷な経験が身に降りかかろうとも、私たちはその経験に直面する自分自身に優しさを向けられます。自分への優しさを言葉にすることに慣れてくると、私たちの愛の能力は強化されます。愛は全てを包み込めるので、前提条件を必要とすることも、私たちに変化を求めることもありません。

つながり

優しさのセルフ・コンパッションに備わった共通の人間性の感覚は、私たちが痛みに向き合うときに、つながりの感情を生み出します。困難や劣等感は誰もが共有しているものだと思い出せば、孤立しているとは感じなくなります。しかし現実的に苦しんでいるときには、他者から切り離されていると感じがちです。たとえば、会議でうっかり不適切な発言をしてしまったり、クレジットカードの請求額を支払えなかったり、医者から悪い知らせを聞いたりすると、何か間違いが起きたと感じるでしょう。こんなことが起きるはずはないと。まるで完璧なことしか起こりえないとでもいうように、物事が思い通りにならないときには、何らかの異常が起きているのだと考えます。異常を感じるのは論理的な反応ではなく、感情的な反応です。もちろん私たちは論理的には、完璧な人間などいない、完璧な人生を送る人などいない、欲しいものが常に手に入るわけではないと知っています。にもかかわらず、厄介なことが起きると、感情的に反応して、世界中の他者は問題のない「普通」の生活を送っているのではないか、困難を抱えているのは「自分」だけなのではないかと感じてしまうのです。

こうした自分本位な見方は西洋文化によって深刻化し、自分が独立した主体であるという思い込みや、自分自身と自分の運命はコントロール可能であるという思い込みを助長します。主導権を握るのは自分だという物語を受け入れると、物事は本質的に相互依存によることを忘れてしまうのです。つまり、自分のあらゆる行動は原因や条件が絡み合う、より大きなつながりの中で起きているのだという真実を見失うのです。

たとえば、私がときどき他者に対して怒りっぽくなるという理由で劣等感を抱いており、そのことが仕事上の人間関係に悪影響を及ぼしているとしましょう（もちろん、これは完全な仮定の話です）。私はこの「性格の欠点」を自分と同一視し、自分を批判したり責めたりするかもしれません。しかし、共通の人間性、つまり自分も同じ人間であるという英智があれば、この怒りっぽい振る舞いを完全にコントロールするのは無理だとわかります。もしコントロールできるのであれば、とっくにやめていたに違いありません。私の行為は、遺伝子構造、ホルモン、幼い頃の家族史、人生経験、現在の生活環境――経済、恋愛、仕事、健康――などによって引き起こされます。これら全ての要因は、社会的慣習や世界経済といった他の要因とも関わっており、その大半は私がコントロールできる範囲を完全に超えているものです。したがって、個人的に捉えるべき理由はどこにもありません。私の経験は、より大きな全体の中で起きていることと密接に結びついているのです。だからといって、自分の行動に責任を持たなくて良いとか、最善を尽くさなくて良いとかいうことにはなりませんから、私は注意深く行動し、必要な場合には謝罪したり、何らかの形で償ったりしています。それでも、自分を容赦なく責める必要はありません。

失敗は人間の経験にとって不可欠な部分であると思い出せば、私たちは自分の過ちを全て自分個人のせいとは捉えなくなります。自分は大きなタペストリーのひと縫いにすぎないのだと自覚すると、分離感や孤立感は薄れていきます。この段階ではもう、異常なことが起きているとは感じません。人間には強みと弱みがあり、それらは個人という存在を大きく超えた複雑な要因と結びついているのだと理解していきます。孤独を感じなくなると、痛みは耐えられるものに変わります。このつながりの感情は、人生の困難に立ち向かうために必要な安心感を高めてくれます。

マインドフルな在り方

マインドフルネスは、セルフ・コンパッションの最も重要な要素です。ありのままの自分に寄り添うため、そして痛みを受け入れるために必要な意識を授けてくれるものです。マインドフルネスはバランスの取れた状態であり、苦しみに対する2つの典型的な反応、すなわち「回避」と「過剰な同一化」を防ぎます。私たちはときどき、目を閉じて見て見ぬふりをすることで、自分の困難から逃亡します。結婚生活、仕事、周囲の環境に潜む問題を無視し、不快な思いをして現実に向き合うことよりも、否定して忘れることを選びます。しかし自分を思いやるためには、自分の痛みと共存しなければなりません。自分の内面に注意を向け、悲しみ、恐怖、怒り、孤独、失望、苦悩、不満などの困難な感情を受け入れる余地を作る必要があるのです。そうすることで初めて、この感情が人間が共通して経験することの一部なのだと気づき、自分の痛みに愛をもって対処できるようになります。

また、私たちはネガティブな感情と一体化してしまうこともあります。苦しみにとらわれるあまり、客観的な見方を完全に失ってしまうのです。問題に固執し、その過程で問題を歪めて誇張します。アクション映画に夢中になり、車が横滑りしてくる場面で自分がひかれそうだと感じるほど緊張していたとしても、隣の人が突然くしゃみをすると、「ああ、そうだった。映画を見ていたんだ！」と気づきます。マインドフルネスはこのように、現実を明瞭に見るために必要な心の余裕と視点を与えてくれます。それによって私たちは、どれほどつらい瞬間にあっても自分にコンパッションを向けられるのです。

ありのままの現実に心を開くことには――たとえその現実を好きになれなかったとしても――即効性があります。何か嫌なことが起きると、私たちはたいていそれを解決しようとしたり追い払ったりしようとします。すでに起こってしまっていることと格闘し、物事を必要以上に難しくしてしまいます。心理学の研究からわかっているとおり、痛みに抵抗すればするほど、その痛みは悪化します。[4]風船をぎゅっと押すとどうなるでしょうか？　当然、破裂します。抵抗は、「今この瞬間の経験を操作したいという欲求」と定義できます。不快感に抵抗すると、痛みを抱えるだけでなく、自分の思い通りにならない物事によって動揺や失望を感じます。瞑想指導者のシンゼン・ヤングは、このことを「苦しみ＝痛み×抵抗」という数式で表現しています。[5] 以前、瞑想の修養会でヤングの隣に座った時、彼は「これは実は乗法の式ではなくて、指数関数の式なのです」と冗談を言っていました。たとえば、あなたの乗る予定だった飛行機が欠航になり、親友の結婚式に出られないかもしれないと不安になったとします。絶望的な状況です。しかし、それがどれだけひどいことかについてわめき散らし、髪の毛をかきむしって叫び、壁に頭をぶつけんばかりに興奮しても、欠航によるストレスは増幅される一方です。「こんなのありえない！」という思考に支配されると――つまり、**実際に起きている現実**に抵抗すると――火に油を注ぐ結果にしかなりません。マインドフルネスがあれば、現実を受け入れられます。「フライトが欠航になって残念だ。友達の結婚式にどうしても欠席したくない。とても動揺しているし、悲しい気持ちだ」と自分に語りかけます。このように痛みをはっきり認めると、私たちは自分の感情を受け入れ、その後の状況を変えるための賢明な行動に出られます（たとえば、レンタカーを借りるなど）。

　痛みに抵抗せずマインドフルでいることのもう一つのメリットは、困難が解決するのが早まることです。抵抗は苦しみを増幅させるだけでなく、定着させる作用を持つことが知られています。抵抗すればするほどしつこく残るというわけです。感じた不安を抑圧すると、パニック障害を発症する可能性があります。感じた悲しみを抑圧すると（特に、悲しんでいる自分を批判すると）、うつになる恐れがあります。一般的には、感情の寿命は限られています。感情は困難な状況の中から湧き上がり、時間が経つと消えていきます。ネガティブな感情を抑圧することは、抵抗のエネルギーを通してその感情を養い、持続させることにほかなりません。人間が夜に残飯を置いていくために、野良猫が辺りをうろついて離れないのと同じです。困難な感情とただ共に在り、自分の経験をあるがままに、マインドフルに意識できれば、その感情はいずれ過ぎ去ります。

とはいえ、痛みに抵抗したくなるのはごく自然なことであり、だからこそ痛みを手放すのは簡単ではありません。アメーバでさえ、ペトリ皿の中の毒からは離れていきます。私たちを抵抗に駆り立てるのは、順調に過ごしていたいという生まれ持った欲求です。私は息子のローワンの人生にマインドフルネスとセルフ・コンパッションが役立つであろうとわかっていたので、幼いうちから教えようと努めてきました。ですがローワンは何年もの間、それを完全に拒絶していました。ローワンが何かに動揺しているとき、彼が温かさと優しさを持ってその状況を受け入れられるよう手助けを試みるとこう言い返されることがありました。「そのセルフ・コンパッションってやつを押し付けないでよ、ママ。僕は痛みを受け入れたくないんだ」。ローワンの率直な反応にどきりとしました。私は母親として、彼が抵抗をうまくして、痛みが魔法のように消えていくことを願っていたのです。しかしながら、抵抗は無意味です（地球を侵略しようとする宇宙人がよく言っていたように）。私たちが意識と心を開き、自分の痛みに向き合ってようやく、痛みは自然に引いていきます。

マインドフルネスを実践すると、抵抗を手放し、よりコンパッションのある方法で自分に寄り添えるようになります。自分が苦しんでいることをただ認め、その状態を許すことで、癒しへの第一歩を踏み出せます。自分自身や自分の痛みと共存し、苦しんでいるのは自分だけではないと思い出しながら、痛むがゆえに自分に優しくするとき、私たちは優しさのセルフ・コンパッションを体現します。「愛とつながりを持って今に在ること」は、どんな経験においても支えになり、私たちの問題処理能力を大きく上げます。

WORK

12

優しさのセルフ・コンパッション・ブレイク

セルフ・コンパッションを使った休憩（ブレーク）は、MSCプログラムで最も人気がある実践の一つで、日常生活の中で受容やサポートが必要なときに、いつでもセルフ・コンパッションの3つの要素を取り込めるようにするものです。コンピューターのリセットボタンを押すように、苦しいときに必要な一時停止をして、見方を変えて自分の軸を取り戻します。セルフ・コンパッションの3つの要素——マインドフルネス、共通の人間性、優しさ——を意図的に呼び込み、コンパッションを高めながら自分の経験と関わっていくことを基本形式としています。最初はこの実践を、優しさのセルフ・コンパッションが求められる状況に合わせて学びましょう。後の章では、強さのセルフ・コンパッションの「守る」「養う」「動機づける」という3形態に合わせた形で実践します（この実践の英語音声ガイドはFierceself-Compassion.orgで、日本語オリジナル音声ガイドはhttps://www.youtube.com/playlist?list=PLeqOLUj_FV7rWrGzqB2v0n58XJkUcOhle で入手できます）。

あなたの人生で起こっている困難な状況を思い浮かべてみましょう。苦しみの原因になっていること、もっと思いやりと受け入れる気持ちを持って対処したいことはありますか。無力さを感じていたり、人生で起きている何かに深く悲しんでいたりして、それを乗り越えるために「愛とつながりを持って今に在ること」を望んでいるのかもしれません。実践を学んで日が浅いうちは、圧倒されるほど大きなことではなく、軽度から中程度の問題を選んでください。その問題をじっくり掘り下げていき、身体で感じるあらゆる不快な感覚に注意を向けます。どこでそれを最も強く感じますか？　身体の不快感とつながりを持ってみましょう。

姿勢はできるだけリラックスさせてください。セルフ・コンパッションの3要素を陰の形で取り込むことを目的に、一連のフレーズを言ってみましょう（声に出しても良いですし、黙ったままでも構いません）。フレーズはこれから提案しますが、大切なのは自分自身に合った言葉を見つけることです。

- 最初のフレーズは、自分が感じている痛みとマインドフルに共存することを促すものです。「今は苦しいときだ」と、ゆっくり落ち着いて自分に言ってみます。この言葉がしっくりこない場合、「これはつらいね」「私はストレスを感じている」「私は本当に傷ついている」など別の言い方を思いつくことができるでしょうか。
- 2番目のフレーズは、自分が他者とつながっていることを思い出すためのものです。「苦しみは人生の一部だ」と自分に言い聞かせてみます。「私は一人ではない」「誰もが人生の困難に直面している」「人が苦しんでいるときはこういう気持ちになるものだ」などと言い換えても構いません。

- 3番目のフレーズは、愛と優しさのエネルギーを呼び込むためのものです。まずは両手を胸の上か、気持ちが穏やかになる身体のどこかに置き、手の温かさや優しい感触を受け取ります。「自分に優しくなれますように」と、優しさを込めて言ってみます。「ありのままの自分を受け入れられますように」「自分を理解し、自分に対して忍耐強くなれますように」「あなたのそばにいるよ」などと言い換えても構いません。心地良く感じられる場合は、「あなたを愛しているよ」と言ってみても良いでしょう。
- 適切な言葉が見つからない場合は、大切な友人が自分と同じ問題を抱えていると想像してみます。その人と心と心で触れ合い、その人を癒して安心させるために、どんな言葉を掛けますか？　そして、自分自身にも同じメッセージを送れるでしょうか？

この実践を終えると、ポジティブ、ネガティブ、ニュートラルの3種類のうち、いずれかの感情が湧いてくると思います。その瞬間のありのままの自分でいられることを確かめましょう。感情を変えようとしないでください。強い感情が残っている場合は、63ページの「足裏を感じる」実践にも取り組んでみましょう。

セルフ・コンパッションと自尊心

優しさのセルフ・コンパッションの最も重要な機能の一つは、根本的な自己受容です。コンパッションを用いて不完全な自分に寄り添えるようになると、私たちは自分を能力不足だと判断したり批判したりするのをやめます。完璧な何者かになるための終わりのない努力を手放し、欠点や弱点に満ちた自分を受け入れます。これは、自尊心を高めることとは全く異なるものです。

自尊心とは、自己価値についての評価です。[6] 自分は悪い人間ではない、むしろ善良な人間であるという判断です。ほとんどの人は、自分を特別で平均以上の存在だと感じることで自信を得られると学び、それゆえに平均的であってはならないと考えます。[7] しかし、全員が同時に特別かつ平均以上でいることは論理的に不可能なため、この考え方は当然問題を生みます。自尊心はまた、自分と他者との継続的な比較につながります。彼女は私よりフェイスブックの友達が多い？　彼女は私より美人？　ブレネー・ブラウンがネットフリックスの特別番組に主演するって本当？〔ブレネー・ブラウンはベストセラー作家でヒューストン大学教授。著者と交流があることから、名前を挙げられている〕このように比較を続けていると、私たちは他者と競争している感覚に陥り、[8] 結果的に他者から切り離されてしまいます。他者との比較はつながりの感情を弱めるだけでなく、露骨な嫌がらせにもつながりかねません。物理的ないじめ[9]（「変わった子をいじめれば、自分はその子に比べてかっこよく見えるだろう」）を行う人もいれば、関係性攻撃[10]（「職場に新しく入ってきた女性について噂を流せば、彼女は私ほどみんなから好かれないだろう」）を行う人もいます。さらに、社会的比較は偏見の原因になることもあります。[11] 偏見の根源は複雑で、権力や資源の維持と大いに関連しています。しかし、偏見を助長する要因は、自らの民族的、宗教的、国家的、人種的（あとは適当な言葉を入れてください）集団が他より優れていると信じ、自分の相対的な地位を高めようとすることです。

自尊心に関するもう一つの問題は、自分で設定した基準を満たしているかどうかで自己価値を判断しなければならないことです。[12] 必要なだけ体重を落とせたか、売上目標を達成できたか、自由時間を生産的に活用できたか？ 私たちの自己価値の感覚は、達成された目標の上に成り立っています。女性が自尊心を見出す代表的な3つの領域は、社会的承認、外見的魅力、そして人生の重要な分野（学業、仕事、子育てなど）におけるパフォーマンスの成功です。[13] したがって、私たちは絶えず自分自身にこう問いかけます。「私は良い仕事をしただろうか？ 私は人から好かれているだろうか？ 私は素敵に見えるだろうか？」イエスと答えられるとき、私たちは自分に対してポジティブな感情を持ちます。けれど、髪型がうまく決まらずノーと答えざるを得ない日には、あまり自分に価値を感じられません。

自己価値は、自分自身や他者からの期待に応えられているかどうかで変化するため、大きく揺らぐこともあります。[14] 自尊心が不安定な感情なのは、私たちがそれを好調なときにしか感じられないからです。求職の申し込みを断られたり、パートナーに振られたり、鏡に映る自分を好きになれなかったりしたらどうなるでしょうか？ 自己価値の源は奪われ、うつや不安が生じやすくなります。

加えて、高い自尊心の追求には終わりがありません。永遠に降りられないルームランナーのようなものです。たとえ今でなくても、近い将来には必ず、私たちより優れた誰かが現れます。そして、私たちが不完全な生き物であるという事実は、私たちが今後も目標達成に失敗し続けることを意味します。私たちが満足のいく人間になったり、満足のいく成功を収めたりすることは決してないのです。

優しさのセルフ・コンパッションは、自分を無条件に受け入れることで、自尊心の罠を回避します。セルフ・コンパッションを持つのに権利を得る必要はありません。自分にコンパッションを向けるのは、私たちが生得的にケアされるべき、欠点のある人間だからです。私たちは成功を収める必要も、特別かつ平均以上の存在になる必要もありません。必要なことはただ一つ、混乱し、苦しみ、模索する自分を温かく受け入れることです。

私は最近、自尊心のせいで自暴自棄になる恐れがあった時に、セルフ・コンパッションによって救われました。去年の夏、大勢の聴衆の前でセルフ・コンパッションに関する重要な講演をすることになっていた1カ月ほど前に、鼻先にニキビのようなものができました。「おかしいな」と思いました。「ニキビなんて何年もできていなかったのに。きっと更年期でホルモンが変化したせいだろう」。ところが、そのニキビは消えませんでした。次第に大きく目立つようになり、赤鼻のトナカイとまではいかずとも、それに近い状態になりました。最終的に皮膚科へ行ったところ、案の定メラノーマ（皮膚のがん）と診断されました。幸いにして深刻なものではありませんでしたが、すぐに切除しなくてはなりませんでした。手術を受けたのは、プレゼンに向かうために飛行機に乗る前日のことです。したがって、私は顔の真ん中に大きな白い包帯を巻き、ベストとは言えない見た目で講演をするしかありませんでした。私は自分が魅力的に見えるかどうかを心配したり、聴衆に批判されるのではないかと恐れたりするのではなく、恥ずかしさを感じている自分にコンパッションを向けました。おかげで私はその状況に楽観的に臨むことができ、冗談まで言えたのです。「私の鼻に包帯が巻かれていることにお気づきだと思います。50歳を過ぎると、身体におかしなものが育って、それを切除しなくちゃならないんです。しょうがないですよね」

私はオランダにあるラドバウド大学ナイメーヘン校のルース・ボンクと共同で、セルフ・コンパッションが自己価値の感情に及ぼす影響と、自尊心が自己価値の感情に及ぼす影響とを直接比較する研究を行いました[15]。新聞や雑誌の広告を通じて２１８７人の参加者（74％は女性で、年齢は18歳から83歳まで）を募集し、そのデータを検証しました。研究中の８カ月間、参加者にはさまざまな項目からなる一連のアンケートに回答してもらいました。その結果わかったのは、自尊心との比較において、セルフ・コンパッションは社会的比較と結びつきにくく、社会的承認、外見的魅力、パフォーマンスの成功にも左右されにくかったということです。参加者がセルフ・コンパッションから得た自己価値の感覚は、時間が経っても安定していました。８カ月間、12回にわたって各参加者の自己価値の感情を測定すると、彼らの自己価値の安定性を左右するのは自尊心ではなく、セルフ・コンパッションであることが明らかになりました。

自尊心とセルフ・コンパッションの目標は真逆です。前者は正しく行動することを、後者は心を開いてありのままでいることを目指します。セルフ・コンパッションを選ぶと、私たちは人間らしくなれます。完璧であろうとする努力や、理想的な生活を送ろうとする努力を手放し、どんな状況においても自分を思いやることに集中します。これから先、私は締め切りに遅れたり、ばかげた発言をしたり、誤った判断を下したりするかもしれません。自尊心を大きく損なうこともあるかもしれません。しかし、そうした瞬間に自分への優しさと理解を示すことができれば成功です。ありのままの自分を受け入れ、自分にサポートと愛を与えられれば、それで目標は達成されたことになります。何があっても必ずチェックマークを入れられるのが、「セルフ・コンパッションを持つ」という項目なのです。

セルフ・コンパッションという鎮静薬

前にも述べた通り、セルフ・コンパッションがウェルビーイングを高めることは多くの大規模な研究によって明らかにされています。[16] セルフ・コンパッションは、うつ、不安、ストレスを軽減し、幸福感や人生に対する満足感を高めて、身体的な健康を改善します。これを可能にするセルフ・コンパッションの機能の一つは、私たちの生理的状態を変化させることです。セルフ・コンパッションを実践すると、脅威－防御システムが停止し、思いやりのシステムが活性化して、安心感がもたらされます。これを実証するため、ある研究では、参加者にコンパッションを受け取っているときの身体的な感覚を想像してもらいました。[17]参加者は1分おきに、「あなたが大きなコンパッションの受け手であることを感じてください。あなたへの慈愛を感じてください」などの言葉を掛けられました。その結果、自分にコンパッションを向けた参加者は、コントロール・グループに比べてコルチゾール濃度（交感神経系の活性化の指標）が低く、高い安心感を得ていたことが示されました。また、心拍変動（副交感神経の活性化の指標）が増加したことから、リラックス感が高まって防衛心が減ったことも示唆されました。

セルフ・コンパッションはまた、ネガティブな状態をポジティブな状態に変えることでウェルビーイングを高めます。愛を持ってつながる在り方で痛みを受け入れると、その痛みが引いていくだけでなく、心を開くことへの抵抗感がなくなります。これは実りある有意義な経験です。ある研究チームはフェイスブック上で参加者を募り、彼らにコンパッションのある自分宛ての手紙を1日1通ずつ7日間書いてもらいました。[18]参加者は毎日、彼らを苦しめ動揺させている物事について考え、次の指示に従って手紙を書きました。「同じ立場にいる友人にあなたが言ってあげられそうなこと、またはこの状況にいるあなたに友人が言ってくれそうなことを考えてください。自分の苦悩を理解するよう努め（『あなたが苦しんでいるのは悲しい』と書いても良いでしょう）、その苦悩は意味あるものだと認識しましょう。自分に優しくあるよう心がけてください。思いついたことは何でも書いてもらって構いませんが、この手紙には必ずあなたが聞きたいと思っている言葉を盛り込んでください。ストレスに満ちた状況や出来事に対して、あなたが思いやりや癒しを感じるための言葉です」。研究チームはコントロール・グループとして、一部の参加者には古い記憶についての手紙を1週間毎日書くようにとだけ指示しました。そして、時間が経ってから参加者のウェルビーイングを追跡調査すると、セルフ・コンパッションのある手紙を書いたグループはコントロール・グループとの比較において、3カ月間うつになりにくい状態だったことがわかりました。さらに注目すべきは、前者のグループが6カ月間にわたって、高い幸福感を報告したことです。この結果は、「愛とつながりを持って今に在ること」に起因するポジティブな感情が長続きすることを実証しています。

セルフ・コンパッションのもう一つの重要な機能は、恥の解消です。恥が生じるのは、私たちが自分の悪い行為と自分自身とを混同したときです。間違いをただ認識するのではなく、「私自身が間違いなのだ」と思い込むのです。失敗を認めるのではなく、「私自身が失敗作なのだ」と考えます。これは自己完結的な状態であり、この状態に陥ると、空虚さ、無価値感、他者からの断絶を感じます。セルフ・コンパッションの3つの要素は、恥に対する直接的な防衛手段になります。マインドフルネスは、私たちが自分の失敗に過剰に同一化するのを防ぎます。共通の人間性は、他者から孤立しているという感覚を打ち消します。そして優しさは、不完全な自分にも価値はあるのだと感じさせてくれます。セルフ・コンパッションは、私たちが弱点によって自分を定義することなく、その弱点を明確に把握して認めることを可能にします。

先日、ローワンがその必要性をごく自然に思い出させてくれました。車で移動中、私はラジオに合わせて歌っていました。とりあえず言えるのは、私は歌うのがあまり得意ではないということです。実のところ、歌に関しては自分でもときどき恥ずかしくなります。「ママって本当に歌が下手な人だなあ！」と私は大声で言いました。すると、ローワンはすかさず答えました。「ママは歌が下手な人なんかじゃないよ。歌い方が下手なだけだよ」

恥は独特の問題を抱えた感情です。[19] 恥は私たちが心を閉ざすきっかけとなりやすく、自分で生み出した傷を修復しようとする際の妨げとなりかねません。恥によって喚起される強烈な嫌悪感や孤立感は、自分がしたことから目を背けたいという欲求と結びつき、自分の行為に正面から向き合うことをいっそう難しくします。ただし、罪悪感はそれほど心を消耗させないという点で、恥とは区別されます。自分を悪と見なすことなく自分の行為だけを悔やむとき、私たちは自らの行動により責任を取りやすくなるのです。

マニトバ大学のエドワード・ジョンソンとカレン・オブライエンは、セルフ・コンパッションと恥、罪悪感、うつとの関連を研究しました。[20] 参加者は自分の行為を悔やんでいる過去の出来事を考えるよう求められ、一つのグループはセルフ・コンパッションの３要素――マインドフルネス、共通の人間性、優しさ――を使ってその出来事を記述するよう指示されました。その結果、セルフ・コンパッション実践グループはコントロール・グループとの比較において、恥やネガティブな感情の程度が明らかに低かったのです。ここで興味深いのは、参加者の罪悪感の程度には変化がなかったことです（セルフ・コンパッションは彼らの罪悪感を強めることも、弱めることもありませんでした）。罪悪感は悪事を素直に認めるのに役立つ場合もありますが、恥は誰の役にも立ちません。研究から２週間後には、セルフ・コンパッション実践グループの参加者がうつ状態を低減させていたこともわかり、恥の低下がその理由の一つであると説明されました。恥を感じることなく自分自身を明確に見る能力は、セルフ・コンパッションから私たちに授けられる最高に強力な贈り物です。

痛みに対処する

セルフ・コンパッションは感情の回復力となり、私たちが打ちのめされずにつらい時間を乗り切ることを助けてくれます[21]。たとえば、離婚などの耐え難い状況に対処するときにも、セルフ・コンパッションは効果を発揮します。ある研究では離婚した成人に、彼らの別離の経験に関する意識の流れを4分間レコーダーに吹き込むよう求め、その独白にどれだけセルフ・コンパッションが含まれているかを、独立した審査員が評価しました[22]。破局について語る際に大きなセルフ・コンパッションを示していた人々は、離婚した直後だけでなく、9カ月が経っても心理的適応の状態が良好であることが実証されました。

セルフ・コンパッションは、糖尿病[23]、二分脊椎[24]、多発性硬化症[25]といった健康問題への対処にも役立ちます。患者が感情のバランスを保ち、一日をより安楽に過ごすことを可能にしてくれるのです。ある質的研究において、慢性的な身体痛に対処する女性にセルフ・コンパッションがどの程度役立ったかを調べたところ、一人の参加者は次のように書きました。「私は朝食をとっている間、自分の痛みは、自分から無理に切り離さなくて良いものなのではないかと繰り返し考えています。痛みは私の日常の一部なのかもしれません。それで良いのだと思います。もし私が……自分に優しくなり、気持ちを切り替えられたら、全てが楽になるでしょう」[26]。同様に、がん[27]やＨＩＶ[28]といった命を脅かす病気に直面している人々も、コンパッションを持って自分の病気に接することにより、ストレス、うつ、不安、恥ずかしさを感じにくくなる傾向があります。

私はある大学生と共同で、セルフ・コンパッションが自閉症児の親に与える心の安定についての研究を行いました[29]。特別な支援を必要とする子供を世話する際にセルフ・コンパッションを持つことの大切さは、私も実際に経験して学んできました。その一方で、自閉症児を抱える他の親たちの経験も探ってみたくなったのです。私たちは地元の自閉症協会を通じてボランティアを募り、親たちにセルフ・コンパッション尺度への回答を求めました。また、子供の自閉症の重症度や、その状況によって彼らが感じているストレス、プレッシャー、うつの程度を評価する調査項目にも回答してもらいました。最後に、将来にどれだけ希望を抱いているか、自分の人生にどれだけ満足しているかを尋ねました。その結果、セルフ・コンパッション度の高い親は、我が子に向き合う際にストレスを感じづらいことが示されました。彼らはうつ状態になりにくく、より前向きで、人生に満足している傾向がありました。つまり、セルフ・コンパッションは親の精神状態を左右する因子として、子供の自閉症の重症度以上に強力だったのです。この結果は、人生で直面する課題の厳しさよりも、その最中に自分とどう関わるかが重要であることを示唆しています。

自分自身または自分の人生の問題と向き合うために必要な感情的リソースがないと、人はネガティブな対処法を用いて痛みを避けることがあります。ほんの一瞬でも気分を良くしようと必死になり、アルコールや薬物やセックスに衝動的に溺れる人もいるかもしれません。ですが、高揚感が薄れたり、その経験のスリルが失われたりすると、同じ現実に戻ることになり再びそこから逃避を図ります。こうして中毒性のあるサイクルが出来上がるのです。セルフ・コンパッションを持つ人は、自分の痛みを愛と共に受け入れることができ、精神をまひさせて自分を痛めつける必要がないため、アルコール[30]、薬物[31]、食べ物[32]、セックス[33]などの依存症になりにくいことが研究で示されています。ある研究では、セルフ・コンパッション度が高い人は、誰もが気分を良くしたいときに口にするチョコレートの依存[34]にすらなりにくいという結果が出ました。セルフ・コンパッションは依存症からの回復にも役立ち[35]、アルコホーリクス・アノニマス[36]などの回復プログラムにおいて実際に効果を発揮しています〈アルコホーリクス・アノニマスは、米国発祥のアルコール依存症者の自助グループ。日本語では「無名のアルコホーリクたち」と訳される〉。

セルフ・コンパッションは、ここまで述べた以外の苦悩への有害な対処法から回避するのにも役立ちます。たとえば、ある研究で、いじめを受けている中国の青少年を1年かけて追跡調査したところ、セルフ・コンパッション度が高いティーンは切りつけなどの自傷行為をする可能性が低いことがわかりました[37]。自分を切りつける人々は、感情的な痛みを紛らわせるため、あるいは感情がまひしたときに何かを感じるために、身体的な痛みを頻繁に利用します[38]。しかしセルフ・コンパッションを利用すれば、それよりも健全な方法で痛みを感じ、痛みを処理できます。問題が本当に悪化すると、人々は逃避の手段として自分の人生を終わらせようとすることさえ珍しくありません。ある研究チームは、直近1年以内に自殺を試みた低所得のアフリカ系アメリカ人を対象に、セルフ・コンパッションを指導しました。[39] すると、参加者は貧困や制度的人種差別などの大きな課題に向き合う中でも、自分に対して以前より優しくできるようになり、うつや自殺願望が明らかに減ったと報告しました。このケースにおいては、セルフ・コンパッションがまさに「命の恩人」となったわけです。

セルフ・コンパッションのパラドックス

優しさのセルフ・コンパッションは、私たちの苦しみを和らげ、癒しをもたらします。ただし操作のための手段として、今この瞬間の体験を変えるために利用すべきではありません。セルフ・コンパッションの中核には、「私たちが自分にコンパッションを向けるのは、気分を良くするためではなく、気分が悪いからこそだ」というパラドックスが存在します。これはあなたを少々混乱させるかもしれませんが（パラドックスとはそういうものです）、重要なポイントです。セルフ・コンパッションは確かに気分を良くするのに役立ちますが、私たちが苦しみの中にいるとき、痛みを取り除くことを目的として胸に手を当てたり、自分に優しい言葉を掛けたりすると、その行為は密かな抵抗となって事態をさらに悪化させます。私たちが抵抗したものは、そのまま残り、強化されてしまうのです。そうではなく、つらいことはつらいこととして、徹底的に受け入れ、つらいがゆえに自分に優しくしなければなりません。こうして痛みへの抵抗を和らげることには、苦しみを軽減する効果があります。セルフ・コンパッションのメリットは、コントロールや強制を通して得られるものではなく、歓迎すべき副作用として得られるものなのです。

その仕組みを説明する例を挙げましょう。私が睡眠障害を抱えていて、慢性的な不眠にコンパッションを向けることが寝つきを助けてくれると気づいたとします。しかし、このシステムを悪用することはできません。初めから不眠を解消しようとしてセルフ・コンパッションを利用すれば、私はすぐに寝つけないことにいら立ち、かえって眠れなくなるでしょう。物事をコントロールしようとする行為は必然的に苦しみを増幅させるため、セルフ・コンパッションを抵抗の手段として利用してもうまくはいきません。眠れないことを受け入れ、不眠がひどいからこそ自分に優しくできてようやく、眠るのに必要な思いやりと落ち着きの感覚が得られます。セルフ・コンパッションを受容の手段として使うと、私たちは自然に癒されていくのです。

私が学んだ教訓

私は苦い経験を通じて、セルフ・コンパッションのパラドックスを理解しました。私が20代前半のとき、兄のパーカーが肝硬変を患ったのです。医師の見立てによれば、原因はアルコールに違いないとのことでした。パーカーはたまにビールを飲むのは好きだと認めましたが、健康に支障を来すほどではないと断言しました。明敏な医師は、医学生時代に知ったウィルソン病という極めて稀な遺伝病を思い出しました。この病気になると銅の排泄ができなくなり、体内に銅が蓄積して、肝臓などの場所に沈着しやすくなります。ウィルソン病の主な兆候は、虹彩の周囲に銅色の輪ができることであり、この輪は最初に発見したドイツの眼科医にちなんで「カイザー・フライシャー輪」と呼ばれています。兄の担当医はこの輪を認め、パーカーがウィルソン病であることを確信しました。ウィルソン病は常染色体潜性遺伝の疾患であるため、その遺伝子は必ず両親から受け継がれています。この事実は、４分の１の確率で私もウィルソン病を患っていることを意味するものであり、運命のサイコロは私の希望通りには転がってくれませんでした。

私は陽性でしたが、肝臓は元気でした。私は銅の排泄を促す穏やかなキレート剤を服用し始め、きちんと定期的に肝臓の検査を受けるようになりました。医療機関を受診する際、問診票にウィルソン病と記入するといつでも、医師は「あなたのカイザー・フライシャー輪を観察したいので、同僚を部屋に呼んでもいいか」と興奮気味に尋ねてきました（「先生、これを見られる機会は一生に二度とないでしょうね！」）。そうした瞬間にちょっとした有名人気分を味わったことを除けば、病気の影響はほとんど感じませんでした。目立った症状が何もなかったからです。

この状態は何年か続きました。

その後、30代になると、私は「夢のデジャブ」と個人的に呼んでいる奇妙な現象を経験するようになりました。新しい布団を買いに行ったり、散歩をしたり、猫をなでたりして普通の一日を過ごしていると、突然、はっきりしたきっかけもなく、その瞬間に自分がしていることを以前に夢で見たという強烈な感覚に襲われるようになったのです。それは極めて魅惑的で、異界に引き込まれるような感覚でしたが、その経験の後には不快な恐怖感が残りました。私はセルフ・コンパッションを実践していたので、温かく受容的な態度でデジャブの感覚にただ対処しようとしました。胸に手を当て、自分をサポートするような独り言を言うと、たいてい数分でこの感覚は消えていきました。奇妙で、やや困惑する現象ではありましたが、デジャブは誰にでもよくあることです。そう思って、あまり気にしていませんでした。

２００９年、私は映画館にいた時に、再び夢のデジャブに襲われました。胸に手を当ててセルフ・コンパッションを持とうとしましたが、私はこの時無意識のうちに、デジャブを終わらせたいという気持ちからそうしていました。映画を見ようとしているんだから、こんなことはしていられない！　私は気分が悪いからではなく、気分を良くするために自分にコンパッションを向けていました。デジャブは45分ほど続いたでしょうか。映画館を出てきた時、私は深刻な記憶障害に陥っていました。前年の夏のヨーロッパ旅行で訪れた国の名前すら思い出せませんでした。私のデジャブへの抵抗――セルフ・コンパッションの実践を装った――は、状況を長引かせました。

私は早速、神経内科に行きました。兄の場合とは違い、銅は肝臓には蓄積していませんでしたが（これには安心しました）、脳に沈着していることがわかりました。この沈着が原因で、私は側頭葉てんかんを発症していたのです。これは側頭葉付近で局所的に小さなてんかん発作が起こる病気で、多くの場合、強いデジャブの感覚として表れます。私は投薬治療を受け、大いに改善しましたが、今でもたまにデジャブを経験することがあります。今では「以前こんな夢を見なかったっけ？」という感覚を覚えると、右足の親指に意識を集中させて（理由はうまく説明できないのですが、脳から最も離れられるような気がするからです）、気分を紛らわせるようにしています。私はデジャブとは闘いませんが、かといって何もしないわけでもありません。その影響を減らすためにできる限りのことをしています。

ウィルソン病を患ったことで、優しさのセルフ・コンパッションに対してより感謝するようになりました。この病気の最も大きな問題症状、つまり穴だらけの記憶に対処するためには、優しさのセルフ・コンパッションが不可欠だからです。私の記憶力がいかにひどいかを説明しておくと、大学時代の友人との集まりでディナーに出かけた時、ある昔の仲間の名前が話題に上り、「彼はどうしてる？」と私は聞きました。「もう何年も音沙汰がないよね」「クリスティン、覚えていないの？」友人の一人が私に尋ねます。「彼は20年前に自殺したじゃない」

私の顔は真っ赤になりました。恥ずかしさでいっぱいでした。これほど重要で悲劇的なことを覚えていないなんて、冷酷で思いやりのない人間に見えているに違いないと最初は考えました。

幸い、私には頼りになるセルフ・コンパッションの実践がありました。しばらく目を閉じ、不快感を覚えながらも、恥ずかしさを感じることを自分に許しました。そして、温かい口調で自分にこう言い聞かせました。「別にあなたは思いやりに欠ける人間じゃないよ。その記憶が消えてしまっただけ。こういうことは誰にでもある。大丈夫だよ」。セルフ・コンパッションは私の行く先々についてきて、常に私を支えてくれます。物事は楽になったわけでも、複雑でなくなったわけでもありません。それでも、「愛とつながりを持って今に在ること」で、全てを受け入れる私の能力は着実に高まりました。幸運なことに、私の人生にはこの能力を実践する機会がいくらでもあるのです。

WORK 13

困難な感情に寄り添う

困難な感情に抵抗したり圧倒されたりすることなく、その感情に優しく「寄り添う」テクニックは数多く存在します。この実践は、困難な感情を取り除くための戦略ではありません。私たちが感情との新たな関係を築けるようにするためのものです。MSCでは、これらのさまざまなテクニックを組み合わせ、痛みの感情に働きかけるための一連の実践としています。そのテクニックを紹介しましょう。

次に示すのは、困難な感情に寄り添うための3つの方法です。

▼感情に名前をつける

困難な感情に名前をつけると、感情のもつれを解き、感情から自分を「引きはがす」ことができます。「これは悲しみだ」「恐怖が湧き上がっている」と言えれば、感情にのみ込まれずに、その感情を俯瞰できます。名前をつけることで私たちにもたらされるのは、感情的な自由です。名前をつけ、その感情に慣れましょう。

▼身体に起こる感情にマインドフルになる

思考はあっという間に浮かび上がって定着

するため、向き合うのは簡単ではありません。一方で、身体の変化は比較的ゆっくりしています。感情が身体に表れる場所を見つけ、マインドフルな意識によって受け入れると、その感情との関係を改善できます。身体の感覚に意識を傾けることができれば、癒すこともできます。

▼和らげ、慰め、許す

困難な感情に優しさのコンパッションを向ける方法は3つあります。緊張感に包まれた身体を和らげることは、一種の身体的なセルフ・コンパッションです。深く傷ついている自分を慰めることは、一種の感情的なセルフ・コンパッションです。許すことは一種の精神的なセルフ・コンパッションであり、このコンパッションは抵抗を減らすことにより苦しみを軽減します。

この実践は、怒りなどの激しい感情ではなく、悲しみ、孤独、喪失感などの柔らかい感情を優しく受け入れたいときに最適です。この実践中に感情に圧倒されそうになったら、いつものように自分にコンパッションを向けてください。休憩を取り、自分を思いやるための他の方法を探しましょう。足裏を地面につけてグラウンディングしても良いですし、それ以外のセルフケアを実践しても良いでしょう（この実践の英語音声ガイドはFierceself-Compassion.orgで、日本語オリジナル音声ガイドはhttps://www.youtube.com/playlist?list=PLeqOLUj_FV7rWrGzqB2v0n58XJkUcOhle で入手できます）。

はじめに

- 座っても横たわっても良いので、楽な姿勢を見つけます。心地良い呼吸を3

回しましょう。

- 手を胸の上、または気持ちが穏やかになる身体のどこかに置きます。「私はこの部屋にいる」「私は優しさを受けるにふさわしい存在だ」と自分に伝えます。
- 現在の自分を取り巻く、**軽度から中程度に困難な状況**を思い起こします。健康問題、人間関係のストレス、仕事の問題などが浮かぶかもしれません。初めてこの実践を行うときは、難しすぎる問題も、小さすぎる問題も選ばないようにします。それについて考えるとき、身体に少しストレスが生じるようなものが良いでしょう。
- その問題をはっきりと思い浮かべます。誰がそこにいましたか？　あなたは何を言われ、何が起きたのでしょうか？　または、これから何が起きる可能性がありますか？

感情に名前をつける

- その状況を振り返りながら、自分の中に何らかの感情が生じていないかどうかに注意を向けます。もしあるとしたら、その感情に**名前**をつけてあげられるでしょうか。左にその例を挙げます。

悲しみ　喪失感　混乱　怖れ

- 多くの感情を抱えている場合は、その状況に関連する**最も強い**感情を選びます。
- 次に、優しく理解のある口調で、その感情の名前を繰り返します。友達の感情を認めてあげるように、「それは渇望だね」「それは喪失感だね」と自分に向かって言います。

身体の感情にマインドフルになる

- 今度は、意識を身体全体に広げます。
- 先ほどの困難な状況を忘れ始めていたら、その状況を再び思い起こします。最も強い感情を一番受け取りやすい身体の場所を探ります。心の目を使って、頭からつま先まで全身を眺め、少しでも緊張や不快感のある場所が見つかったらストップします。
- 可能であれば、その感情が最も強く表れる**身体の場所を一つ選んでください。**首の筋肉の一部が緊張している、胃に苦痛を感じる、胸に痛みがある、などと感じとってみましょう。
- 心の中で、その場所に優しく寄り添います。
- こうした不快な感情を心の内側から直接受け取れるでしょうか。具体的に受け取ることがつらい場合は、ただ不快感を抱けるかどうかを確かめてください。

和らげ、慰め、許す

- **今度は、困難な感情がある身体の場所を和らげていきます。**温かいお湯に浸かっているような感覚で、筋肉がリラックスしていきます。和らぐ……和らぐ……和らぐ……。忘れないでほしいのは、あなたは**感情を変えようとしているのではなく、感情をただ優しく受け入れようとしている**のだということです。必要な場合には、感情の起伏が少しだけなだらかになるのをイメージしてみてください。
- **次に、この困難な経験を抱えている自分をなだめます。**不快感のある身体の部分に手を置き、その手の温かさや優しい感触を受容します。愛や優しさが手から身体に流れ込むようなイメージです。自分の身体を、大切な子供の身体のように考えても良いかもしれません。なだめる……なだめる……なだめる……。

- あなたが聞きたいと感じている、安心感を得られる言葉はありますか？　たとえば、同じように苦しんでいる友人がいたとしましょう。あなたはどんな言葉をかけますか？（「こんな風に感じているなんてつらいよね」「あなたのことを心から思っているよ」）
- それと同様のメッセージを自分自身にも送れますか？（「こんな風に感じるのはとてもつらいね」「自分を優しくサポートできますように」）
- **最後に、そこに不快感があることを許します**。その不快感を受け入れるスペースを作り、追い出したいという欲求は全て手放します。
- たとえこの瞬間だけでも、あるがまま、そのままの自分でいることを許します。
- 和らぐ……なだめる……許す。和らぐ……なだめる……許す。いくらか時間をかけて、この3つのステップを繰り返します。
- 感情が変化したり、それを感じる場所が変わったりしても問題ありません。そのまま続けましょう。和らげる……なだめる……許す。
- 準備ができたら実践を手放し、身体全体に注意を向けます。感じることは何でもありのままに感じ、この瞬間のあるがままの自分でいます。

受容か、責任逃れか

陰と陽のバランスが失われると、優しさのセルフ・コンパッションは不健全な問題回避に変わりやすくなります。5日間シャワーを浴びることも服を着替えることもなく、ただじっと座って「自分に寄り添う」のは得策ではありません。真にセルフ・コンパッションを持つためには、行動に出ることもまた必要です。自分を守り、自分のニーズを満たし、あらゆる必要な変化を起こすための行動です。自分をありのままに受け入れながら（受け入れる代わりにでなく）、行動するのです。

受容と行動を両立させるのは難しい場合もあります。「自分にコンパッションを向けるのは気分を良くするためではなく、気分が悪いからこそである」というすでに難しい概念を踏まえればなおさらです。しかし、陰と陽が統合されていれば、行動は痛みへの抵抗に向けられることも、現在の経験の操作に向けられることもありません。むしろ、それは開かれた心による自然発生的な行動になり、私たちは結果をコントロールできるという幻想に陥ることなく最善を尽くせます。（またしても）逆説的ながら、自分を根本的に受け入れることで、人生を変えるために必要な安心感や安定感を得られるのです。

その違いは、行動の裏に潜む動機にあります。私たちは、ありのままの自分では受け入れられないという感情から行動したり、自分の経験を受け入れられないから行動したりするのではなく、優しさや善意から行動しなければなりません。仮に、私の仕事に多くのストレスがあるとしましょう。私は「愛とつながりを持って今に在ること」で、このストレスを受け入れられます。困難を認め、多くの人が似たような状況にいるのだと思い出し、自分を温かくサポートできます。優しさのセルフ・コンパッションは、私のイライラした反応を抑え、私の人生が今以上に厳しいものになることを防いでくれます。とはいえ、現状を受け入れるだけでは十分ではありません。仕事が私に悪影響を及ぼしていることや、変化が必要であることもまた事実だからです。そんなとき、強さのセルフ・コンパッションは、これまでと行動を変える――上司に相談して勤務時間を減らす交渉をしたり、もっと良い条件で働ける別の仕事を探したり――勇気と意欲を授けてくれます。

セルフ・コンパッションについてよく懸念されることの一つは、自己受容が、自分の悪行に対する責任逃れにならないかということです。「あーあ、銀行強盗をしてしまった。こんなことはすべきではなかったのかもしれない。まあでも、誰だって不完全なのだし」。こうした事態は、陰と陽が調和してさえいれば起こりません。セルフ・コンパッションは、自分の行動に対して個人的な責任を負う意欲を削ぐどころか、むしろ高めることが研究によって示唆されています。カリフォルニア大学バークレー校のジュリアナ・ブライネスとセレーナ・チェンによる研究では、大学生たちに、彼らが最近したことで罪悪感を抱いていること――試験でカンニングをしたとか、恋人に嘘をついたとか、何か意地悪なことを言ったとか――を思い出してもらいました[40]。次に大学生は、自分の行いを優しく理解する文章を書く「セルフ・コンパッション実践グループ」、自分の優れた資質について書く「自尊心実践グループ」、自分が楽しんでいる趣味について書く「コントロール・グループ」のいずれかに無作為に割り当てられました。その結果、自分の悪行にコンパッションを向けるよう促された参加者は、傷つけた人々に謝罪したいという気持ちを高め、二度と同じ行為を繰り返さないという責任感を強めたことがわかりました。一方で、自尊心を高めることに効果はありませんでした。なぜなら、自尊心というものはエゴを守りたいという気持ちからくる責任の否定に拍車をかけることが多いからです。実際、ピッツバーグ大学の研究チームは、セルフ・コンパッションのある人が間違いを認めて自分の行為を詫びる傾向が強い理由の一つを、恥による心の消耗が少ないためだと特定しました。[41] つまり、自分の行為の責任を負えるだけの安心感を得ているということです。セルフ・コンパッションは、個人的責任を逃れる手段にはなりません。むしろ、それを強化する手段になるのです。

マインドフルネスの台頭は、困難に対する反応として、受容と内なる平和の発見を重視しているという理由で、一部で批判されてきました。ロナルド・パーサーは刺激的な著書 *McMindfulness*（未邦訳）の中で、強いストレスを感じる責任を個人になすり付けるのがマインドフルネスだと論じています。「深呼吸の方法を学べばあなたの問題は全て解決される」と言わんばかりに、ストレスは個人の病理であるというイデオロギーを売るのがマインドフルネス運動だという主張です。さらに、マインドフルネスのメッセージは、資本主義を搾取的ではなくより公平なシステムに改革するという難しい課題から注意を逸らすものだと述べています。

同様のことは、セルフ・コンパッションの台頭についても――強さのセルフ・コンパッションが無視される限りにおいては――言えるかもしれません。たとえば、医療機関や学校は、燃え尽き症候群の予防策としてセルフ・コンパッションへの関心をますます高めています。看護師や教師が自分の仕事の難しさにコンパッションを向けると、感情に押しつぶされることが減り[42]、より効果的に状況に対処できるようになるからです（詳しくは後述します）。しかし、だからといって、職員の効率的な働きを維持するために、セルフ・コンパッションを取り入れさえすれば、彼らを低賃金で酷使し続けても構わないのでしょうか？　それが隠れた目的だとすれば、病院や学校は真のセルフ・コンパッションを推進していることにはなりません。セルフ・コンパッションに似た悪質な自己満足を推進し、劣悪な労働条件に注意が向かないようにしているだけです。

優しい受容は、人生を大きく改善する努力の妨げにはならないどころか、行動を起こすために不可欠な最初のステップになります。このステップが、自分を守りたい、自分のニーズを満たしたい、変化を起こしたいという強い欲求と結びつくと、壊れた社会的システムと闘うために必要な感情の基盤がもたらされます。受け入れるとは、物事をコントロールできるという幻想や、人生は完璧でなければならないという幻想を捨てながらも、事態の改善に向けて全力を尽くすことです。私たちが何かを受け入れるのは、痛みという真実に抵抗するためではなく、思いやりがあるからです。受容と変化のバランスというテーマは、セルフ・コンパッションの核心に存在しています。

第6章

力強く立ち向かう

女性はティーバッグのようなものだ。熱湯に入れられるまで、その強さは誰にもわからない。

——アイルランドのことわざ

私たちは女性として、社会からのメッセージを無意識のうちに内面化してきました。女性はより弱い性であり、無力な乙女であり、自分を救ってくれる強くて大きな男性を必要としているというメッセージです。私たちはあまりにも長い間、自立より依存を重んじるよう教えられ、魅力的でセクシーであるように——自分を表現する手段としてではなく、私たちに必要なのは自分を守ってくれる男性を引き寄せる手段として——と教えられてきました。しかし、私たちに必要なのは自分を守ってくれる男性ではありません。自分で自分を守ることです。女性は強い存在です。出産の痛みに耐えられます。家族をまとめ、対人関係における衝突や困難を巧みに切り抜けます。

しかし、他者を思いやるときに発動させる強いエネルギーを自分にも利用し、自分のために立ち上がることができなければ、世界の大きな課題に取り組む力は制限されたままです。

セルフ・コンパッションは人を軟弱にするのではないかと心配する人もいますが、実際には信じられないほどの力をもたらします。セルフ・コンパッションが弱さだというのは一面的な見方に過ぎません。優しく養育的な側面だけを考えるなら、セルフ・コンパッションは人生に対する穏やかで従順な姿勢を連想させます。また、養育が女性の共同的な性役割の一部であること、女性に与えられる権力が男性より少ないことから、セルフ・コンパッションは**力の欠如**と結びつけられがちです。だからこそ、女性は強さのセルフ・コンパッションを支持し、その模範とならなければなりません。そうすることで、私たちはこの誤解から自分自身を解き放ち、内なる強い戦士を体現できるようになるのです。

苦しみを和らげるためには、信じられないほどの勇気が必要な場合もあります。火事や洪水などの災害時に駆けつけて救助活動を行うファーストレスポンダーについて考えてみてください。彼らはただ座って被災者の苦しみに「寄り添う」わけではありません。迅速かつ効果的な行動を取り、屋根の上に取り残された人々を救うのです。現実に向き合ってみると、私たちは多くの意味で災害のような人生を送っています。ハリケーン・カトリーナや911ほどの規模ではないにせよ、人生はまるで災害だと感じられる日があります。苦しみを生み出すものは自然かもしれませんし、他者かもしれませんし、自分自身かもしれません。ときにはその3つが重なっていることもあります。セルフ・コンパッションを極めるためには、必要なことを何でも行い、こうした難局に力強く立ち向かわなければなりません。その力は女性の内部にすでに存在していますが、「強さは女性の本質ではない」と説くステレオタイプがそれを覆い隠しています。

ノーザンコロラド大学のオリビア・スティーブンソンとノーザンカロライナ大学のアシュリー・バッツ・アレンは、200人以上の女性を対象に、セルフ・コンパッションと内なる強さの関連を検討しました。[1] その結果、SCSの得点が高い参加者はそうでない参加者に比べて、エンパワメントを強く感じていることがわかりました。力強さや自信を感じやすく、はっきり自己主張し、抵抗なく怒りを表現し、文化的な差別を強く意識し、社会活動に対する強い使命感を持っていました。こうした結果は他の研究でも再現されており、セルフ・コンパッション度の高い女性は必要に応じて他者と対決し、衝突を恐れない傾向があることが示されています。[2]

セルフ・コンパッションの3つの要素——自分への優しさ、共通の人間性、マインドフルネス——は、コンパッションが自分を守ることに向けられるとき、それぞれ重要な役割を果たします。私たちが安全を守るために戦っているとき、この3つの要素は、「勇気と自信を持ったクリアな状態」として表れるのです。

勇気

優しさは、害から自分を守ることに向けられるとき、強さと勇気に変わります。窓をよじ登って炎上する建物から脱出するにせよ、がんと闘うために化学療法を受けるにせよ、危険に立ち向かうには大胆さと決意が必要です。勇気は心理的な危険にさらされている状況でも必要とされます。誰かに軽んじられたり、プライバシーを侵害されたりしたとき、自分の権限を守るためには断固とした態度を取らなくてはなりません。優しさは、私たちが不当に扱われているとき、公平な扱いを要求するよう自分自身に働きかけます。棄権防止運動を実施したり、意見書を書いたり、集会やデモや抗議をしたり、ストライキを続けたり、座り込みを行ったりといった形で表れるかもしれません。積極的かつ献身的な優しさは、柔らかくふわふわしたイメージとは対極にあるものです。

この種の強さを引き出す手段として、女性に馴染みのあるものの一つは、母親の保護本能です。我が子がいじめられたとき、あるいはその安全を他者に脅かされたりしたときに、母グマがどれほど強くなり得るかを私たちは知っています。保護に向けられる愛の力は、爆発的に発揮されることも珍しくありません。実際、優しく母性的な絆と一般に関連づけられるホルモンであるオキシトシンは、母親が子供を守るときには防衛的な攻撃も促進します。[3] 心理学者はこれを「**慈しんで守る**」[4] 反応と呼んでいます。

私自身がこの本能のままに行動せざるを得なかった時のことは忘れられません。野生動物の探検旅行で、ローワンと彼の父親であるルパートと共にルーマニアを訪れた時のことです。皮肉なことに、私たちはヒグマを探しに来ていました。ローワンは9歳くらいだったでしょうか。私たちは夜を過ごすために田舎の宿屋に立ち寄り、小さな部屋の一つに入りました。私たちを担当する現地ガイドは、宿の主人であるルーマニア人の中年女性と話をした後、ルパートと2人で話をさせてほしいと言ってきました。それを終えると、ルパートは憤慨して部屋に戻ってきました。

「僕たちはここには泊まれないとガイドに言われた。ローワンに自閉症があることを宿の主人が不安がっているそうだ」とルパート。「壁に落書きをしたり、バルコニーから飛び降りたり、他の客に迷惑をかけたりするんじゃないかと心配しているらしい」

私はショックを受けました。ローワンは確かに自閉症ですが、何も迷惑になるような行為はしていません。「主人をなだめてみるよ」と言って、ルパートは部屋を出て行きました。私の内側で何かが音を立て始めました。それは身体の芯から湧き上がり、上昇し、全身を満たす、私自身よりはるかに大きな野生のエネルギーでした。まるで火山の力に触れているかのような感覚でした。私はここがルーマニアであること、この国が「精神遅滞者」[5]を孤児院に収容し、打ち捨てて衰弱させていることを思い出しました。運が悪ければ、子供たちは散歩や遊びに一切連れ出されることなく、ベッドの上で何年も過ごします。あまりにも長く放置され、動くだけで骨が折れるようになる子もいます。

私はローワンが安全であることを確かめてから、宿の主人と対決するために階下へ降りました。自分でも何をするつもりなのかわかっていませんでしたが、母グマの力には抗えませんでした。主人とルパートとガイドが一緒にキッチンにいるところへ私が突然入っていくと、主人は驚いていました。私は腕を伸ばし、彼女をまっすぐ指差しました。「あなたは偏屈な怪物よ！　お金をもらったってこんな所に泊まるもんですか！」。彼女は英語を話しませんでしたが、何を言われているかは理解したようです。私の怒りに怯え、隅で縮こまっていました。「じゃあ行くわね」と私は言い、キッチンのドアをぴしゃりと閉めました。

母グマに自分を乗っ取られた記憶の中でも、これ以上に鮮明に覚えている記憶はありません。その力は圧倒的でした。私が強さと優しさをもっと上手に統合できていたら、彼女のローワンに対する反応を個人的に責めるのではなく、その不当性に注目できていたかもしれません。そう思うと残念ですが、当時の私はまだその段階に到達していませんでした。自分の力を制御する方法を知らなかったため、強さに思いやりを込めて表現することができなかったのです。それでも、私はこの出来事を通じて、我が子を守る母親の力がいかに強大であるかを理解しました。世界で必要とされる困難な変化を実現するために、この強さをどう利用できるかを考えやすくなりました。忘れてはならないのは、この力は自分という小さな存在から生み出されるものではないということです。これは、自分や他者へのコンパッションから苦しみの軽減を目指すときに、愛そのものから生じる力なのです。

エンパワメント

何かを守るために共通の人間性の感覚を持つことは、エンパワメントの主要な源泉になります。

パキスタンの女性教育活動家で、ノーベル賞の最年少受賞者であるマララ・ユスフザイは次のように言いました。「私は声を上げます。自分が叫ぶためではなく、声を持たない人々の声を届けるために……人類の半数を占める女性が抑圧されていては、全体の成功はあり得ません」[6]。実のところ、私たちが自分を守るときにはいつでも、他者を同時に守っています。自分が一人ではないことを理解すれば、身近にいる男性や女性と団結できます。数には力があるのです。

そのことを忘れ、恐怖や恥によって孤立感を覚えると、自分は無力だと考えるようになります。私たちが抱える問題は私たち一人ひとりよりもはるかに大きいため、何も変えられないと思い込む人もいるでしょう。孤独を感じているときに自分を守るのは簡単ではありません。進化的観点から見ても、私たちが単独で生存することは不可能です。人間は協調的な社会集団の中で生きるよう進化を遂げました。そして人間の中核となる特徴は、繁栄が互いに協力するという能力の上に成り立っているということです。この事実を思い出し、それに基づいて行動することで、私たちは力を得られます。

女性、有色人種、ＬＧＢＴＱ＋コミュニティ、身体障害者、低賃金のサービス業従事者、移民を中心に、苦しみを抱える人々の数は急速に増えています。自分と同じように苦しむ人々の存在を見出したとき、私たちは共通の人間性を感じます。自分と関わりのある集団を守るために前に踏み出すとき、それは強さのセルフ・コンパッションの行動になります。権力に関する伝統的な概念は、金銭や土地や食料をはじめとする資源の管理、情報の歪曲による他者の支配、あるいは武力による行動の強制と結びついています。しかし、一部の現代社会心理学者によれば、権力の根底に実際にあるのは集団的アイデンティティなのだそうです。オーストラリア大学のジョン・ターナーはこう書いています。「集団が有するアイデンティティと影響力は、人々を共同的な行動や協調的な努力に駆り立てる力をもたらす。これは世界に影響を与える力であり、孤立した構成員が手にできる目標よりはるかに大きな目標を追求する力である」[7]。私がより大きな全体と自分を同一視し、「私たち」が「私たち自身」を守れるようになると、私は――その集団の一員として――いっそう強くなります。

「共通の人間性（common humanity）」という英智は、エンパワメントを感じるのに役立つだけではなく、インターセクショナリティ〈人種やジェンダーなどの差別を個別の問題ではなく、複数のアイデンティティが交差し合っているものとして捉えること〉の複雑さを理解するうえでも役立ちます。つまり、性別、人種、民族、階級、宗教、性的指向、障害状態、体型などに基づく多様なアイデンティティを私たちは持っていて、かつそれらのアイデンティティは共存しているという事実を理解できるようになるのです[8]。私たちが共通の人間性を通して他者とのつながりを大切にし、同時に自分が表現するアイデンティティの交差性を通して個性を大切にすると、より大きなネットワークの中で自分らしい居場所を見つけられます。ラテン系民族でトランスジェンダーで無神論者で健常者の女性は、ラテン系民族でシスジェンダーでカトリック教徒で障害者の女性とは異なる人生経験を持っているはずです。自分の個性を認め、同時に自分より大きな何かと結びついていることで、私たちは本当の力を手に入れます。

共通の人間性に対する理解は、私たちを不正に立ち向かうことへと駆り立てます。イタリアの研究チームは、セルフ・コンパッションのこの側面が他者の視点に立つ能力を高め、外集団に対する肯定的な態度を促進することを明らかにしました（「社会は路上生活者の福祉を守るためにもっと努力すべきだ」などの意見に対する反応で評価）[9]。相互依存性を理解すると、差別や不当な特権がはびこる不快な現実を受け止めやすくなります。また、自分が差別を受けたときに強く自分を保つことができます。もし私が誰かに侮辱され、それを個人的なこととして捉えた場合、弱さや恐れを感じるかもしれません。自分のアイデンティティがより大きな全体の一部であることを忘れ、疎外感を覚えているときに脅かされると、その危険はいっそう威圧的なものに感じられるでしょう。しかし、全ての人間に尊重される権利があるのと同様に、自分にも尊重される権利があるのだと思い出すことができれば、この共通の権利を信念として守ることができるようになります。

ローザ・パークスはバスで白人乗客に席を譲るのを拒んだ時のことについて、こう語っています。「私には自分の居た場所にとどまる権利があると思いました。それで運転手に『私は立つつもりはない』と言ったのです。きっと自分は逮捕されるだろうと思いました。私が席を立たなかったのは、私たちが個人としても人間として不公平に扱われていることを、あの運転手に知ってほしかったからです」[10]。その瞬間に孤立や孤独を感じるのではなく、自らのコミュニティとつながりを持てたからこそ、パークスの抵抗は実現しました。言うまでもなく、強さのセルフ・コンパッションによるこの驚くべき勇敢な行動は、米国の公民権運動に火をつけました。

明確さ

守る手段としてのマインドフルネスは、真実から目を背けず、それを明確に見ることを可能にします。私たちは自分に害が及んでいるとき、その状況を認めようとしないことがあります。男性の同僚を中心に構成されるミーティングの場で、「お嬢さん、コーヒーを入れてきてくれるかな？」と上司に頼まれたら、非難するより笑い飛ばすほうが簡単かもしれません。それは問題だと心のどこかでわかっていても、大勢の同僚の前でさりげなく侮辱されたという事実と向き合わなくて済むように、たいしたことではないと自分をごまかすかもしれません。そうすれば、起こりうる報復に対処する必要もなくなります。

「そのほうが楽だから」という理由で問題に直面することを避ける傾向は広く浸透しています。たとえば、地球温暖化の影響を受けて、世界は危機へと突き進んでいます。その危機は私たちの種としての存続を脅かすだけでなく、地球全体の均衡をも脅かすものです。しかし、それはアル・ゴアが言うところの「不都合な真実」であるために、多くの人々はこの脅威をただ無視したり、気にかけなかったりします。同様に、多くの白人が人種間の不平等という厳しい現実を認めない理由の一つは、それがあまりにも不快なものだからです。有色人種の苦しみを認めることは――そして、この苦しみを維持するシステムに自分が加担していると認めることは

——耐え難い痛みを伴います。心の平穏を保つために現実から目を背ければ、自分が制度的人種差別から得ている特権に疑問を持たずに済むという意味でも好都合です。まるでそこには何の代償も影響も存在しないかのように、私たちは問題に向き合うことを避け続けています。

守ることを目的としたマインドフルネスがもたらすのは、心の平穏とは真逆のものです。マインドフルネスは害に光を当て、変えるべきことを明らかにします。自分と他者を守るため、真実を見つめて話すよう私たちに求めます。問題を矮小化したり、大げさに言ったりすることのないように、バランスの取れた視点を提供します。マインドフルネスは苦しみに向けられると、真実を——それがいかにつらいものであれ、不快なものであれ——明確にし、丸ごと受け入れるだけの包容力を発揮します。不快な事実に抵抗するためにその事実を無視したり、メロドラマ風に誇張したりすることはありません。物事をありのままに見るのです。

あなたのブラインドデートの相手が、もっともな理由なく45分遅刻して現れたとしましょう。この状況に対応する方法は3つあります。一つは、何が何でもデートを成功させたいという気持ちから、遅刻の事実を無視してうやむやにすることです。しかし、このように対応した場合、相手の行為に潜む重要な危険信号を見逃すことになります。遅刻してくるということは、「この人は信頼できそうにない」という注意すべき警告なのかもしれません。考えられる他の対応は、激しくいら立ち、相手は冷酷で思いやりのないナルシストなのだというストーリーをでっち上げることです。これもやはり、明確な視点に欠けています。相手の遅刻には、自己中心的な考えとは無縁の正当な理由があるかもしれません。こうした行為に対するマインドフルなアプローチとは、起きたことを認め、落ち着いて直接理由を尋ね、心を開いたまま相手の説明が示唆する内容を捉えることです。そうすることで、次のステップを賢く選択するための冷静さと安定感が得られます。

声を上げるにせよ、威厳ある沈黙を守るにせよ、強さのセルフ・コンパッションは、害から身を守りつつ開かれた視点を保つために利用できます。禅の瞑想指導者であるジョアン・ハリファックスは、この勇猛な姿勢を「背筋はしっかりと強く、体の前側は柔らかく」と表現しています。[11] 心を閉ざしたり、自己防衛的になったり、硬直したりせずに背筋を伸ばしていれば、最も効果的な方法で行動に出られるというわけです。

WORK
14

自分を守るためのセルフ・コンパッション・ブレイク

ここで紹介するのは、セルフ・コンパッションを使った休憩の一種です。この実践では、自分を守る強さのセルフ・コンパッション、すなわち「勇気と自信を持ったクリアな状態」を生み出すことを目指します（この実践の英語音声ガイドはFierceself-Compassion.orgで、日本語オリジナル音声ガイドはhttps://www.youtube.com/playlist?list=PLeqOLUj_FV7rWrGzqB2v0n58XJkUcOhleで入手できます）。

日々の生活で、自分を守らなければならない、境界線を引かなければならない、または誰かに立ち向かわなければならないと感じる状況を思い浮かべてみます。たとえば、同僚に利用されている、隣人が深夜に大音量で音楽を鳴らしている、あるいは親戚がしきりに自分の意見を押し付けようとしてくるといったことかもしれません。

繰り返しますが、ここでは軽度から中程度の困難を感じる状況を選び、本当に危険な状況は選ばないようにしてください。そうすることで、感情に圧倒されることなくスキルを学べます。その状況を心の目を使って思い出しましょう。その状況を引き起こしている特定の人物や集団に過剰に注目するのではなく、あなたが受けている影響に注目するよう心がけてください。

そこで何が起きていますか？　もしくは、境界線が侵害されたり、脅威を感じたり、または不正に気づいたり。浮かび上がってくるあらゆる感情を受け取ってみましょう。たとえば、恐怖、怒り、それともいら立ちなどがあるかもしれません。何が起きているのかという事実を追うことから離れ、身体で感じる不快感とつながりを持てるかどうかを確かめてみます。こうした身体的な感覚がそこに存在することを認めましょう。

次に、背筋を伸ばして座るか立つかします。腕を肩から後ろに回し、強さと決意を体現する姿勢を取ります。セルフ・コンパッションの3要素を積極的な防御の手段として取り込むことを目的に、次に紹介するフレーズを言ってみましょう（声に出しても良いですし、黙ったままでも構いません）。大事なのは自分自身に合った言葉を見つけることです。

- 最初のフレーズは、現実に対してマインドフルになることを促すものです。被害そのものに注目しながら、ゆっくりと確信を持って「私には起きていることの真実が見えている」と自分に言います。物事をありのままに見る、それこそがマインドフルネスです。「これは許されないことだ」「私はこのように扱われるべきではない」「これは不公平だ」などと言い換えても構いません。自分にしっくりくると思える言葉を見つけてください。
- 2つ目のフレーズは、つながりや共通の人間性を思い出し、他者の力を借りながら自分自身を守るためのものです。

「私は孤独ではない。他の人々もこれと同じような経験をしてきたのだ」と言ってみましょう。「私は自分のために立ち上がることで、みんなのために立ち上がる」「全ての人間は公正に扱われるべきだ」、あるいはシンプルに「私も（Me Too）立ち上がる」と言い換えても構いません。

- 次に、胸の上に拳を当て、強さと勇気のポーズを作ります。安全を守ることで、自分自身に優しくすると誓いましょう。3つ目のフレーズとして、「私は自分を守る」と堂々と主張してみましょう。「私は屈しない」「私にはこの被害と向き合うだけの強さがある」などと言い換えても構いません。
- 適切な言葉がなかなか見つからない場合は、あなたが心から気にかけている誰かが、あなたと同じように虐待されていたり、脅かされたりしていると想像してみてください。その人が強くいられるように、背筋を伸ばして立っていられるように、勇気を持てるように、どんな言葉を掛けますか？　今度は、それと同じメッセージをあなた自身にも送ってみてください。
- 最後に、もう片方の手を拳の上に重ね、優しく握ります。これにより、「勇気と自信を持ったクリアな状態」の力強いエネルギーと、「愛とつながりを持って今に在ること」の優しいエネルギーの融合が促進されます。自分の怒り、決意、真実が持つ力を最大限に感じながらも、そこに思いやりを込めましょう。忘れないでもらいたいのは、私たちが強さのコンパッションを向ける先は害や不正そのものであって、害をもたらす人物ではないということです。彼らは人間であり、あなたもまた人間です。あなたは愛を保ったまま、強さを喚起して行動することを決意できるでしょうか？

この実践の後には、非常に刺激された気分になるかもしれません。自分自身をケアするため、必要なことを行うようにしてください。深呼吸をしても良いですし、ストレッチをしても良いでしょう。または、63ページの「足裏を感じる」実践にいつでも取り組んでみてください。

境界線を引く

強い守護のエネルギーは、明確な境界線を引いてノーと言う力を与えてくれます。女性は親切かつ協調的であるよう社会によって刷り込まれてきたため、私たちの多くはこの親切さや協調性が自分に価値を与えるのだと信じ、ノーと言えば人に好かれなくなると思い込んでいます。[12]私たちは笑顔でいること、感じ良くいること、イエスと言うことを求められます。その訓練は幼い頃から始まりました。親が私たちに愛情を与えてくれたのは、彼らの望みに応じたときでした。先生、上司、パートナーもまた同様でした。大人になるにつれて、女性としての自己価値の感覚を、「女性は愛想が良い」という認識から切り離しづらくなります。私たちの自己概念は、養育的で従順な資質を中心に形成されていくからです。しかし、このような訓練は、私たちが自分のために立ち上がることの妨げになることもあります。相手の望むものを与えないことで一部の人から好かれにくくなる可能性があるのは事実ですが、セルフ・コンパッションを持っていれば、他者の肯定的な意見だけに依存することはなくなります。他者を喜ばせることよりも、自分らしくあることを選べるようになるのです。その選択がネガティブな結果につながったとしても、自分に思いやりとサポートを向けることができます。

私たちは礼儀を欠いた人間になりたくないため、境界線を引くことに苦労しがちです。人間関係を維持するには互いへの尊敬と礼節が不可欠ですが、私たちはドアマットのように踏みつけられることを望んではいません。その瞬間に自分が欲しいものや必要とするものに応じて、自由に開閉できるドアでありたいと望んでいるはずです。ジュリー・デ・アゼヴェード・ハンクスは著書 ***The Assertiveness Guide for Women***[13]（未邦訳）の中で、無礼にならずに他者にノーを言いたいときに使用できる有効なセリフをいくつか紹介しています。たとえば「私には無理です」「声をかけてくださって本当にありがとう。でも私にはできません」「今はそれに取り組むことができません」「今はお断りしますが、状況が変わったらお知らせします」など。明確にノーを言うことで（「うーん、そうですね……」などと曖昧な返事をするのではなく）、態度をはっきりさせ、自分の声を届けることができます。もう一つの選択肢は、「ぜひお手伝いしたいのですが、自分をケアする必要があるのでお断りします」と言うことです。ノーをセルフケアの行為として表現することは、自分のウェルビーイングに対する責任は究極的には私たち一人ひとりにあるのだというメッセージや、自分に対する優しさとはときにノーを言うことであるというメッセージを形作り強化することです。相手にもノーを言う許可を与えられるようにもなります。

セルフ・コンパッションを持っていると、自分が同意する行為と望まない行為との間に明確な境界線を引きやすくなります。同僚が侮辱的な冗談を言ったり、友人が不誠実だったり、姑が関わる必要のない話に首を突っ込んできたりしたら、彼らにそれは受け入れられない行為であると知らせる必要があります。彼らを喜ばせることや怒らせないことに集中しすぎると、その行為を黙認したり、受け流したりといった罠に陥りかねません。沈黙を容認と解釈されないように警戒しておかないと、迷惑な行為を暗に助長し続けることになるのです。自衛手段としての強さのセルフ・コンパッションは、私たちが気に入らないことや間違いだとわかることに対してノーと言う強さと決意を授けてくれます。これは、自分に忠実であり続けることへと私たちを駆り立てる力です。

害から自分を守る

時として、私たちは境界線を引く以上のことを必要とします。自分を感情的または身体的に虐待する誰かから身を守ることを必要とするのです。もっとも、虐待との対決を詳しく検討することは本書の範囲を超えています（差し迫った暴力の危険にさらされている人は、911または全米家庭内暴力ホットライン　800-799-SAFE〈7233〉に電話をしてください）〈日本の場合110番または各都道府県の配偶者暴力相談支援センターなどがあります（https://www.gender.go.jp/policy/no_violence/e-vaw/soudankikan/01.html)〉。ここでは、「勇気と自信を持ったクリアな状態」がどのように安全を守ってくれるかについて、基本的な原則を簡単に説明します。「勇気と自信を持ったクリアな状態」があれば、私たちはまず、起きていることの真実を認められます。愛する誰かが害をもたらしている場合、真実を認めるのは極めて難しいことかもしれません。それでも、状況を矮小化すれば事態は悪くなっていくだけです。自分を守ろうとするなら、「それは問題です」「間違っています」「今すぐやめるべきことです」と、起きていることを完全に明確にしなければなりません。

私たちはまた、経験を共有する他者とつながることもできます。つながりが生まれる場はオンラインであったり、支援グループであったりします。また、共通の人間性を自覚すれば、自分の心の中でもつながりを感じられます。私たちは一人ではありません。残念ながら、私たちと同じような苦しみを経験してきた人は無数に存在します。私たちは自分を責める必要も、物事を個人的に捉える必要もありません。私たちを取り巻く状況は複雑な要因から生じており、その要因の多くは私たちにコントロールできないものです。自分を守ることで全ての女性のために立ち上がろうとしているのだと理解すれば、自分と同じように耐えてきた姉妹たちから強さをもらうことができます。

勇気を出して被害を食い止めようとするとき、私たちは自分の内なる母グマとつながり、その勇猛さを利用して防御行動に出られます（１４３ページの「怒りと向き合う」実践、２４２ページの「自分を守るためのセルフ・コンパッション・ブレイク」のエクササイズ、２５６ページの「力強い友人の瞑想」を参照）。この防御行動は、自分を傷つける人間と対決することかもしれませんし、誰かとの関係を終わりにすることかもしれません。相手の行為が犯罪である場合は、当局に訴え出ることかもしれません。重要なステップは、自分を守るのだと心に誓うことです。ただし、虐待的な関係から離れる時期には最も危険が高まりやすい[14]ため、賢明かつ慎重に計画を立てましょう。内なる英智が恐怖や疑念に妨げられることがなくなれば、最善の行動を判断できるようになります。

最終的に安全が確保されたら、優しさのセルフ・コンパッションを取り込み、癒しの作業を行うことができます。その際、できればメンタルヘルスの専門家の助けを借りてください（180ページの「コンパッションある手紙を書く」エクササイズも効果的です）。陰と陽が統合されていれば、自分に向けて心の扉を開いているときでも、害を及ぼす他者への警戒心は解かれません。

トラウマを乗り越える

幸いなことに、セルフ・コンパッションは、身体的または感情的な被害を乗り越えるために必要な回復力をもたらします。性的虐待の場合と同じように、セルフ・コンパッションのトレーニングは、女性が対人暴力から回復するのに役立つという研究結果が出ています。アシュリー・バッツ・アレンとその同僚による研究では、DVシェルターの女性たちがセルフ・コンパッションの支援グループに6週間参加した時の経過を追跡しました。[15] グループの世話人は参加者に対して、話し合い、他者との共有、感情的に困難な状況でのセルフ・コンパッションの探求、生活記録、その他のエクササイズを通して、日常生活におけるセルフ・コンパッションの実践方法を教えました。このトレーニングを終えると、女性たちはエンパワメントを感じやすくなり（特に、他者と対峙することへの抵抗が少なくなり）、前向きさや自信を高め、感情的・

身体的な安心感を高めました。

セルフ・コンパッションは、トラウマを経験した全ての人に強い精神力を授けます[16]――そのトラウマが対人暴力、性的暴行、差別、自然災害、重大事故、あるいは戦争によるものであっても――。トラウマの後遺症は、トラウマとなった出来事そのものが過ぎ去ってからも長く続くことがあります。よく見られる後遺症の一つは心的外傷後ストレス障害、通称ＰＴＳＤです。ＰＴＳＤは一種の深刻な心理的ショック状態[17]であり、患者は眠れなくなり、トラウマ経験を繰り返し鮮明に回想し、他者や外界への反応が鈍くなります。しかし、トラウマを経験した後で自分にコンパッションを向けられる人は、ＰＴＳＤを発症しにくく[18]、地に足のついた状態を保てます。

退役軍人を対象とした研究がこの点をよく説明しています。私が参加した研究では、イラクやアフガニスタンから帰還した米国退役軍人のうちセルフ・コンパッション度が高い人は、ＰＴＳＤの症状が少なく、日常生活の機能が良好[19]で、アルコール乱用に陥りにくく、自殺を考えることが少ないとわかりました[20]。これは一部には、セルフ・コンパッションが恥の感情を弱め、他者からの断絶感を減らすからです。米国退役軍人省の研究では、兵士が将来的にＰＴＳＤを発症するか否かを強く予測する因子は、実は戦闘にさらされた程度ではなく、任務からの帰還後に兵士が自分に示したコンパッションの程度――自分を厳しく批判するのではなく、温かくサポートしたかどうか――であることが示されました[21]。言い換えれば、兵士がどれだけ戦闘行為を目撃したかよりも、兵士が戦闘後の自分にどれだけコンパッションを持って関わったかが重要だったのです。彼らは自分の内なる味方として、自分をサポートし励ましていたのか？　あるいは自分の内なる敵として、自分を容赦なくこき下ろしていたのか？　戦いに参加するときには――そして帰還するときにも――、自分の味方でいることが自分を強くするのは明らかです。

セルフ・コンパッションは、偏見や差別のトラウマに対処する際にも役立ちます。ある最近の研究は、シスジェンダーの女性３７０人を対象に、性差別的なマイクロアグレッション（無意識な差別や偏見を含む言動のこと）のトラウマ的影響を検証しました。[22]男性から女性への侮蔑的な呼びかけ（「尻軽女」など）を耳にしたり、レイプに関する冗談や無神経な発言を聞いたりした場合に、どのような影響が出るかを調べたのです。セルフ・コンパッションのある女性はこうした性差別的行為に直面しても回復しやすく、結果としてネガティブな感情的影響を受けることが少ないとわかりました。

セルフ・コンパッションは、人と違うというレッテルを貼られがちなＬＧＢＴＱ＋の若者にとっても強力なリソースになります。ＬＧＢＴＱ＋の若者は、一部の宗教団体から、罪深く間違った存在であると明言されています。メディアの思い描くティーンエイジャーらしい生活から逸脱すると、自分はどこか異常なのだという暗黙のメッセージを受け取ります。彼らは異性愛者やシスジェンダーの若者よりはるかに高い確率で、身体的・言語的虐待の標的にされます。こうした継続的な嫌がらせは、ＬＧＢＴＱ＋の若者に高確率で不安、うつ、自殺願望が見られることの一因になっています。[23]

ウィスコンシン大学のアブラ・ヴィーニャとその同僚は、米国中西部の高校に通うLGBTQ＋のティーンがいじめに遭ったときに、セルフ・コンパッションを持っていることが忍耐強くあることの助けになるかどうかを検証しました。[24] その結果、セルフ・コンパッション度の高いティーンは、いじめ、脅迫、嫌がらせに対処するのが上手く、いじめによって不安やうつになることも少ないとわかりました。同じチームによる2度目の研究では、人種と性的指向を理由にいじめを受けた有色人種のLGBTQ＋の若者間で、セルフ・コンパッションが不安、うつ、自殺願望を減らすことがわかり、自衛の源としてのセルフ・コンパッションの力が明確に示されました。[25]

実際、セルフ・コンパッションは、トラウマ経験からの学びと成長を意味する「心的外傷後成長（PTG）」につながることが明らかになっています。[26] セルフ・コンパッション度が高い人は、他者との絆や自分の人生の意味に対する深い感謝、自分の能力への自信など、過去の危機から得られたポジティブな要素を見つけるのが得意です。セルフ・コンパッションが備わっていると、挫折によって打ちのめされるどころか、それを学びの機会に変えられます。「勇気と自信を持ったクリアな状態」を活用することで、自分の人生に責任を持ち、強い勇気と決意を持って課題に取り組めます。その場では耐えられるとは思えなかった状況を――冷たいストイックさを通してではなく、温かさとコンパッションを通して――耐え抜くと、これまで決して気づくことのなかった自分の強みが見つかります。

子供時代のトラウマを乗り越える

強さのセルフ・コンパッションは、幼少期のトラウマを乗り越え、健全な大人として機能するための精神力も授けてくれます。親や保護者から虐待を受けると、私たちはとりわけ深く傷つきます。愛や思いやりの感情と恐怖や痛みの感情が早期に結びついてしまうため、虐待を受けた人が大人になってからセルフ・コンパッションを持つことは簡単ではありません。メンタルヘルスの専門家に助けを借りると、幼少期のトラウマにコンパッションを向けられるようになり、自分が抱える大きな痛みに対処しやすくなります。その過程で実現されるのは、さまざまな意味において自分を育て直し、子供時代に受け取れなかった無条件の愛や思いやり、安心感を自分に与えるということです。時間はかかりますが、セルフ・コンパッションの継続的な実践もまた、大人が安定した愛着（アタッチメント）形成をしていく手段になります。[27] 自分自身に備わった温かさや支援的な態度を安全の源として頼ることを学ぶと、人生の課題に取り組むために不可欠な、安定した感情の基盤を得られます。ある研究では、子供時代に性的または身体的な虐待を受けていた女性たちを観察しました。[28] 自分の経験にセルフ・コンパッションを向けることを大人になってから学んだ女性は、そうでない女性より回復力が高い傾向があります。この回復力のおかげで、彼女たちは挫折から立ち直りやすく、プレッシャーを受けても集中を保ち、失望感が高まるのを回避していました。

コンパッション・フォーカスト・セラピー（CFT）[29] は、特に幼少期のトラウマを持つ人々にセルフ・コンパッションの利用を促し、彼らが感じやすい強烈な恥や苦悩を和らげるというものです。CFTの創始者であるポール・ギルバートは、トラウマの回復に優しさのセルフ・コンパッションだけでなく強さが重要であることを、長年にわたって認めてきました。彼はこう記しています。「コンパッションとは、自分の怒りや激情に向き合う勇気を育むものであって、『それらを癒して取り去る』ものではない。実際には……癒しは安全な避難所として役立つだけでなく、私たちが勇気を持って必要なことに取り組むための準備としても役立つのだ」。CFTの講師は、クライアントがつらい感情やトラウマ的な記憶を経験しているときに、自分を慰める能力によって安心を得るだけでなく、自分のために立ち上がる精神力を見出すことで安心を得るよう教えています。このアプローチを取ると、人々は害をもたらそうとする相手に自己主張しやすくなり、従順でいることが少なくなるという研究結果が出ています。[30] ある英国人女性は、CFTのグループに参加した後でこう述べました。「CFTのおかげでコンパッションの鎧をまとった気分になりました。[31] 毎日を上手に過ごせるようになり、安全の鎧に守られていると感じます。それから、人生のあらゆる側面にコンパッションを向けられるようになりました……以前に比べて自分が強くなり、力を与えられている感じがします」。人々が自分の過去を癒し、未来に向かって大胆に踏み出すために必要なリソースを与えるという点で、CFTに高い効果があること[32]は複数の研究で実証されています。

WORK

15

力強い友人の瞑想

この実践は、「コンパッションのある友人」という瞑想を改良したものです。「コンパッションのある友人」は、元々はCFTで開発された誘導イメージ法であり、現在はMSCでも使用されています。本書の改良版では、思いやりの力を体現する力強い友人のイメージを作り出すことを手助けします。あなたが自分を守らなければならないときには、いつでもこの友人を思い浮かべてください（この実践の英語音声ガイドはFierceself-Compassion.orgで、日本語オリジナル音声ガイドはhttps://www.youtube.com/playlist?list=PLeqOLUj_FV7rWrGzqB2v0n58XJkUcOhleで入手できます）。

はじめに

- 座るか、横になるかして、楽な姿勢を見つけましょう。そっと目を閉じます。何度か深呼吸をして、身体を落ち着かせます。

安全な場所

- 自分が安全で快適な場所にいるのを想像しましょう。暖炉のある居心地の良い部屋、太陽の日差しが暖かく、涼しい風が吹く穏やかなビーチ、森の中。あるいは、雲の上などの非現実的な場所を想像しても構いません。穏やかさと安全を感じられる場所ならどこでも大丈夫です。その場所にとどまり、心地良さを味わってみましょう。

訪問者

● あなたはまもなく誰かの訪問を受けることになります。それは強く勇敢で、優しさと愛も兼ね備えた存在――つまり力強い友人です。この友人は思いやりの力を体現しています。

● ここでどんなイメージが浮かびますか？　この友人は、あなたを勇敢に守ってくれた先生や祖父母など、あなたが過去に知っていた誰かを連想させるかもしれません。あるいは、戦いの女神やジャガーのような動物など、完全な空想の産物かもしれません。この存在は特定の形を持っておらず、存在感や光を放っているだけという場合もあります。

● イメージを膨らませてみましょう。

友人の到着

● あなたは安全な場所から出てこの頼れる友人に会うか、友人を招き入れるか、どちらかを選択できます。

● 自分にしっくりくる状況で、訪問者と過ごしているところを想像してください。この存在と一緒にいると、どんな風に感じられるかを経験してみましょう。相手の勇気や力強さを、そしてあなた自身が愛され守られているという感覚を味わいます。この瞬間を経験する以外に、あなたがすべきことは何もありません。

- この友人は英智にあふれ、物事を明瞭に見ており、あなたの人生で今起きていることを正確に理解しています。あなたがどの領域で毅然とした態度を取るべきなのか、どの領域で自分のために立ち上がるべきなのか、どの領域で境界線を引くべきなのかを見極めています。友人はあなたに何かを伝えようとしているのかもしれません。それは、**あなたが自分を守れるように、今まさに聞いておくべきこと**かもしれません。時間を取って、この賢明な存在が言おうとしていることに注意深く耳を傾けてください。
- また、友人はあなたに贈り物をしたいと思っているかもしれません。それは、思いやりの力を象徴する何らかの物体です。あなたが手を差し出すと、この贈り物は姿を現すでしょう。
- もし言葉や贈り物が与えられなくても、それでも大丈夫です。力強さと、愛され守られているという感覚をただ味わい続けてください。それだけで十分です。
- もう少しの間、この友人の存在に浸ります。
- この力強い友人は、実はあなたの一部です。あなたが経験している感情やイメージや言葉は、どれもあなた自身の強く優しい心から湧き上がったものなのです。

現実に戻る

- 最後に準備ができたら、心の目を使ってそのイメージを少しずつ手放していきます。この思いやりの力は、それが最も必要とされるときだけでなく、常にあなたの中に存在していることを忘れないでください。あなたはいつでも好きなときに、この力強い友人とつながることができます。

内なるいじめっ子に立ち向かう

コンパッションによる自衛は、外的な被害を防ぐだけでなく、内的な被害を防ぐためにも不可欠です。子供時代にトラウマを負った人の多くは、安心感を得るための手段として、虐待的な保護者からの厳しく批判的なメッセージを内面化します。子供は身近にいる大人の言うことを信じなくてはなりません。何らかの間違いを見とがめられて父親から叱責されているときに、子供は「パパ、ごめんなさい。でもパパの言っていることは的外れだよ！」とは言えません。そうすれば父親をいっそう怒らせるでしょうし、住む場所や教育や保護を父親に頼っている子供にとって、父親がいい加減なことを言っていると考えるのは恐ろしいことでしょう。しかし、大人である私たちは、自分が内面化したいじめっ子に立ち向かうことができます。自己批判は私たちの安全を守るどころか、自分に必要なサポートを与える力を弱めて私たちを傷つけます。セルフ・コンパッションは、内なる自己批判と対決し追い出すために必要な「勇気と自信を持ったクリアな状態」を与えてくれます。

認識すべき大切なことは、内なる厳しい批判家を持つのは幼少期のトラウマを抱えた人だけではないということです。批判は過去からの声とは限りません。前述の通り、自分への攻撃は脅威に対する自然な反応のようです。たとえば、私の息子であるローワンは厳しい自己批判などしないだろうと考える人がいるかもしれません。そうであれば良かったのですが、現実は違います。ローワンが生まれてからずっと、私は彼にセルフ・コンパッションについて話してきました。しかし、ローワンは今なお自分に極めて厳しくすることがあります。自閉症の人々は私たちと同じように、自分の不完全さを認識すると恐怖を感じます。その認識によって、全てをコントロールすることは不可能なのだと気づくからです。ローワンは失敗をすると（携帯電話の充電器をなくしたり、学校の大切な課題を忘れたりすると）、いつもひどく動揺します。たびたび、彼が大声で自分にきつい言葉を投げつけるのを耳にしてきました。「お前は本当にばかだ！」。こうした無慈悲な言葉がローワンから発せられるのを聞くと、言い表せないほどに胸が痛みます。現実の生活では、彼にそんなことを言う人はいないはずです。ただローワンはアニメを見るのが好きで、アニメに登場するいじめっ子はこの種の言葉をよく使います。いじめは物事をコントロールしようとする手段です。ローワンは心のどこかで、自分に十分厳しく接すれば、自分をコントロールして失敗を防げるものと考えています。

ローワンはまた、失敗のせいで他者に怒られたり怒鳴られたりすることを恐れているため、先回りして自分を叱りつけます。失敗を犯して怒鳴られた経験が実際にあるわけではなくても、その可能性を想像することで恐怖に陥るのです。自己批判は単なる学習行動ではありません。それは恐怖から生じる人間的な行動であり、安全でいたいという欲求です。しかし、私たちは幼少期のトラウマの犠牲になる必要も、文化的または生物学的なプログラムの犠牲になる必要もありません。選択肢はもう一つあるからです。

私たちは自分の内なるいじめっ子に勇気を持って立ち向かうことができます。多くの人々が「あなたは悪い人間だ」「あなたは嫌な人間だ」と語りかけてくる頭の中の声に苦しめられていると知ることで、力を得られます。私たちは一人ではありません。私たちがこの内なる批判家の虐待的な声に立ち向かうとき、私たちは同時に、内なる暴君に日々恥をかかされている世界中の何百万人という人々のために立ち上がることになります。私がローワンに向かって「私の大切な息子にそういう言い方をしないでちょうだい」と言うように、私たちはこのいじめっ子に向かって「私にそういう言い方をしないでちょうだい」ときっぱり言うことができます。内なる批判家を非難したり辱めたりすることなく、そのいじめのようなやり方を拒否し、越えてはならない一線を示せるのです（333ページのエクササイズ「コンパッションによる変化への動機づけ」では、内なる批判家との関わり方や、その声を和らげるための極めて効果的な方法を紹介しています）。

不当に扱われた自分を癒す

自衛を行ううえでは、優しさのセルフ・コンパッションも重要な役割を果たします。自分を守るために手を尽くした後にやるべきことは、意識を内側に向けて自分の傷をコンパッションによって受け入れ、陰と陽のバランスを取ることです。人から不当に扱われると――ティーンエイジャーの娘に悪態をつかれても、会社が公平な給料を支払ってくれなくても、パートナーに浮気されても、親から虐待を受けても――私たちは深く傷つきます。優しさのセルフ・

コンパッションは、私たちが他者から受け取ることのできなかった敬意、思いやり、安心感を与えてくれます。不当な扱いを受けたときには、自分をなだめて安心させるステップを省略しないことが重要です。他者に対して怒ったり、行動を取ったりするとき（子供を外出禁止にする、裁判を起こす、関係を解消するなど）、その下に潜んでいる痛みや悲しみの感情に向き合えていない場合があります。断固とした行動は全面的に必要ですが、痛みから自分を守るためにそれを利用するのは望ましくありません。害を及ぼす人間に怒りを集中させることは、怒りの下に潜む悲しみや拒絶といった傷つきやすい感情に対処することより楽な解決法になりがちです。

その怒りをさらに深く掘り下げてみると、そこにはたいてい、満たされないニーズが存在しています。それは、公平性、愛、つながり、敬意、安全などに関するニーズです。私たちはそのニーズを満たすために、自分を傷つけた人々を頼ることはできません。彼らに変化を望むことはあまり現実的ではないからです。しかし優しさのセルフ・コンパッションがあれば、自分を直接的に癒し、他者に無視されていた多くのニーズを満たすことができます。傷つけられているときには、自分を守ることと癒すことの両方が必要です。どちらか一方だけでは不十分なのです。

WORK

16

害への対処

この実践は、MSCの「満たされないニーズを満たす」というエクササイズを改良したものです。あなたが何らかの方法で不当に扱われたとき、強さのセルフ・コンパッションと優しさのセルフ・コンパッションを統合するのに役立ちます。怒りや憤りなどの防衛的な感情は、「硬い」感情と呼ばれます。なぜなら、これらの感情は盾のように機能し、痛みや悲しみなどの柔らかく傷つきやすい感情から私たちを守ってくれるからです。私たちが傷つけられた後には、硬い感情と柔らかな感情の両方を受け入れて対処する必要がありますが、その受け入れには別々のエネルギーが求められます。この実践は危険や被害が過ぎ去った後、癒しの準備が整った段階で行われることが理想的です。あなたに対する不当な扱いが続いている場合には、その行為をやめることに全てのエネルギーを注いでから、優しさのセルフ・コンパッションを用いて癒しの力を取り込みましょう。その場合は、143ページの「怒りと向き合う」実践や、242ページの「自分を守るためのセルフ・コンパッション・ブレイク」のエクササイズのほうが適しているかもしれません。このエクササイズの途中で感情に押しつぶされそうになったら、いつでも中断できること、他の方法でセルフ・コンパッションを実践しても構わないことを思い出してください。

　自分が何らかの方法で不当に扱われた**過去の状況**について考えます。トラウマになるほどではない、軽度から中程度の不快な状況を選んでください。感情的に圧倒されると、実践を学ぶことが難しくなります。選んだ状況の細部をできるだけ鮮明に思い出してみましょう。

自分の強さを感じる

- 自分を守りたいと感じる状況から生じた硬い感情、たとえば怒りや敵意などを見つけられるかどうかを確かめます。
- 次は自分の身体に注意を向けます。その感情はどのように表れますか？　お腹の中で燃えるような感覚を持ったり、頭の中がズキズキしたりするかもしれません。この感情の身体的な感覚とつながりを持てるかどうかを確かめます。
- これらの感情がセルフ・コンパッションに由来し、あなたの安全を守ろうとしていることを認識します。
- そのように扱われるのは許されないことだったとはっきり認めます。「あれは間違いだった」とか、「私は公平に扱われなかった」とか、害が与えられたことを認める簡単な言葉を自分に言ってみましょう。
- ここで共通の人間性を呼び覚まし、多くの人が同じような状況を経験していることを思い出します。「私は一人ではない」「このように感じた経験を持つ人は多い」など、他者とのつながりを認める言葉を口にしてみましょう。
- 次に、感情をコントロールしたり抑制したりしようとせずに、その感情がエネルギーとなって自由に体内を流れることを許します。同時に、足裏がしっかり床についているのを感じて、自分をグラウンディングさせ、安定させます。

- こうした**防御的な感情の経験を十分に受け入れます**。誰が誰に対して何を言ったか、あるいは何をしたかということに執着しすぎないようにして、つらい感情そのものに注意を向けます。「私は自分を守るための怒りが必要だ」「私は自分を大切にしている。だからこれほどいら立っている」などと言っても構いません。
- 今のあなたが自分の感情を確かめることを最も必要としているなら、無理に先へ進まなくても大丈夫です。たとえば、あなたが過去に怒りを抑制した経験があるなら、今はその怒りを十分に感じる必要があるかもしれません。その場合は、足裏を通してグラウンディングしながら、怒りの感情が体内を流れるのを許しましょう。このとき、自分を批判しないようにしてください。
- 拳を胸の上に置き（力強さを表すサイン）、もう片方の手でそれを覆う（温かさを示すサイン）などして、自分をサポートするポーズを取ります。

柔らかな感情を探す

- 癒しを受け入れる準備ができたら、防御的な感情の下に潜んでいるものを確かめる必要があります。そこには、痛み、恐怖、拒絶、悲しみ、恥ずかしさといった、何らかの柔らかな感情や傷つきやすい感情がありませんか？
- 柔らかな感情が特定できたら、大切な友人をサポートするような優しく理解のある声で、その感情に名前をつけてみます。「それは痛みだね」「それは悲しみだね」といった具合に進めてください。

- 温かく受容的な姿勢で、それらの感情が自分と共に在ることを許します。

満たされないニーズを見つける

- 先へ進んでも大丈夫そうだと感じたら、ほんのわずかの間で構わないので、この傷の原因になったストーリーを手放せるかどうかを確かめます。善悪の判断はしばらく脇に置き、「私が今抱えている、あるいは当時抱えていた、満たされない基本的な感情のニーズとは何だろう？」と自分に問いかけてみてください。それは、見てほしい、聞いてほしい、安全でいたい、つながりたい、評価されたい、特別でありたい、尊重されたい、愛されたいといったニーズかもしれません。
- 満たされないニーズを特定できたら、再び優しく理解のある声で、そのニーズに名前を付けてみましょう。

優しさのセルフ・コンパッションと共に応じる

- 手を身体に置き、温かさとサポートを感じます。
- あなたは誰かから優しさや公平な扱いを受けることを望んでいましたが、相手はさまざまな理由によってそうすることができませんでした。しかし、あなたには別のリソース、つまり自分自身のコンパッションというリソースがあります。このリソースを使えば、自分のニーズをもっと直接的に満たすことができます。

- たとえば、自分を見てもらいたいのなら、あなたのコンパッションに満ちた部分から傷ついた部分に向かって、「あなたを見ているよ！」と言ってみましょう。サポートやつながりを感じたいのなら、あなたのコンパッションに満ちた部分から「あなたのそばにいるよ」「あなたは仲間だよ」と言ってみましょう。尊重されたいなら、「私は自分の価値を知っている」と言ってみましょう。愛されていると感じたいなら、「あなたを愛しているよ」「あなたは大切な人だよ」と言っても良いかもしれません。
- つまり、あなたを不当に扱った人からあなたが聞きたかった言葉を、今の自分自身に言ってみるのです。
- 満たされないニーズを直接的に満たすことが難しかったり、混乱を感じたりする場合は、その難しさにコンパッションを向けられますか？
- 最後に、自分の価値に見合った扱いを自分に対してできるかどうか、今後はできるだけ被害から身を守ることを誓えるかどうかを確かめます。
- ここでエクササイズをやめ、今の状態を感じながらただ休息します。この瞬間をあるがままに、自分自身をあるがままにしておきます。

自衛か敵意か

自分を守ろうとするとき、陰と陽のバランスが崩れていると、セルフ・コンパッションは不健全になりやすくなります。害を防ぐことを重視するのではなく、害を及ぼす人物や集団への攻撃を重視しがちになるのです。そうなると、強さは攻撃性に変わりかねません。この攻撃性は苦しみの原因になり、結果的にコンパッションを弱めます。

「勇気と自信を持ったクリアな状態」が愛の表現なのか、攻撃性の表現なのかを決めるものは何なのでしょうか？　その違いは、行動の裏に潜む意図にあります。それらは苦しみを和らげるために行われるのでしょうか、あるいは報復のためでしょうか？　それらはあなたの心に由来するのでしょうか、あるいはエゴに由来するのでしょうか？　自己価値の感覚を守るという立場から強さが生じている場合、その強さは感情的な暴力となりかねません。自分を軽んじた相手に鋭く言い返したり、テレビに出ている政治家をこき下ろしたりするとき、私たちは自分のために立ち上がっていると考えがちですが、実際は心の中で憎悪を募らせているだけです。しかし、私たちの反応に愛があり、私たちの意図が助けたいという欲求に根差しているとき、強さはいっそう大きな善に向かう強い力になります。個人攻撃に陥ることなく有害な行為を非難し、それを防ぐために行動を起こせるのです。

コンパッションはつながりに根差しています。しかし、この事実を忘れ、脅威を及ぼす人を「よそ者」と位置付けると、「私たち対彼ら」という自滅的な考え方が生まれます。残念ながら、これは現実に起きていることです。米国では凄まじい政治的分極化が進み、政府がほぼ機能を果たせなくなっています。身体的、社会的、感情的暴力は阻止されなければなりませんが、そのような害をもたらしているのもまた人間です。それを自覚せずして、コンパッションのある強さを持つことはできません。

当然ながら、共通の人間性に対する自覚は、違いを否定する手段として利用されることがあってもなりません。たとえば、「ブラック・ライブズ・マター（黒人の命は大切だ）」への反論として、「オール・ライブズ・マター（全ての命は大切だ）」というスローガンを用いる人がいます。これは共通の人間性を本当の意味で受け入れる態度ではなく、人種的抑圧、警察の蛮行、主に黒人から人間性を剥奪してきた歴史をただ無視する態度です。強さのセルフ・コンパッションを持つ人は、個人や集団が経験する苦しみの原因や程度には決定的な違いがある、といった差異を認めます。それと同時に、私たち全員が同じ人間であるという糸で強力に結びついていることを理解しています。

「勇気と自信を持ったクリアな状態」は、時として独善に陥ります。心を開いて受容するという優しさのセルフ・コンパッションを失うと、自信過剰になり、真実を知る自分の能力を過信することになりかねません。善悪の判断に固執すると、物事を明確に見る能力はかえって阻害されやすくなります。しかし、心を開いたままでいれば、自分の考えが間違っている可能性や、誰かが違う見方をしている可能性を認めながらも、より容易に有害な行為を特定し、真実を語ることができるようになります。

私たちが害から身を守るとき、強さのコンパッションと優しさのコンパッションが統合されていれば、そこには計り知れないほど強力な思いやりの力が生まれます。マーティン・ルーサー・キング・ジュニアはこう記しました。「愛のない力は無謀で虐待的であり、力のない愛は感傷的で弱々しい。最高の力とは、正義の要求を実行する愛であり、最高の正義とは、愛を阻む全てのものを正す力である[33]」

セルフ・コンパッションと社会正義

マーティン・ルーサー・キング・ジュニアが手本としたのは、20世紀の社会改革に絶大な効果をもたらしたマハトマ・ガンジーでした。正義のために戦うガンジーの手法には、強さのコンパッションと優しさのコンパッションがどちらも取り込まれていました。彼は一種の非暴力抵抗である**サティャーグラハ**[34]（ヒンディー語で「真実の力」や「愛の力」を意味する言葉）を提唱し、インドを英国の支配から解放したのです。ガンジーはサティャーグラハを受動的な抵抗とは区別していました。彼の主張によれば、受動的な抵抗は恐怖から生じます[35]。一方で、サティャーグラハは、驚くべき勇気を必要とする強者の武器でした。

抑圧者を憎んで攻撃することは簡単かもしれませんが、個人的な苦しみを終わらせるために他者を傷つければ自滅を招きます。また、正義を獲得するために不正な手段を用いたり、平和を獲得するために暴力を用いたりすることは矛盾しています。だからこそ、思いやりの力は、害を及ぼす人や集団への攻撃に向けられるのではなく、害を防ぐことに直接向けられるべきなのです。ガンジーは次のように述べました。「『罪を憎んで人を憎まず』という教えを理解するのはたやすいが、これを実践する人はほとんどいない。それゆえ、この世界には憎しみの毒が広がっている……制度に対する抵抗や攻撃は極めて正当なことだが、その作り手に対する抵抗や攻撃は、自分自身に対する抵抗や攻撃に等しい。なぜなら、私たちはみな……同じ造物主の子供だからである[36]」

最近、「罪を憎んで人を憎まず」という言葉は、一部のキリスト教原理主義者に都合良く使われています[37]。彼らはこの言葉が聖書に由来すると信じており（実際はそうではありません）、LBGTQ＋コミュニティに対する差別を正当化するために利用しています。同性愛者を憎むことなく同性愛を憎むことはできると原理主義者は主張します。しかし、この場合、彼らが罪とするものは狭義のジェンダー・セクシュアリティ規範に適合しない行為のことであり、誰かを害する行為のことではありません。コンパッションは害を拒むものであり、ジェンダー不適合を拒むものではありません。性別に基づく異性愛行為という支配的なパターンに適合しないことは有害であるどころか、むしろその逆で、勇気ある愛と自分らしさの表現です。ガンジーの思想を歪曲し、このように差別を正当化することは、彼の意図を汚す行為にほかなりません。強さのセルフ・コンパッションに明確さが不可欠なのはこのためです。私たちは抑圧を維持するために作られた社会規範による本当の害悪を認識できるようにならなくてはなりません。

コンパッションの立場から自分を守るとき、人は断固とした厳しい態度を取ることもあります。しかし、その心の中にあるのは憎しみではなく愛です。こうした強さのセルフ・コンパッションの感覚が基盤となり、ドナルド・トランプの大統領就任翌日の2017年1月21日には、「ワシントンでの女性の行進」が行われました。世界中の人々は、トランプが悪名高い『アクセス・ハリウッド』〔米国のTV番組〕のテープ内で性的暴行の自慢話をしていたことに激怒していました（「俺は美人に自然と引き寄せられてしまうんだ――最初はただキスをする。磁石みたいに。ただキスするんだ。待ってなんかいられない。こっちがスターなら、女はやらせてくれる。何だってできる。あそこを掴んだって良い。何でもできるんだ[38]」）。しかし、行進の主宰者はトランプを非難することを目的としていたわけではありません[39]。過去の運動の伝統を受け継いだ非暴力抵抗を行うことで、女性の権利と公正な扱いへの支持を表明することを目指していたのです。また、人種、民族、性的指向、性自認、移民としての地位、宗教などを理由に差別されている他のグループへの支持を示すという意図もありました。「女性の行進」は全米の都市に一日で約500万人を動員した抗議活動として米国史上最大の記録となりました[40]。不正に立ち向かう勇猛な決意に思いやりが結びついた結果、この運動は極めて平和的に行われ、全米各地で逮捕者は一人も報告されませんでした[41]。

強さのセルフ・コンパッションと反人種差別

性差別と人種差別は、どちらも抑圧から生じるという理由で絡み合っています。両者は同じではありませんが――女性も人種差別主義者になり得ますし、有色人種は性差別主義者になり得ます――互いに関連しているのです。セルフ・コンパッションの高まりが、固定化した人種的不平等の構造を自然に解体することはありません。それでも、セルフ・コンパッションには果たすべき役割があると私は信じています。無意識のジェンダー・バイアスからジェンダー的抑圧に加担するのと同様に、私たちは無意識の人種的偏見から人種差別に加担します。白人女性が覚醒し、人種差別と闘うことを望むなら、自分が加担していることの痛みを受け入れ、被害をありのままに見つめるための優しさのセルフ・コンパッションが必要です。同時に、被害を食い止めるべく行動を起こすための強さのセルフ・コンパッションも必要です。

フェミニズム運動は、良く解釈しても人種差別に対する強硬な姿勢が足りず、悪く解釈すれば人種差別を継続させていると批判されてきました。[42] これは無理もないことです。エリザベス・キャディ・スタントンをはじめとする初期の婦人参政権論者は、白人至上主義を全面的に支持していました。[43] 南部のフェミニストは黒人差別を支持する傾向がありました[44]――リンチが行われていたのは、結局は白人女性を守るためだったとされています。最近米国で定着した「カレン」というキャラクター――自らの特権を主張する無神経で人種差別的な白人女性――は現実に存在し続けています。ニューヨークのセントラルパークで、ルールどおりに犬にリードをつけるよう黒人のバードウォッチャーから注意されたというだけで９１１に電話をかけ、「アフリカ系アメリカ人の男性に脅かされている」[45]と警察に通報したエイミー・クーパーがその例です。

人種差別はわかりにくい方法で提示されることがよくあります。たとえば、白人女性としての自分の経験を普遍的なものと思い込み、それとは明確に異なる有色人種の女性の経験を無視する人がいます。フェミニストによる作品の多くは、人種に言及すらせず[46]、白人女性のみに焦点を当てています。こうした問題が何十年もの間ほとんど気づかれず注目されてこなかった理由は、人種差別にあります。白人女性は有色人種の女性より力を持っているため、前者の物語が標準と見なされているのです。「典型的な人間」は男性であり、「典型的な女性」は白人です。交差性による不可視論[47]〔性別、人種、社会階層、性的指向など複数のアイデンティティが組み合わさることによって社会的に無視を受けるという理論〕が提示しているように、これは有色人種の女性が人間の経験に関する調査に含まれることすら少ないという事実を意味しています。

社会に持続可能な変化をもたらすためには、それがどこに隠れていようとも、権力の不均衡や抑圧をはっきりと指摘する必要があります。人種を考慮に入れなければ、私たちの家父長制との闘いは意味をなしません。抑圧は何であれ抑圧であり、コンパッションはあらゆる不正によって生じる苦しみを和らげるという動機に根差しています。白人女性が自らの特権を認識し、人種差別制度の継続に加担していることを自覚するという難しい課題に取り組むうえで、セルフ・コンパッションが不可欠です。優しさのセルフ・コンパッションは、私たちが恥ずかしさから目を逸らすことなく、自分が白人として受けている恩恵を認めるのに役立ちます。強さのセルフ・コンパッションは、責任を引き受け、今までのような行動は取らないと誓うことを可能にします。

白人で、シスジェンダーで、異性愛者の女性である私は、セルフ・コンパッションを通して、自分が人種差別制度に関わっていることを理解できるようになりました。多くの人々と同じように、私は自分を道徳的な人間だと思っていますし、自分の特権を検証するよう求められれば抵抗を感じます。「私は人種差別主義者なんかじゃない！」と私のエゴが叫ぶのです。人種差別的であることをそれとなく指摘されると、恥ずかしさが込み上げるのを感じ、自分も問題の一部であるという事実を認められなくなります。これは、私たちが無意識的なマイクロアグレッションを犯しているときに起こりがちなことです。私は以前、ホテルで割り当てられた部屋に納得できず、対応してくれたヒスパニック系の女性に「支配人と話をさせてもらえないか」と尋ねてしまったことがあります（実際には彼女が支配人だったのです）。こうした状況でとにかくエゴを守ろうとすると、不快な思いをさせた相手の経験を認められず、その声を封じることになります。私の場合は、自分に優しさと理解を向けることで、事実を見極める能力を高められました。大半の人がそうであるように、私は意識的に誰かを抑圧しているわけではありません。しかし、私自身が人種差別社会で育ったために、無意識のうちに人種差別の影響を受けながら他者と関わっています。私が暮らしている不当な白人至上主義のシステムは、私が作ったものではありません。奴隷制や人種隔離政策の遺産は、私が生まれるずっと以前から存在していました。セルフ・コンパッションは、このシステムに自分が受動的に参加していると気づいたときに生じる恥を弱め、このシステムから自分が得ている恩恵を認めることを可能にします（たとえば、私は自分が警察に守ってもらえるものと信じていますし、コーヒーショップに長居しても不審な目で見られることはありません）。

子供の頃、我が家にはそれほどお金がありませんでした。母は2人の子供を独力で育てる事務員であり、不在の父からは一切の経済的支援を受けていませんでした。しかし私が11歳の時、母は私と兄に優れた教育を受けさせるため、充実した学区のある裕福な地域の郊外に引っ越し、そこで安価なアパートを借りました。私はオールAの成績を取ったため、奨学金でUCLAに進学でき、最終的にはUCバークレーで博士課程を修めました。中学や高校では自分の存在を完全に受け入れられ、周囲に溶け込んでいました。仮に私が黒人だったとしたら、多くの白人の中で孤立する黒人の一人だったとしたら、母はそうした環境に安心して私を置くことができたでしょうか？　私は白人でいるときと同様に友人のネットワークを持てたでしょうか？　先生は同じように私をサポートしてくれたでしょうか？　答えはわかりません。ただ確実に言えるのは、私は自分の肌の色について考えることに余計な時間を費やす必要がなく、それは白人であるがゆえの贅沢だったということです。

人種差別に自分が関与していることをはっきり見つめるため、そしてこの不快な真実に愛と受容を向けるために、優しさのセルフ・コンパッションを持つことで、私たちは勇気ある難しいステップへ踏み出し、これまでの行動を変えられます。多くの変化は社会レベルで起こらなければならず、必要な再構築には複雑さと難しさが伴います。しかし、私たち一人ひとりには果たすべき役割があります。それは投票することであれ、抗議することであれ、人種差別発言を耳にしたら必ず声を上げることであれ、人種的ステレオタイプによって自分の交流にひずみが生じていないかどうかを確かめることであれ、意図せず誰かの気分を害してしまったら真摯に謝ることであれ、何だって良いのです。率直に言えば、変化を実現するために何をすべきかを正確に知ることは簡単ではありません。ですから、私たちは謙虚になり、他者の言葉に耳を傾けて学ぶことが必要です。

忘れてならないことは、性差別は全ての人を傷つけ、人種差別は全ての人を傷つけるということです。あらゆる集団——異なる性自認、性的指向、宗教、能力の程度、体型などを持つ人々——に対する差別は、全ての人を傷つけます。私たちは分離した存在ではありません。個人と自分自身の苦しみを和らげる能力は、全ての人の苦しみを終わらせようとする努力と密接に絡み合っています。なぜなら、私たちが住む地域の、社会の、そして究極的には地球の平和が、その努力にかかっているからです。強さのセルフ・コンパッションと優しさのセルフ・コンパッションという、愛に備わった2つの面を育み統合することを忘れなければ、私たちが世界を変える力は、私たちが考える以上の強さを発揮します。

第7章 ニーズを満たす

私は私自身の女神であり、私が最もよく知る対象です。
そして、私がもっとよく知りたいと願う対象です。[1]
——フリーダ・カーロ、芸術家兼活動家

セルフ・コンパッションの本質にあるのは、「自分には何が必要か？」という問いです。自分を思いやろうとすることは、自分のウェルビーイングに責任を持つことを意味します。苦しみを和らげるためには、自分のニーズを真剣に考慮し、それを満たすだけの価値が自分にあると認めることが必要です。自分のニーズの重要性を認めれば（これはセルフ・コンパッションの主要な原則です）、大切な何かを犠牲にするよう求められたときにも譲歩せずにいられます。自分のニーズを他者のニーズの下に位置付ける必要はありません。これは、かつてそれは女性が社会に適合するための手段でした。女性である私たちが、子供、パートナー、友人、家族、同僚を――要するに自分以外の誰かを――助けているときにしか自分に価値を感じないとしたら、私たちは自らに不利になるように仕組まれたシステムを支持しているということです。他者に優しく寛大であるのはもちろん素晴らしいことですが、優しさは、その対象に自分自身を含むようなバランスの良いものでなければなりません。バランスが取れていないと、この寛容さは家父長制の助長につながります。家父長制において、女性は独立した価値ある存在と見なされることも、完全かつ対等な社会の参加者と認められることもありません。これにより女性は「協力者」という役割へ降格させられ、真の充足を得られなくなるのです。

女性は受け取る側ではなく与える側であるべきだという圧力は、大きな困難の要因になっています。結婚生活において夫婦どちらもがフルタイムで働いている場合でも、家事、育児、介護の大半を担うのは女性です[2]。こうした過剰な負担はストレスや緊張を引き起こします。研究結果によると、女性は男性に比べて、自分のニーズを犠牲にして[3]家族や友人やパートナーの要求に応じ続けることで疲弊する傾向があります。この傾向がもたらす結果の一つは、女性の自由時間の減少です。メリーランド大学の研究では、男女が普段の一日の中でさまざまな活動に費やした時間を細かく記録しました[4]。すると、女性は自分のために持てる時間が少なく、その少ない時間に得られるメリットも少ないことがわかりました。女性は自由時間中にも家庭の問題を心配し続けるため、余暇を気分転換や充足のために利用できないことがその原因でした[※]。理想的な自由時間は、私たちを退屈な人生から解放し、個人的な成長や内省の機会を与えてくれます。創造的思考を高め、人生の楽しみを増やすことに役立ちます。自由時間がなければ、人生の意味や価値のほとんどを失いかねません。

コンパッションの輪に自分自身を加えると、優先順位が変わり始めます。自分のニーズを最初にも最後にも置かず、バランスの良いアプローチを取るようになるのです。自分にエネルギーがあるとき、私たちは他者にイエスを言う一方で、ノーを言うことも恐れません。時間やお金や集中力の使い方を決める中で、自分のニーズを他者のニーズと同等に重視し、自分を最大限に思いやることを許します。人生において何に価値を置くかを決め、その優先順位に従って活動します。

私たちが自分のニーズを満たすことで苦しみを和らげようとするとき、セルフ・コンパッションの3つの要素――自分への優しさ、共通の人間性、マインドフルネス――は、「満ち足りてバランスの取れた自分らしさ」として表れます。

※ これ以降で言及される米国の調査データの一部に対し、日本のデータと比較したものを494ページ以降に掲載しています。

充足

私たちが自分に優しくなると、幸せになるために必要なことをするようになります。自分のウェルビーイングにとって意味ある貢献を果たすものは何かを自分に問いかけ、それを実現するために積極的な行動を取ります。自然に囲まれた時間を大切にしているなら、その時間を確保します。心の糧になる官能を大切にしているなら、ただセックスをするのではなく、時間をかけてパートナーの愛撫を味わいます。自分の活力となる芸術的表現を大切にしているなら、創造性の炎を育みます。精神性を最も切実に必要としているなら、日常の忙しさに邪魔されることなく、自分の内面に目を向けます。自分を思いやるならそうしなければならなくなるのは、人は満たされていないと苦しみを感じるからです。満たされない生活から抜け出せずにいることは、幸せにコンクリートブロックを重くのしかからせているようなものです。

充足の追求は人生に意味を見出すこと、つまり自分を理解し、世界を理解し、その中で自分の居場所を知ることと密接に関わっています。研究によれば、セルフ・コンパッションを持つ人は人生に大きな意味を感じ、「私は明確な目的意識を持って生きている」[5]などの項目に同意する傾向があり、また「調和のとれた情熱」を感じやすいため、自分が心から楽しみ、満足できる活動に従事します。[6]

感情的または心理的な充足について、あるいは自分が真に望む生き方について深く考えるように育てられた人はほとんどいません。私たちは決められた節目に向かってまっすぐに進み、それを通過してきました。高校を卒業し、（求められる場合には）大学の学位を取得し、就職し、人生の伴侶を見つけ、子供を産み育て、キャリアを前進させてきました。ようやく立ち止まり、自分に充足感や満足感をもたらすものは何なのかと真剣に考えるのは、たいてい仕事を引退した後です。

しかし、自分を心から思いやると、「自分には何が必要か？」という問いが日常生活の中に溶け込みます。その問いを後回しにしたり、重要だと知りながら答えを出す余裕のない問題として放置したりせず、今この瞬間に人生を満足させることを目指すようになります。どんな種類の仕事をして、どのように自由時間を過ごすかを、自分の関心事と結びつけるようになります。環境、音楽、学び、多様性、精神性、健康といった関心事が、遠い将来のどこかで達成すべき目標ではなく、日常生活への向き合い方の指針になるのです。

充足感を得るために欠かせないのは、自分が楽しめる活動の上達のために時間を費やして、達成感を味わうことです。これにより、私たちは社会に効果的に参加でき、影響力を発揮できるようになります。瞑想を学ぶにせよ、マラソンを走るにせよ、全国規模の会議を主宰するにせよ、子供のために魅力ある課外活動を考案するにせよ、自分の可能性を高めれば、日常に意味と目的がもたらされます。個人の成長にはエネルギーと努力、そしてときに勇気が必要です。現状に満足している人は特に、新しい何かに挑戦することを恐れるかもしれません。失敗を恐れる人もいるかもしれません。セルフ・コンパッションの素晴らしさは、無条件の自己受容によって私たちが安心して飛躍できるという点にあります。失敗しても大丈夫だとわかっていれば、今よりも幸せになれる可能性を秘めた新たな道に挑戦できるのです。自分に対する優しさは、私たちを自己満足から脱却させ、成長と発見という未知の領域へ導いてくれます。

バランス

セルフ・コンパッションの行動として自分のニーズを満たすとき、その行動は利己的にも一方的にもなりません。セルフ・コンパッションの中核にある共通の人間性の自覚に必要なのは、自分を中心に考えることでも、他者を中心に考えることでもありません。必要なのは英智を用いてより大きな全体像を眺め、公平さやバランス、持続可能性について理解することです。つながりは人間の中核的な欲求ですから、私たちが他者との関係を損なう行動を取れば、実質的には自分自身を害することになります。自分のしたいようにすることと、他者を助けることとの健全なバランスが、セルフ・コンパッションには不可欠なのです。

私はかねて、人々が自分のニーズと他者のニーズとのバランスをどう取っているのかを知りたいと思っていました。研究者として仕事を始めた頃、指導していた大学院生との共同研究で、個人のニーズがその人にとって大切な誰かのニーズと対立したときに、大学生がその対立をどう解消するかを検証しました。[7] たとえば、ある学生は1年間の海外留学を希望しているけれど、そのためにはボーイフレンドを置き去りにしなければならないかもしれません。別の学生は、感謝祭の休暇をキャンパスに残って友人と過ごしたいと思っているけれど、母親から帰省してほしいと言われているかもしれません。自分のニーズと親しい人のニーズが対立した状況で若者がバランスを取ろうとするとき、セルフ・コンパッションがその能力にもたらす影響と、それが感情的なウェルビーイングに与える影響とを見極めることが目標でした。私たちはまず、参加者がどのようにジレンマを解消したのかを確かめました。彼らは自分のニーズを他者のニーズに従属させたのか、それとも、相手を犠牲にして自分のニーズを優先させたのか。あるいは、全員のニーズを満たす創造的な解決策を思いつき、うまく妥協できたのかを確かめたのです。次に、私たちは参加者に対して、ジレンマへの対処を考える際にどれだけ苦悩したか、その解決策をどれだけ自分らしいと感じたかを尋ねました。最後に、母親、父親、親友、恋人といった特定の人々との関係における参加者の心理的ウェルビーイングの度合いを評価しました。彼らはその関係において自分に満足できていたのか、それとも、落ち込みや不満を感じていたのかを評価したのです。

セルフ・コンパッション度の高い若者には、当事者それぞれのニーズを考慮する形で妥協したと報告する明らかな傾向が見られました。彼らは個人的に重要な物事をあきらめず、かといって自分のニーズを優先することもありませんでした。さらに、人間関係の対立を解消する際の感情的動揺が少なく、その関係において自分に大きな価値を感じており、落ち込みづらいこともわかりました。実際、セルフ・コンパッション度の高い人は対立的な状況で**相手に歩み寄りやすいために幸福を感じやすい**こともわかり、バランスを取ることがウェルビーイングに必須であることが示唆されました。実際、セルフ・コンパッション度の高い人は人間関係の対立を解消しようとする際に自分らしさを感じやすいという重要な発見もありました。本当の自分になれることがセルフ・コンパッションの中心的なメリットであることが示唆されたのです。

自分らしさ

マインドフルネスは、内なる信念や価値観や感情を明らかにすることで、私たちが自分らしくあることを手助けしてくれます。私たちを自分の内面へと向かわせ、自分らしくあるために必要な内省を促します。探求なき人生を送っている人は、多くのお金、多くの物、多くの称賛を求め続ける中で自分を見失いがちになります。しかし、お金も、物も、称賛も、本当の幸せを運んできてはくれません。多くの中年の危機は、自分が間違った場所で間違った人たちと間違ったことをしていたと気づくことにより引き起こされます。トーキング・ヘッズはこう歌いました。「あなたは自分に向かって言うだろう。この家は私の美しい家じゃない！　この人は私の美しい妻じゃない！」。決められた人生設計にただ従っていると、ある朝目覚めたときに、不満や退屈を感じている自分に気づくかもしれません。幸せを求めて人間関係を断ったり、新車を買ったり、美容整形手術を受けたりする人もいるでしょう。しかし、自分の内面を見つめ、「自分に本当に合っていることは何か？」と問いかけない限りは、何も解決しません。

マインドフルネスは自分の行動を省みるのに必要な視点を与えてくれるため、私たちは軽率に浅い人生には流されなくなります。自分が何をしているかだけでなく、**なぜそれをしているか**にも注意を払えるようになり、結果として誠実に行動できるようになります。カリフォルニア大学バークレー校のジア・ウェイ・ツァンは、セルフ・コンパッションによって培われた自分らしさの経験を探るべく、一連の研究を主導しました。[8]

1つ目の研究では、参加者は1週間にわたって毎日簡単なアンケートに答え、その日にどれだけセルフ・コンパッションを感じたか、さらに他者との交流においてどれだけ自分らしさを感じたかを評価しました。その結果、日々のセルフ・コンパッション度の変化は、自分らしさの感情と密接に関連していることがわかりました。

2つ目の研究では、自分らしくあるというセルフ・コンパッションによって、自分の弱さを認めることが可能になるとわかりました。自分らしさとは、自分の長所を真実と見なして短所を偽りと見なすような、都合の良いプロセスではありません。自分らしさの本質とは、自分の全てを——良い点も、悪い点も、醜い点も含めて——受け入れることにあります。研究チームは参加者に対して、彼らの自己嫌悪の原因になっている個人的な弱点を考えるよう求めました。続いて参加者は次のうちいずれかのグループに無作為に割り振られました。セルフ・コンパッション実践グループでは、「その弱点について、コンパッションと理解のある視点から自分に語りかけているところを想像してください」と指示されました。自尊心実践グループでは、「その弱点について、自分のポジティブな資質（ネガティブな資質ではなく）を認める視点から自分に語りかけているところを想像してください」と指示されました。ニュートラル・グループでは、指示は何も与えられませんでした（つまり、参加者はおそらく自分の弱点について自分を責めることになります）。割り振られた直後、参加者は自分の短所を認める際にどれだけ自分らしさを感じたかを尋ねられました。その結果、自分にコンパッションを向けるよう指示された参加者は、他の2つの条件を課された参加者に比べて明らかに強い自分らしさを感じていました。セルフ・コンパッションは、完璧主義による非現実的な基準を満たさずとも自分自身に忠実でいる自由を与えてくれます。その自由は、自尊心からは決してもたらされないものです。

自己実現のために自ら行動を起こすと、独特の満足感が得られます。幸せは主に他者を思いやることにあると生まれながらに教えられる多くの女性は、この種の満足感をなかなか手に入れることができません。だからこそ、自分が人生で本当に必要としているものや価値を置いているものは何なのかを意図的に思案し、そのニーズを満たすために努力することが大切です。

WORK 17

自分を養うためのセルフ・コンパッション・ブレイク

このセルフ・コンパッション・ブレイクでは、強さのセルフ・コンパッションを育み、「満ち足りてバランスの取れた自分らしさ」によって自分に必要なものを与えることを目指します（この実践の英語音声ガイドはFierceself-Compassion.orgで、日本語オリジナル音声ガイドはhttps://www.youtube.com/playlist?list=PLeqOLUj_FV7rWrGzqB2v0n58XJkUcOhleで入手できます）。

あなたの人生において、自分のニーズが満たされていないと感じる状況を思い浮かべてみましょう。自分の時間を十分に取れていない、全く好きになれない仕事をしている、あるいは幸せになれない物事に自分の自由時間を費やしているといったことはないでしょうか。その状況を心の中で思い出しましょう。そこで何が起きていますか？　浮かび上がってくるあらゆる感情を受け取ってみましょう。たとえば、疲労感、退屈、恨み、絶望などの感情がないでしょうか？　身体的な感覚としての不快感とつながりを持ってください。次に、満たされていないニーズに着目します。休息へのニーズ、平和へのニーズ、学びへのニーズ、楽しみへのニーズ、興奮へのニーズなど、あなたが特定できたものなら何でも構いません。状況の細部は手放し、満たされていないニーズだけに焦点を当てます。

まずは、きちんと座って身体をまっすぐに保ちます。セルフ・コンパッションの3要素を取り込み、自分のニーズを満たして自分を養うための行動を起こせるように、一連のフレーズを言ってみましょう（声に出しても良いですし、黙ったままでも構いません）。目標は自分自身に合った言葉を見つけることです。

- 最初のフレーズは、自分の最も深いニーズに気づき、認められるように、マインドフルな状態であるためのものです。「これは私が自分らしくあるために、そしてありのままでいるためにに大事なことだ」と、自分にしっかり伝わるように言いましょう。「これは私にとって本当に大切なことだ」「私のニーズは重要だ」「自分が幸せになるためにこれを必要としている」などと言い換えても構いません。
- 2つ目のフレーズは、自分のニーズと他者のニーズとのバランスを取れるように、共通の人間性を思い出すためのものです。全ての人のニーズを理解することは、平衡を保つのに役立ちます。「私は自分のニーズだけでなく他者のニーズも受け入れる」と自分に言ってみましょう。「全ての人には大切なニーズがある」「私のニーズは重要だが、他者のニーズもまた重要だ」「人生においては受け取るだけでなく与えることも必要だ」などと言い換えても構いません。
- 次に両手をみぞおちに置き、そこが自

分の中心であることを感じます。自分に対する優しさの行動として、自分に必要なものを与えるための具体的なステップに踏み出しましょう。「私は自分のニーズを満たすためにベストを尽くす」と自分に言ってみてください。「私は幸せになる権利がある」「私は喜んで自分を慈しむ」「私は健康で満ち足りるために必要なことを行う」などと言い換えても構いません。

- 適切な言葉がなかなか見つからない場合は、あなたが心から気にかけている誰かが満たされない気持ちを抱えていると想像してみてください。その人が自分のニーズを尊重し、必要な時間と努力を注いで幸せになれるように、どんな言葉を掛けますか？　今度は、それと同じメッセージをあなた自身にも送れるでしょうか？

- 最後に、片方の手を胸に当て、もう片方の手をみぞおちに置きます。これにより、自分のニーズを追求する強さのエネルギーと、愛を持って今ここにつながる優しいエネルギーが溶け合っていきます。あなたは行動を起こして自分をより満たすことを目指すと同時に、ありのままの自分がすでに全てが備わった存在であることに気づけるでしょうか？　自分のニーズを満たしたいという欲求は、欠乏感からではなく、豊かな心から生まれるのです。

自分の可能性を高める

ニーズを満たすことの重要性を強調した人間性回復運動（1960－1970年代の米国で主に心理学分野において生じたムーブメント）は、病理に着目する従来の心理学を回避し、人間はその潜在能力によって創造性や意味や喜びに満ちた特別な人生を育むことができると提唱しました。この運動の創始者であるアブラハム・マズローは、これを「自己実現のプロセス[9]」と呼びました。私たちは生まれ持った才能や傾向を育み、それらを妨害されることなく展開させることで、自分の可能性を最大限に発揮できます。内なる世界と外の世界を積極的に探索し、自らの限界を知ると、自分自身と人間の不完全性を受け入れることができます。成長に対する自分のニーズを満たすことを真剣に考慮しなければ、私たちの成長は停滞してしまうとマズローは主張しました。

自己決定理論を創始した心理学者のエドワード・デシとリッチ・ライアン[10]は、人間の中核的なニーズとして「有能性」「関係性」「自律性」を挙げ、これらのニーズをどれだけ満たすことができるかで健全な成長は定義されると述べました[11]。有能性とは、満足感ややりがいを得られるような方法で効果的に行動できることです。関係性とは、私たちが他者と相互的でバランスの取れた関係を構築できることを意味します。自律性とは、自分の内なる価値観や欲求と調和するように行動できることです[12]。これらの中核的なニーズを満たすことが理想的なウェルビーイングにつながるという考え方は、何千件もの研究によって支持されています。また、その充足にセルフ・コンパッションが役立つことも研究で実証されています[13]。たとえば、ある研究で大学生のグループを入学後１年間観察したところ、セルフ・コンパッション度の高い学生は自律性、有能性、関係性も同様に高まりやすく、これらのニーズの充足度が増したことで１年後には心の健康や快活さが向上し、活力も高まることが明らかになりました[14]。

その実例を見せてくれたのは、テキサス大学オースティン校で私が担当するセルフ・コンパッションの学部課程を受講していた学生です。タニアは60代のアフリカ系アメリカ人女性で、愉快で聡明な人でした。彼女はときどき私の勤務時間に私の研究室に立ち寄り、授業で取り上げた題材に関する話や、彼女が誇りある65歳の大学生になった経緯を聞かせてくれました。タニアはヒューストンで育ち、家計を助けるため、高校卒業後すぐに仕事を見つけました。ドライクリーニング店で安定した職に就くと、そこで長年働き、最終的には店のマネジャーになりました。何年も前に離婚した夫からはほとんど支援を受けず、３人の娘を育て上げました。娘たちはやがて結婚し、それぞれに子供を産んで、タニアには６人の孫ができました。娘たちはみな近くに住んでおり、週末や放課後にはタニアに子供の世話を頼っていました。ところが、タニアには人に言えない秘密がありました。彼女は乳児や幼児が好きではなかったのです。乳幼児は手に負えないほど泣きますし、面白いことも言いません。タニアは特におむつの交換が嫌いでした――彼女にしてみれば、それはとっくの昔に卒業した仕事です。とはいえ、娘たちはタニアの助けに頼っていたので、「私はうんちの世話をする義務を果たしていたんです」。彼女は冗談めかして言いました。「私の人生は、まさに味噌くそでした」。ユーモアには長けているタニアでしたが、子守りをしているうちに疲弊し、少しずつ気力を失っていきました。

旧友の一人はその変化に気づいたらしく、「あなたが幸せになるためには何が必要なの?」とタニアに問いかけました。そう質問されて、タニアは思わず考え込んでしまったそうです。彼女はそれまで自分の幸せについて真剣に考えたことがありませんでした。働くことや他者を思いやることに忙しすぎて、その余裕がなかったのです。悩んだ末、タニアは大学に行って英語を学びたいという思いに気づきました。子供の頃からいつでも本の中に慰めと安心を見出してきた彼女は、自分の知性の炎が実は消えていないことを知っていました。タニアは夜間や週末にコミュニティカレッジに通って準学士号を取り、そこから大学に編入して学士号を取るという夢を思い描きました。しかし、その夢を追いかければ、孫の面倒を見る時間はなくなってしまいます。タニアが自分のニーズを優先するのは身勝手なのでしょうか?

それでも、大学への進学はタニアが全く経験したことのない学びと成長の機会であり、その可能性に彼女は焦がれました。タニアは挑戦しようと決めました。別の子守りを探すように言われた娘たちは、最初はうろたえていましたが、すぐに気を取り直して母親を全面的に支持しました。彼女たちは母親を深く愛し、母親が与えてくれたものに感謝していたのです。

タニアはコミュニティカレッジの授業に自然に溶け込みました。ドライクリーニング店のマネジャーとして働きながらオールAを取得し、テキサス大学オースティン校に編入生として出願すると、入学が叶いました。65歳になろうとしていたタニアは退職を決め、給付金を利用してオースティンに小さなアパートを借りました。そうして、全日制の学生になりました。タニアは私の授業を楽しんだと言ってくれましたが、彼女が自分のニーズを満たすことの重要性をとっくに学んでいたのは明らかでした。彼女は目を見張るほどの美しく深い感謝と共に、セルフ・コンパッションの経験に飛び込める人でした。私はタニアに卒業後の計画を尋ねました。彼女はこれから何をするつもりなのでしょうか？ タニアはただにっこり笑って言いました。「明日のことは考えていません。今日を生きるだけです」

家父長制の世界における女性のニーズ

セルフ・コンパッションを育むことが女性にとって不可欠な理由の一つは、自分のニーズを満たすための私たちの行動が、家父長制に基づく規範や期待によって強く妨げられているためです。慈悲的性差別のイデオロギーに固執する人々は、女性を生来の養育者と見なし、他者のために自分の利益を喜んで犠牲にするのが当然であると考えています。この観点から言えば、与えることは私たちの天職ということになります。それが事実なら、私たちは自己犠牲の中にいつでも真の充足を見出すことができたはずです。しかし、現実はそうではありません――自発的に与えるのではなく、単に社会的な期待から与える場合にはなおさらです。

私は、人々のジェンダー観や個人的ニーズの充足に対する考え方が文化によってどう形成されるのかに興味があったため、インドのマイソールで学位論文の研究を行いました。インドなどの非西洋社会には義務に基づいた道徳があり、西洋において重要だと考えられている権利や個人の自律以上に、他者のニーズを満たすことが重視されると言う学者がときどきいます。[15]この東洋と西洋との間に明白な違いを見出す考え方は、ケアに基づいた道徳観を持つのが女性であり、権利や正義への関心が強いのが男性であるという説とよく似ています。私の指導教員だったエリオット・テュリエルは、こうした単純な特徴付けに反論し、自律、正義、他者への思いやりに対する関心は普遍的なものだと考えました。[16]しかし、そうした関心を表現できるかどうかは、力関係に左右される部分もあります。

義務を重視する文化のほとんどは階層的です。従属する人間には他者への思いやりが強く求められますが、権力を持つ人間には権利や個人的特権が豊富に与えられています。インドでは、ヒンドゥー教の女性は幼い頃から男性への自己犠牲（「セワ」[17]と呼ばれる）を実践によって教え込まれます。たとえば、女性は男性に先に食事を出し、自分たちは男性が食べ終わった後で残り物を食べます。伝統的に、新婦は新郎側家族に持参金を支払わなければならず、女性は男性ほど価値のない「お荷物」であるという認識がこの伝統によって強化されました。結婚した成人女性は夫や子供の世話を期待される一方で、彼女たちが受け取る食料、衣類、医療、教育は男性より明らかに少ない傾向があります。[18]そこで私は次のような仮説を立てました。インドの人々が夫婦の対立について考えるとき、男性は「妻は義務を果たすべき」「夫には望むことをする権利がある」と判断するのではないか。そして、女性はもう少し違った角度から問題を見るのではないか、と。

私の研究のためにインタビューを実施してくれたのは、地元の大学に通う2人の優秀な大学院生、サスミサ・デバラジとマニマラ・ドワルカプラサドです。この若くたくましい女性たちは、インドの性役割がいかに複雑であるかを私に理解させ、女性は抑圧されることに満足しているわけではないと身をもって示してくれました。彼女たちはインドにおける伝統の重要性や、流れに逆らうことの難しさを語り、多くの女性が自分の役割を人生の一部として受け入れざるを得ないのは、他に選択肢がないように見えるからだと指摘しました。しかし、だからといって、彼女たちは現実を公平だと考えていたわけではありません。言うまでもなく、インドは偉大な女性指導者を何人も生み出しており、その中には1966年から1984年まで強権支配を行い、首相として長く在任したインディラ・ガンジーもいます。[19] こうした多様で一見矛盾するような女性の性役割に対する見方は、人々の道徳的思考に反映されるのでしょうか？

私は研究[20]のためにヒンドゥー教徒の若者（児童、青年、若年成人）を男女同数ずつ、合計で72人募集しました。参加者には、夫婦のニーズや欲求が対立する状況について書かれた一連のヴィネット〔ある架空の個人または世帯について、さまざまな情報が記述してあるカードのこと〕を提示しました。そのうえで、それぞれの状況につき、俳優が夫役または妻役を演じるよう研究は設計されていました。たとえば、ある質問で焦点を当てたヴィジャイという夫は、ヴィーナ（インドの弦楽器）の音楽レッスンを受けたがっていましたが、妻は彼に家で雑用をしてもらいたいと望んでいました。それと似たストーリーでスマという妻は、古典舞踊のレッスンを受けたがっていましたが、夫は彼女が家事に専念してくれることを望んでいました。参加者は俳優がどう行動すべきか、なぜそう行動すべきなのかを判断するよう求められました。

予想通り、回答では妻のニーズより夫のニーズを満たすことが重視される傾向がありました。しかしインドの女性は、たとえそうすることが文化的に許容されていなくても、**妻は自分のニーズを満たすべきだと考える傾向も持っていました**。たとえば、古典舞踊のストーリーに対する回答では、ほとんどの女性が「スマは自分の望むことをすべきだ」と述べました。ある青年期の少女は次のように言いました。「スマは舞踊レッスンに行くべきです。それが彼女の興味を満たすことのできる唯一の方法なのですから。彼女は自分の興味のあることをしなければなりません。そうでなければ、彼女はとても不幸になり、人生に対する関心を失ってしまうでしょう……伝統によって求められることが何でも常に正しいとは限りません。むしろ、伝統は極めて不条理に見えることがほとんどです。私自身の興味を妨げるような伝統を私は尊重しません。伝統が活力にとっての障壁となるなら、人はどうやって成長すれば良いのでしょう？ 私はスマに何としてでも舞踊レッスンに行ってもらいたいです[21]」。この経験が私に教えてくれたのは、たとえ伝統的に家父長制が根強い社会にあっても、少女や女性は自己実現に強い価値を置いているということです。大きな社会構造によって自分のニーズを満たす能力を制限されていても、私たちは幸せになるための平等な機会を望んでいます。

女性の自己実現を阻む壁は、わかりにくい形ではありますが、西洋にもいまだに存在しています。他者を優先することが私たちの義務として語られることはありませんが、それは良き女性であるための暗黙の条件になっています。「感じの良い」女性であるためには他者の依頼に応じなければならない、と私たちは教えられます。「シフトを代わってもらえませんか？」「休暇中に犬の散歩を頼めませんか？」「旅行の手配をしてくれませんか？」。これらをしても構わない場合には、イエスと言うことで気分が良くなるかもしれません。しかし、これらをやりたくない場合には、イエスと言うのは気分の良いものではありません。私たちが友人、パートナー、子供、同僚に対して適当にイエスを言うたびに、つまり、自分がそうすることを本当に望んでいるか否かを確かめず、そうすべきだという考えからイエスを言うたびに、自己犠牲というジェンダー規範は強化されていきます。自分のニーズに代えて他者のニーズを満たすという選択を決してすべきではないとは言いません。ただし、善良な人間でいるためにそうしなければならないと考えるのではなく、全ての選択肢を考慮したうえで意識的にそれを選ぶことが大切です。私たちが選択を誤ったと認識すると、セルフ・コンパッションは自分のニーズを尊重するよう私たちに求め、可能なら行動を変えるよう促します。

自分を幸せにする何かを見つける

私がテキサス大学オースティン校の教職に就いたばかりの頃、当時の夫だったルパートと私は、田舎にある約３ヘクタールの家を購入しました。家があったのはエルジンという小さな町で、オースティンの繁華街やテキサス大学のキャンパスからは車で45分ほど離れていました。

私たちがここに移り住んだのは、乗馬好きなルパートが馬を飼うことを望んだためです。のちに息子のローワンは、ルパートが家の敷地内に建設した「ニュー・トレイルズ・ラーニング・センター」という乗馬セラピーセンターでホームスクールを受けるようになりました。

ルパートと別れて以降も（友人関係は保っていました）私がエルジンで長く暮らし続けたのは、ローワンがそこにいると幸せそうに見えたからです。ただし本音の本音を言えば、私は馬が好きではありません。私は都会育ちで、田舎には縁がないのです。エルジンには長居できるコーヒーショップが一軒もなく、食事の選択肢も極端に限られています。この町は主にソーセージで有名ですが、私のようなグルテンと乳糖不耐症のペスカタリアン〔菜食と魚介のみ食べる人〕にとっては食の宝庫とは言えません。また、エルジンは極めて保守的なトランプ王国であり、リベラルなオースティンとは文化的に正反対です。わかりやすい例を挙げると、パンデミック中にエルジンのバーが常連客にマスクの着用を禁止し、全米のニュースになったことがあります。[22] それにもかかわらず、私は他者のニーズを満たすために、この異質な場所で――自分にとって居心地の良い地域から遠く離れて――およそ20年間生活しました。

数年前にとうとうオースティンの中心部に移住したのは、ローワンに優れた教育を受けさせたかったからでもありますが、私自身がエルジンにうんざりしていたからでもあります。最近になってようやく、私は自分らしくいられない文化的環境に暮らすことで多くを諦めていたことに気づきました。今では車で5分も走ればココナッツミルクの抹茶ラテが飲めて、10分も走ればキャンパスに着きます。私は物事が手近にある状態が好きです。それが私を幸せにしてくれるのです。必要以上に長くエルジンに滞在したという決断を必ずしも悔やんでいるわけではありませんが、自分のニーズを本当に満たす生活を送ることがいかに大切かを、私はいっそう深く理解するようになりました。妥協して自分に合わない場所で暮らすようなことは、もう二度としません。

自分を心から思いやると、自分のニーズが重要になります。いいえ、**自分のニーズは重要でなければならないのです**。愛情深く、思いやりがあり、与えることのできる理想的な女性とは、自分自身のことも考えられる女性でなければなりません。そうでなければ、その女性は真に愛情深い存在とは言えません。自分らしさや自己の充足を否定すると、精神的および心理的レベルにおいて、他者には語り得ないストーリーを持つ独特で美しい個人としての、自然な表現を制限することになります。そして政治的レベルにおいては、無意識のうちに家父長制を支えることになります。私たちが家父長制の規範に積極的に疑問を持ち、勇気を出して行動を変えれば、幸いにもこの現状を打破する機会が与えられます。セルフ・コンパッションは、女性が自分を尊重するための手段であり、偏った制度を変革するための第一歩です。この変革は集会や投票ブースで実現されるばかりでなく、「この瞬間、自分には何が必要か」と自問自答することで私たち自身の心の中でも実現される必要があります。

そのために効果的なのは、欲求とニーズ、目標と価値観とを区別することです。欲求とは、経済的な成功、立派な家や車、身体的な魅力、高級な食事といった、心地良いものや望ましいものに対する憧れです。ニーズとは、安全、健康、他者とのつながり、人生の意味といった、感情的または身体的生存に欠かせないものです。また、ニーズは具体的というよりは一般的に表現される傾向があります（たとえば「家の中が平和であってほしい」はニーズで、「理屈っぽいルームメイトに出て行ってもらいたい」は欲求です）。

目標とは、修士号を取る、結婚する、体重を10キロ減らす、アフリカを訪れるといった、私たちが達成したい特定の目的のことです。価値観とは、何が重要かという信念のことであり、私たちを目標に向かわせ、その達成後も私たちを前進させるものです。価値観は人生に意味と目的をもたらします。価値にはたとえば、寛容さ、誠実さ、学び、友情、忠誠心、勤勉さ、平和、好奇心、冒険心、健康、自然との調和などがあります。要するに、目標は私たちが行うものであり、価値観は私たちが生きるためのものです。トマス・マートンはこう記しました。「私がどういう人間か知りたければ、私が住んでいる場所や、私の好きな食べ物や、私の髪の梳かし方を尋ねるのではなく、私の生きがいについて詳しく尋ねてください。そして、私が生きがいのために精一杯生きることの妨げになっているものは何だと思うかと尋ねてください」[23]

自分の行動が自分のニーズや価値観と本当に一致しているかどうか、単に他者を喜ばせるため、あるいは何らかの社会的理想にかなうために行動していないかどうかを知るにはどうしたら良いのでしょうか。一つの方法は、自分の行動がもたらす感情的帰結を意識することです。たとえば、あなたが他者への奉仕に価値を見出すよう育てられ、毎週日曜日の礼拝後にサンドイッチを作って地域の路上生活者に配っているとします。それが充実した自分らしい行動であれば、あなたはハムとチーズのサンドイッチを作って路上で配る一日を過ごした後、喜びとエネルギーを感じるでしょう。それが自分らしくない行動であり、あなたが「善良な人間はこうするはずだ」という考えからサンドイッチを作って配っているとすれば、一日の終わりには疲労といら立ちを感じるでしょう。自分の人生におけるニーズと価値観を見つけ出すこと、そして自分が大切にしているものと調和して生きられるような行動を取ることが、個人の充足にとっては何よりも重要です。

WORK

18

充実した人生を生きる

このエクササイズは、MSCのプログラムで教えられている「中核的価値（コア・バリュー）の発見」という実践を改良したものです。中核的価値の発見は、スティーブン・ヘイズとその同僚らによって開発されたアクセプタンス&コミットメント・セラピーを参考にしています。アクセプタンス&コミットメント・セラピー[24]では、自分にとって最も重要な価値のための積極的な行動を、充実した自分らしい人生を生きるための土台として重視します。これは記入式の内省エクササイズなので、ペンと紙を用意してください。

振り返る

- 自分が数年先の未来にいると想像してください。あなたは美しい庭に座って、自分の人生について考えをめぐらせています。昔から今までの時間を振り返り、深い満足感、充足感、満足感を抱いています。必ずしも楽な人生ではありませんでしたが、あなたは自分に忠実であり続け、自分が喜びを感じられる何かにできるだけ多くの時間を費やしてきました。
- あなたが満たした深いニーズ、あるいはあなたが大切にした深い価値の中で、あなたを大いに満足させたものは何でしたか？　例を挙げるとすれば、冒険、創造性、学び、精神性、家族、コミュニティ、自然の中で過ごす時間などです。あなたを充足させたものを書き出してください。

現在を見つめる

- あなたは現在、幸せになるために必要なニーズをどの程度満たせていますか？　あなたの人生は何らかの形でバランスを失っていないか、確認してみてください。他者のニーズを満たすことに時間を費やしすぎていたり、忙しすぎて自分のケアが後回しになったりしていませんか？　どのような点で自分が満たされていないかを書き出してください。

障害

- 自分のニーズの充足を阻む障害は誰にでもあります。それはお金が足りない、時間が足りないといった**外的な障害**かもしれません。外的な障害の多くは、家族を養わなければならない、あるいは病人の世話をしなければならないといった他者に関する義務です。このことについて少し考え、何らかの外的な障害があれば書き出してください。
- 自分のニーズの充足を阻む**内的な障害**もあるかもしれません。たとえば、慎重になりすぎていたり、他者を喜ばせたいと思っていたり、利己的になることを恐れていたり、自分には幸せになる権利がないと感じていたりしませんか？　自分の内面を見つめて考え、何らかの内なる障害があれば書き出してください。

- 幸せになりたいという内なる強い憧れや欲望に気づきましょう。あなたのニーズが満たされていない場合、そこに何らかの悲しみや不満がないかどうかを確かめてください。

強さのセルフ・コンパッションを呼び出す

- 自分のニーズの充足を阻む障害を乗り越えるため、あなたはどんな方法で強さのセルフ・コンパッションを生かせると思いますか？　その方法を書き出してみてください。強さのセルフ・コンパッションは、あなたにノーを言う勇気を与えてくれそうですか？　新たな行動に出たり、反対されるリスクを冒したり、有益でない物事を手放したりするのに必要な安心と自信を感じさせてくれそうですか？　より幸せで充実した自分になるために、あなたには何ができるでしょうか？
- ためらいを感じたら、あなたが自分のニーズを満たせば満たすほど、他者に与えられるエネルギーが増えることを思い出してください。自分を思いやるために行動を起こすと誓えますか？

優しさのセルフ・コンパッションを呼び出す

- 当然ながら、乗り越えられない障害によって真の充足が妨げられることもあります。私たちが人間である以上、全てを思いのままにはできません。
- そこで、しばらく目を閉じて、両手を胸の上か、気持ちを穏やかにできる身体のどこかに置きます。いつも充足できるわけではない、いつも思い通りにニーズを満たせるわけではないという現実を受け入れる心の余地を作れますか?

- こうした人間の限界を優しく受け入れる言葉を書き出します。

陰と陽のバランスを取る

- 最後に、強さのセルフ・コンパッションと優しさのセルフ・コンパッションのエネルギーを統合してみましょう。私たちは、今この瞬間の経験をありのままに受け入れると同時に、善意ある努力によって自分の環境を変えることもできます。あなたが自分のニーズを満たせるような、これまでに考えたことのない何か創造的な方法はないでしょうか? その発想は不完全なものでも構いません。たとえば、自然を愛する人が一日中デスクワークをしているなら、車ではなく徒歩で職場に行ったり、自然な環境に近づけるために植物を持ち込んだりしてはどうでしょうか。自分を満たすためにできる小さなことはありませんか? もしあれば、その内容も書き出してください。

セルフ・コンパッションか、甘えか

一部の人々は、自分のニーズを満たすためのセルフ・コンパッションが、自分を甘やかすことの隠れ蓑(みの)になるのではないかと恐れています。ある日の朝、私が不足した睡眠時間を取り戻したいので仕事に遅れると連絡をしたら、それはセルフ・コンパッションの行動と解釈されるかもしれません。しかし、もし同じことを週に何度も繰り返していたらどうでしょうか？ 人は自分にコンパッションを与えすぎてしまう可能性はないのでしょうか？ 私たちが真に自分を思いやっていれば、自分に悪影響を及ぼすような享楽的な行動を取ることはありません。甘えとは、長期的な害を被ってでも短期的な快楽を選ぶことです。一方で、セルフ・コンパッションは、苦痛を和らげるという目的を常に注視します。

マインドフルネスがあれば、自分がただ欲しているものではなく、真に必要としているものを明確に見極められます。私はアラームを止めることを本当に必要としているのでしょうか、それとも二度寝する一時的な快楽を欲しているだけなのでしょうか？ 優しさを利用すれば、行動が本当に自分のためになるかどうかを確かめられます。間違いなくネガティブな影響が出るという点を考慮しても、仕事に遅刻することは本当に有益なのでしょうか？ そんなことをするよりも、普段から早めに就寝して十分な休息を取ったほうが良いのではないでしょうか？

共通の人間性という英智——広い視野で物事を眺め、全てが相互に結びついていることを理解する能力——は、私たちの行動を持続可能でバランスの取れたものにしてくれます。私の行動は自分の仕事に対して、また私の同僚が効果的に仕事をこなす能力に対して、どんな影響を及ぼすのでしょうか？　セルフ・コンパッションは、私たちがこれらの質問に答えて自分を甘やかすような行動を減らそうとするときに役立ちます。

セルフ・コンパッションのある人は甘えた行動ではなく、健康的なセルフケアの行動を取ることが研究で明らかになっています。[25] こうした人々は、加工食品の栄養ラベルを読んでより健康的な食品を選び、定期的に運動し、十分な睡眠を取ります。線維筋痛症、慢性疲労症候群、がんなどの病気と闘っている人は、セルフ・コンパッションによって医師の助言や治療計画を守りやすくなります。つまり、処方通りに薬を服用したり、食生活を変えたり、運動の回数を増やしたりできるのです。セルフ・コンパッションのある高齢者[26]は、定期的に医師の診察を受け、歩行器などの補助器具を積極的に利用します。ＨＩＶ／エイズ患者を対象とした大規模な多国籍調査によると、セルフ・コンパッション度の高い患者は、セックスの際にコンドームを使用して自分と他者を守る傾向があるとわかりました。[27]

セルフ・コンパッションを持つ人が積極的にセルフケアの行動を取る[28]のはなぜでしょうか。研究者は、「慈悲的なセルフ・トーク」と呼ばれるものがその直接的な原因であることを突き止めました。セルフ・コンパッションのある人は、励ましとサポートを込めた自分への独り言を言うことで、自分に優しくすることの大切さを自分に説いていたのです。

自分を養う行動か、自分勝手か

もう一つのよくある誤解は、セルフ・コンパッションを持つことは自分勝手になることだという考え方です。この考え方は、生まれたときから他者のニーズを満たすように育てられてきた女性にとって、特に手ごわい障壁となります。もちろん、セルフ・コンパッションに強さと優しさが揃っていることを確認しておかなければ、自分のニーズを満たすことが自己中心性の隠れ蓑になる恐れがあります。つながりと相互依存性に対する明確な理解が欠けていると、私たちは物事をゼロサム・ゲームに変えてしまいかねません。それはつまり、他者のニーズを犠牲にして自分のニーズを満たすということです。そのように振る舞うと、幸せは逃げていきます。友人がつらい別れを経験して時間と心遣いを必要としているのに、私が自分の仕事で忙しいからといって彼女を無視したら、私も同様に苦しむことになります。彼女を怒らせたら後悔するでしょうし、友人関係も悪化するでしょう。将来的に私が彼女と同じ立場に置かれたとしても、友人からのサポートは期待できなくなります。しかし、陰と陽のバランスが取れていれば、そのような事態にはなりません。愛こそが人間にとって何より深いニーズなのだと思い出すと、他者に与えることは自分に与えることの中に自動的に組み込まれます。実際、「満ち足りてバランスの取れた自分らしさ」は、寛容な心を保つことを可能にしてくれます。私たちは、与えるものが何もなくなってしまうまで自分を枯渇させるべきではありません。自分とつながっている人々を養うことで、自分自身を養うべきなのです。

セルフ・コンパッションは自分勝手とは異なるという考え方を裏付ける研究は数多く存在します。たとえば、セルフ・コンパッションのある人は、自分の親しい関係においてコンパッション度の高い目標を持つ傾向があります[29]。つまり、彼らは親しい他者に対して多くの感情的サポートを与えようとする傾向があるのです。彼らは恋愛関係においても、思いやり深く寛大[30]な人だとパートナーから評価されます。また、他者の欠陥や欠点を受け入れやすく、物事を広い視野から眺めたり、外部の視点から考えたりすることが得意です[31]。

聞いて驚く人もいるかもしれませんが、セルフ・コンパッションと他者へのコンパッションとの関連性[32]は一般に大きくありません。言い換えれば、セルフ・コンパッション度の高い人は低い人と比べて、他者に向けるコンパッションがいくらか多いものの、はるかに多いわけではないということです。なぜなら、自分より他者に著しくコンパッションを向けるというのは、大多数の人々に共通する要素だからです。女性をはじめとする多くの人々は、他者にコンパッションや寛容さや優しさを向ける一方で、自分を粗末に扱います。仮にセルフ・コンパッションと他者へのコンパッションに強い関連があるとしたら、セルフ・コンパッションを欠く人は他者へのコンパッションも欠くことになります。しかし、実際はそうではありません。

とはいえ、セルフ・コンパッションを身につけることで、他者にコンパッションを向ける能力が高まることは確かです。私たちが行ったある研究では、ＭＳＣへの参加によって、研究参加者の他者に対するコンパッションが７％上昇することがわかりました[33]。ほとんどの参加者は初めから他者へのコンパッション度が高かったため（５点満点制で平均４・１７点から始まり、最終的に4・46点になりました）、改善の余地は多くありませんでした。一方、セルフ・コンパッション度は5点満点制で平均2・65点から始まり、最終的に3・78点になったため、43％上昇しました。この結果が示しているのは、セルフ・コンパッションの向上によって他者への思いやりは**減るどころか、むしろその逆になる**ということです。さらに重要なのは、セルフ・コンパッションがあれば疲弊したり燃え尽きたりせずに、**他者への思いやりを維持できる**ということです[34]（この点については、第10章で詳しく説明します）。

セルフ・コンパッションは、他者にもコンパッションを持って自身を扱うよう促します。これもまた、セルフ・コンパッションが自分勝手とは異なる理由の一つです。ウォータールー大学の研究チームは、「セルフ・コンパッションは伝染するか？」と題した論文の中で、セルフ・コンパッションの表出が他者にどれだけ影響を及ぼすかを検証しました[35]。参加した学生たちはまず、学業に関する個人的な失敗を思い出すよう求められました。その後、彼らは無作為に振り分けられ、他の学生が失敗についてセルフ・コンパッション的な視点（「あなたが落ち込んでいるのはわかっているよ。こういう経験をしたんだから当然だ」）または中立的な視点（「最後にどうにか合格できたが、たいした成績は残せなかった」）から独白している音声を聞きました。のちに自分の学業での失敗を記述してもらうと、セルフ・コンパッションのある学生の音声を聞いた参加者は、そうでない参加者より大きなコンパッションを示しました。研究チームはこの結果を、他者を観察して行動を学ぶ社会的モデリングのプロセスによるものと考えました。つまり、自分にコンパッションを向けることで――それをわかりやすく行った場合は特に――、私たちは他者にも同じことをするよう促せるのです。

私たちは相互につながり合っているため、人生の痛みに対処する際に、自分と他者との間に恣意的な境界線を引くことは無意味です。アインシュタインは次のような有名な言葉を残しました。「私たちの任務は、全ての生き物と、全ての自然と、その美しさを受け入れるためにコンパッションの輪を広げ、自分を解放することにほかならない」。私たちはその輪の中心にいます。私たちは自分のことだけを気にかけるべきではありませんが、その輪から自分を切り離してもいけません。それは共通の人間性に背く行為だからです。

マズローは自己実現について述べた際、そのプロセスで何よりも重要なのは自我に関する悩みを手放すことだと強調しました。自らの本性に気づくためには、自分という小さな存在より大きな使命や目的を見つけなければならないと主張したのです。セルフ・コンパッションや自己実現などの言葉にある「自己（セルフ）」は誤解を招くものです。なぜなら、これらの状態は、他から分離した自己の偏重を実際には弱めるものだからです。

自分の可能性を最大限に高めることで、他者を上手に助けられるようになるというのは美しい真実です。私が教育者としてスキルを磨けば、生徒の可能性を広げることができます。自分の才能を育めば——それが料理長になることであれ、クラシック歌手になることであれ、救急ヘリの操縦士になることであれ——、他者の経験の質を向上させることに役立ちます。自分の内なる世界を発展させ、より積極的かつ快活に生きられるようになれば、自分と触れ合う全ての人にその活力を届けられるでしょう。自分のニーズを満たすことは、世界への贈り物なのです。

第8章

最高の自分になる

私たちが何かを思いやることを誠実に選択すれば、変化は必ず起こります。[1]

——ミーガン・ラピノ
米国女子サッカー代表チームキャプテン

自分を思いやり、苦しみを望まなくなると、私たちは夢を実現しようとする意欲を自然と高め、無益な行動を手放すようになります。セルフ・コンパッションの実践を大きく妨げるのは、自分に対してとにかく厳しい態度を取らないと、怠惰で無気力になるのではないかという不安です。[2]この不安は、セルフ・コンパッションの陰と陽に対する誤解に根差しています。確かにセルフ・コンパッションの優しい側面は、自分のあらゆる輝かしい欠点を受け入れるのに役立ちます。愛されるために完璧になる必要はないのだと思い出させてくれます。私たちは自分を修正する必要はありません。今のままの自分で十分に素晴らしく、思いやりや優しさを受けるにふさわしい存在です。

しかし、だからといって、不健全な習慣を改めたり、目標を達成したり、自分の運命を全うしたりする努力をしなくても良いのでしょうか？　もちろんそんなことはありません。不十分さや不完全さではなく、愛を動機とするとき、苦しみを和らげたいという欲望は、人生で望むものを手に入れるための原動力となります。過ちを犯したり、重要な何かに失敗したりするたびに自分を厳しく批判するのではなく、その状況から学べることに着目するのです。私たちが強さのセルフ・コンパッションを利用して自分を動機づけるとき、それは「励ましと英智を導くビジョン」として経験されます。

励まし

励ますという言葉は、「元気づける」という意味の古フランス語に由来します。セルフ・コンパッションを持つ人は、自分を元気づけながら、成長と変化の道を歩みます。目標を達成できなければ罰してやると自分を脅すのではなく、優しく支援的な態度で、自らの潜在能力を認めます。励ますとは、自分に嘘をつくことでも、「私は毎日あらゆる点で強さを増している」などの肯定的な宣言（アファーメーション）をすることでもありません。現実はその宣言と矛盾しやすいからです。一定の年齢を過ぎれば、（少なくとも身体的には）**どんどん強くなり続けるなんて人はいません。**[3] また、研究結果によると、人が自分を疑っている場合には肯定的な宣言は役立ちません。宣言は虚しく聞こえ、裏目に出て、気分が悪化するだけです。一方で、自分を励ませば、望んでいたほど遠くではなくても、可能な限り遠くまで旅をすることができます。失敗しても自分を厳しく攻撃しない、攻撃ではなくサポートをするのだという信念を持てたとき、リスクを取るのに必要な安心感が確保されます。私は自分の愛に満ちた心からインスピレーションとエネルギーを引き出し、「しなければならない」のではなく「したい」から、自分を受け入れられるように努力を重ねるのです。

英国で「アクション・フォー・ハピネス」という組織を運営するマーク・ウィリアムソンは、セルフ・コンパッションと意欲に関する私の講演を聞いた後、劇的な変化を経験したそうです。ウィリアムソンは、過ちを犯すたびに自分を責めていたことに気づきました。当時の口癖は「このくそったれ（You fucking idiot）」。自分を罵れば次回はもっと努力できるはずだと言わんばかりに、そう繰り返していました。この言葉は強く習慣化されていて、無意識に働くことがほとんどでしたが、彼に静かな悪影響を及ぼし、自信を低下させました。そこで、ウィリアムソンは意図的な実践を開始しました。何らかの失敗を悟って自分を責めていることに気づいたら、自分に悪態をつきたくなる本能を転換し、「くそったれ（Fuck）」は「友情（Friendly）」「有益（Useful）」「落ち着き（Calm）」「優しさ（Kind）」の頭文字だと思うことにしたのです。これは言葉による虐待とちがってはるかに建設的で、意欲を高めてくれる実践でした。

優しさとは、自分の行動を何でも容認することではありません。言うまでもなく、そのような優しさは役に立たないからです。ときに厳しい愛を用いて、自分に強さを向け、不健全な行動を阻止しなければなりません。本当に自分を害している場合には――アルコールやドラッグに溺れていたり、有害な人間関係に陥っていたりする場合には――、断固としてノーを言うことも必要でしょう。厳しい愛は強さであり、究極的には優しさでもあります。この愛が伝えるのは、「今の状態でいるとずっと落ち込み続けることになる。だから自分に害を与えるものから離れなさい」という明確なメッセージです。自分を励ますと、変わりたいという気持ちが非難や批判からではなく、思いやりや責任感から生じていることが明確になります。だからこそ、励ましは自己批判より効果が高いのです。

英智

共通の人間性という英智があると、成功や失敗につながる複雑な条件に気づくことができるため、失敗に学べるようになります。誰もが知っているように、失敗は最高の教師です。トーマス・エジソンはこう言いました。「私は失敗したことはない。１万通りのうまくいかない方法を見つけただけだ」。価値ある情報は、何かを正しく行うことよりも間違うことの中に存在していると、私たちは知っています。

ならば、私たちが間違ったときにひどく動揺するのはなぜでしょうか？　それは、失敗して
はならない、失敗するということは自分に何か異常が起きているのだという無意識の信念があ
るためです。失敗に伴う恥や自責の念に圧倒されると、私たちは状況を明確に見られなくなり、
自分が成長する能力を抑制してしまいます。

研究によると、セルフ・コンパッションのある人は聡明で、[4]自分が置かれている状況から学ぶことが得意だとされています。問題に直面したとき、関連する全ての情報を検討する傾向があり、解決策が思いつかないほど動揺することはあまりありません。また、失敗を苦境ではなく学びの機会と捉えます。[5]失敗を恐れることが少なく、[6]実際に失敗してもその経験によって立ち止まらずに、再挑戦しようとします。[7]セルフ・コンパッションが備わっていると、失敗によって自分の人間としての価値がどう語られるかを気にするのではなく、その失敗から何を得られるかに着目できます。挫折によって自分を定義するのではなく、その挫折が成功に必要な情報を与えてくれる可能性に目を向けるのです。

もちろん、最善を尽くしても何も起こらないのであれば、特定の目標から離れることが最も賢明な行動だという場合もあります。お笑い芸人として生計を立てようと長年努力しているにもかかわらず、ジョークを飛ばすと気まずい沈黙が生まれるような人は、方針を変えて何か別のことに挑戦したほうが良いかもしれません。日本で行われたある研究では、参加者に対して、直近5年間で達成できなかった重要な目標を考えるよう求めました。[8]すると、セルフ・コンパッション度の高い人は、残念な結果に動揺することが少ないだけでなく、その特定の目標を

手放して別の目標に向かいやすいことがわかりました。セルフ・コンパッションは視野を広げてくれるため、時間と努力の最も有効な使い方を見極められるようになるのです。

ここで役立つのは、厳しい非難と分別ある英智とを区別することです。厳しい非難とは、視野が狭く偏狭な視点から自分自身に「良い」あるいは「悪い」というレッテルを貼ることです。分別ある英智とは、何がうまくいっていて何がうまくいっていないのか、何が健全で何が有害なのかを、その状況に影響を及ぼしている複雑かつ強力な要因を十分理解したうえで識別することです。私たちは物事を個人的に捉えなくとも、自分のパフォーマンスや成果の良し悪しを判断できます。前回の行動が失敗に終わったからといって、次も失敗するとは限りませんし、自分が何らかの「失敗作」だということにもなりません。人間らしさとは何かという大きな文脈から自分の経験を定義すると、学びや成長に必要な洞察が得られます。[9]

ビジョン

マインドフルネスは、変化を起こそうとするときに、集中して自分のビジョンに忠実であり続けることを可能にします。自分を思いやり、幸せになりたいという気持ちがあればこそ、私たちは本当に大切なことから注意を逸らさずにいられます。期待通りにいかないと、多くの人は失敗の感情にのみ込まれます。前進に必要なステップに対してマインドフルになるどころか、自分の意識を「恥」という無法者に乗っ取られてしまうのです。

たとえば、あなたが新たな事業――低所得の働く母親に保育を提供するチャリティなど――を始めようとしているとしましょう。あなたはいくつかの財団に資金援助を求めますが、断られてしまいます。知り合いの多い友人に強く働きかけ、裕福な篤志家とつながる可能性を探りますが、成果は得られません。あなたがこうした初期の挫折に気を取られ、この野心的なプロジェクトを成し遂げる自分の能力や自分自身への信頼を失ってしまったら、きっと成功はしないでしょう。しかし、あなたが自分のビジョンを心に置き続け、どんな課題も一過性の小さな障害だと見なすことができれば、実現の見込みがあります。あなたが明敏さと強い意志を保っていれば、そうでなければ見落としてしまうであろうチャンスに気づくかもしれません。たとえば、クラウドファンディングを立ち上げるなど、資金調達のための創造的な方法が見つかるのではないでしょうか。

失敗後も歩みを止めず、立ち上がって再挑戦し、目標に集中し続ける能力は、「やり抜く力（GRIT）」として知られています。[10] やり抜く力の正体と効果に科学的な関心をもたらした、先駆的学者のアンジェラ・ダックワースは、この特性を高めるために何より必要な要素はセルフ・コンパッションではないか、と私に語ってくれたことがあります。目の前に広がる道に障害があふれていても、セルフ・コンパッションによって得られる安心感、サポート、励ましがあれば、毅然としていられます。研究で実証されているとおり、セルフ・コンパッションを持つ人はやり抜く力と意志が強く、[11] どんな困難があろうとも物事を諦めません。セルフ・コンパッションはまた、目的地に着くためにコースを変更しなければならないときに、それに気づくために必要とされる明確なビジョンも提供してくれます。

WORK

19

意欲を高めるためのセルフ・コンパッション・ブレイク

このセルフ・コンパッション・ブレイクは、強さのセルフ・コンパッションのエネルギーを利用し、「励ましと英智を導くビジョン」によって自分を動機づけるためのものです（この実践の英語音声ガイドはFierceself-Compassion.orgで、日本語オリジナル音声ガイドはhttps://www.youtube.com/playlist?list=PLeqOLUj_FV7rWrGzqB2v0n58XJkUcOhleで入手できます）。

人生において変化を望んでいる状況を考えてください。たとえば、あなたはもっと運動がしたいけれど、できそうにないと思っているかもしれません。つまらない仕事に追われ、それを辞めたいと思っているけれど、そのエネルギーや意志の力を奮い起こせずにいるのかもしれません。ここで、あなたにとってより良い別の現実を想像してみましょう。つまり、毎朝ヨガをしたり、フリーランスのライターとして働いたりするところなどを想像するのです。こうした変化が起きることを考えると、どのような感情が生じますか？　たとえば、いら立ち、落ち込み、恐れ、あるいは興奮などがあるかもしれません。その感情を身体的な感覚として捉え、つながってみましょう。

座るか立つかして、楽な姿勢を見つけてください。その姿勢によってエネルギーが感じられること、前かがみになっていないことを確かめます。励ましとサポートによって変化を起こす意欲を引き出せるように、セルフ・コンパッションの3要素を取り込むための一連のフレーズを言ってみましょう（声に出しても良いですし、黙ったままでも構いません）。いつものように、目標は、あなたにとって意味がある言葉や自然に感じられる言葉を見つけることです。

- 最初のフレーズは、変えるべきことに対する明確なビジョンを持てるように、マインドフルネスを取り入れるためのものです。人生にもたらしたい新たな現実を想像してみます。「これは私自身のために私が望んでいるビジョンだ」と、ゆっくり確信を持って言いましょう。「これは私が世界で実現したいことだ」「これは私にとって可能なことだ」などと言い換えても構いません。
- 2つ目のフレーズは、共通の人間性という英智を呼び覚ますためのものです。誰もが行き詰まったり間違ったりすることを、しかしその経験から学べることを思い出しましょう。「これは人生を学ぶ機会だ」と自分に言い聞かせます。「成長する痛みは人間らしい経験の一部だ」「たいていの人間は正しいことをする前に間違えるものだ」「こうした課題に直面したのは私だけではない」などと言い換えても構いません。
- 次に、自分をサポートするポーズを取ります。片方の手を反対の肩に置いたり、拳を小さく突き上げたりして、励ましの合図としましょう。優しさで自分をサポートし、必要な変化を起こしましょう。

ありのままの自分が不十分だからではなく、自分の苦しみを和らげたいからこそ起こす変化です。「私は自分の目標達成を手助けしたい」と、温かさと確信を持って言いましょう。「私はあなたの味方だよ。サポートするからね」「私にはできる」「最善を尽くして、あとは成り行きを見守ろう」「私はあなたを信じているよ」などと言い換えても構いません。

● 適切な言葉がなかなか見つからない場合は、こう想像してみてください。あなたが心から気にかけている誰かがあなたと全く同じ状況に悩んでいて、あなたはその人が変化を起こせるように励まし、サポートしたいと思っています。あなたはその人にどんな言葉を掛けますか？　どんな声の調子かを想像してみてください。その人に伝えたい何らかの建設的な意見はありますか？　それと同じメッセージをあなた自身にも送ってみてください。

● 最後に、「励ましと英智を導くビジョン」の力強いエネルギーが、無条件の自己受容の優しいエネルギーと溶け合っていきます。必要な変化を起こすために最善を尽くしながらも、ありのままの自分でいられることが大切なのです。不完全であっても構わないのです。自分への思いやりから、幸せになるために、そして苦しみを和らげるために手を尽くしながらも、それを完璧にやろうとするこだわりは手放しても良いのです。

自分に厳しく接する理由

研究が示唆するところでは、人々が自分に優しさではなく厳しさを向ける一番の理由は、セルフ・コンパッションによって自分の意欲が低下すると思い込んでいるためです[12]。自己批判には意欲を高める効果があり、自分を無慈悲にけなすことで次回はもっと努力できるようになると考えているのです。私たちが自分を非難する2つ目の理由は、それによって何かをコントロールしているという幻想が得られるためです。私たちは自分を批判するとき、全てを正しく行ってさえいれば失敗は避けられるという考え方を強化しています。3つ目の要因として関わっているのは、自らのエゴを守りたいという欲望です。私たちは、少なくとも自分の基準は高いと考えることで、それを満たせない自分を慰めます。まだそこに到達できていなくても、自分の**理想的な在り方**を知っている、そんな自分の一部に感情移入します。前にも述べたとおり、自己批判は基本的な安全確保のための行動なのです。

次のような疑問を持つ人もいるかもしれません。たとえば、重要な仕事を先延ばしにしている自分を怠け者と呼ぶことで、安心感を覚えるのはなぜでしょうか？　それは心のどこかで、怠け者と呼ばれれば自分が奮起し、失敗して仕事を失ったりホームレスになったりせずに済むはずだと信じているためです。子供に八つ当たりしてしまったと自分を非難することで、安心感を覚えるのはなぜでしょうか？　それは、この自己非難が自分を母親として成長させ、老後に子供から嫌われて捨てられるのを防いでくれるはずだと考えているためです。鏡に映る自分を年老いて魅力がないと侮辱することで、安心感を覚えるのはなぜでしょうか？　それは、自分で自分を最初に傷つけておけば、それが現実に起こるとしても、想像に過ぎなくても、他者から受ける苦痛を軽減できると思い込んでいるためです。いわば、先手を打っている状態です。私たちの内なる批判家は、ある意味では、私たちを害しかねない危険を回避しようと常に試みているのです。

私たちはまず、この戦略に多少の効果があることを認めなければなりません。無慈悲な自己批判を通じて医科大学や法科大学院を卒業できた人、それ以外の節目を達成できた人は数多く存在します。ただし、自己批判の機能の仕方は、古い石炭による蒸気エンジンのそれと同じです。つまり、坂を上ることを可能にする一方で、黒煙を大量に吐き出すことにもなるというわけです。ときどきは自己批判に対する恐れが私たちを動かすこともあるかもしれませんが、この恐ろしい戦略は多くの有害な結果につながります[13]。失敗を恐れるようになり、それによって物事を先延ばしするようになり、自信を損ない、結果的にパフォーマンスに対する不安を感じるなど、ありとあらゆることで成功に必要な能力をただちに阻害されてしまうのです。ですから、現実を見つめましょう。立ち上がって前に進むという考え方は、恥によって強化されるものではありません。

内なる批判家は私たちを頻繁に攻撃しますが、私たちは痛みに耐えてそれを受け入れる必要があります。なぜなら、この攻撃は、安全でいたいという自然で健全な欲求を反映するものだからです。自分を責めることに対して自分を責めてはなりません！　自己批判は、方向性を誤っているにせよ、自分を思いやることを意図して行われます。先述したように、内なる批判家の正体は、私たちの安全を守ろうとしなかった――有害または虐待的だった――幼少期の保護者の声が内面化されたものであることが珍しくありません。[14] しかしその声を内面化した幼い私たちは、自分を助けようとしていました。子供時代の私たちが生き延びるためには、自分が責めを負う以外に選択肢がなかったからです。たとえその批判が幼少期の保護者に根差すものではなく、（ローワンの内なる厳しい対話のように）優れた人間になりたいと望む自分の怯えた部分に根差すものであったとしても、全ての自己批判は安全でいたいという純粋な欲求に由来しています。ときに私たちは内なる批判家に強さのコンパッションを向け、毅然としつつも優しい態度で、いじめのようなやり方をやめるよう諭さなければなりません。しかし同時に、自分の批判的な部分に優しさのコンパッションを向け、この部分が自分を危険から守るために手を尽くしていたのだと認める必要もあります。それができてようやく、私たちは本当の安心感を得られるのです。

批判ではなくコンパッションによって自分を動機づけると、脅威－防御システムではなく、哺乳類ならではの思いやりのシステムを通じて安心感を獲得できます。[15] これは精神的・感情的なウェルビーイングのみならず、身体的なウェルビーイングにとっても大いに意味のあることです。自己批判を通じて交感神経系が頻繁に活性化されると、コルチゾール値が上昇し、[16] 高血圧、心血管疾患、脳卒中を引き起こします。これら３つは、アメリカ人の（日本人も同様に）主な死亡原因と密接に関わっているとされる病気です。さらに、自己批判はうつ病の主な原因[17]

にもなります。一方でセルフ・コンパッションは副交感神経を活性化させることにより、コルチゾールを減らし、心拍変動を増やします。[18]免疫機能を強化し[19]、ストレスを軽減し[20]、うつ状態を緩和することが一貫して示されています。批判ではなくコンパッションを通じた動機づけを学ぶことは、自らの健康と幸せのためにできる何よりも効果的なことです。

恐怖ではなく愛による動機づけ

過ちを犯したとき、あるいは目標を達成できなかったときに自分へコンパッションを向けると、私たちは思いやりとサポートを感じます。この安心感と自分には価値があるという感覚が安定した土台となり、私たちはこの土台から再び目標に挑むことができます。セルフ・コンパッションは恐怖ではなく愛によって私たちの意欲を高めるため、恐怖による動機づけよりもはるかに効果的です。たとえば、子供にやる気を起こさせる方法を考えてみましょう。少し前までは、彼らを怖がらせて目標を達成させることが最善の方法だと考えられていました。「鞭を惜しめば、子供はだめになる」[21]というわけです。子供を怠け者にしないためには、厳しい体罰を与える以外にないというのが一般的な社会通念でした。罰を与えることは短期的には規則を守らせることにつながりますが、長期的には逆効果を生み、自信や達成感を低下させます。[22]それにもかかわらず、私たちは自分に対しては鞭打つようなやり方を続けています。セルフ・

コンパッションは多くの点で自分を再教育する方法であるため、子育ての文脈から動機づけについて考えてみましょう。

子供の意欲を効果的に引き出すには、受け入れすぎることと要求しすぎることとの間で適切なバランスを見つける必要があります。これは母親としての私自身の経験からも言えることです。生まれてからほとんどの期間、ローワンをホームスクールで育てたのは、エルジンという小さな町の公立学校が彼のニーズを満たせなかったためでした。公立の幼稚園へ預けたこともありますが、ある日、園庭に様子を見に行くと、特別支援が必要な子供たちはみな何もせず座っており、補助員の教諭はテレビを見ながらソーダを飲んでいました。そこで私たちはローワンを公立学校から辞めさせました。彼の父親は、馬と自然を教室として利用する「ニュー・トレイルズ・ラーニング・センター」を設立しました。スタッフは他の自閉症児に馬介在療法を施すことを主な仕事としていましたが、一人のスタッフはホームスクールのための訓練を積み、テキサス州のカリキュラムに沿ってローワンを指導してくれました。野外活動、乗馬、旅行、プロジェクト型学習（ルーマニアへの野生動物探検もその一つです）など、ローワンの教育には素晴らしい内容がたくさん含まれていました。

しかし、ローワンが成長するにつれ、私は彼に挑戦が足りていないことに気づきました。ニュー・トレイルズ・ラーニング・センターには、「イエス」の環境を作るという方針がありました。つまり、自閉症児がノーを言われたりプレッシャーを受けたりすることで、彼らの極めて敏感で不安を感じやすい脳が刺激され、学習に対して心を閉ざしてしまわないように設計されていたのです。たとえば、ローワンは学んだ題材についてテストを受ける代わりに、よく宝探しに連れ出されていました。教師はその場でヒントを出し（「ヘンリー8世が生きていた時代が中世なら左へ、ルネサンス期なら右へ行きなさい」など）、ローワンの回答によってその題材を理解しているかどうかを判断していました。ですから、ローワンには明確に評価されたり採点されたりする経験がなかったのです。

このアプローチは、ローワンが幼いときには大いに役立ち、不安を軽減してくれましたが、思春期を迎えると効き目が見えなくなりました。ローワンは失敗やプレッシャーに対処する術を学ぶ必要がありました。このままでは学業に行き詰まるのではないかと、私は心配になりました。

ローワンが16歳の時、私は彼を連れてオースティンに移住し、自閉症プログラムで知られる優秀な公立学校に入学させました。ローワンは勉強に遅れをとっていたため、1年生として入学せざるを得ませんでしたが、すぐに周囲に溶け込みました。刺激を受け、授業ごとに違う先生に出会い、新たな題材を学びながら成長していきました。ホームスクールを受けていた利点は、ローワンの精神がくじかれずに済んだことでした。彼はハッピーで、自分に自信を持ち、自分が自閉症であることをきちんと受け入れていました。学校にすぐ適応できたのはこのためです。不利な点は、初めてテストを受けたときに明らかになりました。混乱し、どう勉強すれば良いのかわからず、そのため当然ながら、最初に受けた地理の大事なテストでは失敗してしまいました――Fを取ったのです。

ローワンは帰宅すると、私にそれを打ち明けてくれました。私はここで鞭のアプローチを使って、つまりローワンが彼自身にときどき投げかけていた言葉を使って、彼の意欲を高めようとすることもできました。私たちの多くはこのアプローチを自分自身に用いています。「あなたは役立たずの出来損ないだ。私はあなたを恥じている。次のテストで良い成績を取らなかったら、ひどい目に遭わせるぞ」。もちろん、私はそんなことは言いませんでした。このような言葉はただ残酷であるばかりでなく、完全に逆効果をもたらします。そうした厳しい対応を取れば、ローワンは失敗に対する罪悪感を募らせ、次回のテストでは不安に押しつぶされてしまうでしょう。無能だというレッテルを貼られたら、成功に必要な能力が損なわれ、いずれ地理がすっかりできなくなってしまうかもしれません。

代わりに、私はローワンを力強く抱きしめ、愛を込めて安心させました。彼が経験した痛みにコンパッションを向け、新たな何かに挑戦するときには誰でも失敗するものだと伝えました。そして、失敗が彼の人間としての知性や価値を物語るわけではないと念を押しました。しかし、私はそこで話を終わりにしたでしょうか？　諦めて宝探しのアプローチに戻ったのでしょうか？　当然そんなはずはありません！　テストを克服しようとするローワンに手を貸さず、そこで話を終わりにして失敗を受け入れるだけだったら、それもまた残酷なことだったでしょう。

その代わりに、私はローワンの全ての先生と面会し、彼が勉強する様子を注意深く見守りました。私たちはローワンに合わせた教材を作成し、彼をサポートする方法を導き出しました。私はローワンを信じていましたし、彼ならできるとわかっていましたから、挑戦を続けるよう励ましました。学期末までには、ローワンはテストで良い点を取れるようになりました。そればかりでなく、勉強の過程を楽しみ、成功から得られる達成感を味わえるようになったのです。

私たちはこれと同様のアプローチを取って自分自身のモチベーションを高めることができます。現状を維持することだけを望むべきではありません。そうしていては、学びも成長も実現しないからです。私たちはリスクを負う必要があります。しかし、リスクを負えば失敗することは避けられません。失敗の瞬間にどう反応するかは、その後の展開を決定づける極めて重要な要素になります。私たちが自分を責めれば、前には進めなくなり、努力をやめてしまいたくなるでしょう。私たちが自分をありのままに、進化を続ける未完成の存在として受け入れれば、挫折を乗り越えやすくなるでしょう。優しさのセルフ・コンパッションがあれば、私たちは成功できなかったときに、自分を慰めて安心させることができます。強さのセルフ・コンパッションは、再び挑戦するよう私たちを鼓舞してくれます。

WORK

20

コンパッションによる変化への動機づけ

この実践は、「励ましと英智を導くビジョン」を利用して、私たちの有害な習慣に変化をもたらしやすくします。これはMSCで教えられ、何年もかけて改良された「コンパッションの声を見つける」というエクササイズから引用したものです。

かつてMSCでは、参加者に彼らの内なる批判家が普段どのように変化を引き出そうとしているかを観察してもらい、そこから直接コンパッションのあるアプローチに切り替えてもらっていました。しかし、ほとんどの参加者はこの切り替えができずに苦労していました。私たち講師は内的家族システム療法への理解を深めた結果、このエクササイズに、自分の安全を守ろうとしていた内なる批判家への感謝というステップを加えました。

すると全てのピースがぴったりと収まり、「コンパッションの声を見つける」はMSCにおいて最高に強力なエクササイズとなりました。実践中は内なる批判家を直視することになりますから、この批判家の声が内面化された過去の虐待者の声だとわかっている場合には、慎重に進めてください。そのような場合は、セラピストの指導を受けながらエクササイズを完了しても良いでしょう。また、必要に応じて中断できることも覚えておきましょう。

これは記入式のエクササイズなので、何か書くものを用意してください。

はじめに

- あなたが変えたいと思っている行動――あなたの生活に問題を引き起こし、あなたがたびたび自分を批判する原因になっていることについて考えてみてください。ここでは、極めて有害な行動ではなく、軽度から中程度に問題がある行動を選びましょう。
- そうした行動や振る舞いの例としては、「健康に良くないものを食べている」「十分に運動できていない」「物事を先延ばしにする」「非常にせっかちだ」などが挙げられます。
- 「足のサイズが大きい」など、そのことで自分を批判しても変えようがない特性は選ばないでください。あなたが**普段していること**で、変えたいと思っていることに注目します。
- その行動を書き出したら、その行動が引き起こしている問題も同様に書き出します。

内なる批判家を見つける

- 次に、このような行動が生じたとき、内なる批判家がどんな形で表出するかを考えます。それは厳しい言葉を通じて表れますか？　もしそうなら、あなたが使いがちな言葉をできるだけ忠実に書き出してください。また、あなたの内なる批判家はどんな声の調子で話しますか？
- 人によっては、内なる批判家が厳しい言葉を使うのではなく、失望感や冷淡さを伝えたり、感情をまひさせたりすることもあります。感じ方は人それぞれです。あなたの内なる批判家はどのように表れますか?

批判的な感情にコンパッションを向ける

- 今度は視点を変えて、この批判を受けている自分の部分とつながりを持ってみましょう。批判的なメッセージを受け取ると、どんな気持ちになりますか? あなたにどんな影響があり、どんな結果をもたらすかを書き出してください。
- こうした厳しい扱いを受けるのはつらいことです。この事実に対して自分を慰めるため、優しさのセルフ・コンパッションを呼び出しましょう。「これはとてもつらいことだね」「とても気の毒だよ」「私はあなたの味方だよ」「あなたは一人ではない」など、批判されている自分の部分を温かくサポートする言葉を書き出してみましょう。

内なる批判家を理解する

- 次に、内なる批判家に興味と好奇心を持って向き合えるかどうかを確かめます。内なる批判家が何に突き動かされているのか、しばらく時間をとって考えてみてください。たとえ良い結果を生んでいないとしても、この批判家は何らかの理由で、あなたを保護し、危険から守り、助けようとしているのではないでしょうか? あなたに備わったこの批判的な部分は、若く未熟であるがゆえに、自分を助けるための方法を理解しきれていないのかもしれません。とはいえ、その意図は善意に基づいているのではないでしょうか。

- あなたの内なる批判家を駆り立てるきっかけになりそうなことを書き出してください。確信が持てなくても構わないので、可能性のあるきっかけをいくつか考えてみましょう。

内なる批判家に感謝する

- 内なる批判家があなたを守ったり助けたりしようとしている理由を特定でき、そうしても安全だと感じられる場合には、この批判家の努力を認められるかどうかを確かめ、感謝の言葉をいくつか書き出してください（内なる批判家があなたを助けようとする理由が見つからない場合や、それが過去の虐待者の内面化された声だと感じられる場合には、このステップを飛ばしてください。自分を傷つけた人に感謝するのは望ましいことではありません。そうする代わりに、過去の自己批判によって負った痛みにコンパッションを向けるか、次のステップに進みましょう）。
- 内なる批判家に、あまり役立ってはいないにせよ、安全を守ろうと努力してくれてありがとうと伝えましょう。この批判家は最善を尽くしていたのです。

英智と繋がる

- あなたはここまで自分を批判する声を聞いてきました。その声を脇に寄せ、別の声——聡明で思いやりのあるセルフ・コンパッションの声——が入ってくる余地を作りましょう。
- あなたの行動を自分の悪さや不十分さの結果と捉える内なる批判家とは異なり、内なるコンパッション的な自分は、あなたを行動に駆り立てる複雑なパターンを理解しています。後者の自分はより広い視野を持ち、失敗から学ぶのを助けます。

- あなたが行き詰まっている理由や、無益な行動を引き起こしている要因を特定できますか？ それは極度の忙しさであったり、ストレスであったり、慣れ親しんだ習慣であったりするかもしれません。変化のために過去の失敗から学ぶべき教訓はありますか？ 何かヒントが見つかったら書き出してください。

コンパッションの声を見つける

- あなた自身の中にある、変化を起こすために自分を励ましたいという部分とつながりを持てるかどうかを確かめます。この部分は、ありのままの自分を受け入れられないからではなく、自分のために最善を尽くしたいという理由からあなたを励まそうとしています。自己批判があなたを傷つけているのは明らかです。コンパッションに満ちた内なる自分は、その苦しみを和らげたいと願っています。

- コンパッションの声の特徴となるようなフレーズを繰り返してみてください。たとえば、次のように言ってみましょう。「私はあなたを心から気にかけているよ。だからこそ、あなたが変化を起こせるように手助けをしたい」「あなたにこれ以上自分を傷つけてほしくない。私はあなたをサポートするためにそばにいるよ」

- 次に、コンパッションの声を使って自分宛てのちょっとした手紙を書きます。自由にのびのびと綴り、あなたが変えたいと思っている行動にも触れましょう。「励ましと英智を導くビジョン」を利用すると、どのような動機づけの言葉が出てくるでしょうか？

- 内なる批判家に対して境界線を引いたり立ち向かったりできるような、自衛的なセルフ・コンパッションの言葉を盛り込んでも良いかもしれません。
- 何を言えば良いかわからない場合は、あなたと同じような問題に苦しむ親しい友人に話しかけるつもりで、あなた自身の優しい心から湧き出る言葉を書き出してみましょう。

強さのセルフ・コンパッションと優しさのセルフ・コンパッションを統合する

- 最後に、変化のための励ましと、未完成の自分でも構わないという事実とを融合させましょう。私たちは完璧である必要も、全てを正しく行う必要もありません。優しい自己受容と、積極的な自己改善の意欲とを共存させられるかどうかを確かめてください。
- 変化を起こせても起こせなくても、自分はありのままで価値ある存在だということを自分に伝えるために、肯定的な宣言（アファーメーション）を書き出しましょう。私たちは最善を尽くそうと努力できても、現実を完全にコントロールすることはできないのですから。

私が指導したＭＳＣのワークショップに参加したある女性は、彼女の内なる批判家と内なるコンパッション的な部分が全く違う表現をしているにもかかわらず、実際には双方が自分を助けたがっているのだと知って驚いたとコメントしてくれました。彼女は職場で反射的に怒ってしまうことに悩んでおり（私の内なるブルドッグに似ています）、同僚との関係を改善したいと思っていたそうです。彼女はワークショップで次のように語りました。「私はいつも内なる批判家から『お前は嫌な女だ』と言われます。このエクササイズをしているときには、内なるコンパッション的な自分から『落ち着きなさい！』と叱られました」。これを聞いてみんなで笑いましたが、私は確かに共感できました。彼女の話が見事に示しているように、セルフ・コンパッションの強さと優しさの統合を学ぶという難しい課題に取り組むときには、自分への励ましとサポートが欠かせません。

正しい理由に基づく動機づけ

心理学においては、学習目標と達成目標とが区別されることがよくあります。学習目標を持つ人は、新たな技術を磨きたい、仕事を極めたいという欲求に突き動かされます。彼らはまた、間違いを犯すことも学習過程の一部だと見なす傾向があります。達成目標を持つ人は、主に自分のエゴを守ったり強化したりするために成功を目指します。失敗を自己価値に対する非難と見なし、自分に満足するためには他者より優れていなければならないと感じています。これは自尊心がその醜い頭をもたげている状態です。自分なりに最善を尽くすだけでは不十分であり、他の誰よりも優れていなければならないと考えている状態です。研究結果によると、セルフ・コンパッションのある人は成功のための達成目標を立てることが少ない傾向があります。[23]なぜなら、彼らの自己価値の感覚は他者との社会的比較には基づいていないからです。代わりに彼らは学習目標を設定しやすく、失敗をネガティブな出来事から成長の機会へと変容させます。つまり、「契約を取ったのが私ではなくジョーンだったなんて信じられない。私は負け犬だ」と考えるのではなく、「ジョーンは契約を獲得するために何をしたんだろう？　彼女をコーヒーに誘って聞いてみようかな」と考えるのです。

モントリオールのマギル大学で行われた研究では、大学1年生を対象に、彼らが初年度の避けられない失敗に対処する際にセルフ・コンパッションがウェルビーイングにどう影響するかを観察しました。[24]すると、セルフ・コンパッションのある学生は学習目標を掲げることが多く、達成目標を掲げることはほとんどありませんでした。彼らは目標を達成できない期間にも動揺しにくく、自分がより気にかけているのは目標を成し遂げられるかどうかではなく、その目標が個人的に意味あるものかどうかだと述べました。セルフ・コンパッションがあれば、私たちは**自分が何かを達成しようとする理由**に集中できます。人間的に成長したいという理由で挑戦しているのであれば、成功するかしないか、あるいは他者にどう思われているかはそれほど重要なことではありません。重要なのは、蚕が繭を紡ぐように自分の強みや才能を最大限に伸ばし続け、自分の可能性を実現することです。

セルフ・コンパッションから与えられるもう一つの贈り物は、固定型マインドセットではなく成長型マインドセットを育むことだという研究結果があります。[25] これらの言葉を最初に作り出したのは、スタンフォード大学の心理学教授であるキャロル・ドウェックです。[26] 成長型マインドセットを持つ人は、自分の能力を向上させることや、自分のパーソナリティを変えることは可能だと信じています。一方で固定型マインドセットを持つ人は、DNAや教育によって授けられた能力を超えることはできない、生まれつきの運命を変えられるチャンスはほぼないと考えています。成長型マインドセットを持つ人は、改善、実践、変化のために努力する傾向があり、問題に直面してもポジティブで楽観的な態度を保ちます。

自分のパーソナリティで好きになれない部分にコンパッションを向けると、私たちは成長型マインドセットを身につけやすくなり、自分は変われると信じられるようになります。この点をよく表しているのが、カリフォルニア大学バークレー校のジュリアナ・ブライネスとセレーナ・チェンによる研究です。[27] 研究チームはまず、学生たちに彼らの最大の弱点を特定するよう求めました。ここで最もよく挙がったのは、自分自身の不安、対人関係における不安、自信の欠如などの問題でした。続いて、学生は３つのグループのいずれかに無作為に割り当てられました。一つは自分の弱点についてセルフ・コンパッションを込めて書くグループ、もう一つは自尊心が高まるような方法で弱点について書くグループ、最後の一つは何も書かないコントロール・グループです。

参加者は次に、自分の弱点を固定的なものだと思うか、あるいは可変的なものだと思うかを書くよう求められました。他の2つのグループと比較すると、セルフ・コンパッションを込めて弱点について書くよう指示された人々は、固定型マインドセット（「この弱点は生まれつきのものなので、変えようがない」）よりも成長型マインドセット（「努力によって自分は変われると信じている」）を有している傾向がありました。皮肉な話ですが、自分の弱点にコンパッションを向ける人は、自尊心というチアリーダーによって自分を応援する人よりも、自らの能力を向上させる自信を高めやすいのです。

やる気をなくしてしまったら？

セルフ・コンパッションは、成長できるという信念を育むばかりでなく、成長のために努力する力も高めてくれます。セルフ・コンパッションによって自分の強みが失われるのではないかと恐れる人もいますが、実際は全く逆です。セルフ・コンパッションの高め方を学ぶと、個人の自律性――自分の人生に責任を持って夢を実現したいという欲求――のレベルが大幅に上昇します。[28] セルフ・コンパッションを持つということは、人がレイジーボーイ〈米国のリクライニングチェアメーカー〉のリクライニングチェアに沈み込むように、受動的な受容に陥ることではありません。自分に弱点がある（ない人などいるでしょうか？）という事実を受け入れると同時に、それを克服しようと努めることです。

ブライネスとチェンによる別の研究では、バークレー校の学生たちに難しい語彙テストを出題し、全員が悪い成績を取るように仕向けました。[29] 学生の1グループはその失敗にセルフ・コンパッションを向ける声がけを自分にするよう指示され（「今受けたテストが難しかったとしたら、そう思ったのはあなただけではない。学生がこういうテストに苦労するのは普通だ」）、2つ目のグループは自尊心を高めるよう指示されました（「気にする必要はない。この大学に入学できたということは、あなたは賢いに違いない」）。3つ目のコントロール・グループには何の指示も与えられませんでした。次に、学生たちは2回目の語彙テストが控えていることを知らされ、再挑戦する前に好きなだけ長く勉強できるように、単語と定義のリストを手渡されました。そうして研究チームは、学生が実際にどれだけ長く勉強したかを記録しました。すると、最初のテストに失敗してからセルフ・コンパッションを向けるよう促された学生は、他の2つの条件を課された学生よりも勉強に長い時間を費やし、その勉強時間がテストの成績に結びつくという結果が出ました。

私たちが最高の力を発揮できない理由として多いのは、先延ばしを行うことです。目覚ましのスヌーズボタンを7回押すにせよ、働きが十分でない従業員との困難ながら必要な話し合いを遅らせるにせよ、歯医者での検診を延期するにせよ、先延ばしをすると問題はいっそう悪化します。人は嫌な作業を行うストレスや不快感を避けるために物事を遅らせますが、皮肉なことに、先延ばしをするとそれ自体がストレスや不安の大きな原因になります。[30] 先延ばしをする人は自分を批判しやすく、目標を達成できないと感じやすいために、ますます心配を募らせて物事を遅らせてしまうのです。これは抜け出すのが極めて困難な無限ループになりかねません。セルフ・コンパッションはこの悪循環を断つのに役立ち、先延ばしだけでなくそれに伴うストレスをも軽減することが研究で明らかになっています。[31] 優しさのセルフ・コンパッションがあれば、私たちは気乗りしない作業の不快感を受け入れ、それを遅らせたいという欲求に対して中立的でいることができます。強さのセルフ・コンパッションは、必要なことを実行できるように、私たちを行動へと駆り立てます。

セルフ・コンパッションのある心は、物事を成し遂げるためのロケット燃料のようなものなのです。

とにかくやってみる

セルフ・コンパッションはモチベーションを高め、失敗への生産的な向き合い方につながることから、スポーツの世界でも普及し始めています。アスリートにとって、ミスをした場合の代償は甚大です。フィールドゴールやフリースローを失敗すると、チームの敗北を招き、何千人というファンを失望させるかもしれません。しかし選手が自分を責めれば、本来の力を取り戻せなくなってしまいます。試合には失敗がつきものです。ミスにどう対処するかが、競争力を維持するための鍵を握ります。

セルフ・コンパッションによって意欲が損なわれるという一般的な俗説は、一流プレーヤーであることで生計が成り立つことの多いアスリートの間で特によく主張されています。セルフ・コンパッションに対する信念についての質的研究では、若い女性バスケットボール選手が次のように言いました。「セルフ・コンパッションを向けすぎると、いつまでも及第点の自分のままでしかいられません。向上するための努力を一切しなくなるでしょう。一流アスリートにとって、それは許されないことです。私が自分にきつく当たる必要があるのは、そうでないと自分が凡庸に甘んじてしまうからです[32]」。アスリートからこのような言葉を聞くと、私は心が痛みます。自分を責めることは凡庸さを打破するための助けにはならず、人をストレスや不安に陥れるだけです。人間としての自分を厳しく批判しなくても、自分の能力が不十分だと判断することや、向上するために努力することは可能です。たとえ成績に問題があったとしても自分自身には問題がないのだと理解し、その理解を安全策としておけば、ゲームに集中しやすくなります。

実際、セルフ・コンパッションのあるアスリートが自分の競技で感情的に困難な状況に置かれると、失敗に対して建設的に反応することが相次ぐ研究によって示されています。サスカチュワン大学で行われた研究では、セルフ・コンパッションのあるアスリートはプレーで失敗や敗北を喫しても、大げさに考えたり（「私の人生はすっかり台無しだ」）、物事を個人的に捉えたり（「どうして私にはいつもこういうことが起こるの？」）することが少なく、冷静さを保つ（「誰にだってときどきはうまくいかない日がある」）傾向があるとわかりました。[33] 同じチームによる別の研究では、セルフ・コンパッションのあるアスリートはプレー中に活力を感じやすく、プロとして成長し向上したいという意欲を持ちやすいこともわかりました。[34] また、自分のミスがチームの敗北につながった状況などにどう反応するかを尋ねたところ、責任を負ってスキルアップに励もうとする傾向を持っていました。

セルフ・コンパッションのあるアスリートは、プレー中に不安を感じにくく、集中を高めやすく、身体に緊張を感じることが少ないと報告しています。[35] その一因となっているのは、セルフ・コンパッションが神経系に及ぼす影響です。マニトバ大学の研究チームは、大学トップまたは全国トップレベルのアスリート約１００人を対象にセルフ・コンパッションの研究を行いました。[36] 研究チームはアスリートにバイオフィードバック装置〔発汗、心拍のような自覚制御が難しい生理現象を測るもの〕を取り付け、彼らが過去のプレーでの失敗について考えているときの反応を測定しました。その結果、セルフ・コンパッションのあるアスリートは生理的に落ち着いており、心拍変動〔副交感神経の活性化の指標〕が高いことから、展開の早いスポーツ環境で起こりがちな突然の変化にも柔軟に対応できる傾向がありました。健康な心は健康な身体を作ります。最高のパフォーマンスを実現しようとするアスリートにセルフ・コンパッションが役立つのはこのためです。

幸いにして、一部のコーチもそれを理解し始めています。数年前、テキサス大学オースティン校の男子バスケットボールチームでヘッドコーチを務めていたシャカ・スマートは、私の最初の著書を読んでセルフ・コンパッションに関心を持ちました。私は彼に招かれてチームのために簡単なワークショップを開き、より生産的な失敗の対処法を選手たちに学んでもらいました。バスケットボールは非常に熾烈なゲームであり、選手はシュートしては外すことを繰り返すため、失敗して普段の力を出せなくなれば敗北が待っています。スマートは、セルフ・コンパッションが失敗に対処する助けになるのではないかと考えました。

チームは「セルフ・コンパッション」という言葉に否定的な反応を示すであろうと予想できたので、私はこの言葉を使いませんでした。その代わりに話したのは、強さのセルフ・コンパッションによって与えられるもの、すなわち内なる強さを鍛えることの重要性についてです。私は選手たちに、ミスに前向きに対処するためには身体的な健康だけでなく精神的な健康も必要であると言い聞かせました。また、セルフ・コンパッションが自己満足を招くという俗説に反論するため、ミスをした自分をサポートすることが意欲や粘り強さを高めるという研究結果も紹介しました。その後、私は選手たちにこう尋ねました。「あなたの頭の中にはどちらの内なるコーチがいますか？　一人はあなたを怒鳴りつけ、あなたを責め、緊張させるコーチです。もう一人はあなたを励まし、あなたの行動をどう変えれば良いかを教えてくれる賢いコーチです。より効果的なのは、どちらの内なるコーチでしょうか？」。適切な方法で表現したところ、チームはセルフ・コンパッションの考え方を理解してくれました。

私は選手たちに何種類かの実践法を教えました。彼らを最高のプレーに導いてくれるような、「励ましと英智を導くビジョン」のある理想的なコーチをイメージするというのもその一つです（幸い、スマートが素晴らしいお手本になってくれました）。私はまた、彼らに後押しが必要な状況での「意欲を高めるためのセルフ・コンパッション・ブレイク」の使い方を示し、コートの内外で感情を落ち着かせてくれる支援的なタッチを実演しました。チームは今でも、セルフ・コンパッションの基本原則を実践しています（頑張れロングホーンズ！〔「ロングホーンズ」はテキサス大学オースティン校に所属するスポーツチームの愛称〕）。

動機づけか、完璧主義か？

強さのセルフ・コンパッションは私たちが成長する動機づけを高めてくれますが、自己受容とのバランスが取れていないと、不健康な完璧主義に容易に変わります。社会は私たちに、物事を正しく行わなければならないという大きなプレッシャーをかけてきます。「愛とつながりを持って今に在ること」による自己受容をせずに、自分を変化へ駆り立てると、過酷な自己改善を繰り返してしまいかねません。しかし、私たちはもっと賢く、もっと健全に、もっと効果的に、あるいはもっとセルフ・コンパッション的な考え方で、壊れてしまった何かの修復を試みることもできます。

完璧主義には2種類、すなわち適応的完璧主義と不適応的完璧主義が存在します。[37] 適応的完璧主義とは、自分自身に高い基準を採用することであり、このアプローチは成績や粘り強さを向上させる傾向があります。不適応的完璧主義とは、自分で設けた高い基準を満たせないときに自己批判することであり、そのように批判することで、ありのままに最善を尽くすだけでは不十分だと感じるようになります。これにより私たちは落ち込み、皮肉にも、成功するための能力を損なってしまいます。[38]

自己批判的な人と比較すると、セルフ・コンパッションのある人も同様に高い成果基準を目指しています。[39]彼らは大きな夢を持ち、他者と同じくらい成功したいと望んでいます。両者の違いは、目標を達成できなかったときに自分自身にどう向き合うかです。セルフ・コンパッションのある人は失敗しても自分を酷評せず、はるかに低いレベルの不適応的完璧主義を示します。[40]陰と陽のバランスが取れているため、セルフ・コンパッションのある人は挫折に直面しても夢を追いかけることをやめません。たとえば、自分自身に極めて高いハードルを設けがちな研修医を対象とする研究では、セルフ・コンパッション度の高い研修医は失敗に不適応的反応を示すことが少なく、研修を修了できる可能性が高いことがわかりました。[41]

テキサス大学オースティン校のような一流大学では、完璧主義の学生に多く出会います。私が担当する学部課程でAマイナスを取った学生がオフィスアワーに私を訪ねてきて、どうすれば追加の単位を得られるかと相談してくることは日常茶飯事です。完璧主義者は大学院生にも少なくありません。実際、高い基準を持っていることが学業での成功に寄与することはよくあります。ただし、修士論文や博士論文などの難しい課題に取り組むときには、完璧主義が逆効果をもたらします。革新性や創造性は、間違っても大丈夫だという安心感から生まれるのです。

私の研究室には、セルフ・コンパッションの研究に情熱を注ぐモリーという大学院生がいました。彼女はテキサスA&M大学の学部生時代に私の研究を知り、それによって人生が根本的に変わったのだと話してくれました。モリーはかなり保守的な家庭に育ったレズビアンでしたが、セルフ・コンパッションを実践していたおかげで、20歳の時にカミングアウトする勇気を得たそうです。彼女は優しさのセルフ・コンパッションを利用して自分を完全に受け入れ、ありのままの自分を大切にしました。そして強さのセルフ・コンパッションを利用して、両親に自分が同性愛者であることを打ち明け、嫌なら嫌で構わないと伝えました。結論に至るまでには厳しい会話もありましたが、両親はモリーが想像していた以上にその知らせを受け入れてくれたのです。

モリーはとても魅力的な人でした。明るく、愉快で、聡明で、積極的でした。何をやっても上手で、パラグライダーを趣味として楽しみ、日本語を流暢に話しました。A&MのLGBTQ+の学生団体と共にゲイプライドパレードを企画するなど、社会正義のために戦うこともありました。モリーは当初、やる気が損なわれるのではないかという思いからセルフ・コンパッションに懐疑的でした。しかしすぐに、セルフ・コンパッションを持つことで昔のようにA評価を取りやすくなることに気づきました。秀才で、学業での大きな試練を経験したことのなかったモリーですが、大学院に入ると状況が変わりました。学部での並外れた秀才は、大学院では平凡な学生に過ぎません。モリーはほとんどの授業でAを取り続けていましたが、高度な統計学に苦労しました。彼女の博士論文の研究（同性カップルが差別に対処する際にセルフ・コンパッションがどう役立つかを検証するもの）を行うためには、特殊な統計学のスキルが必須でした。モリーは特別な個人指導を受け、深夜まで勉強し、もっと努力して成長するように自分を励まそうとしました。それでも、彼女の成績はCのままでした（Cマイナスは大学院では落第点と見なされます）。

「なぜ成績が上がらないのかわからないんです」とモリーは私に言いました。「私は自分を責めるようなことは一切していません。自分に優しく接しながら、もっと努力するよう穏やかに励ましているだけです」。彼女は露骨に厳しい態度を取ってはいませんでしたが、心のどこかでは、自分に優秀でない部分があることを認められていないのだろうと私は思いました。モリーは依然として、自分は完璧でいなければならないという暗黙の信念を持っていました。A評価の学生であることは彼女のアイデンティティに強く刷り込まれていたため、C評価を受けたことは彼女にとってほとんど死を意味しました。私はモリーに、セルフ・コンパッションによる動機づけは必ずしも成績の向上につながるわけではないと理解させました。私たちは強さによって成長のために最善を尽くすよう促されると同時に、優しさによって自分の限界を受け入れることも必要としています。モリーが高度な統計学を苦手にしているからといって、それは世界の終わりなのでしょうか？　博士論文のために必要なら、いつでも統計コンサルタントを利用できます。最終的に、モリーは統計学が自分の不得意な分野だという事実を許せるようになりました。そして幸いにも、その事実は彼女が研究を進めるうえでの妨げにはなりませんでした。

強さのセルフ・コンパッションと優しさのセルフ・コンパッションのバランスを取ると、私たちは自分を改善するための行動に出るだけでなく、人間の不完全さを受け入れるようになります。無条件の自己受容を通して安心感が高まれば高まるほど、私たちは多くの感情的リソースを手に入れて、努力し、自分に挑戦し、可能な限り行動を改善するようになります。1940年代に人間性心理学運動を創始した一人であるカール・ロジャーズは、このことを見事に要約する言葉として、次のように述べました。「奇妙な逆説だが、私が自分をありのままに受け入れれば、私は変われるのだ」[42]。自分を動機づけるためにコンパッションを使うと、成功のための努力から不安やストレスを取り除けるという素晴らしい効果があります。自分は完璧でいなければならない、大勢の中で目立たなければならないと考えて疲弊することがなくなるのです。私たちは他者に秀でることを成功の尺度にする必要はありません。「世界と対決する自分」から「世界の一部である自分」になりましょう。個人的な成功をそこまで個人的なものと捉えなくなれば、私たちは絶対に間違ってはならないと自分に求めることなく、最善を尽くすよう自分を励ますことができます。

女性にとっての課題

自分の人生や世界全体に有意義な変化をもたらそうとする過程で、強さのセルフ・コンパッションと優しさのセルフ・コンパッションのバランスを取ることは、女性にとっては特に重要です。自己受容という安全策のない状態で完璧主義に陥ったり、成功のために過剰に努力したりすることは、私たちが世界で自分の仕事をするうえでの余計なプレッシャーにしかなりません。一方で、失敗しても自分を思いやりサポートするという基本を保ちつつ、優しさを利用して障害を乗り越えようとすれば、はるかに大きなチャンスを手にできます。

女性である私たちは重要な課題に直面しています。地球温暖化は進行しています。政治システムは崩壊しつつあります。世界のある地域では飢餓によって、ある地域では肥満によって人々が命を落としています。固定化した性差別、人種差別、富の不平等が解消される気配はありません。1851年に開催された女性の権利会議での有名なスピーチの中で、ソジャーナー・トゥルースは参加者にこう語ったとされています。「神に創造された最初の女性が独力で世界を覆せるほどたくましかったとすれば、女性は団結して世界を元に戻し、再び正しい方向に向けられるでしょう！　そして今、女性はそうすることを求めていますし、男性は女性にそうすることを許すべきです[43]」。家父長制の古いやり方はもう通用せず、今後、世界が軌道から外れることを阻止するのは女性ということになるでしょう。私たちがこの課題に取り組む際には、セルフ・コンパッションのあらゆるツールを使いこなすことが必要です。「愛とつながりを持って今に在ること」は、感情的に圧倒されることなく全ての痛みを受け入れるのに役立ちます。「勇気と自信を持ったクリアな状態」は、自分自身と仲間を害から守るために私たちを奮い立たせます。「満ち足りてバランスの取れた自分らしさ」は、私たちが持続可能な新しい生き方を世界に切り開いていくことを可能にします。そして、「励ましと英智を導くビジョン」は、必要とされる変化のために努力するよう私たちを刺激します。私たちが強さのコンパッションと優しさのコンパッションを最大限に活用し、それを外側の苦しみと同様に内側の苦しみの軽減に向ければ、計り知れないほどのことを実現できるでしょう。

第3部
社会における強さのセルフ・コンパッション

第9章

職場でのバランスと平等

チャンスを与えられれば、私たちは仕事を果たせます。現に、ジンジャー・ロジャースはフレッド・アステアがしたことを全てやってのけました。彼女は後ろ向きで、しかもハイヒールを履いて、それをやってのけたのです。[1]

——アン・リチャーズ、元テキサス州知事

私たちの曽祖母は、女性に投票権がなかった時代に育ちました（米国では1920年、日本では1946年より女性の投票が全国的に開始）。当時の女性は家にいて家事や育児をすることを期待され、男性は仕事に就いてお金を稼いでいました。それ以降、ジェンダーの平等は大きく前進を遂げました。米国では現在、女性はあらゆるレベルで男性より学位の取得率が高く[2]——学部（57％）、修士（59％）、博士（53％）——、優れた成績を収めています。[3]女性はまた、労働人口の47％を占めます。全管理職や専門職の約50％に及び、教育、医療、不動産、金融、人事、社会事業、地域サービスなどの分野で管理職にある女性は男性をわずかに上回ります。[4] しかし、私たちにはまだ長い道のりが残されています。２０１８年の時点で、米国の平均的な女性労働者の賃金は、平均的な男性の1ドルに対して82セントでした。この数字内には集団差があり、平均的な男性の1ドルに対して、アジア人女性の賃金は90セント、白人女性の賃金は79セント、黒人女性の賃金は62セント、ヒスパニック系女性の賃金は54セントでした。[5] こうした賃金格差の一部は、典型的な性差別や人種差別から生じるものです。しかし、女性が従事している職業の種類にも原因があります。[6] 男性が工学やコンピューター科学といった高賃金の分野で働く傾向があるのに対し、女性は看護や教育といった低賃金の職業に就く傾向があります。なかでも最も低賃金なサービス業で働く可能性が極めて高いのは、黒人女性やヒスパニック系女性です。

また、家庭や家族のケアは今でも一般的に女性の義務だと考えられています。女性が家事を専業にする確率は男性の5倍です。[7] 雇用形態にかかわらず、女性は男性より多くの時間を家事に費やし、育児、介護、雑用に追われています。[8] 家事に最も多くの時間を費やすのは無職の女性（週に約33時間）であり、仕事を持つ女性（24時間）、無職の男性（23時間）、仕事を持つ男性（16時間）

※　この章で言及されるいくつかの米国の調査データに対し、日本のデータと比較したものを４９６ページ以降に掲載しています。

がそれに続きます。[9] つまり、家庭外で働いている女性は、無職の男性より多く家庭内でも働いているということです！ こうした不公平な傾向は、人種集団や民族集団を問わず一貫しているようです。仕事を持つ女性でさえ家庭のケアを期待されるという事実は、これらの女性がパートタイムで雇用され、育児休暇を取得し、フレックスタイムを必要とする可能性が高いことを意味します――そうして私たちは報酬や昇進に関して不利な状況に置かれるのです。[10]

フォーチュン500社の重役に占める女性の割合はわずか21・9％であり、そのうち有色人種の女性の割合はたった4・2％です。[11] 最高位職に限定すると、フォーチュン500社でCEOを務める女性は、民族を問わず5％しかいません。最近のある調査では、女性最高経営責任者の数は、ジェームズという名前の男性最高経営責任者の数より少ないことがわかっています。[12] ガラスの天井はいまだに破られていないようです。

職場でのジェンダー平等という問題は、男性は作動的存在、女性は共同的存在として描くステレオタイプという大きな文脈の中で理解されなければなりません。[13] 作動性は成功、スキルの発揮、能力、野心、勤勉さ、集中力、自立と関連づけられます。作動的な人は主導権を握って力強く自己主張でき、合理性と論理性を用いて問題を分析し解決します。これはまさに一流の有能なリーダーに求められる資質です。

一方で、共同性は温かさ、親しみやすさ、協調性と関連づけられます。共同的な人は相手の気持ちを理解し、感情に敏感で、論理だけでなく直感にも頼ることが特徴です。礼儀正しく、控えめで、他者に敬意を払うことも忘れません。こうした資質は、中間管理職、事務員、サービス業などで高く評価されます。

作動性と共同性というジェンダー的ステレオタイプがこの30年間でほぼ変化していない[14]という事実は、私たちが陥っている苦境の手ごわさを示しています。公平を実現したいと願うなら、ジェンダーへの見方を再考し、機能的な職場を作り出すきっかけについても考えを広げなければなりません。

職場での不均衡

伝統的に男らしいビジネスの世界では、強くたくましい行動が重視されます[15]。確実に利益を守り、競争相手に優位に立たれないようにするためには、自己防衛が必要です。報酬や利益を増やし続けて自分のニーズを満たすことは、正当なビジネスの在り方だと考えられています。また、成績優秀者になることや卓越性を求めることは、企業文化に溶け込んでいます。優しさ、受容、理解といった資質はほとんど重要性を持たず、陰と陽の不均衡が生じます。１９８４年から２０００年までの間に『ウォール・ストリート・ジャーナル』紙で使用された言葉を分析したところ、「勝利（win）」「優位（advantage）」「打倒（beat）」などの言葉は何千もの記事に登場し、その回数は17年間で４００％以上増加したことがわかりました[16]。これに対して、「思いやり（compassion）」や「慈悲（caring）」などの言葉は存在しないも同然でした。他者のウェルビーイングに対する関心は、それが利益を損なう場合には無視されやすく、世界を眺める歪んだレンズを生み出しやすいのです。

この不均衡がもたらすマイナスの結果の一つが、いじめです。浅薄な権力観を持つ人は、他者を批判したり、あざ笑ったり、けなしたり、侮辱したり、いじめたりすることで権力を行使しようと試みます。職場いじめは、個人の成果が重視される競争の激しい環境でよく起こります。[17]上司は部下をいじめがちであり、男性は女性より頻繁にいじめを行います。つまり、激しさが優しさによって中和されないと、物事は行き過ぎる傾向があるのです。研究で明らかになっていることですが、米国の労働者の大半はキャリアのどこかの時点でいじめを経験しており、[18]その経験は離職率や欠勤率の上昇、仕事への関与の減少、仕事に対する満足度の低下、メンタルヘルスの問題を引き起こします。ドナルド・トランプとジョー・バイデンの間で行われた第1回大統領候補討論会を見た人なら誰でも、いじめがどれだけ人を消耗させ、疲弊させ得るかを理解しているはずです。いじめられると、何かを成し遂げるのが困難になるのです。

この不均衡がもたらすもう一つのマイナス結果は、度を超えた強欲さです。たとえば、製薬業界について考えてみましょう。医学の分野ではコンパッションと癒しが重視されるべきでありながら、大手製薬会社は患者を軽んじ、株主のために儲けることに没頭しがちです。[19]こういった暴利行為の典型例は、私と兄がウィルソン病のために飲んでいる薬に見られます。ウィルソン病は非常に珍しいため（米国での患者数は3万人に1人）、治療薬の市場はほとんどありません。私と兄は1960年代に開発されたキレート剤のシプリンを服用しています。2015

年、ヴァリアント・ファーマシューティカルズ社はこの薬の特許を購入し、価格を数年間で3500%引き上げました。かつては1カ月分の費用が600ドルだったのが、今では2万1000ドルです。2018年にはテバ・ファーマシューティカルズがジェネリック版を製造し[20]、1カ月分の価格を1万8000ドルに定めました（お買い得、と言わんばかりに！）。幸い、私と兄は手厚い保険に入っているため、高額な自己負担はありません。しかし、私たちの保険会社は私たち2人分の薬代を賄うため、製薬会社から毎年請求される50万ドルを工面し続けなければならず、その費用は他の保険加入者に転嫁されます。市場でのコンパッションの欠如は全ての人に害を及ぼすのです。

幸いにして、ビジネスの世界に価値ある優しさとつながりを取り入れようとする動きも出始めています。ミシガン大学ロス・スクール・オブ・ビジネスのコンパッション・ラボに所属するジェーン・ダットンとその同僚らは、職場文化におけるコンパッションの影響を先駆的に研究してきました[21]。ダットンらの主張によると、利益を死守しようとする利己的なビジネスモデルは持続可能なものではありません。従業員の福祉を優先しない職場は、利己的な上司、腐敗した社内政治、性的ハラスメント、心理的虐待、さらには職場内暴力を伴う敵対的環境に陥りやすくなります。思いやりのない職場環境での労働は、士気の低下、ストレスの増加、うつ病を引き起こします。こうしたストレスと関連する経済的な損失と生産性の低下[22]は――医療、訴訟、保険にかかる費用のほか、欠勤や離職といった目に見える増加をもとに見積もると――毎年数十億ドルに達しかねません。

一方で、コンパッションの文化を確立している組織は具体的な利益を得ています。たとえば、困窮する社員を助けるための寄付活動を立ち上げたり、善い行いに報酬を与えたり、職場での感情表現を奨励したり、いじめに対して断固とした方針を設けたりしている会社では、従業員の関与やチームの有効性が高まり、離職率が低くなります。[23]また、これらのプログラムは業績を高め、利益を増やします。[24]こうした動きには未来への希望が感じられますが、現在のビジネス文化は強さを称賛し、優しさを軽視するものです。したがって、本格的な改革が定着するまでには時間がかかるでしょう。

企業文化に生じる陰と陽の不均衡は、多くの女性が教師、看護師、ソーシャルワーカーといった低賃金の仕事に就く理由を理解するヒントになります。まず、他者への思いやりよりも欲望を優先させる男性支配的な職業は、多くの女性にとって魅力的ではありません。[25]しかも、女性は優れた養育者になるよう育てられるため、人の世話をする職業に興味を持ち、適性を感じる傾向があります。[26]他者もそれに同意し、女性をケアの仕事に積極的に雇用します。結果として、これらの分野で女性の成功を妨げる障害は少なくなります。ただ残念ながら、ケアの職業が女性的だと考えられているという事実は、その分野の従業員に与えられる賃金が低いだけでなく、認められる価値や地位も低い傾向があることを意味しています。[27]

仕事と家庭のやりくり

多くの場合、女性の働き方は仕事と育児の兼ね合いによって形成されます。子供がいる異性の配偶者間では、特に男性の収入が多い傾向にあるため、男性がフルタイムで働き[28]、女性がパートタイムで働くことが一般的です。２０１８年に米国進歩センターが約５００人の親の人口学的に多様なサンプルを調査したところ、母親は父親より40％高い割合で、育児の問題によってキャリアが損なわれたと回答しました[29]。また、女性はどうにか育児の目処がついても、フルタイムで働くことに男性より強い罪悪感を覚えます[30]。女性は自分のニーズより他者のニーズを優先させるよう社会的刷り込みをされているため、自分の仕事を優先させるのは身勝手だと感じるのです。これは男性の間ではほとんどない悩みです。

この悩みに対する答えは、女性が男性のように家庭を犠牲にして仕事を優先することではなく、仕事の機会と家族への責任をより平等に分かち合うことです。多くの手段や広範な家族のサポートを得られる女性のほうがやりやすいのは確かですが、男女問わず可能なことです。誰もが利用できる保育や父親向けの有給休暇制度など、政府のプログラムが大きな変化をもたらすかもしれません。

私の友人のリンは、その適切なバランスを取ることに成功しました。私はオースティンに移住してまもなくヨガ教室で彼女と知り合い、練習後はよく一緒にお茶を飲んでいました。当時、リンはオースティンの多忙な広告会社でグラフィックデザイナーとして働いており、その作品で業界に名前を知られつつありました。彼女は伝統的なアジア系アメリカ人の家庭で育ったとあって、30歳を過ぎたら子作りを始めるよう両親に強く勧められていました。リンは子供を欲しがっていましたが、まだ心の準備ができていませんでした。仕事がとにかく楽しかったので、それを中断したくなかったのです。一方、リンの夫であるデビッドは妊娠合併症を心配し始めました。もう待ってはいられないとデビッドが望んだため、リンは子作りに同意しました。彼女の会社には素晴らしい家族休暇制度があり、8週間の有給出産休暇にても4カ月間は仕事を維持できることになっていました。妊娠した時、リンは密かに葛藤しましたが、休むのは長くても半年だろうと考えました。

リンはエイミーという健康な女の子を出産し、デビッドは良き父親としての資質を証明しました。彼は子育てに快く関わり、おむつ交換を手伝い、エイミーが不機嫌なときにはなだめ、夕方にはほぼ欠かさずベビーカーで散歩に連れ出しました。リンは母親であることを愛していましたが、半年間フルタイムで母親業をこなした後、仕事に戻る準備をしました。

この時はコロナ前の時代であり、リンの会社の社員はオフィスで働くことが当たり前だったため、彼女は育児の目処をつけなければなりませんでした。祖父母はどちらも市内には住んでいませんでしたが、リンは気に入った保育所を見つけることができました。しかし、リンの両親は彼女の仕事復帰に断固として反対し、大げさなことを言って罪悪感を抱かせようとしました。「育児放棄をする留守がちな親にはなりたくないでしょう？　エイミーはあなたに家にいてほしいと思っているよ。こんな風に見捨てられたら、あの子は心に一生の傷を負ってしまう」。デビッドも復帰には反対し、幼いエイミーが見知らぬ人と一日を過ごすことを嫌がりました。リンは悩みましたが、最後には根負けしました。柔軟に対応してくれるテレマーケティング〔電話による勧誘〕会社で在宅パートタイムとして働き、エイミーが幼稚園に入ったら、グラフィックデザインの仕事に戻ろうと決めたのです。

リンはテレマーケターをしている自分が嫌いでした。それでも賃金は悪くなく、電話の合間にエイミーの面倒を見ることもできました。しかし、まもなく不満を感じるようになり、デビッドが建築事務所での一日の仕事を終えて帰宅すると、彼をたびたびにらみつけました。夫は自分の好きなキャリアを維持しているのに、どうして私にはそれができないの？　リンはその気持ちを鎮めようと努め、夫が支援的であることや子供が健康であることなど、あらゆる感謝すべきことに目を向けようとしました。仕事を持つ母親の多くは、子供と家で過ごしたくてもそうする余裕がありません。リンは自分に対して、自分のニーズを優先させるのは身勝手だと言い聞かせました。

エイミーが1歳半になる頃、リンは落ち込み始めました。デビッドはホルモンによって起こる産後うつだろうと考えましたが、リンはそれ以上の何かがあるのではないかと疑いました。私はリンとその状況について話し合った時、彼女の不満が伝えようとしていることに関心を向けてはどうかと勧めました。リンは自分の人生を嫌っており、それを嫌っている自分自身のことも嫌いだと即答しました。そこで私は彼女に、優しさのセルフ・コンパッションを集中的に取り入れ、この困難な時期を過ごしている自分を優しく受け入れるよう提案しました。リンは書くことが好きだったので、毎日欠かさず日記をつけていました。その日記を通して、彼女は自分の不満が本物であることを、それは感謝すべきことがいくらあったとしても変わらない事実であることを認めました。そうした状況に落ち込むのは当然であり、実際に多くの女性も同じように感じているはずだと自分を安心させました。リンは自分により温かく支援的に接するようになり、自分のニーズの重要性を理解していきました。

状態がさらに安定した後、私はリンに、強さのセルフ・コンパッションを集中的に取り入れ、変化を起こすために何ができるかを考えるよう提案しました。リンが気づいたのは、グラフィックデザイナーでいることが彼女にとっていかに重要だったかということでした。左脳と右脳を統合できるような、その実用性と創造性の調和を彼女は愛していました。満足感を得られる仕事をすることは、リンの幸せにとって不可欠でした。彼女は復帰への道を探ろうとしましたが、母親としての責任感にも悩まされていました。そのうえ、業界から長く離れていたので、仕事に就けるかどうかも不安でした。私はリンに、彼女の大切な親友にそうするつもりで、自分を励ましサポートする言葉を日記に書いてみるよう言いました。

数カ月後、リンはグラフィックデザイナーの仕事に戻ることを決めました。強さのセルフ・コンパッションを利用して昔の上司に連絡を取り、夫に自己主張し、両親に立ち向かいました。上司と話すのは簡単でした――リンは非常に有能だったため、いつでも戻ってきて構わないと言ってもらえたのです。しかし、家族と話すのはもっと大変でした。リンはデビッドに自分の気持ちを打ち明けました。私たちの決め事のせいで、私はひどく惨めな気持ちになっている、と。初めのうち、デビッドはリンに復帰を思いとどまるよう説得を試みましたが、彼女は断固として主張を曲げませんでした。夫のキャリアと妻のキャリアを同じように重視し、育児を分担すべきだと言いました。夫婦それぞれが、オフィスで過ごす時間と家庭で過ごす時間を分担しても良いのではないかと、リンは仕事についての取り決めを見直すことを提案しました。　何度かの交渉の末、デビッドはリンの復帰に同意しました。彼らの結婚生活は楽なものではありませんでしたが、デビッドは幸せを取り戻したリンの姿が見たいと思っていました。妻を応援するのは正しいことであるとデビッドは認め、このことはリンを何よりも感動させました。

ところが、リンの両親は相変わらず頑固でした。リンが常時エイミーのそばにいてやらないと、エイミーの精神に悪影響が出ると母親は言い続けました。「私はそうは思わない」とリンは言いました。「エイミーが大きくなったら、あの子は母親の中に強力なロールモデルを見出すはず。自分に価値を置き、自分のニーズを満たすロールモデルをね」。母親はそれを認めませんでしたが、リンは母親の承認を必要としませんでした。自分で自分を認めていたからです！　リンは自分の愛する仕事に復帰すると、エイミーやデビッドとの時間をいっそう楽しめるようになり、妻として、母として、娘として、より多くを与えられるようになりました。たいていの女性にとってそうであるように、仕事と母親業とのバランスを見つけることは苦労の連続です。それでも、努力してみる価値はあるとリンは言います。

能力に対する認識

働く女性に障害をもたらすのは母親業だけではありません。「女性は仕事面の能力が低い」という有害な見方もまた障害となっています。この偏見は意識的になされるものではありません。男性と女性で職業的な能力が高いのはどちらかと聞かれると、男女は同じくらい有能である、または女性のほうがいっそう有能であると答える人が大半です。[31] しかし無意識のレベルでは、女性に対する偏見が強く作用しています。たとえば、最近の研究によると、人間ですらないにもかかわらず、バーチャル・アシスタントは女性の声で話すものより男性の声で話すものが有能だと評価されることがわかりました。[32] ニューヨーク大学のマデリン・ハイルマンはこの分野でトップの研究者であり、潜在的偏見によって職場でのジェンダーに紐づいたイメージが作られる仕組みを研究しています。[33] 有能であるためには、指導者はそれなりの積極性と感情的強靭さを備えていなければなりません。しかし、能力に関わる情報はやや曖昧であることが多いため、私たちはジェンダー的ステレオタイプを無意識の手引きとして利用し、情報処理をします。女性の場合は、作動的特性を備えた強い存在ではなく、共同的特性を備えた優しい存在としてステレオタイプ化されています。[34] このことから、女性には責任者になるために必要なものが欠けていると決めつけられているのです。

ジェンダー・バイアスによって、女性は職場で非常に不利な立場に置かれています。行動は絶えず誤解され、曲解されます。たとえば、男性が同僚に批判されて熱心に自己弁護をするのは強さのサインと見なされますが、女性が同じことをすると動揺のサインと見なされます。男性が決定を変えるのは柔軟性の表れと見なされますが、女性が同じことをすると不安定で優柔不断だと解釈されます。男性が決定を先延ばしにするのは慎重さの表れだとされますが、女性が同じことをすると恐れや臆病さの表れと捉えられます。

実験的研究で明らかになっていることですが、参加者に架空の求職者の能力を評価するよう求めると、たとえ履歴書や応募書類の内容が同じであっても、ジョンという名前の求職者はジェニファーという名前の求職者より能力を高く評価され、内定を多く獲得します[35]。こうした無意識の偏見は、客観的評価に基づいて判断していると担当者が考えているときでさえ、差別的な採用や昇進の決定につながる恐れがあります。言い換えれば、女性はキャリアを通して、昇進の対象や名誉ある地位に選ばれることが男性より少ないということです。学問の世界では、経営学の女性教授が男性教授と似たような条件――経験の量、出版物の数、他の学者に引用されることでその分野に影響を与えた回数など――を有していても、所属する学部で寄付講座の教授の称号を贈られることはめったにありません[36]。

研究で何度も明らかにされているとおり、「それを行ったのは女性である」という前提があると、同じ仕事でも前向きに評価されることが少なくなります[37]。また、揺るぎなく、曖昧さのない明確な基準で評価された成果でなければ、女性は能力が低いと見なされます。これは、女性の成果を評価する人間が男性でも女性でも変わらない事実であり、ステレオタイプが無意識のものであることを浮き彫りにする発見です。リーダーシップの分野においては、能力とは作動性を意味し、作動性とは男性を意味しているのです。

女性は職場ではっきりと作動的な資質を見せることもあります。しかし、女性が強く在ることとは異常なことだと考えられているため、結局は能力が低いと見なされます。イェール大学のチームによる一連の研究では、職場で怒りをあらわにする女性は、同様に怒りを示す男性に比べて低い地位を与えられることがわかりました。[38] 研究チームは参加者に、専門職の男女が就職面接を受けるという設定のビデオを見てもらいました。このビデオでは、求職者は自分と同僚のせいで重要な取引先を失った状況について説明し、面接官にその時の感想を尋ねられて、怒りまたは悲しみを感じたと答えました。ビデオを見終わると、参加者は求職者の能力を評価するよう求められました。給料と、将来の仕事においてどれだけの地位、権力、自立性を与えるべきかを示してもらったのです。

怒りを示した男性求職者と悲しみを示した男性求職者とを比較すると、より有能で、より高い給与、地位、独立に値するのは前者だと評価されました。また、男性求職者が怒りを感じたのは状況に関連する何かがあってのことであり、それは適切な反応だと考えられる傾向がありました。しかし、女性については逆の結果になりました。怒りを示した専門職の女性は、本質的に何らかの問題を抱えているに違いないという理由で能力が低いと評価され（状況的な要因が見落とされ）、それゆえに、威信、自立性、賃金の低い地位を与えられるのが当然だと判断されました。

人々が持っているジェンダー的ステレオタイプの度合いは、職場におけるジェンダー格差を公平と考えるか否かという判断にも影響を及ぼします[39]。男性は作動的で女性は共同的であるという見方を強く支持する人は、この見方を根拠として、上層部の経営者や幹部に男性が多い理由を説明（あるいは言い訳）しようとします。男性は生まれつきリーダーシップに優れており、それゆえに昇進しやすいのだと彼らは思い込んでいるのです。

この種のステレオタイプは現実的かつ深刻な結果をもたらします。さまざまな業界の従業員37万８８５０人を対象に行われた約１００件の実証研究をメタ分析する中で、研究者が男女の従業員に対する上司からの評価を比較したところ、女性の成果は男性の成果より一貫して低く評価されることがわかりました[40]。米国国勢調査のデータは、男性と同等の資格を得て労働市場に参入し、同様の仕事に就いた女性の収入が、キャリアのどの段階でも男性より少ないことを明らかにしています[41]。また、働く女性全体の約半数は仕事上の男女差別を受けたことがあると報告し、４分の１は自分が無能であるかのように扱われたと述べています[42]。

WORK

21

職場の女性に対する潜在的な偏見の度合いを確かめる

潜在連想テスト（IAT）は、人が無意識のうちに内面化した偏見の度合いを測定するテストです。こうした偏見には、「仕事は男性の領域であり、家庭は女性の領域である」といった信念も含まれます。IATでは、単語同士を結びつける速度によってその人が持っている偏見の度合いを測定します。たとえばあなたは、男性の名前や女性の名前を、仕事で使われる言葉と家庭で使われる言葉のどちらに関連づけるでしょうか。

誰もが自分の持つ無意識の偏見を特定しやすくなるように、3人の科学者——ワシントン大学のトニー・グリーンワルド、ハーバード大学のマーザリン・バナジ、バージニア大学のブライアン・ノセク——は興味深いウェブサイト、その名も「プロジェクト・インプリシット」を作成しました。このサイトには無料で登録でき、無意識の職場におけるジェンダー・バイアスを評価するテストを含めた、さまざまなIATを受けられます（日本語訳版はhttps://implicit.harvard.edu/implicit/japan/より「テストを受ける」＞「次に進みます」＞「ジェンダー」を選ぶと受けられます）。

私は自分をフェミニストだと思っていま

すが、それでもなお強いジェンダー・バイアスがあることを示す点数になりました。仮にあなたの理想とするような結果が出なかったとしても、自分にコンパッションを向けることを忘れないでください。私たちは自ら選んで潜在的偏見を持つようになったわけではありませんが、それは私たちの中に存在し、他者の行動に対する受け止め方や自分自身の意思決定に影響を及ぼします。偏見を正すための行動を起こす前に、まずは自分自身に偏見があることを認識し、それをはっきりと見つめましょう。

バックラッシュ

女性は作動的にも共同的にもなれるため、職場では自分が有能に見られるように、陽を活性化して陰を鎮めていることがほとんどです。残念ながら、これにより女性は、今から20年以上前に初めて記録された「バックラッシュ」[43]という現象の影響を受けやすくなります。バックラッシュとは、強さの資質を持つ女性が、全く同じ行動を示す男性と比べて社会的に不十分であり、感じが悪いと見なされる傾向のことです。

2019年12月に行われた民主党の予備討論会[44]について考えてみましょう。ここで実質的に行われていたのは、米国最高の指導的地位を――すなわち大統領の座――を目指す候補者たちの討論会でした。自分には国のリーダーになる資格があると全員が猛アピールする数時間が過ぎた後、討論会に参加した7人の候補者（ジョー・バイデン、バーニー・サンダース、エリザベス・ウォーレン、ピート・ブティジェッジ、エイミー・クロブシャー、トム・ステイヤー、アンドリュー・ヤン）はクリスマスの精神に基づき、壇上の誰かに贈り物をするか、あるいは赦しを求めるかのどちらかを選ぶよう言われました。男性候補者は全員が贈り物をすることを選び、著書や政策提案といった自分のアイデアを差し出しました。しかし、この夜に壇上にいた2人の女性は、赦しを求めざるを得ないと感じていたようです。エリザベス・ウォーレンは言いました。「お赦しください。私がときどきひどく興奮することは自覚しています。少々熱くなりすぎることもあります。本当はそんなつもりはないのです」。エイミー・クロブシャーは言いました。「そうですね、私のせいでどなたかが気分を害したというなら、私はいつでも赦しを求めます。私は無遠慮になりがちかもしれません。ただそうしているのは、この場では適切な候補者を選ぶことが何より重要だと思っているからです」。つまり、内なる強さを全面に出したとしても私を嫌わないでほしい、と言っているのです。大統領の地位にふさわしい人間であるためにはそうする必要があるにもかかわらず、ウォーレンもクロブシャーも、前に出て主張することに対して許しを請わなければならないと感じていました。その行動によって批判されるであろうとわかっていたので、謝罪しなければならないと感じていました。一方で、男性たちは同様の資質を持つことで称賛され、尊敬されることを知っていました。

極めて有能で経験豊富な上院議員であるウォーレンとクロブシャーが競争から脱落したことは驚くには当たりません。この出来事は、2016年の大統領選でドナルド・トランプに敗れた（少なくとも選挙人による投票では）ヒラリー・クリントンに起きたことを反映しています。ジェンダーステレオタイプを打破したこれらの強く有能な女性たちは、国の最も強力なリーダーに選ばれるほどには好感を持たれなかったのです。

女性に対する職場での偏見は、女性は作動的というより共同的であるという信念（「記述的ステレオタイプ」〔その性別の人を特徴づける属性や役割、行動についての信念〕）のみならず、女性は作動的というより**共同的でなければならない**という信念（「規範的ステレオタイプ」〔その性別の人が従うように期待される属性や役割、行動についての信念〕）にも基づいています。言い換えれば、**強い女性は共同的ではない**と自動的に決めつけられてしまうため、作動的な女性は――その女性が有能である場合は特に――好かれないということです。女性は、優しさ、温かさ、面倒見の良さといった優しい資質に価値が置かれます。

伝統的に男性的な分野で成功した女性管理職は、同様に成功した男性管理職と比べて否定的な言葉で（冷酷、短気、自分勝手、嘘つき、狡猾）表現されます。[45] ハイルマンとその同僚らによる研究では、参加者が架空の航空会社の営業部長補佐をどのように評価するかを検証しました。この部長補佐は、下級管理職の育成と監督、新規市場への参入、業界動向の把握、新規顧客の創出を担当する人物と説明されました。参加者は部長補佐の特徴や資質に関する同じ情報を読みましたが、この情報のうち2つの条件には違いがありました。1つ目は、部長補佐の名前はアンドレア（女性）またはジェームズ（男性）であるということ。2つ目は、部長補佐の成功に関する情報には明確なもの（年次業績評価を最近受けて非常に高い点数を取った）と曖昧なもの（これから年次業績評価を受けるところだ）があるということです。成功に関する情報が明確だった場合、ジェームズとアンドレアは同等に有能だと評価されました。情報が曖昧だった場合、アンドレアは能力、生産性、効果性においてジェームズに劣ると評価されました。この結果は、私たちの使用する情報が曖昧な場合は特に、無意識のステレオタイプが私たちの認識の形成に影響を与えることを示しています。

さらに憂慮すべきは、業績評価によって成功が明示されている場合――ゆえにどちらの候補も有能だと見なされる場合――、アンドレアはジェームズより好感度が低いと判断されたことです。彼女の成功は「女性は作動的というより共同的であるべきだ」という規範的ステレオタイプを打破するものであったため、アンドレアのほうが不快で、狡猾で、人を操るのが上手く、押し付けがましく、利己的で、信頼できないと評価されたのです。ジェームズとアンドレアに関する説明は全く同じだということを思い出してください。彼らの異なる点は名前だけです。成功が曖昧な場合には、2人の候補の好ましさに対する評価に違いはありませんでした。参加者はアンドレアを無能だと決めつける一方で、世話好きだと決めつけてもいたため、彼女を好ましく感じたのです。

同様の現象は自己アピールをする際にも起こります。職場で昇進するためには、多くの場合、自分の強み、才能、業績を直接的に語らなければなりません。これは高位の役職を目指して面接を受けるような状況では特に言えることです。しかし、女性は自己アピールをすることでバックラッシュを生み出す可能性があります。ラトガーズ大学のローリー・ルドマンによる研究では、就職面接の様子を収めたビデオを参加者に見せ、男女の求職者がどのように評価されるかを検証しました。[46] 求職者は謙虚で控えめな態度を取るか（うつむいて、「私は専門家ではありませんが……」などと言い訳めいた発言をする）、堂々と自分をアピールする態度を取るか（相手の目をまっすぐ見て、「自分にはできると確信しています」などと発言する）のどちらかでした。参加者は、求職者が男性の場合には控えめな人より自己アピールする人を好みましたが、求職者が女性の場合には自己アピールする人より控えめな人を好みました。この違いは女性参加者にいっそう極端に見られ、彼女たちは自己アピールする女性を非常に嫌いました。

他者に好かれていようがいまいが関係ないと考えたくなる人もいるかもしれません。しかし、好感度が成功の決定に影響する要因である以上、作動的な女性が嫌われるという事実は、こうした女性が雇用されたり昇進したりする可能性が低くなることを示しています。自己主張する女性が深刻なバックラッシュに直面する領域のうち、重要なものの一つは賃金交渉です。高い賃金を求めて積極的に交渉する女性は嫌われ、昇進のチャンスを減らすことになります。女性はこのことを知っているので、交渉の場ではあまり自己主張せず、男性同僚より低い賃金で妥協する傾向があります。テキサス大学オースティン校の研究によると、女性はバックラッシュへの恐れから、男性より20％も低い金額を受け入れていたそうです。[47] 142件の研究のメタ分析では、男女の従業員が同等に有能だと評価されている場合でも、やはり男性のほうが多くの報酬を受け取り、頻繁に昇進することがわかりました。[48] 実際、報酬における性差は、業績評価における性差の14倍もありました。この結果にはバックラッシュが少なからず影響しています。

つまり、私たちの置かれている状況を言い表すとこうなります。私たちは作動性が十分でないと見なされているため、男性ほど頻繁に昇進することも、男性ほど多くの報酬を得ることもありません。同時に、私たちは作動性がありすぎると見なされると、男性ほど頻繁に昇進することも、男性ほど多くの報酬を得ることもありません。それでもなお、人々はなぜ賃金格差が存在するのか、なぜ指導的地位に就く女性が少ないのかと疑問に思っているのです！

職場での強さと優しさの統合

職場において作動性と共同性を統合すること、すなわち自分の強い面と優しい面を同時に利用することは、バックラッシュの緩和に役立ちます。ある実験では、参加者に、男性2人と女性2人の求職者が面接を受けているビデオを見てもらいました。[49] この男女が応募したのは管理職のポジションであり、顧客の懸念に注意深く耳を傾けることが求められるため、大きなプレッシャーがかかります。次に参加者は求職者の能力や好ましさを判断し、彼らをその職に採用すべきか否かを意見しました。全ての求職者は面接中に作動性の高さと自信を示し、次のように述べました。「私はプレッシャーのかかる状況に強い性格です。高校時代には学校新聞の編集をしていたので、常に締め切りに追われながら毎週コラムを準備しなければなりませんでした……私は必ずその仕事をやり遂げました」。しかし求職者のうち男女一人ずつは、この作動的な発言の後で、次のような発言を追加しました。「人間は基本的に2種類に分けられます。勝者と敗者です。私の目標は勝者になること、責任者として決定を行うタイプの人間になることです」。そしてもう一方の男女一人ずつは、作動的な発言の後に共同的な発言を追加しました。「私にとって、人生とは他者とつながっていることです……自分が誰かの役に立てたなら、私は心から達成感を抱きます」

先行研究と同じく、作動的な発言を繰り返した男女はどちらも有能と見なされたものの、女性は男性より好ましくないと判断されたため、その職に推薦されない傾向がありました。

しかし、作動性と共同性を融合させた女性は、男性と同等に有能かつ好ましいと見なされ、その職に推薦される可能性が男性と同程度に高まりました。イスラエルのチームによる同様の研究では、男女が作動性と共同性をどちらも示すことで有能なリーダーと見なされやすくなりましたが、その違いはとりわけ女性に顕著に表れることがわかりました。[50] 以上の結果が示唆しているように、女性がジェンダー・バイアスを減らして出世するために効果的な手段の一つは、思いやりの力を利用して仕事をすることなのです。

そのためには、カリフォルニア大学ヘイスティングス校の法律学教授であるジョアン・ウィリアムズが呼ぶところの「ジェンダー柔道」[51] に取り組む必要があるかもしれません。柔道は日本の武術であり、その名前は「柔らかな道」を意味します。これは敵の勢いを利用して相手を圧倒し、直接的に戦うのではなく、流れに身を任せるという発想です。ジェンダー柔道という言葉は、私たちが何らかの男性的かつ作動的な行動に出る際に、温かさや思いやりといった伝統的に女性らしい資質を意図して取り入れることで、他者のステレオタイプの枠組みから外れずに仕事をすることを指しています。たとえば、従業員やチームメンバーに指示を与えるとき、つまりリーダーとして当然の責任を果たそうとするときに、あなたが微笑んだり、相手の健康状態を尋ねたりすれば、あなたが厳しい人だというネガティブな印象を和らげることができます。共同的な資質は自分らしく自然に表現されるべきものであり、そのスタイルは人によってさまざまでしょう。しかし、全ての人は陰と陽のエネルギーの両方を利用できます。それらを意図的に共存させれば、ジェンダー・バイアスの影響を軽減できます。[52]

ただし、そのような状況で温かさや思いやりを示す場合には、謝ったり言葉を濁したりして（「ええと、本当に申し訳ないのですが、今週末に残業をしてもらえませんか？」）従順さをにじませることは避けるべきだとウィリアムズは注意を促します。私たちはあらゆる効果的な方法を用いて、権威的でありながらも温かい態度を取らなければなりません（「今週末は残業をしてもらいたいのですが、今後はこういうことが頻繁に起こらないように努めます。ところで、ご家族はお元気ですか？」）。自分に備わった複数の面を同時に受け入れることで、私たちは自分らしさを保ちながら、ビジネスの世界に居場所を見つけられるのです。

不正なシステム内での働き方を知っているのは有益なことですが、そもそもこうした戦略を考えなければならないのは残念なことでもあります。しかし、職場でのジェンダー・バイアスに立ち向かい、やがてそれを変容させる過程において、セルフ・コンパッションが果たす役割は重要だと私は信じています。

優しさのセルフ・コンパッションが役立つ仕組み

女性である私たちにとって、職場で差別される痛みを感じるのを自分だけに許すことは極めて重要です。「愛とつながりを持って今に在る」という感覚を利用すれば、私たちは自分の悲しみや不満と――あらゆる点で自分たちはまだ男性と平等ではないのだと気づいたときの落胆や虚しさと——共に在ることができます。女性がいまだに大統領に選ばれないという事実、そして主に白人男性が政治やビジネスを掌握し続けているという事実を認め、その事実をめぐって自分たちが共有する悲しみに向き合うことができます。女性は何世代にもわたって、その才能や技術や能力を抑制され、過小評価されてきました。それが私たちの受け継いできた世界であり、残念ながら、現在暮らしている世界も基本的には変わっていません。その痛みは私たちの心の内に存在し、他の女性との関わり方に影響を及ぼしています。私たちは、職場で自分の優しさの面を抑制することから生じる不快感に気づき、経済的成功達成の一環として他者を思いやることの利点をまだ受け入れようとしない世界に参加する苦しみに気づく必要があります。

私たちはまた、自分の強さの面が受け入れられないことに気づくといら立ちを感じます。自分の有能さや積極性のために非難され、嫌われるのはつらいことです。私たちがその痛みを見て見ぬふりをすると、傷ついた心を癒すことはできません。しかし、傷ついたことを認め、自分自身に愛情を持って対処すれば、悲しみを処理すると同時に、自分の温かさを享受できます。

職場で直面する不正について考えるときには、その不正が私たち個人とは無関係であったとしても、世界中の何百万人もの女性によって共有されていることを忘れてはなりません。私たちはときどき、自己概念を貶めるような方法で社会の偏見を内面に取り込んでしまいます。自分は科学が苦手だ、自分は有能なリーダーではない、彼のほうが自分より優れているかもしれない、などと考えるわけです。しかし、偏見をありのままに見つめ、不正に対して声を上げれば、自分は一人ではないと思い出すことができます。ジェンダーやそれ以外のアイデンティティの側面――性的指向、人種、民族、能力、階級、宗教など――によって疎外されている人々と結びつくことができます。自分の心の中に他者を受け入れ、こうした人間の経験のつらい部分を認めるほど、孤独感は薄れていきます。

また、自らの無意識の偏見によって差別に寄与してきた事実を認め、それを許すことも必要です。前にも述べたように、女性は男性以上に有能な女性を嫌う傾向があります。成功した女性を否定したい衝動に駆られたことは誰にでもあるはずです。私たちの多くは、こうした「嫌な女」のステレオタイプを知らず知らずのうちに内面化してきました。他の有能な女性に無意識の脅威を感じ、嫌悪感を募らせることもあるでしょう。しかし、それを理由に自分を批判したり責めたりする必要はありません。なぜなら、その嫌悪感はたいてい私たちの意識の外で生じるものだからです。人は不正な社会に参加していると、他者に対する偏見を内面化していきます。優しさのセルフ・コンパッションがあれば、こうした偏見を認めるために必要な安心感と無条件の受容の感覚を手に入れ、変化に向けた最初の一歩を踏み出すことができます。[53]

しかし、私たちはその状態で、つまり安心を感じてはいるが疎外されていると感じた状態で立ち止まって良いのでしょうか？　そんなはずはありません。自分を真に思いやるためには、自分が受けている仕打ちに何らかの策を講じ、行動を起こす必要があります。

強さのセルフ・コンパッションが役立つ仕組み

強さのセルフ・コンパッションは不正を正すための決意を、女性だけでなく、職場で差別されている全ての被害者にもたらします。この課題に取り組むには明瞭な認識が欠かせません。研究によれば、職場における無意識のジェンダー・バイアスを減らす過程で何よりも重要なステップは、それを直視することです[54]。私たちは自分に向かって、「この女性の能力や好ましさについて、仮に彼女が男性であったとしても同じ印象を抱くだろうか？」と問いかけると良いでしょう。この問題を自分以外の人々にも考えてもらうのも良いでしょう。たとえ心から平等を重んじる人であっても、人間が判断を下すときには無意識のバイアスが働いているのだと伝えることもできます。ただし、その時の相手を悪者扱いしないことが大切です。そうでなければ、相手はエゴを守るために心を閉ざしてしまうでしょう。相手の人間性を無視することになり、私たちが達成しようとしている目標とは真逆になってしまいます。

同僚が女性管理職についてネガティブな噂話をしているのが耳に入り、そこにジェンダー・バイアスが働いていると思われるときには、ぜひあなたが介入してみてください。たとえば、こんな言葉を偶然耳にしたとしましょう。「ジャネットって、信じられないほど自分のことばかり話し続けるの。彼女は自分を何様だと思っているんだろう？　それに、資料の提出が遅れたからってアシスタントをひどく扱うのを見た？　本当に嫌な女」。これに対して、あなたは次のように答えてみてはどうでしょうか。「もしジャネットが男性だったとしても、周囲からそんな風に思われるかな。女性は自分をアピールすべきでない、他者に対して断固とした態度を取るべきではないと私たちは思い込んでしまっている。ちょっと想像してみてもらいたいんだけど、マーケティング部のケビンが同じことを言ったら、私たちはどう反応すると思う？」。誰にも恥をかかせない中立的な言い方で、「あなた」などの名指しする言葉ではなく、「私たち」などの包括的な言葉を使えば、無意識の偏見の霧を切り裂くチャンスがあるかもしれません。あなたが幸運なら、「うーん、それは今まで考えたことがなかったな。良い指摘だね」という言葉を聞けることもあるでしょう。沈黙しか得られなかったとしても、指摘をしたという事実は残ります。私たちは女性として、もう黙っているわけにはいきません。こうした偏見を乗り越えようとするなら、無意識を意識できるようにする必要があるのです。

職場で女性が不当に扱われていることへの鬱憤を私たちはどう扱えば良いのでしょうか？結局のところ、効果的なのは怒ることです。私たちが怒ることを恐れていたら、物事は決して前進しないでしょう。この防衛的なエネルギーを社会の利益に役立てるために、私たちは不正に対して怒らなければなりません。ただし、怒りの力を上手に使い、それを原因となる人物に向けるのではなく、害そのものに向ける必要があります。自分や他者のエゴを排除すればするほど、望み通りの結果が得られる可能性は高くなります（ちなみに、私は望ましい結果のために自分の怒りを見事に使いこなせる人間としてそう言っているのではなく、何度も失敗したために何が無益かをわかるようになった人間としてそう言っています）。

たとえば、男性の同僚からコーヒーを入れてほしい、会議の記録をとってほしい、旅行の手配をしてほしいなど、職務内容に含まれないことを手伝うよう頼まれたら、思いやりの力を利用して自分のために立ち上がることができます。「コーヒーぐらい自分で入れなさいよ、この怠け者」などと言って相手を攻撃するのではなく、ウインクと笑顔を添えて「あなたは女性を単なるアシスタントではないと考えてくれてますよね?」と言ってみてはどうでしょう。そうすることで、あなたは男性に恥をかかせないように彼の行為を大目に見ながらも、その要求は理不尽なものであると伝えられます。

あるいは、男性の同僚があなたのアイデアを盗み、自分のものとして宣伝するという状況を想像してみてください。これは研究で実証されている、現実に起こりがちな出来事です。[55] ***Feminist Fight Club***〈邦題『フェミニスト・ファイト・クラブ「職場の女性差別」サバイバルマニュアル』〈海と月社〉〉の著者ジェシカ・ベネットは、この種の男性を「ブロプロプリエーター」〈「(慣れなれしい)男性」を意味するbroと、「所有者」を意味するproprietorを組み合わせた造語〉と呼び、「サンク・アンド・ヤンク(沈んでから引き抜く)」というテクニックで反撃するよう勧めています。男性があなたのアイデアを自分の手柄にしようとしているとき、あなたはアイデアが気に入られたことに感謝しながらも、それが自分のものであることを明確に主張できます。「あなたがこのアイデアに賛成してくれて嬉しい。それで、私たちは次にどんな行動に出ればいい?」。このように言えば、男性に対してポジティブに反応しつつも、あなたの提案を完全に守ることができます。ベネットは、私たちが「マンテラプター」〈「男性」を意味するmanと、「妨害する」を意味するinterrupterを組み合わせた造語〉に遭遇した場合についても同様のアドバイスをしています。研究結果によると、女性は男性より頻繁に話を遮られる傾向があります[56]。ベネットが勧めるのは、途切れずに話し続けることで男性の妨害をやめさせるという反応です。マンテラプターに恥をかかせるのではなく、あなたが黙るつもりはないことを明確にして彼を根負けさせるのです。以上に挙げたいくつかの方法を使えば、自らの強さを利用して職場で自分を守ることができます。

また、職場では働く人同士が力を与え合うことも可能です。ある女性が別の女性のために声を上げると、どちらの女性も好かれやすくなることが研究で明らかになっています[57]。女性が自己アピールをすると嫌われる可能性もありますが、同僚についてポジティブな発言をする場合には、彼女の作動的行為（アピール）が共同的行為（サポート）と結びつくためにバックラッシュを受けません。また、女性が自己アピールする女性をとりわけ嫌いがちであることを踏まえると、自分の成功は自分の手柄とする人々への見方を変えることも私たちの責任です。一人の利益は全員の利益であると理解していれば、私たちは他者の成功を脅威に感じたり、無意識の条件付けに屈したりせずに、仲間の女性の成功を喜べます。

強さのセルフ・コンパッションが職場にもたらす別の重要なメリットは、それによって私たちが個人のニーズ、職業人としてのニーズ、家族のニーズの間でバランスを取りながら、自分らしく充実したキャリアに進んでいけるということです。この作業は、「自分が人生に対して真に望むことは何か？」という初歩的な問いから始まります。最も満足感を得られる選択は、陰と陽のエネルギーをどちらも表現できるような、それによって本来の全体性を感じられるような選択です。暴走する欲に支配される必要はありませんし、それが天職でなければ、主に人助けをするための無私の仕事を選ぶ必要もありません。

労働生活と家庭生活は対立するものとして描かれがちですが、それはある意味では誤った二項対立です。私たちが仕事に満足感や目的や自信を見出せば、私たちの友人関係や家庭生活も豊かになります。逆に言うと、労働生活以外で豊かな人間になることは、仕事において自分の可能性を最大限に発揮することに役立つというわけです。実際、女性はセルフ・コンパッションによってワークライフバランスを向上させやすくなることが研究で示唆されています。医療、教育、金融などの分野で働く女性を対象としたある研究では、セルフ・コンパッション度が高い人ほどワークライフバランスに優れ[58]、自分のキャリアや人生全般への満足度が高いことがわかりました。また別の研究では、セルフ・コンパッションのある女性は自分の仕事ぶりに自信を持ちやすく[59]、従業員に対して強い献身を示し、職場で感じる燃え尽きや疲労の度合いが低いことがわかりました。

働く女性、特に男性優位の分野で働く女性に共通する障害として、「インポスター現象」[60]（自分の能力や成功を肯定できず、自分を詐欺師（インポスター）であるかのように思い込む心理状態のこと。「インポスター症候群」と呼ばれることが多い）と呼ばれるものがあります。この現象がポーリン・クランスとスザンヌ・アイムスによって確認されたのは１９７８年のことであり、クランスとアイムスはその時、大きな成功を収めた博士号所有者の女性たちについて研究していました。彼女たちはみな各分野の専門家でしたが、自分が知的な詐欺師であることが露見するのではないかと恐れていました。彼女たちは超完璧主義者でありながら、自分の成功を運によるものとして軽視し、自分の正体がばれるのではないかと常に不安を感じながら生活していたのです。男性は、男性だけの排他的なクラブに属しているかのような扱いを生まれながらに受けるため、女性より賢いわけではなくても高い自信を持つようになります。インポスター現象は、私たちがこうした男性の間で正当な立場を主張する能力の妨げとなりかねません。

幸運にも、セルフ・コンパッションはその助けになる可能性があります。ヨーロッパの有名大学の1年生を対象としたある研究において、研究チームは、男女が経験するインポスター現象の程度を測定しました。[61] 同時に学生のセルフ・コンパッション度を測り、彼らが作動的、共同的、または両性具有的な性役割志向をどの程度有しているかを併せて測定しました。その結果、女子学生は一般に男子学生より強烈なインポスター現象を経験していることが明らかになりました。また、作動的な女性と両性具有的な女性はセルフ・コンパッション度が高く、セルフ・コンパッション度が高いそれらの女性はインポスター現象の影響を受けにくいこともわかりました。セルフ・コンパッションは、自分を無条件に受け入れてサポートすることにより、私たちが自分の成果を主張することを可能にしてくれるのです。

強さのセルフ・コンパッションは、出世の必須条件である職場での動機づけを強力かつ安定的に高めてくれます。励ましを与え、失敗から学ぶ力を授け、自分の進むべき場所を明確に示してくれます。セルフ・コンパッションのある人は就職活動中に困難に遭遇しても、より前向きで自信があることがわかっています。[62] また、課題に直面しても冷静さを保ち、落ち込まずに希望を持って活動を続ける傾向があります。それだけではありません。セルフ・コンパッションのある従業員は、活力、情熱、集中力を感じやすいという点で、仕事に対する高いレベルでのエンゲージメントを報告しています。[63]セルフ・コンパッションが特に役立つのは、仕事での失敗を克服しようとするときです。オランダの研究チームが約100人の起業家にセルフ・コンパッションを高めるトレーニングを課したところ、起業家たちは顧客需要が急落したような状況でも恐怖を感じにくくなり、状況に上手く対処できるようになりました。[64]

厳しい批判ではなく励ましを利用すると、私たちは仕事で失敗しても毅然としていられるため、やり抜く力と決意を奮い起こして挑戦を続けられます。セレーナ・チェンは『ハーバード・ビジネス・レビュー』誌に執筆した記事の中で、セルフ・コンパッションが職場にもたらすメリットを解説しました。[65]チェンの指摘によれば、ビジネス界は「失敗は学習の機会である」との考え方を受け入れ始めているものの、そうした意識の転換を従業員に促す方法をまだ見出せていません。セルフ・コンパッション、すなわちチェンが呼ぶところの「失敗がもたらす挽回する力の活用」は、仕事での成功と繁栄に必要な成長型マインドセットを育むのに役立ちます。

WORK

22

仕事中にとるセルフ・コンパッション・ブレイク

誰でも、仕事中に休憩をとることがいかに大切かを知っています。時間をとってコーヒーを飲むにせよ、良書を数ページ読むにせよ、一息つけば自分をリセットすることができます。セルフ・コンパッション・ブレイクのための時間をとれば、自分が直面するストレス、不満、困難に対処しやすくなります。

自分にまず問いかけるべきことは、「私自身を思いやるために今は何が必要か？」ということです。あなたに必要なのは、「優しさのセルフ・コンパッション・ブレイク」（201ページ）によって自分を落ち着かせて安心させ、現実を受け入れる気持ちを高めることでしょうか？「自分を守るためのセルフ・コンパッション・ブレイク」（242ページ）によってノーを言ったり、境界線を引いたり、自分を守ったりすることでしょうか？「自分を養うためのセルフ・コンパッション・ブレイク」（289ページ）によって自分のニーズを自分らしく満たすことに集中することでしょうか？あるいは、「意欲を高めるためのセルフ・コンパッション・ブレイク」（322ページ）によって変化を促したり、前進を続けたりすることでしょうか？

　ひょっとすると、上記のエクササイズをいくつか組み合わせる必要があるかもしれません。その場で自分が必要としているものに注意を向ける習慣を身につけると、職場での回復力や効果を大きく高めることができます。

学術界での私の旅

ほとんどの女性と同様に、私も職場でのジェンダー・バイアスに直面してきました。学術界は陽の世界です。先に述べた「尺度戦争」はその確かな証であり、私は学者として極めて強い人格になることもあります。ただし、強さはジェンダー規範に反するため、テキサス大学オースティン校の職員をはじめとする一部の同僚は、私を嫌っています。これは私がキャリアを通して取り組まなければならなかった課題です。その一部は私のブルドッグ的な側面が博士論文審査会などの不適切な場で現れることへの反応であり、理解できるものです。しかし、それだけではありません。私が学部会議で率直かつ簡潔に質問すると、攻撃的だと捉えられます。調子はどうかと聞かれた時に、興奮していることを素直に伝えると（「おかげさまで絶好調！　先月は『ニューヨーク・タイムズ』で私の研究が２度も取り上げられたの。すごいと思わない？」）、ナルシスト的で自己宣伝的だと解釈されます。仮に私が男性だったとしたら、これらの行動が——私の内なるブルドッグでさえも——顰蹙（ひんしゅく）を買うことはないのではないでしょうか。

同時に、私の研究がセルフ・コンパッションに焦点を当てていることから、私は「甘すぎる」として罰を受けたこともあります。学部で２番目に多く引用された正教授より50％も論文の被引用数が多かったにもかかわらず、私が准教授から正教授への昇進を認められなかったのは、私の研究がＲ１（最高位の）研究大学から見て「十分に厳密」ではなかったためです。私の授業では、学生にマインドフルネスやセルフ・コンパッションの技術を学んでもらい、それらの実践を日常に取り入れる効果について論文を書いてもらうことを重視しています。そうした指導は「十分に学術的」であるとは判断されませんでした。セルフ・コンパッションの国際的なトレーニングプログラム開発のためという形で私が提供したサービスも、あまり良い評価は受けませんでした。というのも、その開発は官僚制度の外で行われたからです（たとえば、私は巨額の連邦補助金を申請するのではなく、非営利組織を共同で設立しました）。

私は准教授としての終身在職権をすでに得ていましたし、准教授と正教授の間に報酬の差はほぼありません。ですから昇進を認められなかったことは、私の生計に対してというより、主に私のエゴに対する打撃でした。自分のライフワークを軽率に退けられたことで、私はひどく失望しました。私がセルフ・コンパッションの研究と指導に打ち込んでいるのは、それが人々の役に立つからです。伝統的な学術界で評価される多くの物事に――つまり、余計な委員会の仕事を進んで引き受けたり、研究会を組織してそこに出席したり、助成金申請書を書いたりすることに――私は時間を無駄にしたことはありません。私はシステムの外で活動しており、学術界は我が道を行く人間を好まないのです。

セルフ・コンパッションの実践を積んでいたのは幸いでした。昇進を認められずに落胆した私は、それを乗り越えるための優しさのセルフ・コンパッションと強さのセルフ・コンパッションをどちらも必要としました。私はまず、昇進を見送られた失望や悲しみ、そして自分が評価されていないという気持ちを存分に感じることを自分に許しました。ベッドに横たわり、両手を胸の上に置いて、一晩中泣いていたことを覚えています。私は自分にこう言い聞かせました。「本当につらい状況だね。誰も自分を見てくれないと感じる。誰も自分を評価してくれないと感じる。でも私はあなたを見ているよ、クリスティン。私はあなたを評価しているし、あなたがこの世界に多くのコンパッションをもたらそうと努力してきたことを称賛するよ。あなたの学部や大学が異なる価値観を持っているのは本当に残念だと思う。けれど、そのことはあなた自身や、あなたの学者としての価値とは何の関係もないよ」。私はあえて嵐を到来させ、押し寄せる風と雨と雷に身を任せ、前に進みました。

翌朝、目が覚めると、私は怒っていました。不当な扱いを受けたと感じたのです。私は学部長、大学オンブズマン（大学の運営の不正を公正・中立な立場で調査、必要に応じて改善措置を求める第三者）、教授人事昇進委員会の議長と面会しました。私は文書を作成し、その中で自分が行った研究の厳密さを、同様の分野で正教授に昇進した直近2人の教授（いずれも男性）が行った研究の厳密さと比較しました。私の手法が少なくとも彼らの手法と同じくらい厳密であることは明らかでした。しかし、決定は変えることができないもので、私に残された選択肢は数年後に再挑戦することだけでした。そのためには大学側からもっと好かれるようにゲームを進める必要がありますが、私はそうしたいとは思いません。社会における自分の仕事から注意を逸らし、たとえ大学側が重視していても自分には無関係だと感じることに無駄な時間を費やしたくはないのです。そこで私は変化を起こそうと決意し、2021年の終わりに早期退職をすることにしました。これからも名誉准教授として研究は続けられますし、実際にさまざまな大学と研究の予定について話をしています。

しかし今後は主に「マインドフル・セルフ・コンパッションセンター」の支援に専念し、セルフ・コンパッションを、それを必要とする世界中の人々に――医療従事者、教育者、社会正義活動家、親、ティーンといった、全ての苦しむ人々に――届けていくつもりです。終身在職権のある地位を離れるのは怖いことですが、そうすることが正しいと私は確信しています。

女性である私たちが性差別的な職場をうまく切り抜け、変えていくためには、多くのセルフ・コンパッションが必要になるでしょう。残念ながら、手っ取り早い解決策は存在しません。私たちにある唯一の選択肢は、陰の性質と陽の性質をどちらも大切にしながら、できるだけ自分らしく前に進むことです。優しさのセルフ・コンパッションは、不正による痛みを受け入れることを可能にします。強さのセルフ・コンパッションは、自分のために立ち上がり、未来のビジョンを実現することへと私たちを駆り立てます。私たちが協力すれば、人間の優しさの価値と利益を生むこととをバランスよく両立した職場を作れます。一人ひとりの個性的な声が存分に役立つ機会が与えられます。そうして、誰もが平等に成功の階段を上れるような職場を創造することができるのです。

第10章

自分を見失わずに他者を思いやる

自分を思いやることは自堕落な行為ではなく自衛の行為であり、政治的な戦いの行為でもあります。[1]

——オードリー・ロード、作家兼活動家

女性の性役割の中心にあるのは、他者を思いやり養育するのが女性であるという期待です。しかし、自分のニーズを満たすことも同様に強調されなければ、私たちはこの役割を果たす中ですっかり搾取されてしまう恐れがあります。子供が母親を生きたまま栄養源として食べる、いわゆる「母食い」[2]をする種のクモのようになる人もいるかもしれません。人間の場合は身体を食べられるのではなく、感情的・心理的リソースを消費され、自分のための蓄えがほとんど残らなくなってしまいます。

こうしたことが一部ではすでに起こりつつある兆候も見えています。現在、ひとり親の80％は女性[3]ですが、これは男性より女性のほうが子育ての主要な責任を担う可能性がはるかに高いことを示しています。現代の家庭形態として最も一般的な、両親がフルタイムで働くふたり親世帯でも、働く妻の育児や家事に関する仕事量は夫の約2倍と推定されます。[4] それは、男性の収入がたいてい女性より多いからという理由だけではありません。女性の収入が夫より多くなると、女性は良き妻としてのイメージを損なわないために、家事に費やす時間を減らすどころか増やします。[5] 家庭内行事をまとめたり、祝い事を計画したり、通院を手配したり、親族の様子を確認したりする時間も増えていきます。働く母親の10人に4人が常に慌ただしさを感じ、自分の時間はほとんどないと報告するのはそのためです。[6] 子供の世話、アポイントの調整、皿洗い、翌日の重要な会議の準備などに追われ、貴重なエネルギーを使い果たしてしまいます。

女性は子供以外の家族の世話も担っています。私たちは男性より1・5倍の確率で〔介護者の5人に3人が女性（60％）、5人に2人が男性（40％）〕、アルツハイマー病、認知症、がんなどの病気を患う配偶者や高齢親族の介護者になります。[7] また、男性より高い割合で、不安、ストレス、うつ、身体的健康の悪化、生活の質の低下といった、ケアすることによるマイナスの影響があると報告されています。[8] 配偶者の男性と家事が分担されていない場合は特に、多くの女性は鬱積した怒りを感じ、緊張や不満を引き起こします。実際、フルタイムで働く既婚女性のうち、家事の分担が不公平だと感じている人は、平等に分担している人と比べて強い怒りや苦悩を訴え、[9] 燃え尽きを経験しやすい傾向[10]があります。

男性も子供や配偶者や親族の世話をしますが、女性よりはるかに低い貢献度しか期待されていません。そして男性が実際に手を貸すと、腎臓ドナーになることを志願した人のごとく称賛されるのが常です。私の同僚で、7歳を頭に3人の子供の母親であるステファニーは、その不条理さを指摘しました。新学期用の服を買うために上の娘2人を連れてショッピングモールに出かけた時、夫のマイクは末っ子の男児と家で留守番をしていたそうです。ステファニーは買い物袋をいくつか抱えていたこともあり、娘たちが迷子にならないよう注意しながら店を一軒一軒回るのはとても大変だったと言います。ある店では、長女が試着をする間、3人は小さな試着室にすし詰めになっていました。次女がこっそり隣の試着室に潜り込み、ステファニーは「お子さんをちゃんと管理して!」という女性のとげとげしい声を聞いて事態に気づきました。ステファニーは恥ずかしくなり、自分が母親としての役割を果たせていないように感じました。帰宅する頃には、彼女はくたくたになっていました。マイクはドアから入ってきた彼女たちを出迎え、とても満足そうな表情を見せました。「今日はどんな一日だった?」とステファニーが聞くと、マイクは「最高だったよ!」と明るく言いました。「タイラーを抱っこ紐で抱えて食料品を買いに行ったんだ。会計の列に並んでいたら、年老いたご夫婦に素晴らしい父親だと言われたよ!」。ステファニーは呆れた顔をしないように必死だったそうです。「そんなに簡単に言ってもらえたらどんなにいいか!」

ステファニーがしてくれたような話はどこにでもあります。女性は子供の世話をするために3回連続で後方宙返りを決められますが、世話が足りないと見なされる場合を除き、誰からも気づいてもらえません。男性はその半分のことをしただけで、英雄としてもてはやされます。

他者を思いやることには大きな意味や満足感が伴う場合もあります。しかし、自分自身に対する思いやりとのバランスを取らないと、それを楽しむことはできません。職業として世話をするにせよ、家族として世話をするにせよ、パートナーとして世話をするにせよ、与えることと受け取ることが公平でなければ、持続可能なものにはならないのです。

偏った思いやり

女性を「強くはないが優しい存在」として社会的に刷り込んだ結果、何よりも問題となるのは、他者を助けることが過剰に重視されると共に、自分を助けることが重視されなくなることです。自分のニーズを他者のニーズに従属させることは、自己犠牲的で好ましい女性の行動であるとされます。また、それが女性を「より崇高な性」たらしめているのです。こうした刷り込みは、守られるべき存在として女性を扱う慈悲的性差別の燃料になります。なぜなら慈悲的性差別は、男性が最大の分け前を得るという不平等な分配の原因を、女性の美しく、寛容で、親切な性質に何らかの形で帰すものだからです。

私たちはこのような考え方をしばしば鵜呑みにします。人間なら誰しもそうであるように、私たちは愛されたい、認められたいと望んでいるので、自分を犠牲にすることで他者から好かれることを知ると、たちまち奇妙な立場を取るようになります。ポジティブな自意識を維持するために自分のニーズを放棄し、そうすることで必然的に自分の価値ある部分を失っていくのです。

カーネギーメロン大学のヴィッキー・ヘルゲソンとハイディ・フリッツは、個人のニーズを排除して他者のニーズを重視することを「過度の共同性」[11]と名付け、他者への思いやりが自分への思いやりによって調整されない場合にいつでも生じる状態と定義しました。私はこれを「偏った思いやり」と呼んでいます。偏った思いやりとは、人によっては、自分の希望ではなくパートナーの希望（どこへ旅行するか、どんなレストランに行くか、どんな街に住むか）に同意し続けることかもしれません。家族、友人、またはお気に入りの慈善団体を助けることに時間を費やしすぎた結果、自分の興味を追いかける時間がほぼなくなり、やがて疲弊してしまうことかもしれません。当然ながら、女性は男性より高いレベルの偏った思いやりを示します。[12]他者を世話することはウェルビーイングに結びつくことも少なくありませんが、自分を犠牲にしてまで行えば苦悩を抱えることになります。このことは、女性が男性よりうつ状態になる確率が高い理由の一つになっています。[13]

女性が自分のニーズを満たせないのは、単純に生活状況によってそうする機会を得られないからという場合もあります。2つの仕事を掛け持ちして子供を養うシングルマザーには、自分のために使える時間などないかもしれません。しかし、偏った思いやりは、性格のタイプやアイデンティティの感覚から生じる可能性もあります。自分のニーズを排除して他者のニーズを重視することを繰り返し選ぶ女性がいるのは、彼女たちがそうすべきだと感じているからであり、そうしない選択に自分が値するとは考えていないからです。研究で示唆されていることですが、偏った思いやりを持つ女性は自分の発言の価値を疑っているため、他者に囲まれていると内気になり、黙り込む傾向があります[14]。彼女たちは自分らしさを表現したり、自己主張したり、他者に軽んじられたときに自分の権利を求めて立ち上がったりすることが苦手です。こうした表現の乏しさは、恋愛関係の親密さに問題が生じる一因になります[15]。自分はパートナーにはたいしたものを与えられないと思い込んでいると、そのパートナーと深くお互いを分かち合うことは難しくなるのです。また、自分の願望を他者に打ち明けたり、自分のニーズは十分に配慮されるべきだとしっかりと主張したりすることも困難になります。

偏った思いやりを持つ女性は、常に喜んで他者を世話しているわけではないため、そうすることに不満を抱きがちです[16]。彼女たちは、自分が必要とするものを求めることを恐れ、同時に自分が欲するものを与えてくれない他者を恨みます。当然ながら、他者が自分のニーズを自発的に満たしてくれるのを待つのは、10代の子供が自分でごみ出しをするのを期待して待つようなものです。幸運を祈りますが、自分から求めなければ、実現はしないでしょう。

このように自分を見失うことは危険であり、場合によっては命にすら関わります。研究が示唆するところでは、偏った思いやりを持つ人は、自分の身体的な健康をなおざりにする傾向があり、なかでも糖尿病や乳がんを患っている場合は、診察を受ける、運動をする、きちんと食べる、処方された薬を飲み続ける、十分に休息するといった行動をあまり取りません[17]。心臓発作など[18]の冠動脈に関する症状で最近まで入院していた人々について調べた研究では、偏った思いやりを持つ人は、十分なセルフケアを行っていないために、胸痛、めまい、息切れ、疲労、吐き気、心臓の動悸といった症状を継続的に経験しやすいことがわかりました。自分のニーズを無視することで、私たちはまさに自分のハートを壊しているのかもしれません。

WORK

23

あなたの思いやりは偏っている？

フリッツとヘルゲソンが作成した「過度の共同性尺度」[19]に回答すると、あなた自身と他者に対する思いやりのパターンがバランスを欠いているかどうかを確かめられます。

回答する前に、それぞれの文をよく読んでください。各項目について、書かれている文に賛成か反対かを考えます。その文があなたとあなたの身近な人、友人、家族との関わり方をどれだけ正確に表現しているかを特によく考えてください。

■得点の出し方

合計（9項目の得点を全て足す）＝	
平均得点（合計÷9）＝	

得点が3点を上回った場合は、あなたの思いやりがいくらか偏っていることを示しています。目安として、学生361人を対象にしたある研究では、男性の平均点は3.05点、女性の平均点は3.32点でした。[20]

■過度の共同性尺度

回答には、1（強く反対する）、2（やや反対する）、3（どちらとも言えない）、4（やや賛成する）、5（強く賛成する）の数字を使いましょう。

私は自分のニーズよりも他者のニーズを優先する	
気がつくと他者の問題に首を突っ込みすぎている	
私が幸せになるためには、他者が幸せになる必要がある	
私がいないときに、他者がどうやって私なしでやっていけるのか心配になる	
他者が不機嫌だと、夜なかなか寝つけなくなる	
他者のニーズを邪魔してまで自分のニーズを満たすことはできない	
助けを求められると断れない	
たとえ疲れ果てていても、必ず他者を助ける	
私はよく他者の問題を心配する	

女性の価値

　前述したように、偏った思いやりを生む要因の一つは、外部からの承認を求める気持ちです[21]。私たちは他者から好かれたい、認められたいと望んでいます。私たちの自己価値の感覚は、「良き」母親であるための基準（PTAの夕食会に自らカップケーキを持参する）、「良き」妻であるための基準（配偶者の趣味に関心を持つ）、「良き」娘であるための基準（高齢の両親が住む家の修理を手配する）といった、社会が設けた基準を満たすことに依存しがちです。こうした行為は自分らしい思いやりの表現であることも少なくありませんが、他者からの承認を得る手段として利用されると、せっかくの善行が汚れてしまいます。寛大な行為とセルフケアとのバランスを取らず、他者を幸せにするために自分の本当の望みを軽視するようになってしまうのです。多くの女性が本当はノーと言いたいときにイエスと言ってしまうのは、一つにはこの何かしなければ誰からも愛されないという恐れのためです。

　偏った思いやりの問題点は、それが往々にして役立たないことです。他者は私たちの思いやりを当たり前に受け止め、評価してくれないかもしれません。相手はそうすることを選ばなかったり、あるいは単純に自分の問題に没頭しすぎて余裕がなかったりするのです。また、他者が私たちを評価してくれたとしても、自分は不十分だというあなたの感情を完全に消すことはできない可能性があります。パートナーがあらゆる良いことを言ってくれたとしても――「君は素晴らしい。私にとって特別な存在だ」――、自分でそれを信じられなければ、相手の言葉をただ聞き流すことになるでしょう。自分で自分を評価できなければ、決して自分に満足できません。偏った思いやりに伴うこれらの無価値感は、不満やうつ状態の直接的な原因になります。[22]

価値や承認の感覚を求めて他者の方を向くのではなく、自分の内側を向き、自分自身の温かさや善意の源にその感覚を求めることは可能です。難しい注文に聞こえるかもしれませんが、これこそがセルフ・コンパッションの力なのです。欠点も含めて丸ごと自分を受け入れ、不完全であるがゆえに――不完全さに反して、ではなく――自分に価値を見出し、自分の強みと弱みを受け入れるのです。このような受容は、誰しもが生まれながらに持つ権利なので、得るために何かをする必要はありません。そもそも、人間としての価値とは何によって決まるのでしょうか？　どれだけ感じが良いか、役に立つか、魅力的か、人から好かれるかといったことで決まるのでしょうか？　私たちの価値は、与えられた限りある命の中で最善を尽くすという、人間であることの本質的な部分から生まれるに過ぎません。私たちの価値は、人間として全ての感情を経験することができるか、つまり気づく力を持つことに根差しているのです。それを認識すれば自らが欲する愛や関心を自分に与えられるようになります。

このことは単なるオカルト的な話ではなく、実証的な研究によって裏付けられています。研究結果によると、セルフ・コンパッションに根差した自己価値の感覚は、自分が他者からどれだけ好かれているか、どれだけ魅力的か、どれだけ成功しているかといったことには左右されません。[23]自分の外側ではなく内側に由来しているため、より安定しており、時間が経っても揺らぎません。[24] 称賛されているときも、非難されているときも、この感情は無条件にそばにいてくれます。

根底に無条件の自己受容があれば、義務と考えるからではなく、自分がそうしたいという理由から他者に与えられるようになります。自分に余裕があると感じるときはイエスを言い、タンクの中身が減ってきたらノーを言うことができるのです。

他者にノーを言い、自分にイエスを言う

他者への思いやりと自分への思いやりの適切なバランスを見つけることは、心の健康を保つうえでも不可欠です。私たちは他者に与えるための愛は無限に備えていますが、時間やエネルギーは無限に持っているわけではありません。自分に害を及ぼすほど与えているのであれば、もはやコンパッションに沿って行動していることにはならないのです。コンパッションの目的が苦しみの緩和にあることを考えれば、他者の苦しみを和らげるために自分を苦しめるという行為は、原則的にも実用的にも機能しません。充足を感じられるように自分のニーズを満たす努力をしなければ、私たちはケアをする人としても破綻してしまうでしょう。与えられるものが何もなくなるまで枯渇してしまったら、誰の役にも立てません。

ベロニカは、私の1週間にわたるセルフ・コンパッションの集中ワークショップに参加した

後、自分を思いやることの大切さを学びました。私たちは何人かで昼食をとりながら、ケアをする人としての女性に課される文化的な期待について話し合いました。私はメキシコ系アメリカ人女性とヨーロッパ系アメリカ人女性との間で自己犠牲の規範を比較する研究[25]を行ったこと、メキシコ系アメリカ人女性は人間関係において他者のために自分のニーズを断念しなければならないというプレッシャーを強く感じていたことを話しました。40代のメキシコ系アメリカ人女性であるベロニカは私の話に同意し、だからこそ自分はセルフ・コンパッションの話題に興味を惹かれたのだと言いました。私はベロニカと交流を続け、彼女の物語を知ることになりました。

ベロニカはカリフォルニアの中心部で、愛情深く結束の固い大家族の一員として育ちました。6人きょうだいの長女である彼女は、10歳の時に幼いきょうだいたちの世話を任されました。ベロニカの自己の感覚は良きケアをする人であるという概念を中心に形成され、彼女はその責任を負うことで見返りを受けていました。この状態は大人になってからも続きました。ベロニカは結婚し、今はティーンになる2人の息子を育て、忙しい会計事務所で管理職として働いていました。結婚してすぐ夫のフアンは多発性硬化症を発症して働けなくなったため、主に家計を支えるのはベロニカでした。事務所から帰宅した後、彼女は子供たちのために夕食を作り、フアンが必要とするあらゆる手助けを行い、家族が充実した時間を一緒に過ごせるようにしていました。彼女はまた信心深い女性で、週末には教会でボランティアを行い、資金集めの催しで料理をふるまい、寄付活動を企画していました。誰かが助けを必要としているとき、人々はいつもベロニカを頼りました。

しかし、ベロニカは内心切羽詰まっていました。くたくたになるまで働き、自分を頼ってくる全ての人々に憤りを募らせていました。次から次へと雑用をこなすことで自分の人生が成り立っているように思えました。自分が楽しめる物事、たとえば水彩画を描くなどの時間はめったにありませんでした。ベロニカは大学時代に絵画を学び、プロの芸術家になることを望んでいましたが、堅実な道を選んで会計士になったのです。

ある週末の3日間、フアンが息子たちを連れて彼の実家を訪ねる予定があり、ベロニカはようやく一息つけることになりました。彼女は家に引きこもり、できるだけたくさん絵を描くつもりでした。ところが、直前になって主任司祭が電話をかけてきました。病気になったボランティアの代わりに、その週末に行われる毎年恒例のサマーキャンプを手伝ってもらえないかというのです。「子供たちのためにも、お願いできたら本当に助かります」と司祭は言いました。ベロニカは本能的にイエスと答えそうになりましたが、いったん立ち止まり、考えさせてほしいと言いました。強さのセルフ・コンパッションを学んで大いに感銘を受けた彼女は、自分にもっと陽の力が必要であることを理解していました。それを今こそ実践するチャンスです。

司祭との電話を切った後、ベロニカは何をするよりも先に、ノーを言ったらどうなるだろうかと考えました。彼女は自分の恐れに気づきました。どうやって断れば良いのだろう？　教会のみんなは自分をどう思うだろう？　冷たくて、利己的で、思いやりがなく、キリスト教徒にあるまじき女だと思われるのではないだろうか？　後日聞いたところによると、ベロニカはワークショップで教わった実践を利用し、自らの恐怖心に対処したそうです。彼女はまず、不安と共に在ることを自分に許し、その不安の身体的表れである喉の奥を締め付けるような感覚とつながりを持ちました。彼女はほとんど窒息して話ができなくなるように感じました。ベロニカが恐れていたのは、自己主張をすると愛される資格を失うのではないかということでした。そこでぎこちなさを感じながらも、過去に学んだ別のことを試してみました。「ベロニカ、私はあなたを愛しているし、あなたを評価する。あなたを思いやっている。あなたには幸せになってほしい」と彼女は声に出して言いました。何度も何度も言いました。最初は違和感があり、抵抗を感じました。それでもベロニカはめげませんでした。粘り強く続けたのです。最終的にその言葉を受け入れるようになると、涙が流れ始めました。

続いて、ベロニカは自分を養うためのセルフ・コンパッションを使った実践を行い、「満ち足りてバランスの取れた自分らしさ」の力を呼び覚まそうと試みました。まずはマインドフルネスを利用し、自分が本当に望んでいるのはキャンプでボランティアをすることではなく、絵を描いて休養することだという事実を確かめました。次にバランスを取るためのステップへ進み、「私自身のニーズも重要なのだ」と繰り返し自分に言い聞かせました。教会を愛し、手伝いたいという気持ちがある一方で、ベロニカは他者だけでなく自分のことも思いやらなければならないと知っていました。最後のステップでは、自らのウェルビーイングに取り組みました。顔を両手で包み込み、息子に語りかけるつもりで自分にこう語りかけました。「私はあなたに空虚感や疲労を感じてもらいたくない。満足感やありのままの自分全部とつながった感覚を持ってほしい。たまには息抜きしましょう」

この簡単な実践の後、ベロニカは心強い気持ちになり、司祭に電話をかけました。「お手伝いしたいのですが、今週末は予定があります。申し訳ありません」。司祭はベロニカにノーを言われることに慣れていませんでした。「どうしても調整できないのですか？　調整してもらえると助かるのですが」。ベロニカは温かく、しかし毅然とした態度で答えました。「ええ、できないんです。私は自分のための時間を必要としているんです」。司祭は彼女の決定を受け入れるしかありませんでした。

世界は崩壊しませんでした。ベロニカは一人で絵を描くことを思い切り楽しむ週末を過ごしました。自分をとても誇らしく思った、と後日話してくれました。それまでのように他者から愛や承認を得ようとするのではなく、自分に必要なものを自分自身で与える勇気を彼女は手に入れたのです。

WORK

24

今、私には何が必要か？

セルフ・コンパッションは、実に多様な方法で自分のニーズを満たすために使用できます。私たちには優しさが必要なときもあれば、勢いが必要なときもあります。変化を起こすことが必要なときもあります。強さのセルフ・コンパッションと優しさのセルフ・コンパッションのさまざまな面を検証し、今この瞬間にあなた自身を思いやるために何が必要かを考えてみましょう（場合によっては、全てが必要かもしれません！）。

▼受容

自分に対して嫌悪感があったり、何らかの点で無価値だと感じていたりしませんか？　あなたにただ必要なのは、完璧でなくても構わないのだと知ったうえで、愛情と理解を持って自分を受け入れることかもしれません。

▼安らぎ

何かに動揺していて、安心を必要としていませんか？　自分をなだめるためのタッチで、身体を落ち着かせてみましょう。次に、あなたの親しい友人があなたと似たような状況を経験していたら、どんな思いやりの言葉をかけるかを考えてみます。どんな声の調子で話すかも考えてみます。そして、同じ言葉を同じように自分に言ってみましょう。

▼**承認**

自分には不満を言う権利がないと心のどこかで感じていませんか？　あるいは、事態を改善することに集中しすぎて、今の自分がどれだけ苦しんでいるかを十分に認められていないのではないですか？　自分にとっての真実を確かめるように、感情を言語化してみましょう。「これは信じられないほどつらいことだね」「あなたが困難を感じるのも当然だ。あなたのような状況に置かれたら、誰だってそうなるよ」などと、声に出して言っても良いかもしれません。

▼**境界線**

あなたに過度な要求をしたり、あなたを不快にさせたりして、境界線を踏み越えようとしてくる人がいませんか？　断固とした態度を心がけ、強さのセルフ・コンパッションを利用して、勇敢にノーを言いましょう。意地悪な言い方をする必要はありませんが、何が受け入れられ、何が受け入れられないかを、はっきり伝えましょう。

▼**怒り**

誰かに傷つけられたり、虐待されたりした経験はありませんか？　そのことに怒りを感じていますか？　あるいは、不健全な方法で怒りを抑制していますか？　大切な存在を守ろうとする内なる勇猛な母グマの力を喚起し、怒ることを自分に許しましょう。怒りを表現するときには、それが破壊的なものではなく建設的なものとなるように、知恵を使うことが理想的です。ただし、自分には怒りを感じることを許し、その怒りが自由に体内を流れるのを許しましょう。この力強い感情は、ある種の愛の側面です。

▼**充足**

満たされるためには何が必要かを自分に聞いてみたことはありますか？　まずは、あなたが必要としているものを特定し、次に、それを確実に手に入れるための行動に出ることです。十分に満たされているとは思えないあなたのニーズを何でも書き出してみてください。それは感情的なサポートでしょうか？　睡眠でしょうか？　笑いでしょうか？　自分は幸せになる資格があるのだと自分に言い聞かせましょう。同時に、自分のニーズを他者に満たしてもらえるとは限らないことを思い出してください。それらのニーズを自分で満たせるような何らかの方法はあるでしょうか？　たとえば、あなたが触れ合いを必要としているなら、マッサージを受けてみる。休息を必要としているなら、ただリラックスするだけの時間を2日間確保してみる。愛を必要としているなら、自分に優しさと愛を向けることに取り組んでみるなど。

▼**変化**

仕事、人間関係、生活環境など、自分をいら立たせる何らかの状況から抜け出せずにいませんか？　喫煙、先延ばし、テレビの見過ぎなど、何らかの有害な行動を繰り返していないか、振り返ってみてください。厳しい自己批判を通じてではなく、優しさと理解を通じて、あなた自身に変化を促してみましょう。優れたコーチがあなたを鼓舞するように自分を鼓舞し、改善できる点を指摘しつつ、目標を達成できると自分を信じて応援してみてください。

共感的苦痛

女性がケアする人として直面する別の課題は、ケアされる側の苦痛を感じ取ることです。世話をするということは相手の苦悩に敏感になることであり、その影響もあってか女性は男性より一貫して高い共感能力を示すという研究もあります。[26] ケアされる側が苦しんでいるとき、人は感情的に圧倒され、自分の生活能力をも妨げられてしまうまで、その苦痛を引き受けてしまうことがあります。なぜこのようなことが起こるのかを理解するには、共感のプロセスを詳しく観察しなければなりません。

カール・ロジャーズの定義によると、**共感とは「他者の世界を自分の世界であるかのように感じ取る」能力**です。[27] 他者の感情的な状態に同調し、人と人がつながる能力の根底をなすものです。共感は、他者の思考や感情を理解するための認知的視点取得（相手の立場になって考えること）に依存していますが、自覚的な意識の外で作用する瞬時の反射的な要素も含んでいます。

脳は、他者の感情を直接的に経験できるように設計されています。他者の感情に共鳴する目的に特化された「ミラーニューロン」[28] という神経細胞まで持っています。この能力は前言語的なもの、すなわち言語を介さずに生じるものです。共感は、私たちが他者の苦悩を――たとえ相手があからさまに何かを言うわけではなくても――知覚することを可能にします。私たちは自分のこととして、相手の痛みを感じられるのです。

脳が共感能力を発達させたのは、この能力が集団で協力して生き延びることの助けになるためです。一人勝ちの力学を強調した「適者生存」の原則は、一般にはチャールズ・ダーウィンに起源があるとされています。しかし、ダーウィンは実際には、**協調性**こそが種の存続を助ける主要因であると考えていました。[29]共感は協調性の中心にあり、親と前言語期の乳児との意思疎通を促進します。つまり、ミラーリング能力の高い親ほど乳児のニーズを満たしやすく、このスキルに関するDNAを確実に受け渡していくというわけです。[30]

とはいえ、共感することは必ずしも良いことではありません。そもそも、人は他者の苦痛を感じても気にかけない場合があります。腕利きの詐欺師であれば、他者の恐怖や苦悩に気づく最適なタイミングで行動を起こそうとするかもしれません。また人は他者の苦痛に強烈な不快感を覚え、それを締め出すこともあります。苦しんでいる相手を非人間的に扱い、その苦しみを感じなくて済むようにするのです。ホームレスの窮状を無視することなどはその好例です。神経科学の研究が示唆しているように、苦痛を抱えている人を前にすると、脳内の痛みの中枢が活性化します。[31]身体的、感情的、または精神的なトラウマを経験している人を繰り返し目の当たりにすると、深刻な結果を生じる恐れがあります。消防士や救急救命士などのファーストレスポンダーは、命に関わる状況にある人々と絶えず接しているため、二次的外傷性ストレス障害を発症しやすくなります。[32]二次的外傷性ストレス障害の症状はPTSDとよく似ており、そのトラウマは間接的に経験されたものであるにもかかわらず、患者は危険に対する過剰な警戒、不眠、無感覚、身体的緊張、うつ、いら立ちなどを呈します。人を助けることを職業にしている人々、たとえば、看護師、教師、ソーシャルワーカー、セラピストなども同様の症状を訴えます。そして、共感能力は、病気の子供や配偶者や高齢の親族を絶えず世話しなければならない家族である介護者にも影響を及ぼすことがあります。

共感的苦痛を長期間経験すると、最後にはコップが空になり、私たちは燃え尽きてしまいます。燃え尽きと共に感情的疲労や離人症（無感覚や空虚感）が生じ、他者をケアすることへの満足感が失われます。[33] 燃え尽きは、教師、ソーシャルワーカー、医療従事者の間で離職の主要な原因となっています。[34] しかし、家族をケアする場合には「辞める」という選択肢はほとんどありません。彼らは黙ってそれに従事しなければならず、強いストレス、不安、うつ状態を引き起こします。[35]

心理学者のチャールズ・フィグレーは、医療、介護などケアを行う人が疲れ果てることを「コンパッション疲労」[36]と元々呼んでいましたが、正確にはこれを「共感疲労」[37]と呼ぶべきだと主張する人もいます。私たちは共感を経験すると、他者の苦痛を感じます。コンパッションを経験すると、他者の苦痛を感じますが、同時にその苦痛を愛によって受け入れます。この区別はあらゆる違いをもたらします。コンパッションは温かさやつながりの感情を生み、他者の苦しみを感じることによるマイナスの影響を和らげます。コンパッションはポジティブで、やりがいがあり、本質的な活力を授けてくれる感情です。私たちがコンパッションを経験すればするほど、心身には良い効果が期待できます。[38] コンパッションはうつや不安を軽減し、希望や幸福感などのポジティブな精神状態を高め、免疫機能を向上させることが研究で示されています。

ベルリンにあるマックス・プランク研究所の神経科学者タニア・シンガーとジュネーブ大学のオルガ・クリメツキは、共感とコンパッションの違いを詳細に研究してきました。[39] ある実験では、共感またはコンパッションのいずれかを経験するよう数日間訓練を積んだ2つのグループに、負傷した人や自然災害に耐える人などの苦しみを伝える短いニュースクリップを提示して、その反応を観察しました。すると、これらのクリップによって活性化された脳内ネットワークは、2つのグループで訓練を受けた人々の間で明確に異なっていました。共感の訓練は扁桃体を活性化させ、悲しみ、ストレス、恐怖といったネガティブな感情と結びつくことが認められました。一方で、コンパッションの訓練は脳の報酬中枢を活性化させ、つながりや優しさなどのポジティブな感情を生み出していました。

コンパッションのある人は、他者を世話する際に経験する共感的苦痛にのみ込まれません。重要なのは、私たちが託された人々にコンパッションを向けるだけでなく、私たちの内側にもコンパッションの光を当てることです。他者をケアする際に感じる不快感にセルフ・コンパッションを向ければ、私たちの回復力はいっそう高まります。

燃え尽きを防ぐ

燃え尽きの予防方法としてよく提案されるのは、強さのコンパッションの一種である

「境界線を引く」というものです。これはつまり、他者に与える時間やエネルギーの量を制限するということです。断固とした態度で境界線を引くには、自衛のためのセルフ・コンパッション、すなわち「勇気と自信を持ったクリアな状態」が求められます。週末に電話したいからと私用の電話番号を尋ねてくるクライアントにノーを言うにせよ、車で買い物に連れて行ってほしいと今週3度目のお願いをして高齢のゼルダおばさんにノーを言うにせよ、私たちが自分の正気と能力を保つためには制限を設けることが欠かせません。

境界設定の別の在り方は、他者の苦しみにあまり関わらないように感情的距離を置くことです。私たちが自分の仕事をこなせなくなるようなら、深く共感しすぎることを自分に許すべきではありません。緊急治療室の医師や看護師が命に関わる傷を負った患者に対応する際には、その状況に圧倒されずに仕事を続けるために、感情的距離が必要とされることがよくあります。また、刑事事件弁護士が帰宅する際には、クライアントのトラブルが自分の私生活に入り込まないように、それらのトラブルを事務所に置いてこなければならないこともあります。自覚的にそうする限りにおいては、自分の仕事を効果的に進めるため、限られた時間だけでも他者の苦痛から自分を遠ざけることは有益かもしれません。本当の問題が生じるのは、無意識のうちに自分の感情から自分を遠ざけているときです。私たちが自衛のためにシャットダウンしていることに気づかずにいると、自分が経験した共感的苦痛を処理する機会を得られません。勤務中に受けたストレスを解消しようと、仕事から帰宅してすぐワインのボトルに手を伸ばしたり、テレビをつけたりすると、そのストレスは自分の内側にとどまりやすくなります。これにより生じかねないのは、高血圧、[40]うつ状態、薬物の乱用です。一方で、その瞬間のウェルビーイングを高めるケアの技として私たちが意識的にシャットダウンを行えば、後ほど余裕があるときに困難な感情と向き合うことができます。

これは私自身が日常的に利用している戦略です。授業やワークショップで教えているとき、誰かに悲痛な打ち明け話をされても、私にはそれをその場で受け止めるだけの余裕がないこともあります。そこで感情的に脱線することなく指導を続けるため、私は自分の共感的苦痛を一時的に区分し、授業を継続できるようにしています。ただし、その日の夜には自分の状態を確認します。昼間の苦痛がまだ残っていると感じたら、「優しさのセルフ・コンパッション・ブレイク」（201ページ）や「困難な感情に寄り添う」（221ページ）などの実践を行い、不快感をはっきりと認めて、それに対処します。

対人支援の燃え尽きを防ぐための方法として最もよく提案されるのは、セルフケアです。セルフケアも強さのセルフ・コンパッションの一種であり、散歩やヨガや正しい食事を通して自分自身を養うことをその目的としています。定期的にセルフケアを行うと、燃え尽きが軽減され、他者を助けることへのポジティブな気持ちが高まるといった、大きな効果があることが研究で示されています。[41]自分をリセットして元気を取り戻し、そうすることで他者のニーズに応えるためのエネルギーを確保するには、セルフケアが欠かせません。研究によると、セルフ・コンパッションがある人ほど、日記を書いたり、運動したり、友人と連絡を取ったりするなどのセルフケア的な活動に従事する傾向があります。[42]

こうした燃え尽きの予防方法は有益である反面、欠点も持っています。他者をケアする際には、はっきりと境界線を引くことが適切でないときもあります。あなたがケアしているのが自分の子供、配偶者、または親である場合、ノーを言うのは正しいことではないかもしれません。たとえ一時的にでも、感情的距離を置くような戦略にはやはり限界があるのです。共感は、私たちが世話をする人を理解することを可能にし、彼らに効果的なケアを届けるために必要なものです。患者を前にした医師やセラピストが、自分を守ろうとして心を閉ざしてしまったら、相手の苦しみを和らげるために必要なものを把握する能力が制限されてしまいます。

セルフケアを燃え尽きの対策として利用する場合にも大きな欠点があります。セルフケアは、私たちが全てのフライトで最初に指示されるように、緊急時には他者を助ける前に自分が酸素マスクを装着することと同じだとよく言われます。しかし、セルフケアの活動は飛行機が墜落している間に生じるものではありません。それは離陸前か墜落後――言い換えれば、ケアの現場以外で生じるものです。あなたが看護師で、人工呼吸器をつけたコロナウイルス患者のベッドのかたわらにいるとき、「うわあ、すごく怖い！　怖いから太極拳に行ってこよう！」と言うわけにはいきません。自由時間にセルフケアを行うことは確かに重要ですが、それだけでは不十分です。苦しんでいる誰かを前にして、その誰かの苦痛によって自分のミラーニューロンが騒いでいるときには、セルフケアをしても役には立たないのです。

ならば、苦しみを前にしている自分をどのようにケアすれば良いのでしょうか？　その答えは、優しさのセルフ・コンパッションを取り入れることです。私たちは、「愛とつながりを持って今に在ること」で共感的苦痛に寄り添いながら、ケアという困難な仕事に従事できるようになります。自分の苦悩を認め、「本当につらい状況だ。私は混乱しているし、いっぱいいっぱいになっている」と言えるようになります。他者を助けることは困難だがやりがいのある人間的経験だと認識し、「私は一人ではない」と言えるようになります。友人に対して自然と使っているような、内なる温かい言葉によって自分をサポートし、「苦しんでいるあなたが本当にかわいそう。私はあなたのそばにいるよ」と言えるようになります。ケアという現実的な行為の中でコンパッションと共に共感的苦痛を受け入れると、大きな落ち着き、安定、回復力がもたらされます。

私たちが自分よりはるかに深い苦しみを抱えている人をケアしている場合、自分にコンパッションを向けるのは不適切だと感じることもあるかもしれません。「私が12時間働き続けたからといって、そのことに不満を言って良いものだろうか？　この憐れな男性は今夜すら越せないかもしれないというのに！」。人によっては利己的だと感じられるかもしれませんが、決してそんなことはありません。私たちは他者を排除して自分をケアしようとしているのではなく、コンパッションの輪に自分を加えようとしているだけです。これは、**自分自身と自分がケアする人間の両者にコンパッションを向けなければならない**、という考え方です。コンパッションの量には、自分に3つ与えたら他者に与えられるものは2つしか残らない、などという限界はありません。私たちが心を開けば、コンパッションの無限の泉を活用できます。その流れが内側に向けば向くほど、外側にも流れやすくなります。

同時に忘れてはならないのは、私たちにケアされる人々もまた、私たちの精神状態に共鳴しているということです。共感には双方向性があります。私たちがいら立って疲弊していれば、相手はそのネガティブな感情に共鳴します。私たちがセルフ・コンパッションに満ちていれば、相手はそのポジティブな感情に同調します。私たちは二次的外傷性ストレスを経験し得るのと同様に、二次的な愛・つながり・現在にいる感覚を経験することもあるのです。このように、他者をケアしながら自分にコンパッションを向ける行為は、実は私たちが世界に与えられる——**贈り物**なのです。

ローワンのケア

私はローワンから双方向の共感について多くを学びました。自閉症児は周囲の人々の感情に過敏になりやすく、その過敏性は彼らが引きこもりがちな理由の一つになっています。ローワンが幼児だった頃、私は自分の精神状態が彼に大きな影響を及ぼすことに気づき始めました。ローワンがかんしゃくを起こし、彼の叫び声に脳を貫かれて私が動揺すると、ローワンはいっそう激しく大声で暴れました。しかし、ローワンのかんしゃくによって苦痛を受けている自分自身を、私が落ち着かせてケアすることを忘れなかったときには、彼の激しさは次第に収まっていきました。ローワンはまるで鏡のように、私の精神状態を瞬時に映し出すことがありました。このプロセスが作用するのを実際に目撃したのは、飛行機に乗っていた時です。

当時ローワンは4歳くらいで、自閉症の症状が最もひどい時期にありました。彼はまだトイレトレーニングが済んでおらず、話すこともできず、周囲の環境に対して極めて敏感でした。私は彼を連れてオースティンから大西洋横断のフライトをして、ロンドンにいる彼の祖父母に会いに行かなければなりませんでした。言うまでもなく、私は長時間の搭乗中に起きそうなことを想像して怯えていました。それは夕方出発の直行便だったため、ローワンがほとんどの時間眠っていてくれることを期待しました。夕食までは無事に終わり、私は万事うまくいくかもしれないという希望を持ち始めました。乗務員は機内の照明を落とし、乗客に一眠りするよう促します。その時でした。照明の変化という不可解な理由で、ローワンの怒りに火がついたのです。彼は激しく泣き叫び、手足をばたつかせてかんしゃくを起こしました。私は恐ろしくなりました。息子の行動は信じられないほど騒々しく破壊的で、私はじっとこちらを見つめる乗客たちの邪魔をしたことを心苦しく思いました。あらゆるひどい言葉が乗客の頭に浮かんでいるはずだと私は想像しました。「あの子はどうなってんだ？　扱いの難しい2歳児だってあんなことはしないぞ」。それればかりでなく、私は自分自身が乗客からどう思われているかも想像しました。「彼女はどうなってんだ？　なぜ子供を静かにさせられないんだ？」

私はパニックに陥りましたが、窓から飛び降りるわけにはいきません。そんな時、良いアイデアを思いつきました。ローワンの叫び声を外に漏らさないように、私は彼を抱き上げ、通路を歩いてトイレに連れて行き、そこで好きなだけかんしゃくを起こさせることにしたのです。

それはまるで恥の上塗りのように感じられました。私たちが通路を進む間、ローワンは泣きながら暴れ、乗客をたたきました。私は「Aカード」を切り札に使いました。Aカードとは自閉症児の親の用語で、自分の子供が自閉症であることを周囲に伝え、理解を求めることを意味します。「大変申し訳ありません。自閉症の子供が通ります。失礼します」。ところが、ようやくトイレにたどり着いた時には、全ての個室が使用中でした。仕方がありません。私がその時に学んだ人生の教訓は、困難な状況からうまく逃れる方法ではなく、それを乗り越える方法を知らなければならないということでした。

私は落胆して床に崩れ落ちました。私に残された唯一の選択肢、それはセルフ・コンパッションでした。私はローワンが安全であること、彼が自分を傷つけていないことを確かめると、95%の注意を自分自身に向けました。私は普段、人前で自分にコンパッションを向けるときにも、自分の手をさりげなく握りながら静かに独り言を言うなどして、密かに注意を集中させています。この時はぎりぎりの状況だったため、他の人にどう思われようと気にしてはいられませんでした。どのみちこれ以上悪く思われることはありません。私は両手を胸に当て、身体を前後に揺らし始めました。そして、自分に向かってささやきました。「きっと大丈夫だよ。あなたはこれを乗り越えられる。あなたは最善を尽くしているのだから」。そう言うと、たちまち気持ちが落ち着いてきました。私は自分の苦境に真に同情し、心を開いたのです。するとまもなく、ローワンも落ち着いてきました。叫び声が弱まり、私は彼を抱きしめたまま揺らすことができるようになりました。「大丈夫、大丈夫だからね」。私たちは席に戻り、ローワンは夜通し眠り続けました。

私のローワンとの関係は、彼に対するコンパッションと自分に対するコンパッションのこうした持続的な相互作用を反映し、また私たちの間を行ったり来たりする感情を反映し続けています。私が本書を執筆している時点でローワンは19歳になりますが、彼は本当に優秀で、優しく、思いやりがあり、魅力的で、責任感のある、素敵な人間です。彼は食べ物に情熱を注いでおり、素晴らしいユーモアのセンスも備えているため、これら2つをよく組み合わせます。私が以前、ローワンの好きなラップ音楽の生々しい歌詞を読んで恐ろしさのあまり息をのんだ時、彼は笑ってこう言いました。「ママ、心配しないで。彼らが本気でこんなことを言ってるなんて思ってないよ。ホットドッグの上の玉ねぎみたいに、この歌詞は音楽にスパイスを加えているだけなんだ」。別の日には、さらに2つの気の利いたジョークを思いつきました。「足で食べられる食べ物は？　トスターダ（tostada）。北極で一番人気のある食べ物は？　ブリトー（burritos）」〔トスターダとブリトーはどちらもメキシコ料理で、前者は揚げたトルティーヤに具材を載せたもの、後者は薄く焼いたトルティーヤで具材を巻いたものである。ここでは英語で「つま先」を意味する「toe（トウ）」を「トスターダ」と掛け、寒さを表す擬音語の「brrr（ブルブル）」を「ブリトー」と掛けた言葉遊びになっている〕。ローワンは今なお不安発作と闘っていますが、かんしゃくや問題行動を起こしたりすることはなくなりました。

実は、ローワンは最近、運転免許を取得しました。子供に運転を教えた経験のある親ならほとんど誰でも、自分の精神状態が子供に及ぼす影響を理解しているはずです。ローワンが高速道路で合流しようとしたり、交通量の多い道路を左折しようとしたりしたとき、私が少しでも不安に震えると、彼はそれを感じ取って余計なストレスを抱えていました。しかし、私が自分の不安（ときには完全な恐怖に近いもの）に対処するための行動を取ると、大きな改善が見られました。私はさりげなく腕を組んで、自分をこっそりハグし、その状況にストレスを感じている自分を慰めました。自分は一人ではない、どんな親もこういう経験を乗り越えて、何とか生きていくのだと自分に言い聞かせました。それによって私が安心感と落ち着きを高めると、ローワンも同じように安心し落ち着いていられるようになりました。セルフ・コンパッションがケアを与える人としての私を成長させてくれたことを、私は息子のおかげで直接的に学べたのです。

平静さ

自分を見失うことなく他者を思いやるために同じく必要なのは、平静であること、つまり激動の状況下でも一種の精神的なバランスを維持することです。平静さとは、冷酷な無関心さでも、思いやりの欠如でもなく、何かをコントロールできるという幻想に対する深い洞察です。私たちがどうにかして苦痛を追い払いたいと望んでも、今この瞬間の現実は変えられません。しかし、自分を助けることに意識を向け、未来が好転するよう願うことはできます。平静さは、12ステップの回復プログラムをつかさどるニーバーの祈りの核心にあるものです。「神よ、変えることのできないものを受け入れる平静さを与えたまえ。変えることのできるものを変える勇気を与えたまえ。そして、その違いを識別する英智を与えたまえ」[43]〔12ステップの回復プログラムとは、1935年に米国で誕生したアルコール依存症回復プログラムのこと。ニーバーの祈りとは、米国の神学者ラインホルド・ニーバー作とされる祈りの言葉であり、このプログラムのモットーとして採用されている〕。

平静さは、陰と陽の統合から生まれる贈り物の一つでもあります。それはコンパッションに満ちた心を育む、在り方と行動のダンスであり、受容と変化のダンスです。私たちはケアする者として、誰かをなだめて安心させるために、誰かを害から守るために、誰かに必要なものを与えるために、誰かに行動を促すためにコンパッションを利用できます。しかし究極的には、私たちは起こることをコントロールできませんし、その現実を受け入れなければなりません。私たちはときに、他者の苦痛を追い払えるはずだという思考の罠に陥ります。エゴを増大させた人は、自分がケアを与える者として優れていればケアの対象者が改善するはずだと考えます。そして改善しない場合には、自分に何らかの問題があるに違いないと考えます。こうした思考の罠に医師が特に陥りやすいのは、医師には神に授けられた生殺与奪の権利があり、全てをコントロールできるかのような幻想を人々が持っているためです。しかし、実際は医師もあらゆるケアに関わる人と同様に、ただの人間に過ぎません。ケアの対象者を助けるために最善を尽くすことはできても、最終的な結果は自分のコントロールが及ばない範囲にあるのです。ケアが展開される場に平静さが入り込む余地があれば、私たちは結果に対する執着を手放し、その瞬間の最善の支援に集中することができます。

WORK

25

平静さを保つコンパッション

「平静さを保つコンパッション」は一般的なMSCプログラムで教えられている実践であり、他者をケアする人を対象とする改良版プログラムの主要な実践でもあります。次に紹介するのは、共感的苦痛へのセルフ・コンパッション的な反応としてケアの現場で利用できるよう設計された、非公式の実践です。実際にケアの現場に取り入れる前に、自分で1、2回練習して使い方を覚えておくと良いでしょう（この実践の英語音声ガイドはFierceself-Compassion.orgで、日本語オリジナル音声ガイドはhttps://www.youtube.com/playlist?list=PLeqOLUj_FV7rWrGzqB2v0n58XJkUcOhleで入手できます）。

はじめに

- 楽な姿勢をとり、数回深呼吸して、身体を落ち着かせます。今この瞬間に身を置いてください。あなたの意識に温かさが注ぎ込まれるように、手を胸の上、または安心とサポートを感じられる身体のどこかに置きます。
- あなたがケアをしているときに、あなたを疲れさせる人、あなたをいら立たせる人、あなたを心配させる人――つまり、あなたを苦しめる人を思い浮かべます。その人をケアする状況を頭の中ではっきりと思い描き、自分の身体の緊張を感じてください。

- 次に、これから紹介する言葉を静かにあなた自身に言い聞かせ、この言葉を心の中に優しく広げましょう。

誰もがそれぞれの人生を生きている。私はこの人の苦しみの原因ではないし、どんなにこの人の苦しみを取り除きたくても、私の力では限りがある。このような状況は耐え難いけれど、それでもできるときに、できることをすれば良い。

- 身体にあるストレスを意識し、十分に深く息を吸い込みます。コンパッションを自分の内側に引き寄せ、「愛とつながりを持って今に在る」感覚で身体を満たします。あなたの身体が白色や金色の光で満たされているところを想像してみても良いでしょう。深く息を吸い込み、自分に必要なコンパッションを与えることで、自分を癒しましょう。
- 息を吐きながら、あなたがケアをする相手にコンパッションを送っていると想像しましょう。同時に、その人の身体が白や金色の光で満たされているところを想像してみましょう。
- 身体が自然に呼吸のリズムを見つけ、自由に呼吸できるような状態で、コンパッションの息を吸ったり吐いたりし続けます。「自分のために息一つ、あなたのために息一つ。私のために吸い、あなたのために吐く」。
- あなた自身やあなたの苦悩にもっと集

中したいと感じる場合は、どうぞ息を吸うことに集中してください。同様に、ケアされる側の苦痛に寄り添いたいときは、息を吐くことに集中してください。その割合は必要に応じて調整して構いませんが、常に自分自身と相手の両方をケアすることを忘れずにいましょう。

- 呼吸しながら、自分の身体が内側からほっとして、優しく撫でられている感覚に気づいていきます。
- 自分がコンパッションの海に楽に浮かんでいるところを想像してみてください。そこは全ての人の苦しみを包み込む、無限の海です。あなたにとって十分すぎるほど広く、相手にとっても十分すぎるほど広い海です。
- コンパッションの呼吸を好きなだけ続けます。
- 準備ができたら、次の言葉を再び静かに繰り返します。

誰もがそれぞれの人生を生きている。私はこの人の苦しみの原因ではないし、どんなにこの人の苦しみを取り除きたくても、私の力では限りがある。このような状況は耐え難いけれど、それでもできるときに、できることをすれば良い。

- ここで実践を手放し、今この瞬間のありのままの自分でいます。

セルフ・コンパッションと対人ケア従事者の回復力

ケアする立場の人がセルフ・コンパッション度が生まれつき高い（または訓練によって高まった）場合、ストレスに直面しても回復が早く、心の健康が保たれていることが広範な研究によって示されています。[44] ある研究では、肺がんと診断されたパートナーを介護するという状況でセルフ・コンパッションがどう役立つかを検証しました。[45] その結果、セルフ・コンパッションのある人は、パートナーががんと診断されたことによる苦悩を感じにくく、それについてオープンに話すことができるとわかりました。また彼らのパートナーも同様に、苦悩を感じにくいことが明らかになりました。セラピスト、看護師、小児科研修医、助産師、聖職者といった人をケアすることを職業とする場合、セルフ・コンパッションのある人は、疲労や燃え尽きを感じにくいと報告しています。[46] こうした人々は、彼らが仕事中に経験するストレスのレベルが操作されても、夜にはよく眠ることができます。[47] セルフ・コンパッションのある対人支援職の人は仕事に深く関わり、充実感を抱きます。[48] 彼らは大きな「コンパッションによる満足感」、つまり、やりがいある仕事に従事することと関連するポジティブな感情、たとえば、幸福感、興奮、世界に違いを生み出せることへの感謝などを持ちます。彼らの多くは、コンパッションのある穏やかなケアを他者に提供できるという自信も持っています。[49]

私は以前、医師や看護師などの医療従事者専用に設計された簡単なトレーニングプログラム、その名も「医療コミュニティのためのセルフ・コンパッション」（ＳＣＨＣ）の開発に携わりました。この開発は、オースティンにあるデル小児医療センター内の回復力センターと連携して行われました。SCHCのコースはマインドフル・セルフ・コンパッションのプログラムから引用したものですが、2時間半のセッション8回の代わりに1時間のセッション6回で構成され、多忙な医療従事者が実行しやすいよう調整されています。参加者はコースで教えられる「セルフ・コンパッション・ブレイク」や「平静さを保つコンパッション」などのエクササイズを利用し、仕事の現場でセルフ・コンパッションを実践するよう求められます。彼らのキャパシティを超えてしまうような瞑想や、何らかの「宿題」をしてくることは求められず、この最小限のエクササイズが効果を発揮しているようです。私たちの研究によると、SCHCは医療従事者のセルフ・コンパッション、マインドフルネス、他者へのコンパッション、コンパッション的満足感、個人の達成感を著しく向上させると共に、ストレス、うつ状態、二次的外傷性ストレス、燃え尽き、感情的疲労を軽減させることが明らかになっています[50]。

私たちはSCHCのプログラムを修了した参加者にインタビューを行い、非常に好意的なフィードバックを得ました。あるソーシャルワーカーは、SCHCが患者とのつながりを保つのに役立ったと報告しました。「私は患者さんの話をしっかり聴いています。しかし私のあらゆる部分は自分自身にあります……それでも、私はきちんと耳を傾けているのです」。ある言語聴覚士はこう言いました。「(セルフ・コンパッションのおかげで)より健全な境界線を引くことができるようになったと思います」。ある看護師は次のようにコメントしました。「SCHCは絶対に必要な誰もがやるべきことだと思います。とにかく有益で効果的です。けれど、経験してみて驚いたのは、私が働いたことのある病院ではSCHCのようなプログラムが一切行われていないということです」。願わくは、このままの状況が長くは続かず、医療界に新たなセルフ・コンパッションの波が訪れてほしいと思います。プログラムを開発した病院では、今も定期的にSCHCトレーニングが開催されています。

私たちは病院のスタッフから、がんや脳性まひなどに苦しむ小児慢性疾患患者の親にもSCHCのプログラムを指導してほしいと依頼されました。この親たちにとって、子供をケアする際の苦痛にコンパッションを向けるという技には、人生を変えるほどの効果がありました。彼らは活力の源を枯渇させていると感じることなく、心を開いて子供に寄り添う強さを手に入れたのです。

体温を測定したり、診断面接をしたり、問題行動を起こす子供を支援したりするのと同様に、セルフ・コンパッションの習得が支援者にとって必須と見なされるような世界を想像してみてください。そんな世界が実現すれば、私たちは他者を思いやることの精神的負担にははるかに耐えやすくなるはずです。

思いやりのある人々のなかでも特にセルフ・コンパッションを必要とするのが、ジェンダー平等、性表現、人種間の平等、人権、地球温暖化などの問題のために闘う社会活動家です。社会活動家は、固定化した権力構造の改革という過酷で気が遠くなるような課題に直面しているため、特に燃え尽きを起こしやすい傾向があります。[51] 私たちのほとんどは、自分に直接的な影響がなければ不正による有害な影響から目を背けますが、活動家は自ら進んで不正を探し出し、それと対決します。世界の苦しみに向き合うことは大きな共感的苦痛を引き起こしかねず、その苦痛は低賃金、高レベルのストレス、長時間の労働によってさらに悪化します。活動家はまた、彼らの努力を容赦なく攻撃する権力者からのひどいバックラッシュにも対処しなければなりません。こうして燃え尽きの完璧な条件が揃い、結果として多くの人々が活動を断念してしまいます[52]。

残念ながら、社会活動には、ケアは一方向的なものであるべきだという信念が伴いがちです。オタワ大学のキャスリーン・ロジャーズは、アムネスティ・インターナショナルの職員50人に詳細なインタビューを行い、この組織に献身性と自己犠牲の文化が浸透していること、それによって燃え尽きが直接的に増加していることを突き止めました[53]。ある職員はこうコメントしました。「権利侵害を受けている人々に対して、つまり関心に値し、関心を必要とし、関心を持たなければならない人々に対して、自分たちの活動が不十分なのではないかという本質的な罪悪感があります。私たちはそこに注げる限りの関心とエネルギーを注いでいますが、成果を出せないのは……ある意味では、被害者に対する裏切りのようなものです[54]」。こうした見方に陥ると、自分自身への思いやりが実際には他者を助ける力のエネルギー源になることを認識できなくなってしまいます。

根強い貧困、人身売買、配偶者からの虐待といったつらい問題に挑むための強さと回復力を育むためには、セルフ・コンパッションが不可欠です。女性である私たちが不正な世界に正義をもたらそうとするなら、自分の外側と同じく内側にも確実にコンパッションを向ける必要があります。朗報は、私たちが性役割のおかげでケアを与える人として強力かつ有能になれたことです。私たちは苦しみを和らげるための技術やリソースをすでに持っているため、実際に苦しみを和らげるときには、自分を思いやることをただ自分に許せば良いのです。私たちは強い母グマを頼りにして正しさのために闘い、優しい母なる女神を頼りにして旅の途中に自分を養うことができます。

第11章

愛のためなら

正義のない愛は存在しません。[1]
——ベル・フックス、作家兼活動家

ジェンダーによる陰と陽のステレオタイプで悪影響を最も受ける領域の一つが、恋愛関係です。私たちは、特定の相手がいなければ不完全であるとの信念を生まれながらに植え付けられるため、どんな犠牲を払ってでもパートナーと一緒にいようとします。誰かと付き合っていなければ幸せにはなれないと思い込むようになります。この思い込みには周囲の女性が加担していることも珍しくありません。あなたが独身で、旧友から近況を尋ねる電話がかかってきたとき、あなたが最初に聞かれるのは、(A)「交際している人はいるのか」、(B)「交際はうまくいっているのか」のどちらかであることがほとんどです。まるで恋愛が人生の最も重要な局面であるかのように、彼らはそう聞いてきます。

パートナーを示す「自分の片割れ」などのよくある言い回しは、全一性には2人の人間によるパートナーシップが必須だという見方を助長するものです。この見方においては陰と陽が性別によって分断されるため（少なくとも異性愛関係においては）、これらのエネルギーのバランスを取ろうと、陰の性質を持つよう社会によって刷り込まれた女性は、陽の性質を持つよう刷り込まれた男性のそばにいなければならないと感じるようになります。伝統的に、女性は優しさを内側ではなく外側に向けるよう教えられます。この優しさを自分が経験したければ、男性から愛され、受容されていると感じる必要があると教えられます。女性は「愛とつながりを持って今に在る」感覚を、（恋愛対象として）自分を愛し、（感情的および心理的に）自分とつながり、（信頼し合った関係において）自分と共存する男性に由来するものとして学びます。守る、養う、モチベーションを高めるという勇猛な資質は、自分の内側からではなく外側から生じるのだと教えられます。女性には、自分を物理的に保護し、物質的に与え、人生に意味を与えることで自分を動機づけてくれる男性が必要だというわけです。こうした伝統的な規範は、以前ほどは力を持たなくなりました。しかし今なお、私たちの恋愛関係にまつわる感情に影のようにつきまとっています。

陰と陽の統合が個人にではなくカップルに生じると、事態は不健全になりかねません。女性は独立して満たされるどころか、共依存に陥ったり、愛情に飢えたり、しがみついたり、自分に価値を感じるために男性からの注目を求め続けたりしやすくなります。また、受動的になったり、服従的になったり、一人でいると落ち着かない気分になったりして、自分の力を発揮できなくなることもあります。コレット・ダウリングは、無力でちっぽけなヒロインが最後には王子様に救われるというおとぎ話にちなみ、この状態に「シンデレラ・コンプレックス」[2]という有名な名前をつけました。女性が愛され、守られていると感じるためには王子様を見つける必要があると、ジェンダーの社会による刷り込みは私たちに語りかけます。これは、私たちが自分を愛し守ることを学ぶうえでの妨げとなる絵空事です。

幸いにも、セルフ・コンパッションはこの幻想から抜け出す手段となり、私たちが自分のニーズを直接的に満たすことを可能にしてくれます。私たちが外部からではなく内側から陰陽のバランスを取ることに役立ちます。セルフ・コンパッションはまた、交際相手の有無にかかわらず、私たちの人生における愛との関わりを向上させてくれます。私たちが自分を心から評価すると、誰かに依存しなくても、自分は愛されていて、幸せで、価値があり、安全だと感じやすくなります。これにより私たちは人生を楽しむための素晴らしい自由を手に入れ、自分をありのままに表現できるようになります。一人でいても、デートの相手がいても、献身的なパートナーがいても、人生に意味や充実感を見出すことができるようになるのです。

恋愛関係におけるセルフ・コンパッション

私たちが真剣な恋愛関係にあるとき、セルフ・コンパッションはパートナーシップを強化するための貴重なリソースになります。つらい時間を過ごしているときや不安を感じているときに、自分をケアしてサポートする能力があれば、他者に対して心を開きやすく、献身的でいやすくなります。ある時は抱きしめてもらいたい、ある時は一人にしてもらいたいなど、パートナーに自分のあらゆるニーズを望み通りに望んだタイミングで満たしてもらうことを必要としなくなると、常に正しく行動してほしいというプレッシャーをパートナーに押し付けることが減ります。これにより、調和の取れた関係が築きやすくなるのです。

ドイツの哲学者アルトゥル・ショーペンハウアーは、人間関係をヤマアラシのジレンマになぞらえ、次のように語りました。「ある寒い冬の日、何匹ものヤマアラシがぴったりと身を寄せ合い、暖をとって身体が凍ってしまうのを防ごうとした。しかし、すぐに互いのトゲが刺さるのを感じ、離れざるを得なくなった。暖を求めて再び集まってはトゲに刺されることを繰り返し、2つの不幸の間で翻弄された末に、彼らは互いに最も我慢のしやすい適切な距離を見つけた」[3]。ヤマアラシと同じく、私たちは必ず恋人を傷つけ、親密さに対する障害を経験します。しかし、私たちがセルフ・コンパッションを通して内なる温かさを生み出すほど、パートナーとの間に調和を見出し、心理的距離と親密さの間で適切なバランスを取れるようになります。この内なるリソースは、決して自己中心的にはならずに安定性と柔軟性をもたらし、私たちのパートナーとしての能力を高めてくれます。

セルフ・コンパッションのある人は健全な恋愛関係を築きやすいことは研究によっても明らかになっています。[4]彼らはパートナーと言い争うことが少なく、より充実した交流ができ、より長い時間を一緒に過ごします。また、性的な満足度も高い傾向にあります。[5] 男女の結びつきにおいて自分に自信を持ちやすいため、幸福度が高く、落ち込むことはあまりありません。争いが起きたときには公平に妥協し、自分が必要とするものや欲しいものをパートナーに率直に求める傾向があります。[6]

私たちが実施した人間関係の対立に関する研究において、セルフ・コンパッションを持っているある学生は、ボーイフレンドとの問題を解決した経緯を次のように話してくれました。「私は学業、チア、スポーツ、音楽、仕事などで本当に多忙でした。どれも自分にとって大切なことだったので、多くの時間と労力を費やしていました。ボーイフレンドが私ともっと長く一緒にいたがっていることは知っていましたが、一日の時間が足りませんでした[7]」。彼女はボーイフレンドと過ごす時間をいくらか増やすことにしましたが、それでも自分にとって本当に大切なものを諦めるところまでは譲歩しませんでした。「私たちがこうして問題を解決できたのは、お互いを尊重しているからです」と彼女は言います。「私たちはどちらも自分の欲求とニーズを持っていました。でも私たちの関係は、その時期に自分たちが抱えていたどんな問題よりずっと大切なものだったのです」。この種のバランス感覚は、セルフ・コンパッションが不足している学生にはあまり見られませんでした。彼らは多くの場合、自分のニーズをパートナーのニーズに従属させていたからです。ある若い女性はこう言いました。「私はいつも彼を喜ばせたい、幸せにしたいと思っています。彼を怒らせてしまったら、一緒にいたいと思われなくなるのではないかと不安です。彼はとても説得力がある人で、私は普段から彼の視点で物事を見るよう言われています」[8]。強さのセルフ・コンパッションは、不調和が生じたときに自分の立場を守るための支えになります。一方で、優しさのセルフ・コンパッションは、私たちがもっと心を開き、親密になり、愛を深めることを可能にしてくれます。

このことは、恋愛関係におけるセルフ・コンパッションについて私たちが行った別の研究でも明らかになりました[9]。この研究には、オースティン地域に暮らす、長期的なパートナーシップを築いている100組以上のカップルに参加してもらいました。私たちは参加者個人のセルフ・コンパッション度や自尊心の度合い、恋愛関係において自分らしくいられるかどうか、自分の意見を言うことに抵抗がないかなどを評価しました。加えて、参加者にはパートナーの行動についても報告してもらいました。パートナーは温かさや愛情を示す人か、あるいは冷たく距離を置こうとする人か。パートナーは参加者を受け入れ、恋愛関係における余裕や自由を与えてくれる人か。それとも、批判的かつ支配的に振る舞う人か。また、パートナーから言語的な虐待や攻撃を受けたことはあるか。そして最後に、参加者が現在の恋愛関係にどの程度満足し安心しているかを尋ねました。

その結果、セルフ・コンパッション度の高い人は、より自分らしくいられ、重要な問題について本音を言うことができ、内なる勇猛さを利用して自分のために立ち上がれることがわかりました。彼らのセルフケア能力は、一般に彼らの思いやりの深さにもつながっているようです。セルフ・コンパッション度の高い人は自身のパートナーから、温かくて協力的で（「私に対して穏やかで、親切にしてくれる」）、受容的で（「私の意見を尊重してくれる」）、互いの自立に支援的である（「私が望むだけの自由を与えてくれる」）と評価されました。彼らはまた、無関心な態度（「私を邪魔者扱いする」）、支配的な態度（「何でも自分の思い通りにしてほしいと私に期待する」）、攻撃的な態度（「怒鳴って部屋を飛び出す」）を観察されることも少ない傾向にありました。興味深いのは、彼らがパートナーから肯定的に評価されるか否かは、個人の自尊心の程度ではなく、セルフ・コンパッションの程度によって決まっていたという点です。言い換えれば、自尊心が高い人であっても、パートナーからは否定的に評価される可能性があるということです。しかしセルフ・コンパッション度が高い人は、圧倒的に多くの割合で、恋愛関係における思いやりが深いと評価されました。当然ながら、セルフ・コンパッションのある人のパートナーは満足感が高く、安心感も高いことを報告しています。この研究は、セルフ・コンパッションが自己中心的な行動や利己的な行動にはつながらないことをいっそう明確に証明するものです。私たちが自分に愛を向ければ向けるほど、他者のために利用できる愛の蓄えは増えていきます。

　私たちの研究は主に白人カップルを対象としていたため、人種的多様さが足りないという欠点がありました。しかし、カンザス州立大学が異性愛者の黒人夫婦２１０組を対象に行った論文研究でも、セルフ・コンパッション度の高い夫婦はより温かく、より満足感の得られる幸せな関係を築いていることがわかりました。[10]彼らはネガティブな行動を取ることが少なく、互いをけなしたり、非難、中傷、過去の問題を蒸し返すなどして対立を生んだりすることがほとんどありませんでした。この研究結果は、私たちが自分を優しく扱うことで、より健全かつ持続可能な関係につながるようパートナーを扱いやすくなることを再び示唆するものです。

セルフ・コンパッションは、欠点を抱えながらも最善を尽くす人間としての自分を受け入れるのに役立ちます。誰でもこれまでに何度かは、パートナーに対して軽率な態度を取ったり、後悔するような行動を取ったりしたことがあるはずです。自分のあらゆる人間らしい不完全さに理解と許しを向けるほど、私たちはパートナーの欠点を理解し、許しやすくなります。こうして双方が互いを無条件に受け入れると、さらに強力な関係を築くことができます。カリフォルニア大学バークレー校のジア・ウェイ・ツァンとセレーナ・チェンは、恋愛関係においてセルフ・コンパッションと受容が果たす役割を検証しました。[11] 研究チームは大学生と高齢者を対象に、個人的な自分の欠点（「私はだらしない」など）とパートナーに見られる欠点（「彼は先延ばしにする癖がある」など）を記述してもらいました。その結果、セルフ・コンパッションのある人は、自分の欠点だけでなくパートナーの欠点も受け入れやすいことがわかりました。彼らのパートナーもこれを認め、自分を批判されていると感じることは少なく、むしろ深く受容されていると感じると答えました。こうして互いを受け入れることにより、恋愛関係の全体的な満足度が高まったのです。

ただし、セルフ・コンパッションの本質は単に弱さを受け入れることではありません。セルフ・コンパッションは健全な変化と成長を促すものでもあるのです。テネシー大学のチームによる連続した3つの研究では、長期的な恋愛関係を築いているセルフ・コンパッション度の高い女性は、パートナーとの問題に対処するのが得意であることが示されました。[12] 最初の研究では、セルフ・コンパッション度の高い女性ほど、問題解決のために努力すると答える傾向があるとわかりました（「私はパートナーとの問題をいつもその場で解決しようとする」）。２つ目の研究では、困っているパートナーを支えられなかったなど、自分が後悔している過去の行動について女性たちに考えてもらいました。そのうえで、自分の過ちにコンパッションを向けるよう促したところ、参加者は事態を収拾しようという意欲を高めることがわかりました。３つ目の研究では、結婚して5年目の女性が夫婦関係にどの程度満足しているかを調べました。この期間に満足度は低下するのが普通ですが、セルフ・コンパッションのある女性は5年目でも新婚時と変わらず夫婦関係に幸せを感じており、セルフ・コンパッションが健全な関係性の構築と維持に大きな力を発揮することが実証されました。

WORK

26

困難な恋愛関係のためのセルフ・コンパッション

恋愛関係は大きな喜びの源であると同時に、苦しみをもたらすものでもあります。恋愛関係の問題にぶつかったときには、必要に応じて、強さのコンパッションと優しさのコンパッションの両方を自分に取り込みましょう。このの実践は現在恋愛関係にある人のために設計されており、筆記式のエクササイズとしても、または内省的なエクササイズとしても取り組むことができます。

- あなたがパートナーとの間で抱えている問題について考えてみてください。何かに関して意見が合わないのかもしれませんし、何らかの不満があるのかもしれませんし、自分やパートナーの何らかの行動について嫌な気持ちになっているのかもしれません。その状況をできるだけ具体的に、鮮明に思い浮かべてください。誰が誰に対して何を言ったのでしょうか？　どんなことが起こったのか、あるいは起こらなかったのでしょうか？
- ここで、そのストーリーをいったん手放し、自分の感情を確認しましょう。

今この瞬間、あなたは何を感じていますか？　悲しみ、いら立ち、寂しさ、恐れ、恥ずかしさ、怒り……。それとも、いくつかの感情が重なっているでしょうか？　その感情が生じている身体の場所を見つけてみてください。その感情の身体的な感覚に集中しましょう。マインドフルネスを利用し、自分が感じている痛みを認識します。この痛みを感じるのはつらいことです。すぐに修正しようとしたり、追い払おうとしたりせずに、その感情が存在することを許せるかどうかを確かめます。

● 次に、その状況に対する共通の人間性を思い起こします。あなたは一人ではありません。どんな恋愛関係にも困難はあります。完璧な関係など存在しないのです。この困難の最中にある自分自身に、いくらかの優しさをもたらしましょう。まずは、あなたにとって適切だと感じられる、自分をなだめてサポートするためのタッチを施します。つらい感情がある身体の場所に手を置いたり、両手を胸に当てたりしてみましょう。あるいは、片方の手を胸に当て、もう片方の手をその上に優しく重ねるなどして、強さを体現するポーズをとっても構いません。

● 最後に、今この瞬間の自分が聞きたがっている優しい言葉を自分に向かって言いましょう。それは優しい受容や慰めの言葉かもしれませんし、勇気を与えてくれる強さを表現する言葉かもしれませんし、自分のニーズを確かめる言葉かもしれませんし、変化を促す言葉かもしれません。適切な言葉が見つからない場合には、あなたと同じような恋愛関係の困難を経験している親しい友人に対して、あなたが何と言うかを考えてみましょう。その友人に対してどんな言葉が自然と湧いてきますか？　それと同じ言葉をあなた自身にも言ってみてください。

　これまでに多くの人々が、セルフ・コンパッションの実践を始めて恋愛関係が改善したと私に報告してくれました。私が担当するセルフ・コンパッションの上級セミナーを受講していた大学院生のミシェルもその一人です。以前の彼女はとても自己批判的で、自分に厳しい態度を取ることが多かったといいます。自称「仕切りたがり屋」のミシェルは、恋愛関係も含めて、全てを正しく行わなければ気が済まない人でした。マラソンランナーで、健康マニアでもあり、彼女の輝く肌とすらりとした体型がそれを物語っていました。ミシェルは消防士のブランドンと2年ほど交際しており、互いに愛し合っていました。2人とも音楽とハイキングが好きで、人生観も似ているなど、彼らには多くの共通点がありました。しかし、問題もなかったわけではありません。

　ミシェルは時間を守る人で、20分以上遅れそうな場合にはメールを送るようブランドンに頼んでいました。しかし、仲間とつるんでいるときなどは特に、ブランドンは連絡を忘れがちでした。一人でレストランのテーブルに座ってブランドンを待つ間、ミシェルは彼の配慮のなさに腹を立てていました。それでも彼が現れると、口うるさい女だと思われたくないという気持ちから、たいしたことではないと受け流すふりをしていました。

　もう一つの問題は、ブランドンが、ミシェルが望むほどのロマンチストではなかったことです。ミシェルは彼にもっと熱心に愛を伝えてほしいと思っていました（彼女はドラマ『アウトランダー』や『風の勇士　ポルダーク』などの歴史ロマンスの大ファンで、そのドラマチックさを密かに欲していたのです）。ところが、ブランドンはどちらかといえば控えめな性格で、大げさな感情表現は自分には不似合いだと感じていました。彼のヒーローは力強く寡黙で、献身を通じて自身の愛を表現するタイプの人でした。ミシェルはブランドンの安定した精神に感謝しつつも、彼の情熱のなさに失望していました。

ミシェルいわく、ブランドンとの最大の問題は、彼がタコベルやマクドナルドなどのファストフード店で食事をするのが好きなことでした。ブランドンの車の後部座席に空のパッケージが転がっているのを見つけると、ミシェルは我慢できなくなって栄養に関する講釈を垂れ、彼を萎縮させることがありました。その瞬間に彼女は恥ずかしくなり、威圧的に振る舞う自分を責めました。

そうした問題を抱えながらも、ブランドンはミシェルを愛していました。彼は一緒に暮らさないかとミシェルを誘いましたが、彼女はためらいながら、こう考えていました。関係に問題があるのか、それとも単純に自分のこだわりや要求が過剰すぎるのか？　ミシェルは何よりも自分のために、そして願わくはブランドンとの問題解決のヒントを得るために、セルフ・コンパッションについて学ぼうと決意しました。彼女は本を何冊か読んだ後、私のセミナーを受講したのでした。

ミシェルはセルフ・コンパッションを（彼女が何にでもそうするように）熱心に実践しました。そしてしばらくすると、彼女は自分の中に変化を見て取るようになりました。不安が減り、意欲が高まり、支配的なところが少なくなったのです。ブランドンとの問題も改善し始めました。ミシェルはブランドンに対する自分の反応の多くが、自分の不安に根差していることに気づきました。たとえばブランドンが遅刻をすると、ミシェルは心のどこかで、それは彼が自分を愛していないからではないか、気にかけていないからではないかとすぐ心配になりました。そういう理由もあって、ミシェルはお気に入りのドラマのヒロイン気分を味わえるような愛情表現をブランドンに求めていました。自分に愛される価値があることを100％確信したがっていました。ミシェルが健康を重視するのも――それは一般にはポジティブな価値観ですが――太ったり病気になったりすることへの恐れに駆り立てられている部分がありました。そして彼女は、その恐れをブランドンに投影していました。

これらの不安にセルフ・コンパッションで応じることを学ぶと、心の消耗が減りました。何よりもまず、ミシェルはこうした自己不信が存在している事実を受け入れられるようになりました。彼女は十分なセラピーを受け、自己不信の原因が幼い頃の両親の離婚と、その後の激しい親権争いにあることを突き止めました。癒しに時間がかかるであろうことは予想できましたが、ミシェルはそのために努力しようと決意しました。ブランドンが遅刻し、彼が自分のことをどうでもいいと思っている、と思い込みそうになると、彼女は自分の恐れに気づき自分を優しくサポートできるようになりました。苦悩するのはごく当たり前のことだと捉え、自らの温かさや思いやりで自分を安心させました。ブランドンにもっと情熱的になってほしいと思ったときには、その悲しみや失望感を認めました。そして自分のために大きな花束を買い、情熱に対する自分のニーズを満たそうと試みました。ブランドンの食習慣に過剰反応してしまったときには、自分を批判せず、自分を反応に駆り立てる要因を理解しようとしました。結局、その要因は健康に対する彼女のニーズと関連しており、実際は悪いものではありませんでした。

ミシェルが自分に優しさのセルフ・コンパッションを向け、ありのままの自分を受け入れると、ブランドンに対しても同じことができるようになりました。彼女がプレッシャーから解放され、完璧な恋愛関係など存在しないことを受け入れると、２人の言い争いは減っていきました。

しかし、ミシェルはそこで立ち止まりませんでした。彼女の不満の中には正当なものもあり、強さのセルフ・コンパッションによる対処を必要としていました。ミシェルが気づいたのは、ブランドンのファストフード中毒について小言を言うのは自分の問題であり、彼に何を食べるべきか指示する権利はないということでした。なにしろブランドンはいい大人です。ただし、遅刻するときはメールをしてほしいというミシェルの要求はもっともなものでした。彼女はブランドンに、特に人前で会うときに、待たされることで自分がどれほど不機嫌になるかを正直に伝えました。ブランドンが必要に応じて携帯電話にリマインダーを設定すれば解決するかもしれませんが、ミシェルにとってもっと深い意味を持つことでした。彼が遅刻をするからといって自分を愛していないわけではないのはわかっていましたが、配慮に欠ける行為であることに変わりはありません。ミシェルはブランドンに彼女の時間を尊重してもらう必要がありました。

さらに難しかったのは、ブランドンの愛情表現についての話し合いでした。ブランドンは自分を変えることはできない、恋愛小説の登場人物のように振る舞うことを自分に期待しないでほしいと言いました。ミシェルはそれを認めましたが、親密さに対する彼女のニーズは完全には満たされないまま残りました。自分に花を買うことは慰めにはなりましたが、それだけでは不十分でした。そこで2人は、どうすればブランドンが安心して心を開くようになるか、ミシェルが愛やサポートを示すことはどれだけの効果があるかについて話すことにしました。対話するうちに、消防隊の文化にはマッチョなところがあり、ブランドンが優しさを表現することを嫌う一因になっていると気づきました。そして彼は、気まずい感じはするだろうが、これまでと行動を変えてみようと思いました。ミシェルは、彼が批判されていると感じないように、感情表現を促す方法を学びました。時間の経過と共に、ブランドンは抵抗なく感情を表に出すようになりました。

彼らは恋愛関係における力のバランスについても率直な話し合いを始めました。ブランドンは仲間から「尻に敷かれている」と思われないように、そして主導権は自分にあると印象づけるために、デートでミシェルを待たせることがあると認めました。ブランドンはまた、常にミシェルのほうが多く求めてくれるように、わざと親密になることに抵抗して関係を支配しようとしていたことを自覚しました。簡単な話し合いではありませんでしたが、彼らは互いへの愛と尊敬、そしてコンパッションを持って、相手の言葉に真剣に耳を傾けました。問題が起きているときにミシェルが自分の側でセルフ・コンパッションの手本を示すと、ブランドンも自分の側でセルフ・コンパッションを持てるようになり、彼自身の欠点をたやすく認められるようになりました。ミシェルとブランドンは同棲を始めて2年になりますが、今のところ順調のようです。

愛と家父長制

異性愛関係の背景には、ジェンダーに紐づいた権力の力学がしばしば影響を及ぼしています。これは、愛や結婚の歴史が家父長制によって形成されたためです。[13] 産業革命以前の時代には、結婚は主に家族間の経済協定と見なされ、考慮に値する地位や経済的安定性が基礎となっていました。女性は通常は結婚相手を選べず、その決定を下すのは彼女の親でした。恋愛は結婚の理由としては不十分だと考えられていました。19世紀まで盛んに強化され続けた「妻の身分」という原理[14]は、妻は男性の所有物である――彼女の身体やサービス、彼女の全財産と賃金、そして万が一離婚した場合には子供の親権も含めて――と基本的に主張するものでした。女性は実質的に動産と見なされていたため、その身体的生存には男性が必要でした。

しかしその後、啓蒙主義の時代の幕開けと共に、個人的自由と幸福追求の表現として恋愛結婚という考えが普及しました。ジェーン・オースティンやシャーロット・ブロンテをはじめとする作家は、選挙権や財産管理権をまだ取得していないにもかかわらず、恋愛を女性のための意義や充足の源として賛美しました。小説の中でも外でも、女性にとっての理想は、自分を愛し、大切にし、崇拝し、守ってくれる男性を見つけ、幸せで充実した関係を築くことでした。

しかし、夫は常に愛情深く安全な存在であるとは限りませんでした。彼らは感情表現をしなかったり、義務を果たさなかったり、虐待的に振る舞ったりすることがありました。１９２０年までは妻を殴ることは合法とされていました。[15] 恋愛の本質は相互の尊重にあるはずにもかかわらず、妻は夫の決定に従うことを求められていました。妻は夫を脅かすことのないように、自分の知性を隠さなければなりませんでした（リタ・ラドナーは、「私がようやくミスター・ライト〔Mr. Right: 理想の男性〕に出会ったときも、彼のファーストネームがオールウェイズ〔Always: 姓と合わせて Mr. Always Right——いつも自分が正しいと主張する男性〕だとは思ってもみなかった」と皮肉を言いました）[16]。それでもなお、自分を特別で価値ある存在と感じさせてくれるような、守られていると感じさせてくれるような男性との結婚は、そうした合意に沿った結婚が実際には少なかったとしても、社会のロマンチックな理想であり続けました。ロマンチックな夢を見ることは、目覚めて自分の無力さを思い知ることよりも、確かに気分が良いものです。

男性に経済的に依存し、結婚生活以外では社会に現実的な居場所を持てなかった女性たちは、こうした幻想を守るために全力を尽くさなければなりませんでした。女性の力が発揮されるのは家庭の領域に限られていたため、女性は家庭内で満足感を得るよう努めなければなりませんでした。浮気をされても見て見ぬふりをし、粗暴な行為を受け流し、見下すような話し方をされてもじっと耐えました。離婚という選択肢がない以上、不幸な夫婦仲にあっても平静を装うしかありませんでした。ロマンチックな空想に支えられたこの結婚観は、1950年代の「オジーとハリエット〔米国テレビドラマの理想的な夫婦〕」の時代まである程度は継続しました。

事態が変わり始めたのは1960年代から1980年代にかけてのことです。この時代には離婚や同棲がより一般的になりました。多くの女性が仕事を持ち、大学に通うようになりました。フェミニズムの第2波（第1波は婦人参政権運動）が打ち寄せました。ベティ・フリーダン

の *The Feminine Mystique*（邦題『新しい女性の創造』〈大和書房〉）のような、妻として主婦としての女性の理想像に疑問を投げかける先駆的な本がベストセラーになりました。グロリア・スタイネムは雑誌 *Ms.* を共同創刊して大成功を収め、独身（ミス）であるか既婚者（ミセス）であるかで女性の地位は決まるという考え方を否定しました。急進的なフェミニストは、「抑圧的な男女関係の文脈においては、愛は支配と従属の関係を正当化するための感情的な接着剤になる」と主張し、恋愛の概念そのものが疑問視されました。[17] 女性が男性を魅了するための慣習、たとえば化粧などは、家父長制への加担と見なされました。ミス・米国・コンテストに対する抗議活動では、ハイヒールやブラジャーがゴミ箱に捨てられました。抗議した人々はこれらを実際に燃やしたわけではありませんが、ジャーナリストから「ドラフトカード・バーニング〈反戦活動として徴兵カードを燃やすこと〉」になぞらえて「ブラ・バーニング」と報道されたことがきっかけで、発言力ある同一世代の女性が「ブラ・バーニング・フェミニスト[18]」と呼ばれるようになりました。

次の数十年間では、フェミニストの課題に対する文化的バックラッシュが起こりました。恋愛関係における女性の抑圧を解消したいという願いは、男性憎悪というイメージを付与されてしまったのです。タイトル・ナインや女性学の授業で育った次なる波のフェミニストは力を尽くしましたが、フェミニズムは比較的下火になりました[19]——ところが、トランプ大統領就任後、#MeToo やウィメンズ・マーチなど勢いのある活動が立ち上がります。性的ハラスメントの問題や、権力の座から女性が排除されている問題が、ここで再び新聞や雑誌の見出しをにぎわせるようになりました。しかし、なかなか再認識されずにいるのは、私たちの人生における愛やロマンスの役割を問う必要性です。私の知る有能で活動的で充実している多くの女性でさえ、自分が愛され、満たされ、評価されていると感じるためのパートナーが必要だと今なお信じています。

女性は思いやることに長けています。問題は、愛や安心の源が自分自身との関係にあるのではなく、パートナーとの関係にあるのだと信じている場合に、私たちが思いやりの力を手放してしまうことです。異性愛者の女性は、男性から愛と献身を受けているか否かに基づいて自分に価値を感じることに慣れすぎているため、自分を捨ててまで結婚を成し遂げようとします。たとえ女性が大金を稼ぎ、成功して自立していても、男性がい、な、け、れ、ば幸せにはなれないと思い込んでいることは珍しくありません。この思い込みは、多くの私たちが必要以上に不幸な状況にとどまることとの原因になり得ます。裕福な女性セレブリティで、いつも恋愛の選択を誤っていると噂される人たちのことを考えてみてください。あなたの友人のことを考えてみてください。あなた自身のことを考えてみてください。特定の恋愛関係が健全かどうかを判断するのは簡単ではありませんが、私たちがそこに足を踏み入れ、いったん関係を結んでしまうと、パートナーがいない自分は不完全だという思い込みが自分の意思決定プロセスに影響を与えます。私たちは自分の恋愛関係をどうしても成功させたいという思いから、危険信号を往々にして無視してしまうのです。

同性との恋愛関係にある女性は、異性愛者の女性と全く同じ問題に直面することはありません。

というのも、前者の女性はジェンダーに紐づいた文化的な筋書きに組み込まれにくいためです。ある研究において、テキサス大学オースティン校のチームは、法的に結婚または同棲（平均で15年間）しているレズビアンカップル157組と異性愛カップル115組について調べました。[20] すると異性愛カップルの女性は同性愛カップルの女性より多い割合で、配偶者に失望させられた、配慮のない行動を取られた、話をよく聞いてもらえなかったと訴えることがわかりました。レズビアンの女性はまた、恋愛関係における高い心理的なウェルビーイングを報告しました。同性カップルは社会からの差別や外圧に直面しやすく、[21] この不正を無視することはできません。しかし、彼女たちは自らの恋愛関係の範囲内では、有害な家父長制の力学[22]から解放されていることが多いのです。

幸せになるために恋愛は必要？

女性が社会的地位を得るためにもはや結婚は必要ないとはいえ、恋愛をしたいという欲望は今なお強くあります。悪い関係を断ち切っても、カップルでいなければ不完全であるという気持ちに駆られ、すぐに別の誰かと交際を始めることがあります。パートナーのいない女性は無価値なオールドミスであるとの認識は、たとえ見えにくくても根強く残っており、私たちの文化はこうした見方を強化しています。男性も恋愛をしたい、愛されていると感じたいと思っているかもしれませんが、必要とはしていません。女性と違い、男性は深遠な無意識のレベルで自分の価値や安心感を恋愛に依存しているわけではないからです。男性は、私たちのように独身だからといって同情されることはありません。実際にメディアには、独身で、幸福で、尊敬を集める男性のイメージが多く反映されています。女性はそういきません。

ウェンディ・ラングフォードの著書 *Revolutions of the Heart*（未邦訳）は20年前に書かれたものですが、その内容は今も心に響きます。ラングフォードは15人の女性にインタビューし、彼女たちの人生における恋愛関係の位置付けを尋ねました。独身で、恋愛関係を切実に求めているハンナは次のように言います。「私の人生には欠落があるように感じます……それは自分が誰かにとって本当に特別な存在だという感覚です。午前3時に隣で目を覚まして、『ああ、これが本当の親密さなんだ』と思わせてくれるような、そんな人が恋しいですね……これから再び親密になれる人が見つかるでしょうか。それが心配です[23]」

女性たちに共通していた別の意見は、「自分に価値を感じるためには、自分を愛してくれる男性が必要である」というものでした。ルースは言います。「私は心のどこかで、自分が本当に望まれる人間だったら、つまり自分が魅力的だったり、感じの良い人間だったりしたら、男性がそばにいるはずだと思っていたのかもしれません[24]」。女性たちはまた、完全性を感じるための手段として恋愛を捉えてもいました。ダイアンは、過去の恋愛関係で恋に落ちたときの感覚をこう表現します。「素敵でした。あの一体感、わかりますよね。2つに割れたクルミが合わさって完全なクルミになるような感覚です[25]」。こうした恋愛関係に対する考え方は、過去

20年間であまり変わっていません。

女性が真の自由を目指すのであれば、パートナーがいなければ全一にはなれないという考えを手放さなければなりません。私たちは自分だけで全一性を感じるための方法を学ぶことができます。私自身もそうですが、40代から50代の女性には独身の人や離婚を経験した人が多くいます。私たちが恋愛関係を望んでも、自分が必要としているものを――感情的知性（emotional intelligence）、精神性、自己認識、尊敬、平等などを――提供してくれるパートナーは見つかりません。女性のなかには、妥協して自分を幸せにはしてくれない相手と付き合う人や、独身のままパートナーがいないことに不満を覚える人もいます。ここに共通しているのは、幸せになるためにはパートナーが必要だという信念です。しかし、実際はそんなことはありません。喜びの源は、友情、家族、キャリア、精神性など、いくらでも存在します。そして何より重要な喜びの源は、状況に左右されない無条件のものであり、そのうち私たちが最も利用しやすいのがセルフ・コンパッションです。

自分との恋愛関係

セルフ・コンパッションは、私たちが恋愛関係にあるときに自分を幸せにしてくれるだけでなく、特定の相手がいなくても幸せになることを可能にしてくれます。セルフ・コンパッションから女性に授けられる根本的な贈り物は、自分を満たすのにパートナーは必要ないという意識です。私たちはあらゆるセルフ・コンパッションの文脈の中で、自らの陰と陽のエネルギーを最大限に高め、それを利用することができます。異性愛者の女性で、この種の自己充足を身につけると男嫌いになるのではないかと恐れている人もいるかもしれませんが、その心配はありません。私たちが選ぶなら、男性を愛し、男性との付き合いを楽しみ、男性と一緒に暮らし、結婚し、子供を育てることもできるのです。要するに、**私たちはただ単純に男性を必要として いるわけではない**ということです。私たちは優しさのセルフ・コンパッションを利用することで、自分が愛され、評価されていると感じられます。強さのセルフ・コンパッションを利用することで、安心し、必要なものを与えられていると感じられます。

「愛とつながりを持って今に在ること」で自分に寄り添い、自分を受け入れる能力は、恋愛関係の外で幸せを見つけるために何よりも重要なものです。私たちは誰しも、自分は特別な存在であり、崇拝されており、価値があり、重要であり、気にかけられていると感じたいという深いニーズを持っています。私たちが完全に心を開いていれば、自分自身の美しさに気づけるため、これらのニーズをただちに満たすことが可能です。ここで言う美しさとは、身体的に完璧であるとか、全てをうまくこなせるとかいったことではありません。それは、一人ひとりが他にない歴史を持つ、唯一無二の存在であるがゆえの特別な美しさです。私たちの価値は私たちの成果には由来しません。あなたは愛すべき人間だと言ってくれるパートナーを見つけることにも由来しません。私たちの価値は、私たちが意識や感情を持ち、刻々と展開する生命の一部として生きる、他者と同じくらい貴重な人間であるという事実に由来します。私たちが他者から受けたいと思っている注目を自分自身に向ければ、驚くほど自己充足できるようになります。

私たちが強さのセルフ・コンパッションと十分につながりを持つと、男性によってしかもたらされないと異性愛者の女性が言われてきたものを、自分自信に与えることができます。「勇気と自信を持ったクリアな状態」のエネルギーが全身を駆け巡ると、私たちは必要に応じて内なる戦士を呼び覚ませます。自分のために立ち上がれるということは、自分を守ってくれる男性には依存していないということです。誰かに侮辱されたり、境界線を侵害されたりしたら、その人と正面から向き合うことができます。状況によっては身体的な強さが必要とされたり、身体的な危険があったりするかもしれませんが、恋愛関係がない場合でも、友人、家族、隣人、あるいは法的機関に助けを求められます。また財力があれば、これまで夫やボーイフレンドに頼っていたことを、人を雇って手伝ってもらえます（たとえば、重いものを運んだり、家の中のものを修理したり、芝刈りをしたりする人を時間単位で雇うことができるオンラインサービスがあります）。

私たちは自分に何かを与えてくれる男性も必要とはしません。まず、私たちは自分の経済的ニーズを自分で満たすことができます。女性の賃金が低い現状は変えていかなければなりませんが、物質的な豊かさを高めるためだけに、一緒にいても幸せになれない男性と恋愛関係を持つのは無価値なことです。このような計算が私たちに有利に働くことはほとんどありません。サポートや交流といった感情的ニーズの多くは、親しい友人によって満たしてもらえる可能性があります。自分の帰属感を一人の男性にではなく友人の輪に根付かせる女性が増えていますが、こうした絆は深く充実していて、安定しています。何より重要なのは、私たちにセルフ・コンパッションがあれば、**自分自身に愛や思いやりや感情的サポートを与えられる**ということです。

私たちはまた、充実した自分らしい活動に自分の時間を費やすこともできます。実際、パートナーがいない人は、パートナーがいる人より自由に学んで成長できるという面もあります。女性にありがちなのは、特に恋愛初期の段階で、自分の興味を放棄してほとんどのエネルギーを恋愛に集中させてしまうことです。私の親友に、何年も前から本を書きたがっている人がいます。彼女は非常に才能があり、彼女のプロジェクトが世界への素晴らしい贈り物になることは確かです。彼女は独り身のときには順調に執筆を進めますが、交際を始めるとすぐ本の仕事を保留にします。私たちはパートナーを探し、恋に落ち、関係を続けるべきかどうかを思い悩み、その関係が合っていると感じられる場合には、問題を解決しようと、どれだけの多くの貴重な時間とエネルギーを費やしているのでしょうか？　もちろん、私たちが強固な関係を確立していれば、恋愛は多くの自由とサポートをもたらし、物事を成功させてくれます。しかし、その恋愛のハッピーエンドを求めて、他のことを全て投げ出してしまうのは避けたいものです。独り身でいるときには、夢を追うための時間と余裕があります。しかし思い込みの罠にはまり、人生における唯一の重要な目標がパートナーを見つけることだと考えるようになったら、何を失うことになるでしょうか？　セルフ・コンパッションは、状況にかかわらず、自分の可能性を最大限に引き出すことに役立ちます。

陰と陽が内部で統合されると、私たちは多くの性役割の束縛から解放されます。男性的なエネルギーと女性的なエネルギーが私たちの内部で結びつくのです。私たちは自分という存在の本質的な部分を人任せにするのをやめ、結果として本当の自分を実現できるようになります。もちろん、だからといって、他者を求めなくなったり必要としなくなったりするわけではありません。恋愛への欲求もまた人間の本質的な部分であり、私たちが一人でいれば自然と悲しみが生じるものです。王子様に出会いたいという夢は、シンデレラ・コンプレックスのように、自分をケアしてくれる誰かを求める気持ちとだけ関わっているわけではありません。それは、2つの魂の結びつきを通じて愛や親密さやつながりを経験したいという気持ちとも関わっています。魂の結びつき、それは深い精神的な美しさの体験なのです。

1981年に影響力ある著書 *Ain't I a woman*（邦題『アメリカ黒人女性とフェミニズム――ベル・フックスの「私は女ではないの?」』〔明石書店〕）を発表して以来、ベル・フックスはフェミニスト運動の中心的存在であり続けてきました。フックスは、女性が恋愛によってだまされ、男性を愛しケアするという名目で従属を受け入れていると訴えています。しかしながら、フックスは結びつきへの欲求の重要性も認めています。著書 *Communion*（未邦訳）では次のように書いています。「自分を愛するパワフルな女性は、自分の感情的ニーズを満たせる能力が必須であることを知っている。ただし、その能力は愛に満ちた交流やパートナーシップに代わるものではない」[26]。他者から聞きたい言葉を自分で言うことで――「あなたを愛している。あなたは美しい。あなたを尊敬している。あなたを見捨てない」――ロマンスへのニーズを満たせる可能性があると私が女性に伝えると、パートナーからそう言われるのとはわけが違うという反応がすぐに返ってきます。確かに同じではありません。同じだと認めるふりをする必要もありません。その代わり、私たちは恋愛の夢が実現しなかったことの痛みを完全に受け入れ、怯えている孤独な子供に接するのと同じ優しさで、その痛みを抱きしめることができます。その夢を大切にし、いつか叶うかもしれないという希望の炎を燃やし続けることができます。

　問題は、私たちが恋愛という幸せの源を他の何よりも優先させがちなことです。私たちはこの愛だけが唯一の本当に重要なものだと思い込んでいます。パートナーから「あなたは価値ある愛すべき存在だ」と言われる私たちと、自分からそう言われる私たちは全く同じ人間であるにもかかわらず、パートナーの視点だけが有効なものだと考えてしまいます。そうすると、自分の力を放棄し、自らの愛の能力を低下させることになるのです。

　また、私たちは失恋に備えておく必要もあります。たとえ「真実の愛」を見つけたとしても、永続的な結びつきが保証されているわけではありません。幸運な人なら一時的にその愛を経験できるかもしれませんが、たいていは人生に邪魔をされ、状況が変わり、人は離れていきます。あなたが知っている女性のうち、生涯続きそうな充実した恋愛関係にある人を考えてみてください。そういう女性も存在はするでしょうが、平均的ではありません。20年以上続く結婚生活は全体の約半分に過ぎず、[27] その多くは長続きしても不満を伴っています。自分ではコントロール不可能な、それゆえに壊れやすい何かを自分の幸せの基礎とすることを、私たちは本当に望んでいるのでしょうか？

自分に愛を与えることは、恋愛関係に取って代わるものではありません。しかし、状況に左右されないという点で、それは実際には恋愛以上に重要なことです。自分という存在は、私たちが生涯を共にすることを１００％保証されている唯一の存在です。そしてセルフ・コンパッションに由来する愛は、自分という小さな存在に根差すものではなく、より大きな何かとのつながりを通じて育まれるものです。私たちが本当の意味で今を生き、喜びの時も悲しみの時も自分を思いやると、他者から隔絶されているという感覚は消えていきます。私たちは、自分の意識が、絶えず変化しながら展開していく唯一無二の体験に向かって開かれた窓であることを理解しています。しかし、この窓から差し込む意識の光は、他の窓からもたらされる光と異なるものではありません。人間の経験は多様であり、他者よりはるかに多くの苦しみを抱える人もいますが、光は本質的には同じものです。愛する2人の結びつきが素晴らしいのは、意識の融合を感じられるという点にあります。しかし、他者がいなくともそれを感じることは可能です。融合、統合、一体性は自分の中に見つけられるのです。

私が全体性を取り戻した道のり

何度か恋愛関係に失敗した後、私は個人的に一人でいることを受け入れるようになりました。寂しさに向き合い、男性と交際していなければ価値を認められないのではないかという恐れと対峙してきました。同時に、セルフ・コンパッションこそが、この牢獄から脱出するための鍵であることも理解しました。今の時点で、私の幸せはもう恋愛関係には依存していないと自信を持って言うことができます。誰かと一緒にいたいという気持ちはありますが、これ以上妥協するつもりはありません。私は独力で幸せになれますし、愛され、評価され、満たされ、安全だと自分に感じさせてくれるのは自分だけであることも知っています。ただ、言うまでもなく、この境地にたどり着くまでには長い道のりがありました。

ご存じの読者もいるかもしれませんが、私は最初の著書 ***Self-Compassion***（邦題『セルフ・コンパッション［新訳版］』〈金剛出版〉）の中で、テキサスに移住する前にインドで夫のルパートと出会い、息子のローワンを授かった経緯を紹介しました。ルパートは人権活動家で紀行作家でもあり、私がそれまでに出会った中で最高に興味深い人でした。ルパートは私の王子様でした。ブロンドの髪と青い目を持つ英国出身の正義の味方は、私を虜にしました。私たちが少女の頃に教わった理想の愛とロマンスの夢を、彼なら叶えてくれそうな気がしました。ローワンが自閉症と診断された後、乗馬好きなルパートは、ローワンが馬との間に不思議なつながりを持っていること、馬のそばにいると自閉症の症状が大きく緩和されることを見抜きました。また、カラハリ砂漠に住むサン族〈かつては「ブッシュマン」と呼ばれていた〉の窮状を訴えるために開催された、土着のヒーラーたちの集会では、ローワンはシャーマン（霊能者）との接触にも良い反応を示しました。そこで私たち家族は、シャーマニズムを国教とする地であり、馬の発祥地でもあるモンゴルへ幻想的な旅に出かけました。私たちは馬に乗って大草原地帯を駆け抜け、最終的にはトナカイ遊牧民の人々と会って、息子を癒してもらいました。この物語は、ドキュメンタリー化されたベストセラー小説 *The Horse Boy*（邦題『ミラクル・ジャーニー――わが子を癒したモンゴル馬上の旅』〈早川書房〉）に記録されています。おとぎ話のような話です。しかし、多くの人が学びつつあるように、こうしたおとぎ話は私たちに役立つどころか、むしろ私たちの力を奪うことがほとんどです。

ルパートは私の2番目の夫でした。最初の結婚は、自分が大切にしているあらゆる価値観に背くことを――つまり不倫をしたために終わりました。自分の行動に対する恥や自己批判に対処するなかで、私はセルフ・コンパッションに癒しと立ち直りの効果があることを大いに理解するようになりました。2度目の結婚を決める時には、今度こそ間違いは犯したくないと思いました。誠実さこそが重要だと感じ、夫婦関係においては何があっても誠実でいることを真剣に誓いました。心の中で内戦を繰り広げるような思いは二度としたくありませんでした。ルパートも同じことを誓ったはずだと私は思っていました。

しかし、ローワンの診断が下りてまもなく、私はルパートに隠し事をされているのではないかと感じ始めました。はっきりした理由は言えないのですが、ただ直感的にそう感じたのです。とはいえ私たちはローワンの自閉症への対処に苦しんでいたため、私はその違和感を無視していました。ローワンの診断結果は私がそれまでに経験した中でも極めて大きな困難であり、結婚生活への疑問に向きあうエネルギーは残されていませんでした。詳細は省略しますが、最終的に、ルパートが他の女性と隠れて性的関係を結んでいたこと、それについて私に何度も嘘をついていたことを知りました。私がルパートを問いつめると、彼は恥と罪悪感に圧倒されている様子でした。ルパートは私に、本当に後悔している、関係を修復できるなら他には何もいらないと言いました。

私は打ちのめされました。この大きな対立が起きたのは私が瞑想の修養会に出かける直前だったため、会場ではずっと泣いていました。それでも、マインドフルネスとセルフ・コンパッションの実践が強い効果を発揮し、私はその時間を乗り越えられました。「愛とつながりを持って今に在ること」を意識して座るよう心がけると、圧倒されずに痛みを受け入れられました。特別なニーズを持つ幼い息子がいることを考えると、結婚生活を成功させることが最良の選択だと私は思いました。そこでカップルセラピーに通い、事態の改善を期待しました。

そうしているうちに、セルフ・コンパッションに関する私の研究は軌道に乗り始めました。最初の本を書く時、私はルパートとの関係の素晴らしい部分をエピソードの中心に据えました。彼はもう私に嘘をついていないはずだと何とか自分を納得させました。今になってみれば、そこには私が無視していた兆候や危険信号があったことがわかります。正直なところ、何の問題もないと思い込むことは、そうではない現実と向き合うより簡単だったのです。

その本が2011年に出版された直後、私はさらに多くの隠れた密通を――実際にはその一部を――発見しました。この結婚を終わらせなければならないと何の疑いもなく思いました。私はまだルパートを愛していましたし、私たちには自閉症の息子がいました。それでも、自分をそのように扱われるままにするわけにはいきませんでした。私は友人からのサポートを得て、力を見出すことができました。その時点では強さのセルフ・コンパッションの存在を知りませんでしたが、離婚に不屈の精神が必要であることはわかっていました。まだその名を与えられていないにもかかわらず、私の内なる母グマが目を覚ましました。私は自分に必要な決意の象徴として、鉄片をバッグに入れて持ち歩いていました。

私がルパートに別れを告げると、彼は再び後悔している、恥ずかしく思うと言い、自分はセックス依存の問題を抱えているようだと認めました。私はルパートに同情しましたが、私の内なる庇護者が立ち上がり、ノーを言いました。彼が変わるかどうかを見守りながら待つつもりはありませんでした。もう十分でした。私たちは共同でローワンを育て、彼にホームスクールを受けさせなければならなかったため、友人関係を保ちました。この別れが息子に悪影響を与えないよう、共に努力しました。

私は離婚した自分を誇りに思いながらも、充実した恋愛関係を築きたいという考えにしがみついていました。ひょっとしたら、自分のソウルメイトはまだ存在するのではないだろうかと。およそ1年後、私はあるブラジル人男性と知り合いました。彼は優しく、聡明で、知的で、熱心な瞑想家で、とてもハンサムな人でした。問題はただ一つ、彼が本気の付き合いは望んでいないと最初からはっきり言っていたことでした。私たちは多くのレベルで情熱的に結ばれていたので――感情的にも、精神的にも、そして性的にも――、私は彼の気持ちがいつか変わることを期待して、何年も耐え続けました。ですが、彼は変わりませんでした。彼は常に正直で誠実な人でしたが、関係が真剣になりすぎていると感じると、いつでも離れていきました。私はその状況を相手のせいにしようとしました。彼は愛着障害に違いない、何か問題を抱えているに違いないと考えたのです。現実には、私たちは人生に違うものを求めているだけでした。ならば文句は言えません。セルフ・コンパッションの実践によって、私はその真実がもたらした悲しみや苦痛を受け入れることができました。それでも、誰かとの関係を求める気持ちは私の内側で激しく燃え続けていました。

つい最近、私は別の男性と短い間ながら激しい関係を持ちました。彼は私が欲しかったもの全てを――誠実さ、情熱、愛、友情、サポート、そして何よりも信頼を――与えてくれる人に思えました。彼は私を理想の女性だと言い、残りの人生を私と過ごすことを望んでいました。ローワンとも驚くほど相性が良く、息子の人生において有益な男性として存在しているように見えました。この頃までにルパートは別の家族を作り、地球の裏側にあるドイツへ移住していたので、私には助けが必要でした。新しい男性はミュージシャンで、過去にアルコールに依存していたことがあるということでしたが、すでに禁酒し、自分をしっかりと認識していました。私たちが出会う前から、彼は自助グループで私の著書を読んでいたというから驚きです！ 彼の過去が気がかりでしたが、偏見を持たずに受け入れようと努めました。私たちは熱烈に愛し合い、彼は私の家に転がり込んできました。

ところが、やがて彼は退行を始めました。何時間もテレビゲームを続け、思春期の若者のように不機嫌に振る舞いました。話をしていると、何かを言っている途中で居眠りをしてしまうことがありました。私はそれが普通でないことはわかっていましたが、彼が不眠症を抱えていることも知っていました。居眠りのことを聞くと、彼は睡眠不足のせいだと断言しました。ここで私はまたしても、その小さな違和感を無視し、そこから目を背けてしまいました。私はまだ心のどこかで、真実よりも愛の幻想に価値を置いていたからです。そんな状況が3カ月ほど続いた後、人が居眠りをするとはどういうことなのかを私がグーグルで調べると、真っ先に出てきたのは「オピエート依存の明らかな兆候」だという情報でした。私は彼に詰め寄り、薬物検査を受けてほしいと頼みました。彼は腹を立て、自分を信じてくれない女性とは一緒にいられないと言い、服をまとめて家を飛び出しました。幸運にも、ローワンは父親を訪ねてヨーロッパに旅行中だったので、私はすぐに家の鍵を全て交換しました。

翌日、彼は戻ってきてやり直したいと言いました。私は瞬き一つしませんでした。母グマが姿を現し、私はルパートに感じた同情を彼にも感じつつ、これからは息子に近づくことを絶対に許すわけにはいかないと思いました。彼の過去を考えればもっと警戒すべきだったことを、彼を同居させてローワンを危険にさらしたことを私は認めなければなりませんでした。私はロマンスの夢を追求するために自分というものを売り渡し、ありのままの真実を見ることに消極的になっていました。再び自分の過ちを許し、その過ちによる全ての痛みを受け入れるため、私は優しさのセルフ・コンパッションで自分を満たす必要がありました。人を信じて受け入れる私の性質は、紛れもなく美しい資質ですが、当時はバランスを失って勇猛な自己防衛の力を妥協していたのです。

十分なセラピーを受けた結果、私は自分自身の傷ついた少女の部分に突き動かされ、パートナーシップを通して全一性を獲得しようとしていたのだと気づきました。この傷には明らかな原因がありました。私が2歳の時に父が家を出て行き、子供の頃にはほぼ会う機会がなかったことです。例のミュージシャンと別れた後、私は父の住むデンマークを訪ねました（父は現地の女性と結婚してデンマークに移住し、離婚後もそこで暮らし続けていました）。

この訪問は痛みを伴いましたが、私の生い立ちに関する新たな洞察を与えてくれました。私は勇気を奮い起こし、自分が取り組んだ内面的な作業について父に話しました。父が出て行ったことを許し、何があろうと父を愛していると言いました。私はおそらく、「傷つけてすまなかった。私もお前を愛しているよ」という返事を期待していたのでしょう。

ところが、父はうつむいたまま、妙に苦しそうな表情を浮かべていました。「このことは誰にも言わないと心に決めたんだ。そう決めたんだ！」と父はつぶやきました。

「どういうこと？」と私。

すると父はこう続けました。「お前は赤ん坊の頃、私のことを嫌っていたんだ」。私は驚いて「なんですって？」と聞きました。

「私を嫌っていた。2歳になるまで私と口をきかなかった。お母さんを独り占めできるように、私にいなくなってほしかったんだ。だから私にできる最善のことは、家を出ることだと思った」

幸いにも、私がその話を自分のせいだと受け止めることはありませんでした。「この人はおかしい。自分が出て行ったことを正当化するために、罪のない赤ん坊に憎しみを投影する必要があったんだろうか？　どうかしている」としか思いませんでした。彼に食ってかかりはしませんでしたが、こう言いたくてたまりませんでした。「赤ん坊は嫌ったりしない。それに、赤ん坊が生後2年間は誰とも話さないのを知らないの？」。そうする代わりに、疲れたとだけ言ってベッドに入りました。父はもう高齢であり、彼なりに精一杯私を愛してくれたのだと理解しました。私は自分の傷を手当てし、父をありのままに受け入れることができました。受け入れるのかどうかは父の問題ではなく、私の問題だったのです。

後日、私は母にそのことを尋ねました。母いわく、私は生まれた時から母に愛と関心を注がれていたことで父に嫉妬され、それは父が出て行く理由の一つになったそうです。私はここでも陰と陽の分離が起きていたのだと気づきました。父は優しさのセルフ・コンパッションから切り離されていたため（父は両親との関係に問題を抱えていました）、母から受けるケアに依存していました。母の養育のエネルギーが私に向けられると、父は喪失感や見捨てられた気持ちを感じて、家を出て行きました。結果として私の心に穴が開き、私はその穴を恋愛関係で埋めようとしていたのです。

現在の私は、自分が不完全であるという誤った考えを信用しないよう全力を尽くしています。そのせいで二度とパートナーを持てなくなるとしても、私はもう自分自身を裏切りません。私はもちろん愛することに積極的ですが、今は内なるつながりを通して幸せを見つけることに集中しています。分離の感覚が前提にある場合、連帯の感覚を得ようとしても――つまり、優しい陰のエネルギーと強さの陽のエネルギーとが分離している場合――、人は決して全一にはなれないことを私は理解しています。親密さとは自分と自分以外の誰かとの間で生じるべきものだと私たちが考えていると、一人でいるときに寂しさを感じます。しかし、つながりは個別の2人の間でしか生じないという考えは幻想です。つながりは私たちの中に見つけられます。つながりは陰と陽の融合と統合から生まれます。つながりは私たちの本質、つまり人間とあらゆる生命との生得的な相互関連性に気づくことから生まれます。それを神と呼ぶこともできますし、普遍的な意識、愛、自然、神々しさと呼ぶこともできます。名前は何でも構いません。自分は不十分であるという感覚や、不完全であるという感覚を駆り立てるのは、分離した自己イメージと一体化するエゴの心です。私たちがこのエゴの心を手放すと、この相互関連性を感じられるようになります。

過去1年間にわたって私が明確に実践してきたのは、この分離の幻想に惑わされないようにすることでした。寂しさや男性への切望感が湧き上がってきたら、私はマインドフルネスを利用してそれに気づきます。この切望感を否定したり、軽視したりするわけではありません。それを受け入れ、その神聖さを認識します。自分が最も強く求めているものは何なのかと自分に尋ねます。たいていの場合、それは私の女性としての価値に対する肯定です。つまり、私は美しく、愛され、評価され、望まれる存在であるということです。安全で、見捨てられる心配はないということです。次に、これらの私を肯定する言葉を声に出して自分に言い聞かせます（もちろん、プライベートな空間で行います）。「この言葉を自分以外の誰かから聞きたい」という思いに執着せず、自分らしい言い方をすれば、驚くほど満足感が得られます。私はすでに全一であり、自分を完成させるための他者は必要ないことを思い出します。私はすでに自分自身と、世界と、意識と、愛と、神とつながっているのです。

　これは私が定期的に行っている実践であり、私にとって変容のきっかけとなった実践です。本書を執筆している現在、私は自分の想像を超えた大きな愛、喜び、充足を見出したと心から言うことができます。人生を共にする男性を探すことを諦めたわけではありませんが、自分の幸せは男性には依存していないという事実こそ、私が自分自身に授けた貴重な贈り物なのです。

WORK

27

あなたの心は何を求めているのか？

このエクササイズで利用するMSCの実践は、あなたの最も切実なニーズとつながりを持ち、セルフ・コンパッションによってそれを直接的に満たせるよう設計されたものです。これは内省的エクササイズとしても、筆記式エクササイズとしても、自分に合った方法で行うことができます。

- 最初に、あなたが恋愛関係に対して何を切望しているのか、自分に問いかけてみてください。現在あなたが恋愛関係にある場合、何かそこに欠けているもの——より多くの親密さ、情熱、承認、真剣さなど——を求めているのではないでしょうか？　恋愛関係にない場合は、自分の人生に特定の恋愛パートナーを持つことを切望しているか、自問してみてください。
- 切望の感情を身体のどこかで感覚として見つけられるかどうかを確かめてください。それは胸がヒリヒリするような感覚かもしれませんし、胃のあたりの空虚感、額の圧迫感、あるいは全体的な痛みかもしれません。切望の感情が存在することを知らせる身体感覚はどんなものでしょうか？　特定の感覚が見つからなくても問題ありません。身体が感じていることにただ注意を向けてください。

- 次に、切望を感じる身体の場所に優しく手を当てます（場所がわからなければ、胸の上や、安らぎを感じられるそれ以外の場所に手を当ててください）。
- その切望が満たされたら、あなたは人生で何を得られると思いますか？（より多くのつながり、興奮、サポート、安定など）
- その切望が満たされたら、あなたは人としてどんな気分になると思いますか？（特別である、評価されている、価値がある、美しい、愛されている、重要である、幸せである、など）
- あなたの交際相手に耳元でささやいてほしい言葉はありますか？（あなたは素晴らしい、あなたを愛している、あなたを尊敬している、決してあなたから離れない、など）
- 今度は、あなたがパートナーから聞きたいと思っている言葉を、自分に向かって声に出して言ってみましょう。ぎこちなく聞こえるかもしれませんが、そのままやってみてください。この言葉が自信過剰に感じられる、あるいは自己中心的に感じられるという考えが浮かんできたら、その考えを手放せるかどうかを確かめます。これはあなたが聞きたがっていることであり、これらの切望は正当なものです。あなたはこれらの言葉を、目的を持って自分に言うことができますか？
- 息を吸うときに強さのセルフ・コンパッションで自分を活性化し、息を吐くときに優しさのセルフ・コンパッションで自分をリラックスさせると想像しながら、数回深呼吸します。これら2つのエネルギーがあなたの中で融合し、統合されるのを感じてください。

● 結びつきやつながりへの憧れは正当なものだと理解しましょう。陰と陽を融合させれば、あなたはその切望を自分の内部で満たすことができます。より大きな全体とのつながりを感じることを自分に許せば、その満たされた感覚を拡大できます。自分に合っていると感じられるものなら何でも構わないので、一体感をあらわすシンボルを想像してください。あなたが宗教に敬けんな人なら、そのシンボルは神やアラー、あるいは神聖な意識かもしれません。あなたが宗教的でないなら、そのシンボルは単に地球や宇宙かもしれません。実際、あなたは一人ではありません。自分より大きな何かとつながっているということの感覚を確かめ、できるだけ長くこの意識を保ちましょう。

● 最後に、あなたの人生に存在している愛とつながりの全ての源に感謝の言葉を言ってみましょう。あなた自身もその源の一つです。

おわりに

散らかったままコンパッションあふれる存在となる

何年経っても、私たちは正気を失うことがあるでしょう。何年経っても、私たちは怒りに燃えることがあるでしょう……重要なのは、自分を捨ててもっと良い人間になろうとすることではありません。すでに存在している自分と友人になることです。

――ペマ・チョドロン、作家兼瞑想指導者

私はセルフ・コンパッションを実践して25年ほどになります。おかげで私は確実に強くなり、穏やかになり、幸福になり、私の内なるブルドッグも以前ほど頻繁には吠えなくなりましたが、悪戦苦闘はまだ続いています。私は不完全な存在のままですが、これがあるべき姿なのです。人間であることの本質は、何かを正しく行うことではありません。何かを正しく行うにせよ、間違えるにせよ、心を開くことが大切なのです。私はあらゆる失敗や困難を経験することで、その事実を時間と共に学んできました。

私はどちらかといえば陰より陽に傾きがちな人間です。しかし、そのことで問題が起きるときには、自分に優しさを向けてバランスを回復します。この強く、勇敢で、ときに気難しく衝動的な自分の側面を私が愛せるようになったのは、それがあったからこそ達成できたことが多くあるとわかっているからです。本の執筆、研究の実施、トレーニングプログラムの開発、ワークショップの指導、そして何より重要なのはローワンの養育です。こうしたことは優しさだけでなく、それと同じだけの強さを原動力として達成されました。とはいえ、私がこれらを何一つ達成できていなかったとしても、また明日には全てが中断してしまうとしても、結果として私の価値が下がることはありません。

以前、ある瞑想指導者がこう言っているのを聞いたことがあります。「実践の目標とは、コンパッションあふれるぐちゃぐちゃな存在であることだ[2]」。これはどういうことでしょうか。あなたの目標が、状況に**かかわらず**自分をサポートし、助け、自分にコンパッションを向けることならば、その目標は常に達成可能です。あなたは人生のぐちゃぐちゃな状態を、人間の経験の豊かな表出として受け入れられるようになります。人はバランスの取れた状態に到達しても、それをそのまま維持できるわけではありません。私たちは繰り返しバランスを崩し、何度もつまずき、そのつまずきにコンパッションを向けることで平衡を取り戻します。私は自分と意見が合わない人にあまりにも無遠慮な態度を取ってしまったとき、そのことに気づいたらすぐ（たいてい数秒以内に）謝罪して、自分に優しさを向けるようにしています。自分ではわかっていることですが、私が過剰反応するのは、私の素晴らしく強い部分が、相手の感情に対する配慮を一時的に圧倒してしまうからです。逆に、私が何らかの（自分または他者の）行為を放置し、後でそれが有害だとわかったときには、そうした行き過ぎた受容が自分自身の平和的で愛に満ちた部分、ありのままに寄り添う大きな力を備えた部分から生じたものだとすぐに理解します。しかし同時に、自分にはいっそう集団的で勇猛な行動が必要であることも認識します。

絡み合う雑多な混乱に心を開くことで、私は自分が耐えられるとは思えなかったことにも耐えられる強さを手に入れました。おかげで今の私になれたのですから、何も変えようとは思いません。

こうしたプロセスは多くの女性にも起きつつあると確信しています。時代を超えて抑制されてきた勇猛さを取り戻すと、私たちはバランスを回復し、自分の本質を受け入れ始めます。従属することなく他者をケアし、攻撃的にならずに怒ることを学ぶと、自分の内部のみならず社会全体の中で陰と陽を統合し始めます。これは困難な旅であり、その途上で私たちは必ず過ちを犯すでしょう。性的虐待の加害者を非難するとき、加害者のプライバシーの保護や推定無罪の確保という点で、行動を誤るかもしれません。ジェンダー公正に向かって前進するとき、自分たち以外の抑圧された集団のニーズに十分注意を払うことを怠るかもしれません。仕事と家庭の間で、また個人的充足と社会正義の間で適切なバランスを見出そうとするとき、精神的にくじけてしまうかもしれません。平等な政治代表、平等な賃金、平等な待遇といった目標達成までの道のりにおいて、繰り返し失敗することは避けられないでしょう。それでも私たちは自分を奮い立たせ、バランスを正して、再び課題に挑みます。あらゆる運動と同じく、フェミニズム運動はこれまで混乱してきましたし、これからも混乱を続けるはずです。しかし、女性には思いやりというスキルがあるため、この混乱は「コンパッションのある混乱」になる現実的な可能性を秘めています。私たちが女性のエンパワメントの過程全体に強さのコンパッションと優しさのコンパッションを注ぎ込めば、苦しみの緩和という究極の目標に集中し続けることができます。私たちが心を開いたまま改革の作業に取り組めば、成功は約束されます。

この改革は、個人レベルと社会レベルで同時に起こらなければなりません。私たちは一人ひとりが自分の人生という物語の主人公であり、全ての物語は絡み合っています。強さのコンパッションと優しさのコンパッションが私たちの全身を駆け巡り、自分の外側だけでなく内側にも流れ込むとき、私たちは社会と自分自身の両方を救うことができます。つまずいて倒れることは、学びや成長の機会となるばかりではありません。同じように苦しむ他者と結びつき、相互関連性を強めることを可能にしてくれるのです。個人的、政治的、世界的なレベルで展開されている全ての悲痛な出来事は、私たちが覚醒するために不可欠な教訓として必要とされるものにほかなりません。そして、そのうちいずれかの出来事は、私たちが個人的・集団的進化を積極的に形成するために――たとえ困難であるにしても――必要とされるものです。少なくとも、私たちは自らの苦しみを通じて、苦しみの本質を深く理解できるようになります。愛とコンパッションを用いてあらゆる苦しみに向き合うことで、私たちは課題を上手に受け入れ、生産的に取り組むことができるようになります。

ローワンはようやくこの考えにたどり着き、自らの生き方にセルフ・コンパッションを取り入れ始めています。痛みや不完全さを抱える現実と長年格闘した末、彼はそれが変容に欠かせない手段であると気づいたのです。先日、ローワンはある大事な仕事をするのを忘れてしまいました。以前ならそのことで自分を責めたでしょうが、彼はごく自然にこう言いました。「ミスのない人生なんて味気ない食事のようなものだろうね。退屈だし、予想ができる。不完全さは食事を美味しくするピリ辛のソースなんだ」。ローワンは自分なりのやり方で、時間をかけてそれに気づかなければなりませんでしたが、この気づきは実際に効果をもたらし始めています。パンデミックを原因とするあらゆる変化に対処する過程で――屋内退避命令に始まり、Ｚｏｏｍでのオンライン学習、そして数人の生徒と対面授業を受けている現在に至るまで――、ローワンは驚くべき柔軟性と回復力を見せました。不安発作の問題は残っていますが、今では発作が起きると、彼は胸に手を当てて「大丈夫だよ、ローワン。君は安全だ。僕は君のためにここにいる」と言うようになりました。この方法は大いに役立っています。ローワンは若くして、自分の健康や幸福を左右するものは自分の人生に起きる出来事ではなく、起きること全てにどれだけコンパッションを持って関われるかだということを学びました。

　私自身も新たな局面を迎え、賢女[3]あるいは老女などと呼ばれがちな年代に入りました。更年期を過ぎると、女性は妊娠や不妊の悩みから解放されます。子供がいればたいていは成人し、私たちは自分のキャリアを確立します。英智を蓄え、それを地域社会に還元する時期がやってきます。肌のたるみや視力の低下など、老化には受け入れがたい面もありますが、変化に抗うことなくそれを進んで受け入れれば、素晴らしい時間にもなり得ます。若者時代に感じていた多くの不安や幻想を捨て、女性として真の力を手にします。年齢を重ねた女性は、性的魅力がその人の主要な資質でなくなったからという理由で、社会から軽んじられることがよくあります。しかし、それは家父長制によって押し付けられた価値観であり、この歪んだ見方は強さのセルフ・コンパッションによって簡単に退けられるものです。むしろ、魂が完全に開花する機会を得たことで、女性は年齢を重ねるほど美しくなります。この段階では、爽快で劇的な変容を経験する人もいるでしょう――私は確実にその一人でした。

たとえば、私は自分の傾向を理解して傷を癒そうとする努力をやめました。自分のエゴとパーソナリティは十分に機能していると気づいたからです。ここまで私を導いてくれた長年のセラピーには深く感謝していますが、自分の要素をこれ以上徹底的に理解する必要はありません。私は自分自身のあらゆる面を知り、それらに感謝するようになりました。私の中には、誰かが真実を汚すのを感じると現れる、弓を持つ戦士の部分があります。常に社交的なわけではないものの、自分らしく話せる部分があります。人生における困難な状況でも、勤勉に前進し続ける部分があります。そして、愛によって全てを受け入れられる部分があります。

現在、私が主に重視しているのは、陰と陽のエネルギーの自由な流れを阻む障害を取り除くという作業です。瞑想をしているとき、私は自分がもう何を手放しているのかさえ把握していません。ストーリーも存在していません。ただ「自分に役立たないものを手放せますように」と繰り返すだけで、体内のエネルギーが変化していくのを感じられます。私は仕事で知力を酷使しているため、仕事以外では「知らないこと」に慣れるよう実践を積んでいます。私は自分が何に執着しているのかを知りません。物事がなぜそうなっているのかを知りません。将来どんなことが起きるのか——自分が再び恋愛関係を持てるのか、テキサス大学オースティン校を退職したらどうなるのか、この社会や地球に何が起きるのかを知りません。これから起きることがはっきりとわからなくても、私は平静でいることに集中しています。受け入れるべきことは受け入れ、変えるべきことはその時が来たら変える努力ができると信じています。それはいわば、私、つまり「クリスティン」は物事をコントロールしたり、自分の人生について決定を下したりする存在ではなく、一瞬一瞬の展開に合わせて自分をサポートし助けるだけの存在だという見方です。物事を知っている自分、物事をコントロールしている自分への同一化を手放すと、私たちの心は軽くなります。何かにとらわれている感覚が減り、光に満たされている感覚が増えていくのです。

女性である私たちは、このプロセスにおいて自己アイデンティティも手放し、自分を解放します。時代を通して、私たちの人生や私たちの母親の人生を通して、何世代にもわたって女性を制限してきた性役割への同一化を手放します。私たちが自己価値の感覚を性別に基づく社会的承認に依存しなくなり、安全の感覚を男性に依存しなくなれば、女性一人ひとりが陰と陽のエネルギーを独自に表現できるようになります。これは、男性、トランスジェンダーの人々、ノンバイナリーの人々、ジェンダーフルイドの人々にも言えることです。性別に関係なく、私たち一人ひとりが「自分はこうあるべきだ」という狭量なステレオタイプを捨てたら、どんな自分になれるか想像してみてください。自己批判、孤立感、恐怖にまつわるストーリー、私たちの妨げとなる無力感など、もはや私たちには役立たないものを手放したらどうなるでしょうか。打ち負かされては復活することを繰り返すのは問題ではなく、それが私たちの生きる道なのだという事実を受け入れることができたらどうなるでしょうか。私たちが自分自身を、絶え間なく進化する、輝かしくもぐちゃぐちゃのままの存在として祝福できたらどうなるでしょうか。強さのコンパッションと優しさのコンパッションを人生の指針として手に入れることで、私たちは世界を正すチャンスを得られるかもしれません。

謝辞

本書はチームの努力の賜物です。実現にあたり力を貸してくださった多くの方々に感謝いたします。最初に、私の長年の同僚であり、親友であり、マインドフル・セルフ・コンパッション・プログラムの共同開発者であるクリス・ガーマーにお礼を言います。私とガーマーは一緒に、強さのセルフ・コンパッションと優しさのセルフ・コンパッションに関する多くのアイデアを発展させました。本書に収録されているほとんどの実践は、私と彼の共同作業から生まれたものです。私にとって最も実用的な男友達の象徴がガーマーだと私はよく冗談を言うのですが、実際に私たちは驚くほど素晴らしく、生産的なパートナーシップを結んでいます。

ミシェル・ベッカーやカッソンドラ・グラフをはじめとするMSCの講師陣は、セルフ・コンパッションの強さの面がどのように表出するかという点でアイデアやヒントを提供してくれました。世界中でセルフ・コンパッションの実践を奨励している講師の皆さん、そして優秀な事務局長のスティーブ・ヒックマンを筆頭とするマインドフル・セルフ・コンパッション・センターのチーム全体でのサポートに、心から感謝します。

本書の執筆にはケビン・コンリーの貢献が欠かせませんでした。彼は私の最初の編集者であり、実際の原稿作りに協力してくれました。彼が手助けしてくれた形跡は本書のほぼ全てのページに見ることができます。アイデアをあれこれ検討し、草稿をやりとりするなかで、彼が忍耐強く、優れたユーモアを持って対応してくれたのは大変ありがたいことでした。

また、本書の出版をさまざまな点で支援してくれたハーパー・ウェーブの編集者、カレン・リナルディにも感謝しています。彼女はごく最初の頃から、本書の本質を掴んでくれていました。それほど理解してもらえるのは本当に素晴らしいことです。同じく、ヘイリー・スワンソンとハーパー・ウェーブの優秀なチームが丁寧に編集してくれたことにも謝意を表します。私は皆さんにとても気にかけられていると感じます。

私が本書の企画書を最初に送った相手であり、執筆を強く勧めてくれたエージェントのエリザベス・シェンクマンにも感謝を捧げます。私のアイデアについて彼女が一人の女性として与えてくれたフィードバックは、本の市場性に関する専門的なフィードバックと同様に参考になりました。彼女が私を信頼してくれるのは、とても光栄なことです。

強さのセルフ・コンパッションについて私に最初に教えてくれた伝統的な洞察瞑想の指導者、特にシャロン・サルツバーグとタラ・ブラックの英智には多大な恩義があります。この2人の母グマは、強さのセルフ・コンパッションと優しさのセルフ・コンパッションが統合された状態を示す素晴らしいお手本です。彼女たちの指導と助言は非常に有益でした。

もう一人の精神的な師であるキャロライン・シルバーにも感謝しています。彼女とは長年一緒に働いてきましたが、私の研究が展開する過程で彼女が与えてくれる直接的な支援は、私にとって一生報いることのできない贈り物です。バランスを失ったときにいつでも軌道修正してくれる彼女を私は心から愛しています。

親友であり、同僚でもあるショーナ・シャピロにもお礼を言います。彼女は私以外でセルフ・コンパッション尺度を研究に使用した最初の人物であり、長年にわたって信頼できる大切な友人でいてくれています。

永遠の大親友であるケリー・レインウォーターの愛と友情も、本書には欠かせないものでした。私は彼女から神聖なる女性の神秘を教わり、それを最も必要とするときにこの導きの源を呼び覚ますことができるようになりました。女性らしさについて、家父長制について、歴史について私たちが何時間も話し合ったことは、私が本書に関する多くのアイデアを展開させるうえで役立ちました。私が人生における最も困難な瞬間にいるとき、彼女はいつもそばにいて、その瞬間を乗り越える手助けをしてくれました。そしてまた、私たちは多くの幸せな瞬間を一緒に祝福してきました。彼女がいなければ、私の人生は違ったものになっていたでしょう。

もちろん、母がいなければ私の人生は存在すらしませんでした。母に対しては、兄のパーカーと私を立派に育ててくれたことだけでなく、変わらぬ友人でいてくれることにも感謝しています。母は誰にどんなたわごとを言われても耳を貸さず、女性として強く生きることについて私に多くを教えてくれました。

私が最大の感謝を捧げたい相手は、息子のローワンです。彼の驚くべき勇気と回復力は、私を日々刺激してくれます。彼は私にとても多くのことを教えてくれました。これほど優しく、愛情深く、素晴らしい息子を持てたことは、私の幸せです。

最後に、「ジョージ」という共通のトラウマを経験し、必要なときには互いをサポートするために団結してきた勇敢な女性たちに感謝します。私たちがこのトラウマによってさらに強くなれることを、自分たちの声を生かして同様の出来事の再発防止に役立てることを、私は願ってやみません。

付録　日本と海外のデータ比較

監訳者・編集部作成

本書で言及されたさまざまなデータの多くが米国内の状況を示すものです。そこで、似た観点の日本のデータを集めてみました。著者が指摘している論点が日本でも当てはまる、あるいはそれ以上に問題が深刻であることがうかがわれるでしょう。また、自分の状況を振り返るための手がかりとしてご覧になってみてください。

【第7章】

● **メリーランド大学の研究では、男女が普段の一日の中でさまざまな活動に費やした時間を細かく記録しました。すると、女性は自分のために持てる時間が少なく、その少ない時間に得られるメリットも少ないことがわかりました。女性は自由時間中にも家庭の問題を心配し続けるため、余暇を気分転換や充足のために利用できないことがその原因でした。**

2021年、日本の男女が普段、何にどのくらい時間を使っているのかを調べた調査の結果、日本の男性の自由時間は一日平均6時間34分、女性は6時間ちょうどでした。仕事時間は、男性が一日平均5時間45分、女性は3時間33分でした。家事時間（育児・介護等含む）は、男性が一日平均51分、女性は3時間24分でした。

ここでは本文にあるように、日本の女性が自由時間に家庭を心配しているかは明らかではありません。

「令和3年社会生活基本調査」（総務省統計局）

【第8章】

● **自己批判を通じて交感神経系が頻繁に活性化されると、コルチゾール値が上昇し、高血圧、心血管疾患、脳卒中を引き起こします。これら3つは、アメリカ人の**（日本人も同様に）**主な死亡原因と密接に関わっているとされる病気です。**

日本における主な死因5つは、悪性新生物〈腫瘍〉、心疾患、老衰、脳血管疾患、肺炎です。これらの死因と自己批判の関連性は明らかではありません。

「令和3年人口動態統計」（厚生労働省）

● **米国では現在、女性はあらゆるレベルで男性より学位の取得率が高く――学部（57％）、修士（59％）、博士（53％）――、優れた成績を収めています。**

日本においては学位の取得率ではなく進学率から、教育分野における男女の状況を鑑みることができます。学校種類別で令和3年度の男女の進学率を比較すると、高等学校や専修学校（専門課程）への進学率では女性が高く、大学（学部）への進学率やその後に直ちに大学院へ進学する者の割合では男性のほうが高いことがわかりました。女性の進学率は、高校等で95・1％、専修学校（専門課程）で27・8％、大学（学部）で51・7％でした。また、大学（学部）卒業後直ちに大学院へ進学する女性の割合は5・9％でした。

「令和4年版男女共同参画白書」（内閣府男女共同参画局）

● **女性はまた、労働人口の47％を占めます。**

日本では、令和3年の就業者に占める女性の割合は44・7％でした。

「令和4年版男女共同参画白書」（内閣府男女共同参画局）

● **2018年の時点で、米国の平均的な女性労働者の収入は、平均的な男性の1ドルに対して82セントでした。**

令和2年の日本では、男性のフルタイム労働者の賃金の中央値を100とした場合の女性の同中央値は77・5でした。

「令和4年版男女共同参画白書」（内閣府男女共同参画局）

● **家事に最も多くの時間を費やすのは無職の女性**（週に約33時間）**であり、仕事を持つ女性**（24時間）**、無職の男性**（23時間）**、仕事を持つ男性**（16時間）**がそれに続きます。**

日本では子どもがいる家庭における夫婦の家事時間の調査がありました。平成28年の日本において家事に最も多くの時間を費やすのは無職の女性（週に平均32時間5分）で、共働きの女性（22時間52分）、共働きの男性（1時間45分）がそれに続きます。育児時間はここには含まれていません。また、無職の男性のデータは確認できていません。

「平成28年社会生活基本調査結果」（総務省統計局）

● **フォーチュン500社の重役に占める女性の割合はわずか23%であり、**

2021年度（2021年4月期から2022年3月期）の東京証券取引所一部上場3795社の女性役員の比率は9・0%でした。

「2021年度決算『女性役員比率』調査」（東京商工リサーチ）

● **最高位職に限定すると、フォーチュン500社でCEOを務める女性は、民族を問わず5%しかいません。**

2023年1月末時点で、東京証券取引所の最上位市場「プライム」に上場する企業1836社のうち、代表権を持つ女性社長はで0・8%に当たる15人でした。

「東証プライム女性社長、0・8%　多様性経営進まず」共同通信（2023年3月23日）

● **米国の労働者の大半はキャリアのどこかの時点でいじめを経験しており、その経験は離職率や欠勤率の上昇、仕事への関与の減少、仕事に対する満足度の低下、メンタルヘルスの問題を引き起こします。**

本書におけるいじめ（bullying）とは異なりますが、日本の職場でもさまざまなハラスメント被害があります。2020年のアンケート調査では、過去3年間にパワハラを受けたことがある人は労働者全体の31・4％、セクハラを受けたことがある人は10・2％、顧客等からの著しい迷惑行為を受けたことがある人は15％いるとされています。

「令和2年度職場のハラスメントに関する実態調査」（厚生労働省）

● **2018年に米国進歩センターが約500人の親の人口学的に多様なサンプルを調査したところ、母親は父親より40％高い割合で、育児の問題によってキャリアが損なわれたと回答しました。**

日本では、2017年時点から過去5年間で出産・育児が理由で離職を経験した人は102万5000人おり、その中で女性の割合は98・69％でした。

「平成29年就業構造基本調査」（総務省統計局）

● **米国国勢調査のデータは、男性と同等の資格を得て労働市場に参入し、同様の仕事に就いた女性の収入が、キャリアのどの段階でも男性より少ないことを明らかにしています。**

令和4年の日本における労働者を学歴別（高校卒、専門学校卒、高専・短大卒、大学卒、大学院卒）に分け、それぞれの学歴における平均賃金を男女別で比較すると、全ての学歴において女性の平均賃金のほうが少ないことが明らかになりました。

また、役職別（非役職者・係長級・課長級・部長級）で男女の平均賃金を比較したときも、全ての役職において平均賃金は女性のほうが少ないことがわかっています。

「令和4年賃金構造基本統計調査」（厚生労働省）

【第10章】

● **両親がフルタイムで働くふたり親世帯でも、働く妻の育児や家事に関する仕事量は夫の約2倍と推定されます。**

平成28年の日本では子供がいる共働き世帯のうち夫の平均家事・育児時間は一日平均46分、妻は4時間54分だとされ、妻は夫の6・4倍の時間を割いていると推定されます。この調査には、両親がフルタイム以外の雇用形態で働く場合も含まれています。

「平成28年社会生活基本調査」（総務省統計局）

● **私たちは男性より1・5倍の確率で**〔介護者の5人に3人が女性（60％）、5人に2人が

男性（40％）」、アルツハイマー病、認知症、がんなどの病気を患う配偶者や高齢親族の介護者になります。

日本のデータでは被介護者の病状が明らかではありませんが、2021年の調査から、介護者の男女比は米国と日本でほぼ変わらないことがわかりました。15歳以上で日常的に介護を行う男女6534名を調べたところ、女性が3969人（約60％）、男性が2565人（約40％）でした。

「令和3年社会生活基本調査」（総務省統計局）

これらのデータが示すのは、日本でも女性は重要な労働力を提供しているにもかかわらず、構造的な男女差がいまだに続いていることです。あらゆる役職や学歴において、女性はより低い報酬しか得られないにもかかわらず、自由になる時間も少ないうえ、その原因である制度や仕組み、人々の心の中にある偏見や差別はうやむやにされたままです。

一方で「より高い教育と報酬に見合う優れた男性」という社会の期待に苦しむ男性もいるでしょう。

このような状況で、自分自身の心身を癒し、さらには問題の根源に立ち向かい自らの権利と尊厳を守るには、優しさと強さのセルフ・コンパッションの両方を育むことが不可欠です。

セルフ・コンパッションは、とても個人的であると同時に、多くの人を助ける社会改革への一歩ともなるのです。

20. M. A. Garcia and D. Umberson, "Marital Strain and Psychological Distress in Same-Sex and Different-Sex Couples," *Journal of Marriage and Family* 81, no. 5 (October 2019): 1253–68.
21. A. K. Randall et al., "Associations between Sexual Orientation Discrimination and Depression among Same-Sex Couples: Moderating Effects of Dyadic Coping," *Journal of Couple and Relationship Therapy* 16, no. 4 (2017): 325–45.
22. A. M. Pollitt, B. A. Robinson, and D. Umberson, "Gender Conformity, Perceptions of Shared Power, and Marital Quality in Same-and Different-Sex Marriages, *Gender and Society* 32, no. 1 (2018): 109–31.
23. W. Langford, *Revolutions of the Heart: Gender, Power and the Delusions of Love* (Hove, UK: Psychology Press, 1999), 27.
24. Langford, *Revolutions of the Heart*, 29.
25. Langford, *Revolutions of the Heart*, 39.
26. hooks, *Communion*, 152.
27. C. E. Copen et al., "First Marriages in the United States," National Health Statistics Reports, March 22, 2012, https://www.cdc.gov/nchs/data/nhsr/nhsr049.pdf.

おわりに　散らかったままコンパッションとあふれる存在となる

1. P. Chodron, *The Wisdom of No Escape and the Path of Loving-Kindness* (Boston: Shambhala, 1991), 4.
2. R. Nairn, lecture presented at Kagyu Samye Ling Monastery, Dumfriesshire, Scotland, September 2009.
3. J. S. Bolen, *Goddesses in Older Women: Archetypes in Women over Fifty* (New York: Harper Perennial, 2002).

第 11 章　愛のためなら

1. b. hooks, *Communion: The Female Search for Love* (New York: Perennial, 2003), 66.
2. C. Dowling, *The Cinderella Complex: Women's Hidden Fear of Independence* (New York: Pocket Books, 1981). 『シンデレラ・コンプレックス』コレット・ダウリング著、柳瀬尚紀訳、三笠書房、1996 年
3. A. Schopenhauer, *Parerga and Paralipomena: Short Philosophical Essays*, volume 2 (Oxford: Oxford University Press, 1851), 651.
4. E.H.K. Jacobson et al., "Examining Self-Compassion in Romantic Relationships," *Journal of Contextual Behavioral Science* 8 (2018): 69–73.
5. J. S. Ferreira, R. A. Rigby, and R. J. Cobb, "Self-Compassion Moderates Associations between Distress about Sexual Problems and Sexual Satisfaction in a Daily Diary Study of Married Couples," *Canadian Journal of Human Sexuality* 29, no. 2 (2020): 182–196.
6. L. M. Yarnell and K. D. Neff, "Self-Compassion, Interpersonal Conflict Resolutions, and Well-being," *Self and Identity* 2, no. 2 (2013): 146–59.
7. Yarnell and Neff, "Self-Compassion," 156.
8. Yarnell and Neff, "Self-Compassion," 156.
9. K. D. Neff and S. N. Beretvas, "The Role of Self-Compassion in Romantic Relationships," *Self and Identity* 12, no. 1 (2013): 78–98.
10. Z. Williams, "Relationship Satisfaction in Black Couples: The Role of Self-Compassion and Openness" (unpublished doctoral dissertation, Kansas State University 2019).
11. J. W. Zhang, S. Chen, and T. K. Tomova Shakur, "From Me to You: Self-Compassion Predicts Acceptance of Own and Others' Imperfections," *Personality and Social Psychology Bulletin* 46, no. 2 (2020): 228–42.
12. L. R. Baker and J. K. McNulty, "Self-Compassion and Relationship Maintenance: The Moderating Roles of Conscientiousness and Gender," *Journal of Personality and Social Psychology* 100, no. 5 (2011): 853.
13. S. Coontz, "The World Historical Transformation of Marriage," *Journal of Marriage and Family* 66, no. 4 (2004): 974–79.
14. R. Geddes and D. Lueck, "The Gains from Self-Ownership and the Expansion of Women's Rights," *American Economic Review* 92, no. 4 (2002): 1079–92.
15. "Domestic Violence Facts, Information, Pictures-Encyclopedia. com articles about Domestic violence," *Encyclopedia.com*, retrieved September 6, 2020.
16. K. Luppi, "Comedian-Actress Rita Rudner Brings a Bit of Real Life to Laguna Playhouse's 'Act 3' . . .", *Los Angeles Times*, January 8, 2016, https://www.latimes.com/socal/coastline-pilot/entertainment/tn-cpt-et-0108-rita-rudner-20160108-story.html.
17. A. Koedt, E. Levine, and A. Rapone, "Politics of the Ego: A Manifesto for New York Radical Feminists," in A. Koedt, E. Levine, and A. Rapone, eds., *Radical Feminism* (New York: Times Books, 1970), 379–83.
18. N. Greenfieldboyce, "Pageant Protest Sparked Bra-Burning Myth," NPR, September 5, 2008, https://www.npr.org/templates/story/story.php?storyId=94240375, accessed February 6, 2012.
19. K. Boyle, *#MeToo, Weinstein and Feminism*(London: Palgrave Pivot, 2019).

38. E. M. Seppälä et al., eds., *The Oxford Handbook of Compassion Science* (Oxford: Oxford University Press, 2017).
39. T. Singer and O. M. Klimecki, "Empathy and Compassion," *Current Biology* 24, no. 18 (2014): R875–78.
40. M. R. Oreskovich et al., "The Prevalence of Substance Use Disorders in American Physicians," *American Journal on Addictions* 24, no. 1 (2015): 30–38.
41. A. Salloum et al., "The Role of Self-Care on Compassion Satisfaction, Burnout and Secondary Trauma among Child Welfare Workers," *Children and Youth Services Review* 49 (2015): 54–61.
42. J. Mills, T. Wand, and J. A. Fraser, "Examining Self-Care, Self-Compassion and Compassion for Others: A Cross-sectional Survey of Palliative Care Nurses and Doctors," *International Journal of Palliative Nursing* 24, no. 1 (2018): 4–11.
43. J. G. Littleton and J. S. Bell, *Living the Serenity Prayer: True Stories of Acceptance, Courage, and Wisdom* (Avon, MA: Adams Media, 2008), 14.
44. C. Conversano et al., "Mindfulness, Compassion, and Self-Compassion Among Health Care Professionals: What's New? A Systematic Review," *Frontiers in Psychology* 11 (2020): 1–21.
45. M. P. Schellekens et al., "Are Mindfulness and Self-Compassion Related to Psychological Distress and Communication in Couples Facing Lung Cancer? A Dyadic Approach," *Mindfulness* 8, no. 2 (2017): 325–36.
46. K. Raab, "Mindfulness, Self-Compassion, and Empathy among Health Care Professionals: A Review of the Literature," *Journal of Health Care Chaplaincy* 20, no. 3 (2014): 95–108.
47. K. J. Kemper, X. Mo, and R. Khayat, "Are Mindfulness and Self-Compassion Associated with Sleep and Resilience in Health Professionals?," *Journal of Alternative and Complementary Medicine* 21, no. 8 (2015): 496–503.
48. J. Duarte, J. Pinto-Gouveia, and B. Cruz, "Relationships between Nurses' Empathy, Self-Compassion and Dimensions of Professional Quality of Life: A Cross-sectional Study," *International Journal of Nursing Studies* 60 (2016): 1–11.
49. K. Olson and K. J. Kemper, "Factors Associated with Well-Being and Confidence in Providing Compassionate Care," *Journal of Evidence-Based Complementary and Alternative Medicine* 19, no. 4 (2014): 292–96.
50. K. D. Neff et al., "Caring for Others without Losing Yourself: An Adaptation of the Mindful Self-Compassion Program for Healthcare Communities," *Journal of Clinical Psychology* 76 (2020): 1543–62.
51. C. Maslach and M. Gomes, "Overcoming Burnout," in R. MacNair and Psychologists for Social Responsibility, eds., *Working for Peace: A Handbook of Practical Psychology and Other Tools* (Atascadero, CA: Impact Publishers, 2006), 43–59.
52. H. Rettig, *The Lifelong Activist: How to Change the World without Losing Your Way* (New York: Lantern, 2006).
53. K. Rodgers, "Anger Is Why We're All Here: Mobilizing and Managing Emotions in a Professional Activist Organization," *Social Movement Studies* 9, no. 3 (2010): 273–91.
54. Rodgers, "Anger Is Why We're All Here," 280.

20. V. Thornton and A. Nagurney, "What Is Infidelity? Perceptions Based on Biological Sex and Personality," *Psychology Research and Behavior Management* 4 (2011): 51–58.

21. D. C. Jack and D. Dill, "The Silencing the Self Scale: Schemas of Intimacy Associated with Depression in Women," *Psychology of Women Quarterly* 16 (1992): 97–106.

22. L. Jin et al., "Depressive Symptoms and Unmitigated Communion in Support Providers," *European Journal of Personality* 24, no. 1 (2010): 56–70.

23. K. D. Neff et al., "The Forest and the Trees: Examining the Association of Self-Compassion and Its Positive and Negative Components with Psychological Functioning," *Self and Identity* 17, no. 6 (2018): 627–45.

24. K. D. Neff and R. Vonk, "Self-Compassion Versus Global Self-Esteem: Two Different Ways of Relating to Oneself," *Journal of Personality* 77 (2009): 23–50.

25. K. D. Neff and M. A. Suizzo, "Culture, Power, Authenticity and Psychological Well-Being within Romantic Relationships: A Comparison of European American and Mexican Americans," *Cognitive Development* 21, no. 4 (2006): 441–57.

26. A. E. Thompson and D. Voyer, "Sex Differences in the Ability to Recognise Non-verbal Displays of Emotion: A Meta-Analysis," *Cognition and Emotion* 28, no. 7 (2014): 1164–95.

27. C. Rogers, *On Becoming a Person: A Therapist's View of Psychotherapy* (Boston: Houghton Mifflin, 1995; original work published 1961), 248.

28. M. Iacoboni, "Imitation, Empathy, and Mirror Neurons," *Annual Review of Psychology* 60 (2009): 653–70.

29. D. Keltner, *Born to Be Good* (New York: W. W. Norton, 2009).

30. F. B. De Waal, "Putting the Altruism Back into Altruism: The Evolution of Empathy," *Annual Review of Psychology* 59 (2008): 279–300.

31. P. L. Jackson, P. Rainville, and J. Decety, "To What Extent Do We Share the Pain of Others? Insight from the Neural Bases of Pain Empathy," *Pain* 125 (2006): 5–9.

32. M. Ludick and C. R. Figley, "Toward a Mechanism for Secondary Trauma Induction and Reduction: Reimagining a Theory of Secondary Traumatic Stress," *Traumatology* 23, no. 1 (2017): 112–23.

33. C. Maslach, "Burnout: A Multidimensional Perspective," in W. B. Schaufeli, C. Maslach, and T. Marek, eds., *Series in Applied Psychology: Social Issues and Questions. Professional Burnout: Recent Developments in Theory and Research* (Philadelphia: Taylor and Francis, 1993), 19–32.

34. S. E. Showalter, "Compassion Fatigue: What Is It? Why Does It Matter? Recognizing the Symptoms, Acknowledging the Impact, Developing the Tools to Prevent Compassion Fatigue, and Strengthen the Professional Already Suffering from the Effects," *American Journal of Hospice and Palliative Medicine* 27, no. 4 (2010): 239–42.

35. M. Ferrara et al., "Prevalence of Stress, Anxiety and Depression in with Alzheimer Caregivers," *Health and Quality of Life Outcomes* 6, no. 1 (2008): 93.

36. C. R. Figley, ed., *Treating Compassion Fatigue* (London: Routledge, 2002).

37. O. Klimecki and T. Singer, "Empathic Distress Fatigue Rather Than Compassion Fatigue? Integrating Findings from Empathy Research in Psychology and Social Neuroscience," in B. Oakley et al., eds., *Pathological Altruism* (Oxford: Oxford University Press, 2012), 368–83.

3. T. Grall, "Custodial Mothers and Fathers and Their Child Support: 2015," US Census Bureau, February 2020, original work published January 2018, https://www.census.gov/library/publications/2018/demo/p60-262.html
4. S. M. Bianchiet al., "Housework: Who Did, Does or Will Do It, and How Much Does It Matter?," *Social Forces* 91, no. 1 (2012): 55.
5. M. Bittman et al., "When Does Gender Trump Money? Bargaining and Time in Household Work," *American Journal of Sociology* 109, no. 1 (2003): 186–214.
6. Pew Research Center, "Who's Feeling Rushed?," February 28, 2016, https://www.pewsocialtrends.org/2006/02/28/whos-feeling-rushed/.
7. AARP Public Policy Institute, "Caregiving in the US 2015," June 2015, https://www.aarp.org/content/dam/aarp/ppi/2015/caregiving-in-the-us-research-report-2015.pdf.
8. Q. P. Li, Y. W. Mak, and A. Y. Loke, "Spouses' Experience of Caregiving for Cancer Patients: A Literature Review," *International Nursing Review* 60, no. 2 (2013): 178–87.
9. K. J. Lively, L. C. Steelman, and B. Powell, "Equity, Emotion, and Household Division of Labor Response," *Social Psychology Quarterly* 73, no. 4 (2010): 358–79.
10. L. Lieke et al., "Positive and Negative Effects of Family Involvement on Work-Related Burnout," *Journal of Vocational Behavior* 73, no. 3 (2008): 387–96.
11. V. S. Helgeson and H. Fritz, "A Theory of Unmitigated Communion," *Personality and Social Psychology Review* 2 (1998): 173–83.
12. D. M. Buss, "Unmitigated Agency and Unmitigated Communion: An Analysis of the Negative Components of Masculinity and Femininity," *Sex Roles* 22, no. 9 (1990): 555–68.
13. L. Jin et al., "Depressive Symptoms and Unmitigated Communion in Support Providers," *European Journal of Personality: Published for the European Association of Personality Psychology* 24, no. 1 (2010): 56–70.
14. H. L. Fritz and V. S. Helgeson, "Distinctions of Unmitigated Communion from Communion: Self-Neglect and Overinvolvement with Others," *Journal of Personality and Social Psychology* 75, no. 1 (1998): 121–40.
15. V. S. Helgeson, "Relation of Agency and Communion to Well-Being: Evidence and Potential Explanations," *Psychological Bulletin* 116 (1994): 412–28.
16. S. G. Ghaed and L. C. Gallo, "Distinctions among Agency, Communion, and Unmitigated Agency and Communion According to the Interpersonal Circumplex, Five-Factor Model, and Social-Emotional Correlates," *Journal of Personality Assessment* 86, no. 1 (2006): 77–88.
17. V. S. Helgeson and H. L. Fritz, "The Implications of Unmitigated Agency and Unmitigated Communion for Domains of Problem Behavior," *Journal of Personality* 68, no. 6 (2000): 1031–57.
18. H. L. Fritz, "Gender-linked Personality Traits Predict Mental Health and Functional Status Following a First Coronary Event," *Health Psychology* 19, no. 5 (2000): 420–28.
19. H. L. Fritz and V. S. Helgeson, "Distinctions of Unmitigated Communion from Communion: Self-Neglect and Overinvolvement with Others," *Journal of Personality and Social Psychology* 75, no. 1 (1998): 121–40. Note that a few of the items were changed for this book so that reverse coding would be unnecessary.

Psychology 56 (2017): 125–45.
54. K. McCormick-Huhn, L. M. Kim, and S. A. Shields, "Unconscious Bias Interventions for Business: An Initial Test of WAGES - Business (Workshop Activity for Gender Equity Simulation) and Google's 're: Work' Trainings," *Analyses of Social Issues and Public Policy* 20, no. 1 (2020): 26–65.
55. M. E. Heilman and M. C. Haynes, "No Credit Where Credit Is Due: Attributional Rationalization of Women's Success in Male-Female Teams," *Journal of Applied Psychology* 90, no. 5 (2005): 905–16.
56. K. J. Anderson and C. Leaper, "Meta-Analyses of Gender Effects on Conversational Interruption: Who, What, When, Where, and How," *Sex Roles* 39, nos. 3–4 (1998): 225–52.
57. C. A. Moss-Racusin and L. A. Rudman, "Disruptions in Women's Self-Promotion: The Backlash Avoidance Model," *Psychology of Women Quarterly* 34, no. 2 (2010): 186–202.
58. J. M. Nicklin, K. Seguin, and S. Flaherty, "Positive Work-Life Outcomes: Exploring Self-Compassion and Balance," *European Journal of Applied Positive Psychology* 3, no. 6 (2019): 1–13.
59. A. Reizer, "Bringing Self-Kindness into the Workplace: Exploring the Mediating Role of Self-Compassion in the Associations between Attachment and Organizational Outcomes," *Frontiers in Psychology* 10 (2019): 1148.
60. P. R. Clance and S. A. Imes, "The Imposter Phenomenon in High Achieving Women: Dynamics and Therapeutic Intervention," Psychotherapy: *Theory, Research and Practice* 15, no. 3 (1978): 241–49.
61. A. Patzak, M. Kollmayer, and B. Schober, "Buffering Impostor Feelings with Kindness: The Mediating Role of Self-Compassion between Gender-Role Orientation and the Impostor Phenomenon," *Frontiers in Psychology* 8 (2017): 1289.
62. L. M. Kreemers, E. A. van Hooft, and A. E. van Vianen, "Dealing with Negative Job Search Experiences: The Beneficial Role of Self-Compassion for Job Seekers' Affective Responses," *Journal of Vocational Behavior* 106 (2018): 165–79.
63. Y. Kotera, M. Van Laethem, and R. Ohshima, "Cross-cultural Comparison of Mental Health between Japanese and Dutch Workers: Relationships with Mental Health Shame, Self-Compassion, Work Engagement and Motivation," *Cross Cultural and Strategic Management* 27, no. 3 (2020): 511–30.
64. Y. Engel et al., "Self-Compassion When Coping with Venture Obstacles: Loving-Kindness Meditation and Entrepreneurial Fear of Failure," *Entrepreneurship Theory and Practice* (2019): 1–27, advance online publication, DOI: 1042258719890991.
65. S. Chen, "Give Yourself a Break: The Power of Self-Compassion," *Harvard Business Review* 96, no. 5 (2018): 116–23.

第 10 章　自分を見失わずに他者を思いやる

1. A. Lorde, *A Burst of Light*: And Other Essays (Mineola, NY: IXIA Press, 2017), 130.
2. T. A. Evans, E. J. Wallis, and M. A. Elgar, "Making a Meal of Mother," *Nature* 376, no. 6538 (1995): 299.

40. A. Joshi, J. Son, and H. Roh, "When Can Women Close the Gap? A Meta-Analytic Test of Sex Differences in Performance and Rewards," *Academy of Management Journal* 58, no. 5 (2015): 1516–45.
41. C. Buffington et al., "STEM Training and Early Career Outcomes of Female and Male Graduate Students: Evidence from UMETRICS Data Linked to the 2010 Census," *American Economic Review* 106, no. 5 (2016): 333–38.
42. K. Parker and C. Funk, "Gender Discrimination Comes in Many Forms for Today's Working Women," Pew Research Center, December 14, 2017, https://www.pewresearch.org/fact-tank/2017/12/14/gender-discrimination-comes-in-many-forms-for-todays-working-women/.
43. L. A. Rudman and P. Glick, "Feminized Management and Backlash toward Agentic Women: The Hidden Costs to Women of a Kinder, Gentler Image of Middle Managers," *Journal of Personality and Social Psychology* 77, no. 5 (1999): 1004–10.
44. A. Linskey, "The Women Asked for Forgiveness. The Men Tried to Sell Their Books: How a Democratic Debate Moment Put a Spotlight on Gender," *Washington Post, December* 20, 2019, https://www.washingtonpost.com/politics/seek-forgiveness-or-give-a-gift-how-a-democratic-debate-moment-put-gender-in-the-spotlight/2019/12/20/6b77450c-22db-11ea-a153-dce4b94e4249_story.html.
45. M. E. Heilman, C. J. Block, and R. Martell, "Sex Stereotypes: Do They Influence Perceptions of Managers?," *Journal of Social Behavior and Personality* 10 (1995): 237–52.
46. L. A. Rudman, "Self-Promotion as a Risk Factor for Women: The Costs and Benefits of Counter-Stereotypical Impression Management," *Journal of Personality and Social Psychology* 74, no. 3 (1998): 629–45.
47. E. T. Amanatullah and M. W. Morris, "Negotiating Gender Roles: Gender Differences in Assertive Negotiating Are Mediated by Women's Fear of Backlash and Attenuated When Negotiating on Behalf of Others," *Journal of Personality and Social Psychology* 98, no. 2 (2010): 256–67.
48. A. Joshi, J. Son, and H. Roh, "When Can Women Close the Gap? A Meta-Analytic Test of Sex Differences in Performance and Rewards," *Academy of Management Journal* 58, no. 5 (2015): 1516–45.
49. L. A. Rudman and P. Glick, "Prescriptive Gender Stereotypes and Backlash toward Agentic Women," *Journal of Social Issues* 57, no. 4 (2001): 743–62.
50. R. Kark, R. Waismel-Manor, and B. Shamir, "Does Valuing Androgyny and Femininity Lead to a Female Advantage? The Relationship between Gender-Role, Transformational Leadership and Identification," *Leadership Quarterly* 23, no. 3 (2012): 620–40.
51. J. C. Williams, "Women, Work and the Art of Gender Judo," *Washington Post*, January 24, 2014, https://www.washingtonpost.com/opinions/women-work-and-the-art-of-gender-judo/2014/01/24/29e209b2-82b2-11e3-8099-9181471f7aaf_story.html.
52. J. C. Williams and R. Dempsey, *What Works for Women at Work: Four Patterns Working Women Need to Know* (New York: NYU Press, 2018).
53. J. L. Howell and K. A. Ratliff, "Not Your Average Bigot: The Better-Than-Average Effect and Defensive Responding to Implicit Association Test Feedback," *British Journal of Social*

21. M. C. Worline and J. E. Dutton, *Awakening Compassion at Work: The Quiet Power that Elevates People and Organizations* (Oakland, CA: Berrett-Koehler, 2017).
22. P. J. Rosch, "The Quandary of Job Stress Compensation," *Health and Stress* 3, no. 1 (2001): 1–4.
23. J. E. Dutton et al., "Leading in Times of Trauma," *Harvard Business Review* 80, no. 1 (2002): 54–61.
24. K. Cameron et al., "Effects of Positive Practices on Organizational Effectiveness," *Journal of Applied Behavioral Science* 47, no. 3 (2011): 266–308.
25. J. A. Kennedy and L. J. Kray, "Who Is Willing to Sacrifice Ethical Values for Money and Social Status? Gender Differences in Reactions to Ethical Compromises," *Social Psychological and Personality Science* 5, no. 1 (2014): 52–59.
26. K. McLaughlin, O. T. Muldoon, and M. Moutray, "Gender, Gender Roles and Completion of Nursing Education: A Longitudinal Study," *Nurse Education Today* 30, no. 4 (2010): 303–7.
27. P. England, M. Budig, and N. Folbre, "Wages of Virtue: The Relative Pay of Care Work," *Social Problems* 49, no. 4 (2002): 455–73.
28. Pew Research Center, "Raising Kids and Running a Household: How Working Parents Share the Load," November 4, 2015, https://www.pewsocialtrends.org/2015/11/04/raising-kids-and-running-a-household-how-working-parents-share-the-load/.
29. J. Halpin, K. Agne, and M. Omero, "Affordable Child Care and Early Learning for All Families," Center for American Progress, September 2018, https://cdn.americanprogress.org/content/uploads/2018/09/12074422/ChildCarePolling-report.pdf.
30. J. L. Borelli et al., "Bringing Work Home: Gender and Parenting Correlates of Work-Family Guilt among Parents of Toddlers," *Journal of Child and Family Studies* 26, no. 6 (2017): 1734–45.
31. A. H. Eagly, C. Nater, D. L. Miller, M. Kaufmann and S. Sczesny, "Gender Stereotypes Have Changed: A Cross-Temporal Meta-Analysis of US Public Opinion Polls from 1946 to 2018," *American Psychologist* 75, no. 3 (2020): 301.
32. C. P. Ernst and N. Herm-Stapelberg, "Gender Stereotyping's Influence on the Perceived Competence of Siri and Co.," *Proceedings of the 53rd Hawaii International Conference on System Sciences* (January 2020).
33. M. E. Heilman, "Gender Stereotypes and Workplace Bias," *Research in Organizational Behavior* 32 (2012): 113–35.
34. Heilman, "Gender Stereotypes and Workplace Bias," 113–35.
35. C. A. Moss-Racusin et al., "Science Faculty's Subtle Gender Biases Favor Male Students," *Proceedings of the National Academy of Sciences* 109, no. 41 (2012): 16474–79.
36. L. J. Trevino et al., "Meritocracies or Masculinities? The Differential Allocation of Named Professorships by Gender in the Academy," *Journal of Management* 44, no. 3 (2018): 972–1000.
37. H. K. Davison and M. J. Burke, "Sex Discrimination in Simulated Employment Contexts: A Meta-Analytic Investigation," *Journal of Vocational Behavior* 56, no. 2 (2000): 225–48.
38. V. L. Brescoll and E. L. Uhlmann, "Can an Angry Woman Get Ahead? Status Conferral, Gender, and Expression of Emotion in the Workplace," *Psychological Science* 19, no. 3 (2008): 268–75.
39. J. L. Cundiff and T. K. Vescio, "Gender Stereotypes Influence How People Explain Gender Disparities in the Workplace," *Sex Roles* 75, nos. 3–4 (2016): 126–38.

6. N. Graf, A. Brown, and E. Patten, "The Narrowing, but Persistent, Gender Gap in Pay," Pew Research Center, March 22, 2019, https://www.pewresearch.org/fact-tank/2019/03/22/gender-pay-gap-facts/（現在はアクセス不可）.
7. G. Livingston, "Stay-at-Home Moms and Dads Account for About One-in-Five US Parents," Pew Research Center, September 24, 2018, https://www.pewresearch.org/fact-tank/2018/09/24/stay-at-home-moms-and-dads-account-for-about-one-in-five-u-s-parents/.
8. "Global Gender Gap Report," World Economic Forum, 2018.
9. D. Kanal and J. T. Kornegay, "Accounting for Household Production in the National Accounts," *Survey of Current Business* 99, no. 6 (June 2019), https://apps.bea.gov/scb/issues/2019/06-june/0619-household-production.htm.
10. Y. van Osch and J. Schaveling, "The Effects of Part-time Employment and Gender on Organizational Career Growth," *Journal of Career Development* 47, no. 3 (2020): 328–43.
11. Alliance for Board Diversity, "Missing Pieces Report: The 2018 Board Diversity Census of Women and Minorities on Fortune 500 Boards," 2018, https://www2.deloitte.com/content/dam/Deloitte/us/Documents/center-for-board-effectiveness/us-cbe-missing-pieces-report-2018-board-diversity-census.pdf.
12. C. C. Miller, K. Quealy, and M. Sanger-Katz, "The Top Jobs Where Women are Outnumbered by Men Named John," April 24, 2018, *New York Times*, https://www.nytimes.com/interactive/2018/04/24/upshot/women-and-men-named-john.html.
13. M. E. Heilman an E. J. Parks-Stamm, "Gender Stereotypes in the Workplace: Obstacles to Women's Career Progress," *Advances in Group Processes* 24 (2007): 47–77.
14. E. L. Haines, K. Deaux, and N. Lofaro, "The Times They Are a-Changing . . . or Are They Not? A Comparison of Gender Stereotypes, 1983–2014," *Psychology of Women Quarterly* 40, no. 3 (2016): 353–63.
15. M. E. Heilman and E. J. Parks-Stamm, "Gender Stereotypes in the Workplace: Obstacles to Women's Career Progress," in S. J. Correll, ed., *Social Psychology of Gender: Advances in Group Processes*, vol. 24 (Bingley, UK: Emerald Group Publishing, 2007), 47–77.
16. J. P. Walsh, K. Weber, and J. D. Margolis, "Social Issues and Management: Our Lost Cause Found," *Journal of Management* 29, no. 6 (2003): 859–81.
17. D. Salin, "Bullying and Organisational Politics in Competitive and Rapidly Changing Work Environments," *International Journal of Management and Decision Making* 4, no. 1 (2003): 35–46.
18. A. K. Samnani and P. Singh, "20 Years of Workplace Bullying Research: A Review of the Antecedents and Consequences of Bullying in the Workplace," *Aggression and Violent Behavior* 17, no. 6 (2012): 581–89.
19. M. R. Reiff., "The Just Price, Exploitation, and Prescription Drugs: Why Free Marketeers Should Object to Profiteering by the Pharmaceutical Industry," *Review of Social Economy* 77, no. 2 (2019): 108–42.
20. A. Keown, "Price of Teva's Generic Drug to Treat Wilson's Disease Sparks Outrage," BioSpace, February 26, 2018, https://www.biospace.com/article/price-of-teva-s-generic-drug-to-treat-wilson-s-disease-sparks-outrage/.

35. Z. Huysmans and D. Clement, "A Preliminary Exploration of the Application of Self-Compassion within the Context of Sport Injury," *Journal of Sport and Exercise Psychology* 39, no. 1 (2017): 56–66.
36. L. Ceccarelli et al., "Self-Compassion and Psycho-Physiological Recovery from Recalled Sport Failure," *Frontiers in Psychology* 10 (2019): 1564.
37. J. Stoeber and K. Otto, "Positive Conceptions of Perfectionism: Approaches, Evidence, Challenges," *Personality and Social Psychology Review* 10 (2006): 295–319.
38. S. B. Sherry et al., "Self-Critical Perfectionism Confers Vulnerability to Depression after Controlling for Neuroticism: A Longitudinal Study of Middle-aged, Community-Dwelling Women," *Personality and Individual Differences* 69 (2014): 1–4.
39. K. D. Neff, "Development and Validation of a Scale to Measure Self-Compassion," *Self and Identity* 2 (2003): 223–50.
40. M. Ferrari et al., "Self-Compassion Moderates the Perfectionism and Depression Link in Both Adolescence and Adulthood," *PLOS ONE* 13, no. 2 (2018): e0192022.
41. C. M. Richardson et al., "Trainee Wellness: Self-Critical Perfectionism, Self-Compassion, Depression, and Burnout among Doctoral Trainees in Psychology," *Counselling Psychology Quarterly* 33, no. 2 (2018): 1–12.
42. C. Rogers, *On Becoming a Person: A Therapist's View of Psychotherapy* (Boston: Houghton Mifflin, 1995; original work published 1960), 17.
43. Francis Gage's version of Sojourner Truth's "Ain't I a Woman" speech, April 23, 1863, https://www.thesojournertruthproject.com/compare-the-speeches/.

第９章　職場でのバランスと平等

1. "Transcript of the Keynote Address by Ann Richards, the Texas Treasurer," July 1988 Democratic Convention, *New York Times*, July 19, 1988, https://www.nytimes.com/1988/07/19/us/transcript-of-the-keynote-address-by-ann-richards-the-texas-treasurer.html.
2. National Center for Education Statistics, "Table 318.30. Bachelor's, Master's, and Doctor's Degrees Conferred by Postsecondary Institutions, by Sex of Student and Discipline: 2015–16," *Digest of Education Statistics* (2017), https://nces.ed.gov/programs/digest/d17/tables/dt17_318.30.asp?current=yes.
3. A. R. Amparo, G. Smith, and A. Friedman, "Gender and Persistent Grade Performance Differences between Online and Face to Face Undergraduate Classes," in *EdMedia+ Innovate Learning (Amsterdam: Association for the Advancement of Computing in Education, June 2018): 1935–39. 221 make up 47 percent of the workforce: M. DeWold, "12 Stats About Working Women," US Department of Labor Blog*, March 6, 2017, https://www.ishn.com/articles/105943-stats-about-working-women.
4. US Bureau of Labor Statistics, March 2017, https://www.bls.gov/careeroutlook/2017/data-on-display/women-managers.htm.
5. R. Bleiweis, "Quick Facts about the Gender Wage Gap," Center for American Progress, March 24, 2020, https://www.americanprogress.org/issues/women/reports/2020/03/24/482141/quick-facts-gender-wage-gap/.

Paradigm to Study the Benefits of Self-Compassion," *Clinical Psychological Science* 7, no. 3 (2019): 545–65.

19. W. J. Phillips and D. W. Hine, "Self-Compassion, Physical Health, and Health Behaviour: A Meta-Analysis," *Health Psychology Review* (2019): 1–27.
20. A. M. Ehret, J. Joormann, and M. Berking, "Examining Risk and Resilience Factors for Depression: The Role of Self-Criticism and Self-Compassion," *Cognition and Emotion* 29, no. 8 (2015): 1496–504.
21. L. D. Eron, "Spare the Rod and Spoil the Child?," *Aggression and Violent Behavior* 2, no. 4 (1997): 309–11.
22. E. T. Gershoff, "Corporal Punishment by Parents and Associated Child Behaviors and Experiences: A Meta-Analytic and Theoretical Review," *Psychological Bulletin* 128, no. 4 (2002): 539–79.
23. M. Shimizu, Y. Niiya, and E. Shigemasu, "Achievement Goals and Improvement Following Failure: Moderating Roles of Self-Compassion and Contingency of Self-Worth," *Self and Identity* 15, no. 1 (2015): 107–15.
24. N. Hope, R. Koestner, and M. Milyavskaya, "The Role of Self-Compassion in Goal Pursuit and Well-Being among University Freshmen," *Self and Identity* 13, no. 5 (2014): 579–93.
25. R. Chu, "The Relations of Self-Compassion, Implicit Theories of Intelligence, and Mental Health Outcomes among Chinese Adolescents" (unpublished doctoral dissertation, San Francisco State University, 2016).
26. C. W. Dweck, *Self-Theories: Their Role in Motivation, Personality, and Development* (Hove, UK: Psychology Press, 2000).
27. J. G. Breines and S. Chen, "Self-Compassion Increases Self-Improvement Motivation," *Personality and Social Psychology Bulletin* 38, no. 9 (2012): 1133–43.
28. I. Dundas et al., "Does a Short Self-Compassion Intervention for Students Increase Healthy Self-Regulation? A Randomized Control Trial," *Scandinavian Journal of Psychology* 58, no. 5 (2017): 443–50.
29. J. G. Breines and S. Chen, "Self-Compassion Increases Self-Improvement Motivation," *Personality and Social Psychology Bulletin* 38, no. 9 (2012): 1133–43.
30. D. M. Tice and R. F. Baumeister, "Longitudinal Study of Procrastination, Performance, Stress, and Health: The Costs and Benefits of Dawdling," *Psychological Science* 8, no. 6 (1997): 454–58.
31. F. M. Sirois, "Procrastination and Stress: Exploring the Role of Self-Compassion," *Self and Identity* 13, no. 2 (2014): 128–45.
32. L. M. Sutherland et al., "Narratives of Young Women Athletes' Experiences of Emotional Pain and Self-Compassion," *Qualitative Research in Sport, Exercise and Health* 6, no. 4 (2014): 499–516.
33. N. A. Reis et al., "Self-Compassion and Women Athletes' Responses to Emotionally Difficult Sport Situations: An Evaluation of a Brief Induction," *Psychology of Sport and Exercise* 16 (2015): 18–25.
34. L. J. Ferguson et al., "Self-Compassion and Eudaimonic Well-Being during Emotionally Difficult Times in Sport," *Journal of Happiness Studies* 16, no. 5 (2015): 1263–80.

第８章　最高の自分になる

1. Megan Rapinoe, "Why I Am Kneeling" (blog), *Players Tribune*, October 2016, https://www.theplayerstribune.com/articles/megan-rapinoe-why-i-am-kneeling.
2. K. J. Robinson et al., "Resisting Self-Compassion: Why Are Some People Opposed to Being Kind to Themselves?," *Self and Identity* 15, no. 5 (2016): 505–24.
3. J. V. Wood, W. Q. Perunovic, and J. W. Lee, "Positive Self-Statements: Power for Some, Peril for Others," *Psychological Science* 20, no. 7 (2009): 860–66.
4. K. D. Neff, S. S. Rude, and K. Kirkpatrick, "An Examination of Self-Compassion in Relation to Positive Psychological Functioning and Personality Traits," *Journal of Research in Personality* 41 (2007): 908–16.
5. Y. Miyagawa, Y. Niiya, and J. Taniguchi, "When Life Gives You Lemons, Make Lemonade: Self-Compassion Increases Adaptive Beliefs about Failure," *Journal of Happiness Studies* 21, no. 6 (2020): 2051–68.
6. K. D. Neff, Y-P Hsieh, and K. Dejitthirat, "Self-Compassion, Achievement Goals, and Coping with Academic Failure," *Self and Identity* 4 (2005): 263–87.
7. M. E. Neely et al., "Self-Kindness When Facing Stress: The Role of Self-Compassion, Goal Regulation, and Support in College Students' Well-Being," *Motivation and Emotion* 33 (2009): 88–97.
8. Y. Miyagawa, J. Taniguchi, and Y. Niiya, "Can Self-Compassion Help People Regulate Unattained Goals and Emotional Reactions toward Setbacks?," *Personality and Individual Differences* 134 (2018): 239–44.
9. J. Goldstein and J. Kornfield, *Seeking the Heart of Wisdom: The Path of Insight Meditation* (Boston: Shambhala, 1987).
10. A. Duckworth and J. J. Gross, "Self-Control and Grit: Related but Separable Determinants of Success," *Current Directions in Psychological Science* 23, no. 5 (2014): 319–25.
11. K. D. Neff et al., "The Forest and the Trees: Examining the Association of Self-Compassion and Its Positive and Negative Components with Psychological Functioning," *Self and Identity* 17, no. 6 (2018): 627–45.
12. Robinson, "Resisting Self-Compassion," 505–24.
13. T. A. Powers, R. Koestner, and D. C. Zuroff, "Self-Criticism, Goal Motivation and Goal Progress," *Journal of Social and Clinical Psychology* 26 (2007): 814–28.
14. B. E. Gibb, "Childhood Maltreatment and Negative Cognitive Styles: A Quantitative and Qualitative Review," *Clinical Psychology Review* 22, no. 2 (2002): 223–46.
15. P. Gilbert, "Social Mentalities: Internal 'Social' Conflicts and the Role of Inner Warmth and Compassion in Cognitive Therapy," in P. Gilbert and K. G. Bailey, eds., *Genes on the Couch: Explorations in Evolutionary Psychotherapy* (Hove, UK: Psychology Press, 2000), 118–50.
16. D. Hering, K. Lachowska, and M. Schlaich, "Role of the Sympathetic Nervous System in Stress-Mediated Cardiovascular Disease," *Current Hypertension Reports* 17, no. 10 (2015): 80–90.
17. U. Dinger et al., "Interpersonal Problems, Dependency, and Self-Criticism in Major Depressive Disorder," *Journal of Clinical Psychology* 71, no. 1 (2015): 93–104.
18. H. Kirschner et al., "Soothing Your Heart and Feeling Connected: A New Experimental

2014).

20. K. D. Neff, "Judgments of Personal Autonomy and Interpersonal Responsibility in the Context of Indian Spousal Relationships: An Examination of Young People's Reasoning in Mysore, India," *British Journal of Developmental Psychology* 19, no. 2 (2001): 233–57.
21. K. D. Neff, "Reasoning about Rights and Duties in the Context of Indian Family Life," (unpublished doctoral dissertation, University of California, Berkeley, 1998), 128.
22. C. Clarke, "Texas Bar Owner Prohibits Customers from Wearing Masks," CBS News, May 28, 2020, https://www.cbsnews.com/news/texas-bar-liberty-tree-tavern-bans-masks-customers/.
23. T. Merton, *My Argument with the Gestapo: A Macaronic Journal*(New York: New Directions Books, 1969), 160–61.
24. S. C. Hayes, K. D. Strosahl, and K. G. Wilson, *Acceptance and Commitment Therapy: The Process and Practice of Mindful Change* (New York: Guilford Press, 2011).
25. K. J. Homan and F. M. Sirois, "Self-Compassion and Physical Health: Exploring the Roles of Perceived Stress and Health-Promoting Behaviors," *Health Psychology Open* 4, no. 2 (2017): 1–9.
26. A. B. Allen, E. R. Goldwasser, and M. R. Leary, "Self-Compassion and Well-Being among Older Adults," *Self and Identity* 11, no. 4 (2012): 428–53.
27. C. Dawson Rose et al., "Self-Compassion and Risk Behavior Among People Living with HIV/AIDS," *Research in Nursing and Health* 37, no. 2 (2014): 98–106.
28. M. L. Terry et al., "Self-Compassionate Reactions to Health Threats," *Personality and Social Psychology Bulletin* 39, no. 7 (2013): 911–26.
29. J. Crocker and A. Canevello, "Creating and Undermining Social Support in Communal Relationships: The Role of Compassionate and Self-Image Goals," *Journal of Personality and Social Psychology* 95, no. 3 (2008): 555–75.
30. K. D. Neff and S. N. Beretvas, "The Role of Self-Compassion in Romantic Relationships," *Self and Identity* 12, no. 1 (2013): 78–98.
31. J. W. Zhang, S. Chen, and T. K. Tomova, "From Me to You: Self-Compassion Predicts Acceptance of Own and Others' Imperfections," *Personality and Social Psychology Bulletin* 46, no. 2 (2020): 228–41.
32. K. D. Neff and E. Pommier, "The Relationship between Self-Compassion and Other-Focused Concern among College Undergraduates, Community Adults, and Practicing Meditators," *Self and Identity* 12, no. 2 (2013): 160–76.
33. K. D. Neff and C. K. Germer, "A Pilot Study and Randomized Controlled Trial of the Mindful Self-Compassion Program," *Journal of Clinical Psychology* 69, no. 1 (2013): 28–44.
34. M. C. Delaney, "Caring for the Caregivers: Evaluation of the Effect of an Eight-Week Pilot Mindful Self-Compassion (MSC) Training Program on Nurses' Compassion Fatigue and Resilience," *PLOS ONE* 13, no. 11 (2018): e0207261.
35. K. Miller and A. Kelly, "Is Self-Compassion Contagious? An Examination of Whether Hearing a Display of Self-Compassion Impacts Self-Compassion in the Listener," *Canadian Journal of Behavioural Science/Revue Canadienne des Sciences du Comportement* 52, no. 2 (2020): 159–70.

and Disadvantages of Multiple Subordinate-Group Identities," *Sex Roles* 59, nos. 5–6 (2008): 377–91.

第７章　ニーズを満たす

1. H. Grant, *Pocket Frida Kahlo Wisdom* (London: Hardie Grant Publishing, 2018).
2. "Global Gender Gap Report," World Economic Forum, 2018.
3. J. H. Shih and N. K. Eberhart, "Gender Differences in the Associations between Interpersonal Behaviors and Stress Generation," *Journal of Social and Clinical Psychology* 29, no. 3 (2010): 243–55.
4. M. J. Mattingly and S. M. Blanchi, "Gender Differences in the Quantity and Quality of Free Time: The US Experience," *Social Forces* 81, no. 3 (2003): 999–1030.
5. B. J. Schellenberg, D. S. Bailis, and A. D. Mosewich, "You Have Passion, but Do You Have Self-Compassion? Harmonious Passion, Obsessive Passion, and Responses to Passion-related Failure," *Personality and Individual Differences* 99 (2016): 278–85.
6. W. J. Phillips and S. J. Ferguson, "Self-Compassion: A Resource for Positive Aging," *Journals of Gerontology Series B: Psychological Sciences and Social Sciences* 68, no. 4 (2012): 529–39.
7. L. M. Yarnell and K. D. Neff, "Self-Compassion, Interpersonal Conflict Resolutions, and Well-being," *Self and Identity* 12, no. 2 (2013): 146–59.
8. J. W. Zhang et al., "A Compassionate Self Is a True Self? Self-Compassion Promotes Subjective Authenticity," *Personality and Social Psychology Bulletin* 45, no. 9 (2019): 1323–37.
9. A. H. Maslow, *A Theory of Human Motivation* (New York: Simon and Schuster, 2013).
10. R. M. Ryan and E. L. Deci, *Self-Determination Theory: Basic Psychological Needs in Motivation, Development, and Wellness* (New York: Guilford Press, 2017).
11. E. L. Deci and R. M. Ryan, "The 'What' and 'Why' of Goal Pursuits: Human Needs and the Self-Determination of Behavior," *Psychological Inquiry* 11, no. 4 (2000): 227–68.
12. E. L. Deci and R. M. Ryan, eds., *Handbook of Self-Determination Research* (Rochester, NY: University Rochester Press, 2004).
13. K. D. Neff, "Development and Validation of a Scale to Measure Self-Compassion," *Self and Identity* 2 (2003): 223–50.
14. K. E. Gunnell et al., "Don't Be So Hard on Yourself! Changes in Self-Compassion during the First Year of University Are Associated with Changes in Well-Being," *Personality and Individual Differences* 107 (2017): 43–8.
15. R. A. Shweder, M. Mahapatra, and J. G. Miller, "Culture and Moral Development," in J. Kagan and S. Lamb, eds., *The Emergence of Morality in Young Children* (Chicago: University of Chicago Press, 1987), 1–83.
16. E. Turiel, *The Culture of Morality: Social Development, Context, and Conflict* (Cambridge, UK: Cambridge University Press, 2002).
17. N. Desai and M. Krishnaraj, *Women and Society in India* (Delhi, India: Ajanta Press, 1987).
18. R. Batra and T. G. Reio Jr., "Gender Inequality Issues in India," *Advances in Developing Human Resources* 18, no. 1 (2016): 88–101.
19. I. Malhotra, *Indira Gandhi: A Personal and Political Biography*(Carlsbad, CA: Hay House,

31. E. Ashfield, C. Chan, and D. Lee, "Building 'A Compassionate Armour': The Journey to Develop Strength and Self-Compassion in a Group Treatment for Complex Post-traumatic Stress Disorder," *Psychology and Psychotherapy: Theory, Research and Practice* (2020), advance online publication, DOI: 10.1111/papt.12275/.
32. C. Craig, S. Hiskey, and A. Spector, "Compassion Focused Therapy: A Systematic Review of Its Effectiveness and Acceptability in Clinical Populations," *Expert Review of Neurotherapeutics* 20, no. 4 (2020), 385–400.
33. M. L. King Jr., *Where Do We Go from Here: Chaos or Community?* , vol. 2 (Boston: Beacon Press, 2010). 『黒人の進む道――世界は一つの屋根のもとに』マーチン・ルーサー・キング著、猿谷要訳、明石書店、2009 年
34. M. A. Mattaini, *Strategic Nonviolent Power: The Science of Satyagraha*(Athabasca, Canada: Athabasca University Press, 2013).
35. M. K. Gandhi, "Letter to Mr.–(25 January 1920)," *The Collected Works of Mahatma Gandhi*, vol. 19 (Delhi, India: Publications Division, Ministry of Information and Broadcasting, Government of India, 1958).
36. M. K. Gandhi, *My Experiments with the Truth* (New York: Simon and Schuster, 2014; original work published 1928).
37. P. Valera and T. Taylor, "Hating the Sin but Not the Sinner: A Study about Heterosexism and Religious Experiences among Black Men," *Journal of Black Studies* 42, no. 1 (2011): 106–22.
38. D. A. Fahrenthold, "Trump Recorded Having Extremely Lewd Conversation about Women in 2005," *Washington Post*, October 8, 2016, https://www.washingtonpost.com/politics/trump-recorded-having-extremely-lewd-conversation-about-women-in-2005/2016/10/07/3b9ce776-8cb4-11e6-bf8a-3d26847eeed4_story.html.
39. A. Jamieson, "Women's March on Washington: A Guide to the Post-inaugural Social Justice Event," *Guardian*, December 27, 2016, https://www.theguardian.com/us-news/2016/dec/27/womens-march-on-washington-dc-guide.
40. M. Broomfield "Women's March against Donald Trump Is the Largest Day of Protests in US History, Say Political Scientists," *Independent*, January 23, 2017, https://www.independent.co.uk/news/world/americas/womens-march-anti-donald-trump-womens-rights-largest-protest-demonstration-us-history-political-scientists-a7541081.html.
41. K. Capps, "Millions of Marchers, Zero Arrests," *Citylab*, https://www.bloomberg.com/news/articles/2017-01-22/millions-gather-for-women-s-march-none-arrested.
42. N. Caraway, Segregated Sisterhood: Racism and the Politics of American Feminism (Knoxville, TN: University of Tennessee Press, 1991).
43. V. Ware, *Beyond the Pale: White Women, Racism, and History* (London: Verso Books, 2015).
44. G. E. Gilmore, *Gender and Jim Crow: Women and the Politics of White Supremacy in North Carolina, 1896–1920*, 2nd ed. (Chapel Hill, NC: UNC Press Books, 2019).
45. T. Closson, "Amy Cooper's 911 Call, and What's Happened Since," *New York Times*, July 8, 2020, https://www.nytimes.com/2020/07/08/nyregion/amy-cooper-false-report-charge.html.
46. b. hooks, *Black Women and Feminism* (London: Routledge, 1981).
47. V. Purdie-Vaughns and R. P. Eibach, "Intersectional Invisibility: The Distinctive Advantages

Policy," *Trauma, Violence and Abuse* 8 (2007): 246–69.

15. A. B. Allen, E. Robertson, and G. A. Patin, "Improving Emotional and Cognitive Outcomes for Domestic Violence Survivors: The Impact of Shelter Stay and Self-Compassion Support Groups," *Journal of Interpersonal Violence* (2017), advance online publication, DOI: 0886260517734858.
16. C. Braehler and K. D. Neff, "Self-Compassion for PTSD," in N. Kimbrel and M. Tull, eds., *Emotion in PTSD* (Cambridge, MA: Elsevier Academic Press, 2020). 567–596.
17. R. Yehuda, "Post-Traumatic Stress Disorder," *New England Journal of Medicine* 346, no. 2 (2002): 108–14.
18. B. L. Thompson and J. Waltz, "Self-Compassion and PTSD Symptom Severity," *Journal of Traumatic Stress* 21 (2008): 556–58.
19. K. Dahm et al., "Mindfulness, Self-Compassion, Posttraumatic Stress Disorder Symptoms, and Functional Disability in US Iraq and Afghanistan War Veterans," *Journal of Traumatic Stress* 28, no. 5 (2015): 460–64.
20. J. K. Rabon et al., "Self-Compassion and Suicide Risk in Veterans: When the Going Gets Tough, Do the Tough Benefit More from Self-Kindness?," *Mindfulness* 10, no. 12 (2019): 2544–54.
21. R. Hiraoka et al., "Self-Compassion as a Prospective Predictor of PTSD Symptom Severity among Trauma-Exposed US Iraq and Afghanistan War Veterans," *Journal of Traumatic Stress* 28 (2015): 1–7.
22. M. A. Cherry and M. M. Wilcox, "Sexist Microaggressions: Traumatic Stressors Mediated by Self-Compassion," *The Counseling Psychologist* 49, no. 1 (2021), 106–137.
23. J. P. Robinson and D. L. Espelage, "Bullying Explains Only Part of LGBTQ–Heterosexual Risk Disparities: Implications for Policy and Practice," *Educational Researcher* 41, no. 8 (2012): 309–19.
24. A. J. Vigna, J. Poehlmann-Tynan, and B. W. Koenig, "Does Self-Compassion Facilitate Resilience to Stigma? A School-based Study of Sexual and Gender Minority Youth," *Mindfulness* 9, no. 3 (2017): 914–24.
25. A. J. Vigna, J. Poehlmann-Tynan, and B. W. Koenig, "Is Self-Compassion Protective among Sexual- and Gender-Minority Adolescents across Racial Groups?," *Mindfulness* 11, no. 3 (2020): 800–15.
26. C. C. Y. Wong and N. C. Yeung, "Self-Compassion and Posttraumatic Growth: Cognitive Processes as Mediators," *Mindfulness* 8, no. 4 (2017): 1078–87.
27. M. Navarro-Gil et al., "Effects of Attachment-Based Compassion Therapy (ABCT) on Self-Compassion and Attachment Style in Healthy People," *Mindfulness* 11, no. 1 (2020): 51–62.
28. A. A. Scoglio et al., "Self-Compassion and Responses to Trauma: The Role of Emotion Regulation," *Journal of Interpersonal Violence* 33, no. 13 (2015): 2016–36.
29. P. Gilbert, "The Origins and Nature of Compassion Focused Therapy," *British Journal of Clinical Psychology* 53, no. 1 (2014): 6–41.
30. P. Gilbert and S. Procter, "Compassionate Mind Training for People with High Shame and Self-Criticism: Overview and Pilot Study of a Group Therapy Approach," *Clinical Psychology and Psychotherapy: An International Journal of Theory and Practice* 13, no. 6 (2006): 353–79.

Having Compassion toward the Self Relates to a Willingness to Apologize," *Personality and Individual Differences* 124 (2018): 71–6.

42. K. D. Neff et al., "Caring for Others without Losing Yourself: An Adaptation of the Mindful Self-Compassion Program for Healthcare Communities," *Journal of Clinical Psychology* 76 (2020): 1543–62.

第6章　力強く立ち向かう

1. O. Stevenson and A. B. Allen, "Women's Empowerment: Finding Strength in Self-Compassion," *Women and Health* 57, no. 3 (2017): 295–310.
2. J. A. Christman, "Examining the Interplay of Rejection Sensitivity, Self-Compassion, and Communication in Romantic Relationships" (unpublished doctoral dissertation, University of Tennessee, 2012).
3. B. L. Mah et al., "Oxytocin Promotes Protective Behavior in Depressed Mothers: A Pilot Study with the Enthusiastic Stranger Paradigm," *Depression and Anxiety* 32, no. 2 (2015): 76–81.
4. C. K. De Dreu et al., "The Neuropeptide Oxytocin Regulates Parochial Altruism in Intergroup Conflict among Humans," *Science* 328, no. 5984 (2010): 1408–11.
5. S. R. Kaler and B. J. Freeman, "Analysis of Environmental Deprivation: Cognitive and Social Development in Romanian Orphans," *Journal of Child Psychology and Psychiatry* 35, no. 4 (1994): 769–81.
6. M. Yousafzai, *I Am Malala: The Girl Who Stood Up for Education and Was Shot by the Taliban* (New York: Little, Brown, 2013). 『私はマララ——教育のために立ち上がり、タリバンに撃たれた少女』マララ・ユスフザイ、クリスティーナ・ラム著、金原瑞人、西田佳子訳、学研パブリッシング、2013 年
7. J. S. Turner, "Explaining the Nature of Power: A Three-Process Theory," *European Journal of Social Psychology* 35, no. 1 (2005): 1–22.
8. E. R. Cole, "Intersectionality and Research in Psychology," *American Psychologist* 64, no. 3 (2009): 170–80.
9. G. Fuochi, C. A. Veneziani, and A. Voci, "Exploring the Social Side of Self-Compassion: Relations with Empathy and Outgroup Attitudes," *European Journal of Social Psychology* 48, no. 6 (2018): 769–83.
10. Interview with Rosa Parks, *Scholastic*, January/February 1997 http://teacher.scholastic.com/rosa/interview.htm.
11. J. Halifax, *Being with Dying: Cultivating Compassion and Fearlessness in the Presence of Death*(Boulder, CO: Shambhala Publications, 2009). 『死にゆく人と共にあること』ジョアン・ハリファックス著、井上ウィマラ監訳、中川吉晴、浦崎雅代、白居弘佳、小木曽由佳訳、春秋社、2015 年
12. W. Wood and A. H. Eagly, "Gender Identity," in M. R. Leary and R. H. Hoyle, eds., *Handbook of Individual Differences in Social Behavior* (New York: Guilford Press, 2009), 109–25.
13. J. de Azevedo Hanks, *The Assertiveness Guide for Women: How to Communicate Your Needs, Set Healthy Boundaries, and Transform Your Relationships*(Oakland, CA: New Harbinger,2016).
14. J. C. Campbell et al., "Intimate Partner Homicide: Review and Implications of Research and

24. M. R. Hayter and D. S. Dorstyn, "Resilience, Self-Esteem and Self-Compassion in Adults with Spina Bifida," *Spinal Cord* 52, no. 2 (2013): 167–71.

25. M. Nery-Hurwit, J. Yun, and V. Ebbeck, "Examining the Roles of Self-Compassion and Resilience on Health-Related Quality of Life for Individuals with Multiple Sclerosis," *Disability and Health Journal* 11, no. 2 (2017): 256–61.

26. A. Barnes et al., "Exploring the Emotional Experiences of Young Women with Chronic Pain: The Potential Role of Self-Compassion," *Journal of Health Psychology* (2018): 1–11, advance online publication, DOI: 1359105318816509.

27. L. Zhu et al., "The Predictive Role of Self-Compassion in Cancer Patients' Symptoms of Depression, Anxiety, and Fatigue: A Longitudinal Study," *Psycho-Oncology* 28, no. 9 (2019): 1918–25.

28. J. M. Brion, M. R. Leary, and A. S. Drabkin, "Self-Compassion and Reactions to Serious Illness: The Case of HIV," *Journal of Health Psychology* 19, no. 2 (2014): 218–29.

29. K. D. Neff and D. J. Faso, "Self-Compassion and Well-Being in Parents of Children with Autism," *Mindfulness* 6, no. 4 (2014): 938–47.

30. C. L. Phelps et al., "The Relationship between Self-Compassion and the Risk for Substance Use Disorder," *Drug and Alcohol Dependence* 183 (2018): 78–81.

31. S. Basharpoor et al., "The Role of Self-Compassion,Cognitive Self-Control, and Illness Perception in Predicting Craving in People with Substance Dependency," *Practice in ClinicalPsychology* 2, no. 3 (2014): 155–64.

32. J. C. Rainey, C. R. Furman, and A. N. Gearhardt, "Food Addiction among Sexual Minorities," *Appetite* 120 (2018): 16–22.

33. Y. Kotera and C. Rhodes, "Pathways to Sex Addiction: Relationships with Adverse Childhood Experience, Attachment, Narcissism, Self-Compassion and Motivation in a Gender-Balanced Sample," *Sexual Addiction and Compulsivity* 26, 1–2 (2019): 54–76.

34. A. E. Diac et al., "Self-Compassion, Well-Being and Chocolate Addiction," *Romanian Journal of Cognitive Behavioral Therapy and Hypnosis* 4, no. 1–2 (2017): 1–12.

35. M. Brooks et al., "Self-Compassion amongst Clients with Problematic Alcohol Use," *Mindfulness* 3, no. 4 (2012): 308–17.

36. S. R. Newcombe, "Shame and Self-Compassion in Members of Alcoholics Anonymous" (unpublished doctoral dissertation, Wright Institute, 2015).

37. Y. Jiang et al., "Buffering the Effects of Peer Victimization on Adolescent Non-suicidal Self-Injury: The Role of Self-Compassion and Family Cohesion," *Journal of Adolescence* 53 (2016): 107–15.

38. P. Wilkinson and I. Goodyer, "Non-suicidal Self-Injury," *European Child & Adolescent Psychiatry* 20, no. 2 (2011): 103–8.

39. D. LoParo et al., "The Efficacy of Cognitively-Based Compassion Training for African American Suicide Attempters," *Mindfulness* 9, no. 6 (2018): 1941–54.

40. J. G. Breines and S. Chen, "Self-Compassion Increases Self-Improvement Motivation," *Personality and Social Psychology Bulletin* 38, no. 9 (2012): 1133–43.

41. A. Vazeou-Nieuwenhuis and K. Schumann, "Self-Compassionate and Apologetic? How and Why

6. K. D. Neff, "Self-Compassion, Self-Esteem, and Well-Being," *Social and Personality Compass* 5 (2011): 1–12.
7. J. D. Brown, "Evaluations of Self and Others: Self-Enhancement Biases in Social Judgments," *Social Cognition* 4, no. 4 (1986): 353–76.
8. S. M. Garcia, A. Tor, and T. M. Schiff, "The Psychology of Competition: A Social Comparison Perspective," *Perspectives on Psychological Science* 8, no. 6 (2013): 634–50.
9. M. R. Di Stasio, R. Savage, and G. Burgos, "Social Comparison, Competition and Teacher–Student Relationships in Junior High School Classrooms Predicts Bullying and Victimization," *Journal of Adolescence* 53 (2016): 207–16.
10. S. M. Coyne and J. M. Ostrov, eds., *The Development of Relational Aggression* (Oxford: Oxford University Press, 2018).
11. J. Crocker et al., "Downward Comparison, Prejudice, and Evaluations of Others: Effects of Self-Esteem and Threat," *Journal of Personality and Social Psychology* 52, no. 5 (1987): 907–16.
12. J. Crocker and K. M. Knight, "Contingencies of Self-Worth," *Current Directions in Psychological Science* 14, no. 4 (2005): 200–3.
13. J. Crocker and L. E. Park, "The Costly Pursuit of Self-Esteem," *Psychological Bulletin* 130 (2004): 392–414.
14. M. H. Kernis and B. M. Goldman, "Assessing Stability of Self-Esteem and Contingent Self-Esteem," in M. H. Kernis, ed., *Self-Esteem Issues and Answers: A Sourcebook of Current Perspectives* (Hove, UK: Psychology Press, 2006), 77–85.
15. K. D. Neff and R. Vonk, "Self-Compassion versus Global Self-Esteem: Two Different Ways of Relating to Oneself," *Journal of Personality* 77 (2009): 23–50.
16. For an overview of the research, see chapter 2 of C. K. Germer and K. D. Neff, *Teaching the Mindful Self-Compassion Program: A Guide for Professionals* (New York: Guilford Press, 2019).
17. H. Rockliff et al., "A Pilot Exploration of Heart Rate Variability and Salivary Cortisol Responses to Compassion-Focused Imagery," *Clinical Neuropsychiatry: Journal of Treatment Evaluation* 5, no. 3 (2008): 132–39.
18. L. B. Shapira and M. Mongrain, "The Benefits of Self-Compassion and Optimism Exercises for Individuals Vulnerable to Depression," *Journal of Positive Psychology* 5 (2010): 377–89.
19. J. P. Tangney and R. L. Dearing, *Shame and Guilt* (New York: Guilford Press, 2003).
20. E. A. Johnson and K. A. O'Brien, "Self-Compassion Soothes the Savage Ego-Threat System: Effects on Negative Affect, Shame, Rumination, and Depressive Symptoms," *Journal of Social and Clinical Psychology* 32, no. 9 (2013): 939–63.
21. A. Allen and M. R. Leary, "Self-Compassion, Stress, and Coping," *Social and Personality Psychology Compass*4, no. 2 (2010): 107–18.
22. D. A. Sbarra, H. L. Smith, and M. R. Mehl, "When Leaving Your Ex, Love Yourself: Observational Ratings of Self-Compassion Predict the Course of Emotional Recovery Following Marital Separation," *Psychological Science* 23 (2012): 261–69.
23. A. M. Friis, N. S. Consedine, and M. H. Johnson, "Does Kindness Matter? Diabetes, Depression, and Self-Compassion: A Selective Review and Research Agenda," *Diabetes Spectrum* 28, no. 4 (2015): 252–57.

of Sexuality and Psychology, 2nd ed. (Washington, DC: American Psychological Association, 2014): 373–423.

13. D. L. Mosher and S. S. Tomkins, "Scripting the Macho Man: Hypermasculine Socialization and Enculturation," *Journal of Sex Research* 25, no. 1 (1988): 60–84.
14. R. C. Seabrook, L. Ward, and S. Giaccardi, "Why Is Fraternity Membership Associated with Sexual Assault? Exploring the Roles of Conformity to Masculine Norms, Pressure to Uphold Masculinity, and Objectification of Women," *Psychology of Men and Masculinity* 19, no. 1 (2018): 3–13.
15. S. K. Murnen, C. Wright, and G. Kaluzny, "If 'Boys Will Be Boys,' Then Girls Will Be Victims? A Meta-Analytic Review of the Research That Relates Masculine Ideology to Sexual Aggression," *Sex Roles* 46, nos. 11–12 (2002): 359–75.
16. S. K. Huprich et al., "Are Malignant Self-Regard and Vulnerable Narcissism Different Constructs?," *Journal of Clinical Psychology* 74, no. 9 (2018): 1556–69.
17. A. Arabi, *Becoming the Narcissists' Nightmare: How to Devalue and Discard the Narcissist While Supplying Yourself*(New York: SCW Archer Publishing, 2016).
18. "Facts About Sexual Harassment," US Equal Employment Opportunity Commission, https://www.eeoc.gov/fact-sheet/facts-about-sexual-harassment, accessed February 18, 2021.
19. L. McLean, M. Bambling, and S. R. Steindl, "Perspectives on Self-Compassion from Adult Female Survivors of Sexual Abuse and the Counselors Who Work with Them," *Journal of Interpersonal Violence* (2018): 1–24, advance online publication, DOI: 0886260518793975.
20. A. A. Scoglio et al., "Self-Compassion and Responses to Trauma: The Role of Emotion Regulation," *Journal of Interpersonal Violence* 33, no. 13 (2015): 2016–36.
21. J. M. Dicks, "Sexual Assault Survivors' Experiences of Self-Compassion" (unpublished doctoral dissertation, University of Alberta, 2014).
22. Dicks, "Sexual Assault Survivors' Experiences of Self-Compassion," 75.
23. L. B. Shapira and M. Mongrain, "The Benefits of Self-Compassion and Optimism Exercises for Individuals Vulnerable to Depression," *Journal of Positive Psychology* 5 (2010): 377–89.
24. "Child Sexual Abuse Statistics," Darkness to Light, https://www.d2l.org/the-issue/statistics/, accessed October 15, 2020.

第５章　自分を優しく受け入れる

1. T. Brach, *Radical Acceptance: Embracing Your Life with the Heart of a Buddha* (New York: Bantam, 2004).
2. A. Blasi et al., "Early Specialization for Voice and Emotion Processing in the Infant Brain," *Current Biology* 21, no. 14 (2011): 1220–24.
3. D. Buring, *Intonation and Meaning* (Oxford: Oxford University Press, 2016).
4. F. J. Ruiz, "A Review of Acceptance and Commitment Therapy (ACT) Empirical Evidence: Correlational, Experimental Psychopathology, Component and Outcome Studies," *International Journal of Psychology and Psychological Therapy* 10, no. 1 (2010): 125–62.
5. S. Young, "A Pain-Processing Algorithm," 2017, https://www.shinzen.org/wp-content/uploads/2016/12/art_painprocessingalg.pdf.

55. P. Muris, "A Protective Factor against Mental Health Problems in Youths? A Critical Note on the Assessment of Self-Compassion," *Journal of Child and Family Studies* 25, no. 5 (2015): 1461–65.
56. K. D. Neff et al., "Examining the Factor Structure of the Self-Compassion Scale Using Exploratory SEM Bifactor Analysis in 20 Diverse Samples: Support for Use of a Total Score and Six Subscale Scores," *Psychological Assessment* 31, no. 1 (2019): 27–45.
57. P. Muris and H. Otgaar, "The Process of Science: A Critical Evaluation of More Than 15 Years of Research on Self-Compassion with the Self-Compassion Scale," *Mindfulness* 11, no. 6 (2020): 1469–82.
58. K. D. Neff, "Commentary on Muris and Otgaar: Let the Empirical Evidence Speak on the Self-Compassion Scale," *Mindfulness* 11, no. 6 (May 23, 2020): 1900–9.

第4章　#MeToo

1. E. Brockes, "#MeToo Founder Tarana Burke: 'You Have to Use Your Privilege to Serve Other People,'" *Guardian*, January 15, 2018, https://www.theguardian.com/world/2018/jan/15/me-too-founder-tarana-burke-women-sexual-assault.
2. "The Facts behind the #MeToo Movement: A National Study on Sexual Harassment and Assault," conducted by Stop Street Harassment, February 2018, http://www.stopstreetharassment.org/wp-content/uploads/2018/01/Full-Report-2018-National-Study-on-Sexual-Harassment-and-Assault.pdf.
3. ABC News/Washington Post poll on sexual harassment released October 17, 2017.
4. H. McLaughlin, C. Uggen, and A. Blackstone, "Sexual Harassment, Workplace Authority, and the Paradox of Power," *American Sociological Review* 77, no. 4 (2012): 625–47.
5. "Statistics," National Sexual Violence Resource Center, https://www.nsvrc.org/statistics, accessed November 14, 2020.
6. M. C. Black et al., *National Intimate Partner and Sexual Violence Survey: 2010 Summary Report*, retrieved from the Centers for Disease Control and Prevention, National Center for Injury Prevention and Control, 2011, http://www.cdc.gov/violenceprevention/pdf/nisvs_report2010-a.pdf.
7. Department of Justice, Office of Justice Programs, Bureau of Justice Statistics, "National Crime Victimization Survey, 2010–2016," 2017.
8. D. K. Chan et al., "Examining the Job-Related, Psychological, and Physical Outcomes of Workplace Sexual Harassment: A Meta-Analytic Review," *Psychology of Women Quarterly* 32, no. 4 (2008): 362–76.
9. C. R. Willness, P. Steel, and K. Lee, "A Meta-Analysis of the Antecedents and Consequences of Workplace Sexual Harassment," *Personnel Psychology* 60, no. 1 (2007): 127–62.
10. E. R. Dworkin et al., "Sexual Assault Victimization and Psychopathology: A Review and Meta-Analysis," *Clinical Psychology Review* 56 (2017): 65–81.
11. A. O'Neil et al., "The #MeToo Movement: An Opportunity in Public Health?," *Lancet* 391, no. 10140 (2018): 2587–89.
12. L. M. Ward et al., "Sexuality and Entertainment Media," in D. Tolman et al., eds., *APA Handbook*

1217–70.

36. A. Pascual-Leone, et al., "Problem Anger in Psychotherapy: An Emotion-Focused Perspective on Hate, Rage and Rejecting Anger," *Journal of Contemporary Psychotherapy* 43, no. 2 (2013): 83–92.

37. K. Davidson et al., "Constructive Anger Verbal Behavior Predicts Blood Pressure in a Population-Based Sample," *Health Psychology* 19, no. 1 (2000): 55–64.

38. E. Halperin, "Group-Based Hatred in Intractable Conflict in Israel," *Journal of Conflict Resolution* 52 (2008): 713—36.

39. M. R. Tagar, C. M. Federico, and E. Halperin, "The Positive Effect of Negative Emotions in Protracted Conflict: The Case of Anger," *Journal of Experimental Social Psychology* 47, no. 1 (2011): 157–64.

40. E. Halperin et al., "Anger, Hatred, and the Quest for Peace: Anger Can Be Constructive in the Absence of Hatred," *Journal of Conflict Resolution* 55, no. 2 (2011): 274–91.

41. S. Chemaly, *Rage Becomes Her: The Power of Women's Anger* (New York: Simon and Schuster, 2018), xxiii.

42. D. J. Leonard et al., "We're Mad as Hell and We're Not Going to Take It Anymore: Anger Self-Stereotyping and Collective Action," *Group Processes and Intergroup Relations* 14, no. 1 (2011): 99–111.

43. D. M. Taylor et al., "Disadvantaged Group Responses to Perceived Inequity: From Passive Acceptance to Collective Action," *Journal of Social Psychology* 127 (1987): 259–72.

44. L. Lerer and J. Medina, "The 'Rage Moms' Democrats Are Counting On," *New York Times*, August 17, 2020, https://www.nytimes.com/2020/08/17/us/politics/democrats-women-voters-anger.html.

45. "About MomsRising," MomsRising, https://www.momsrising.org/about.

46. "Our Story," Moms Demand Action, https://momsdemandaction.org/about/.

47. "Herstory," Black Lives Matter, https:/blacklivesmatter.com/herstory/.

48. A. Fresnics and A. Borders, "Angry Rumination Mediates the Unique Associations between Self-Compassion and Anger and Aggression," Mindfulness 8, no. 3 (2016): 554–64.

49. R. C. Schwartz and M. Sweezy, *Internal Family Systems Therapy* (New York: Guilford Press, 2019).

50. N. A. Shadick et al., "A Randomized Controlled Trial of an Internal Family Systems-Based Psychotherapeutic Intervention on Outcomes in Rheumatoid Arthritis: A Proof-of-Concept Study," *Journal of Rheumatology* 30, no. 11 (2013): 1831–41.

51. S. Kempton, *Awakening Shakti: The Transformative Power of the Goddesses of Yoga*(Boulder, CO: Sounds True, 2013).

52. D. Whyte, *Consolations: The Solace, Nourishment and Underlying Meaning of Everyday Words* (Edinburgh: Canongate Books, 2019).

53. "What Is Qi? (and Other Concepts)," Taking Charge of Your Health and Wellbeing, University of Minnesota, https://www.takingcharge.csh.umn.edu/explore-healing-practices/traditional-chinese-medicine/what-qi-and-other-concepts.

54. B. Glassman and R. Fields, "Instructions to the Cook," *Tricycle Magazine*, Spring 1996.

Sex Roles 53, nos. 11–12 (2005): 821–34.

18. S. Shernock and B. Russell, "Gender and Racial/Ethnic Differences in Criminal Justice Decision Making in Intimate Partner Violence Cases," *Partner Abuse* 3, no. 4 (2012): 501–30.
19. J. M. Salerno and L. C. Peter-Hagene, "One Angry Woman: Anger Expression Increases Influence for Men, but Decreases Influence for Women, during Group Deliberation," *Law and Human Behavior* 39, no. 6 (2015): 581–92.
20. A. Campbell and S. Muncer, "Sex Differences in Aggression: Social Representation and Social Roles," *British Journal of Social Psychology* 33 (1994): 233–40.
21. L. M. Yarnell et al., "Gender Differences in Self-Compassion: Examining the Role of Gender Role Orientation," *Mindfulness* 10, no. 6 (2019): 1136–52.
22. G. Parker and H. Brotchie, "Gender Differences in Depression," *International Review of Psychiatry* 22, no. 5 (2010): 429–36.
23. E. Won and Y. K. Kim, "Stress, the Autonomic Nervous System, and the Immune-Kynurenine Pathway in the Etiology of Depression," *Current Neuropharmacology* 14, no. 7 (2016): 665–73.
24. I. Jalnapurkar, M. Allen, and T. Pigott, "Sex Differences in Anxiety Disorders: A Review," *Journal of Psychiatry, Depression and Anxiety* 4 (2018): 1–9.
25. C. A. Timko, L. DeFilipp, and A. Dakanalis, "Sex Differences in Adolescent Anorexia and Bulimia Nervosa: Beyond the Signs and Symptoms," *Current Psychiatry Reports* 21, no. 1 (2019): 1–8.
26. P. Gilbert et al., "An Exploration into Depression-Focused and Anger-Focused Rumination in Relation to Depression in a Student Population," *Behavioural and Cognitive Psychotherapy* 33, no. 3 (2005): 273–83.
27. R. W. Simon and K. Lively, "Sex, Anger and Depression," *Social Forces* 88, no. 4 (2010): 1543–68.
28. S. Nolen-Hoeksema, "Emotion Regulation and Psychopathology: The Role of Gender," *Annual Review of Clinical Psychology* 8 (2012): 161–87.
29. R. W. Novaco, "Anger and Psychopathology," in M. Potegal, G. Stemmler, and C. Spielberger, eds., *International Handbook of Anger* (New York: Springer, 2010), 465–97.
30. R. Stephens, J. Atkins, and A. Kingston, "Swearing as a Response to Pain," *Neuroreport* 20, no. 12 (2009): 1056–60.
31. J. P. Tangney et al., "Relation of Shame and Guilt to Constructive Versus Destructive Responses to Anger across the Lifespan," *Journal of Personality and Social Psychology* 70, no. 4 (1996): 797–809.
32. T. A. Cavell and K. T. Malcolm, eds., *Anger, Aggression, and Interventions for Interpersonal Violence* (Mahwah, NJ: Lawrence Erlbaum, 2007).
33. S. A. Everson et al., "Anger Expression and Incident Hypertension," *Psychosomatic Medicine* 60, no. 6 (1998): 730–35.
34. R. M. Suinn, "The Terrible Twos—Anger and Anxiety: Hazardous to Your Health," *American Psychologist* 56, no. 1 (2001): 27–36.
35. T. W. Smith et al., "Hostility, Anger, Aggressiveness, and Coronary Heart Disease: An Interpersonal Perspective on Personality, Emotion, and Health," *Journal of Personality* 72 (2004):

Orientation," *Mindfulness* 10, no. 6 (2019): 1136–52.

62. P. Gilbert et al., "Fears of Compassion: Development of Three Self-Report Measures," *Psychology and Psychotherapy: Theory, Research and Practice* 84, no. 3 (2011): 239–55

第３章　怒れる女性

1. G. Steinem, *The Truth Will Set You Free, But First It Will Piss You Off!: Thoughts on Life, Love, and Rebellion* (New York: Random House, 2019).
2. R. L. Buntaine and V. K. Costenbader, "Self-Reported Differences in the Experience and Expression of Anger between Girls and Boys," *Sex Roles* 36 (1997): 625–37.
3. A. H. Eagly and V. Steffen, "Gender and Aggressive Behavior: A Meta-Analytic Review of the Social Psychological Literature," *Psychological Bulletin* 100 (1986): 309–30.
4. R. S. Mills and K. H. Rubin, "A Longitudinal Study of Maternal Beliefs about Children's Social Behaviors," *Merrill-Palmer Quarterly* 38, no. 4 (1992): 494–512.
5. K. A. Martin, "Becoming a Gendered Body: Practices of Preschools," *American Sociological Review* 63, no. 4 (1998): 494–511.
6. J. B. Miller, "The Development of Women's Sense of Self," in J. Jordan et al., eds., *Women's Growth in Connection: Writings from the Stone Center* (New York: Guilford Press, 1991), 11–26.
7. R. Fivush, "Exploring Differences in the Emotional Content of Mother-Child Conversations about the Past," *Sex Roles* 20 (1989): 675–91.
8. T. M. Chaplin, P. M. Cole, and C. Zahn-Waxler, "Parental Socialization of Emotion Expression: Gender Differences and Relations to Child Adjustment," *Emotion* 5, no. 1 (2005): 80–88.
9. S. P. Thomas, ed., Women and Anger (New York: Springer, 1993).
10. S. P. Thomas, "Women's Anger: Causes, Manifestations, and Correlates," in C. D. Spielberger and I. G. Sarason, eds., *Stress and Emotion*, vol. 15 (Washington, DC: Taylor and Francis, 1995), 53–74.
11. S. P. Thomas, C. Smucker, and P. Droppleman, "It Hurts Most around the Heart: A Phenomenological Exploration of Women's Anger," *Journal of Advanced Nursing* 28 (1998): 311–22.
12. L. Brody, *Gender, Emotion, and the Family*(Cambridge, MA: Harvard University Press, 2009).
13. S. P. Thomas, "Women's Anger, Aggression, and Violence," *Health Care for Women International* 26, no. 6 (2005): 504–22.
14. J. C. Walley-Jean, "Debunking the Myth of the 'Angry Black Woman': An Exploration of Anger in Young African American Women," *Black Women, Gender and Families* 3, no. 2 (2009): 68–86.
15. D. C. Allison et al., eds., *Black Women's Portrayals on Reality Television: The New Sapphire* (Lanham, MD: Rowman and Littlefield, 2016).
16. M. V. Harris-Perry, *Sister Citizen: Shame, Stereotypes, and Black Women in America* (New Haven, CT: Yale University Press, 2011).
17. C. W. Esqueda and L. A. Harrison, "The Influence of Gender Role Stereotypes, the Woman's Race, and Level of Provocation and Resistance on Domestic Violence Culpability Attributions,"

45. J. P. Hill and M. E. Lynch, "The Intensification of Gender-Related Role Expectations during Early Adolescence," in J. Brooks-Gunn and A. C. Petersen, eds., *Girls at Puberty* (New York: Springer, 1983), 201–28.

46. A. A. Nelson and C. S. Brown, "Too Pretty for Homework: Sexualized Gender Stereotypes Predict Academic Attitudes for Gender-Typical Early Adolescent Girls," *Journal of Early Adolescence* 39, no. 4 (2019): 603–17.

47. L. A. Rudman and P. Glick, "Prescriptive Gender Stereotypes and Backlash toward Agentic Women," *Journal of Social Issues* 57, no. 4 (2001): 743–62.

48. B. E. Whitley, "Sex-Role Orientation and Psychological Well-Being: Two Meta-Analyses," *Sex Roles* 12, nos. 1–2 (1985): 207–25.

49. E. C. Price et al., "Masculine Traits and Depressive Symptoms in Older and Younger Men and Women," *American Journal of Men's Health* 12 (2018): 19–29.

50. J. Taylor, "Gender Orientation and the Cost of Caring for Others," *Society and Mental Health* 5 (2015): 49–65.

51. B. Thornton and R. Leo, "Gender Typing, Importance of Multiple Roles, and Mental Health Consequences for Women," *Sex Roles* 27, no. 5 (1992): 307–17.

52. J. S. Nevid and S. A. Rathus, *Psychology and the Challenges of Life*, 13th ed. (New York: Wiley, 2016).

53. C. Cheng, "Processes Underlying Gender-Role Flexibility: Do Androgynous Individuals Know More or Know How to Cope?," *Journal of Personality* 73 (2005): 645–73.

54. S. Harter et al., "Level of Voice among High School Women and Men: Relational Context, Support, and Gender Orientation," *Developmental Psychology* 34 (1998): 1–10.

55. J. T. Spence and R. L. Helmreich, *Masculinity and Femininity: Their Psychological Dimensions, Correlates, and Antecedents* (Austin, TX: University of Texas Press, 1978). Note that only the masculine and feminine items of the PAQ are included, and the order and wording of some items have been modified to facilitate scoring. Also, the scoring system differs slightly from the original. This adapted version of the scale should not be used for research purposes.

56. L. M. Yarnell et al., "Meta-Analysis of Gender Differences in Self-Compassion," *Self and Identity* 14, no. 5 (2015): 499–520.

57. P. Luyten et al., "Dependency and Self-Criticism: Relationship with Major Depressive Disorder, Severity of Depression, and Clinical Presentation," *Depression and Anxiety* 24, no. 8 (2007): 586–96.

58. R. Lennon and N. Eisenberg, "Gender and Age Differences in Empathy and Sympathy," in N. Eisenberg and J. Strayer, eds., *Empathy and Its Development* (Cambridge, UK: Cambridge University Press, 1987), 195–217.

59. E. Pommier, K. D. Neff, and I. Tóth-Király, "The Development and Validation of the Compassion Scale," *Assessment* 27, no. 1 (2019): 21–39.

60. K. D. Neff, M. Knox, and O. Davidson, "A Comparison of Self-Compassion and Compassion for Others as They Relate to Personal and Interpersonal Wellbeing among Community Adults" (manuscript in preparation).

61. L. M. Yarnell et al., "Gender Differences in Self-Compassion: Examining the Role of Gender Role

28. S. L. Bem, "Gender Schema Theory: A Cognitive Account of Sex Typing," *Psychological Review* 88, no. 4 (1981): 354–64.
29. J. Piaget, *The Language and Thought of the Child*, trans. M. Gabain (London: Lund Humphries, 1959; original work published 1926).
30. L. Festinger, "Cognitive Dissonance," *Scientific American* 207, no. 4 (1962): 93–106.
31. C. L. Martin and C. F. Halverson Jr., "The Effects of Sex-Typing Schemas on Young Children's Memory," *Child Development* 54, no. 3 (1983): 563–74.
32. F. Hill et al., "Maths Anxiety in Primary and Secondary School Students: Gender Differences, Developmental Changes and Anxiety Specificity," *Learning and Individual Differences* 48 (2016): 45–53.
33. D. Z. Grunspan et al., "Males Under-Estimate Academic Performance of Their Female Peers in Undergraduate Biology Classrooms," *PLOS ONE* 11, no. 2 (2016): e0148405.
34. J. Herbert and D. Stipek, "The Emergence of Gender Differences in Children's Perceptions of Their Academic Competence," *Journal of Applied Developmental Psychology* 26, no. 3 (2005): 276–95.
35. L. A. Rudman, A. G. Greenwald, and D. E. McGhee, "Implicit Self-Concept and Evaluative Implicit Gender Stereotypes: Self and Ingroup Share Desirable Traits," *Personality and Social Psychology Bulletin* 27, no. 9 (2001): 1164–78.
36. L. A. Rudman, "Sources of Implicit Attitudes," *Current Directions in Psychological Science* 13 (2004): 79–82.
37. D. Proudfoot, A. C. Kay, and C. Z. Koval, "A Gender Bias in the Attribution of Creativity: Archival and Experimental Evidence for the Perceived Association between Masculinity and Creative Thinking," *Psychological Science* 26, no. 11 (2015): 1751–61.
38. Attributional Rationalization of Women's Success in Male-Female Teams," *Journal of Applied Psychology* 90, no. 5 (2005): 905–16.
39. E. L. Haines, K. Deaux, and N. Lofaro, "The Times They Are a-Changing . . . or Are They Not? A Comparison of Gender Stereotypes, 1983–2014," *Psychology of Women Quarterly* 40, no. 3 (2016): 353–63.
40. K. D. Neff and L. N. Terry-Schmitt, "Youths' Attributions for Power-Related Gender Differences: Nature, Nurture, or God?," *Cognitive Development* 17 (2002): 1185–1203.
41. D. D. Tobin et al., "The Intrapsychics of Gender: A Model of Self-Socialization," *Psychological Review* 117, no. 2 (2010): 601.
42. M. E. Kite, K. Deaux, and E. L. Haines, "Gender Stereotypes," in F. L. Denmark and M. A. Paludi, eds., *Psychology of Women: A Handbook of Issues and Theories*, 2nd ed. (Westport, CT: Praeger, 2007), 205–36.
43. C. Leaper and C. K. Friedman, "The Socialization of Gender," in J. E. Grusec and P. D. Hastings, eds., *Handbook of Socialization: Theory and Research* (New York: Guilford Press, 2007), 561–87.
44. E. F. Coyle, M. Fulcher, and D. Trübutschek, "Sissies, Mama's Boys, and Tomboys: Is Children's Gender Nonconformity More Acceptable When Nonconforming Traits Are Positive?," *Archives of Sexual Behavior* 45, no. 7 (2016): 1827–38.

Salem Witch Trials (Boston: Da Capo Press, 2013).
10. The 22 Convention, October 2020, https://22convention.com.
11. K. Fleming, "Mansplaining Conference Hopes to 'Make Women Great Again,'" *New York Post*, January 2, 2020, https://nypost.com/2020/01/02/mansplaining-conference-hopes-to-make-women-great-again/.
12. D. Ging, "Alphas, Betas, and Incels: Theorizing the Masculinities of the Manosphere," *Men and Masculinities* 22, no. 4 (2019): 638–57.
13. A. J. Kelly, S. L. Dubbs, and F. K. Barlow, "Social Dominance Orientation Predicts Heterosexual Men's Adverse Reactions to Romantic Rejection," *Archives of Sexual Behavior* 44, no. 4 (2015): 903–19.
14. J. T. Jost and A. C. Kay, "Exposure to Benevolent Sexism and Complementary Gender Stereotypes: Consequences for Specific and Diffuse Forms of System Justification," *Journal of Personality and Social Psychology* 88, no. 3 (2005): 498–509.
15. J. K. Swim, "Sexism and Racism: Old-Fashioned and Modern Prejudices," *Journal of Personality and Social Psychology* 68, no. 2 (1995): 199–214.
16. J. E. Cameron, "Social Identity, Modern Sexism, and Perceptions of Personal and Group Discrimination by Women and Men," *Sex Roles* 45, nos. 11–12 (2001): 743–66.
17. N. Bowles, "Jordan Peterson, Custodian of the Patriarchy," *New York Times*, May 18, 2018, https://www.nytimes.com/2018/05/18/style/jordan-peterson-12-rules-for-life.html.
18. K. D. Locke, "Agentic and Communal Social Motives," *Social and Personality Psychology Compass* 9, no. 10 (2015): 525–38.
19. M. Schulte-Ruther et al., "Gender Differences in Brain Networks Supporting Empathy," *Neuroimage* 42, no. 1 (2008): 393–403.
20. M. L. Batrinos, "Testosterone and Aggressive Behavior in Man," *International Journal of Endocrinology and Metabolism* 10, no. 3 (2012): 563–68.
21. S. M. Van Anders, J. Steiger, and K. L. Goldey, "Effects of Gendered Behavior on Testosterone in Women and Men," *Proceedings of the National Academy of Sciences* 112, no. 45 (2015): 13805–10.
22. I. Gordon et al., "Oxytocin and the Development of Parenting in Humans," *Biological Psychiatry* 68, no. 4 (2010): 377–82.
23. A. H. Eagly and W. Wood, "The Nature-Nurture Debates: 25 Years of Challenges in Understanding the Psychology of Gender," *Perspectives on Psychological Science* 8, no. 3 (2013): 340–57.
24. E. W. Lindsey and J. Mize, "Contextual Differences in Parent–Child Play: Implications for Children's Gender Role Development," *Sex Roles* 44, nos. 3–4 (2001): 155–76.
25. J. S. Hyde, "Gender Similarities and Differences," *Annual Review of Psychology* 65 (2014): 373–98.
26. K. Bussey and A. Bandura, "Social Cognitive Theory of Gender Development and Differentiation," *Psychological Review* 106, no. 4 (1999): 676–713.
27. S. Damaske, *For the Family? How Class and Gender Shape Women's Work*(Oxford: Oxford University Press, 2011).

38. A. Lutz et al., "Attention Regulation and Monitoring in Meditation," *Trends in Cognitive Sciences*12, no. 4 (2008): 163–69.
39. N. N. Singh et al., "Soles of the Feet: A Mindfulness-Based Self-Control Intervention for Aggression by an Individual with Mild Mental Retardation and Mental Illness," *Research in Developmental Disabilities* 24, no. 3 (2003): 158–69.
40. T. Parker-Pope, "Go Easy on Yourself, a New Wave of Research Shows," *New York Times*, February 29, 2011, https://well.blogs.nytimes.com/2011/02/28/go-easy-on-yourself-a-new-wave-of-research-urges/.
41. S. Salzberg, "Fierce Compassion," Omega, 2012, https://www.eomega.org/article/fierce-compassion.
42. "Sharon Salzberg + Robert Thurman: Meeting Our Enemies and Our Suffering," *On Being with Krista Tippett*, October 31, 2013, https://onbeing.org/programs/sharon-salzberg-robert-thurman-meeting-our-enemies-and-our-suffering.
43. M. Palmer, *Yin & Yang: Understanding the Chinese Philosophy of Opposites* (London: Piatkus Books, 1997).
44. E. Olson, "The Buddhist Female Deities," in S. Nicholson, ed., *The Goddess Re-Awakening: The Feminine Principle Today*(Wheaton, IL: Quest Books, 1989), 80–90.
45. J. Kornfield, *Bringing Home the Dharma: Awakening Right Where You Are*(Boston: Shambala, 2012).

第２章　強さのセルフ・コンパッションとジェンダーとの関係

1. B. White, *If You Ask Me (And of Course You Won't)* (New York: Putnam, 2011).
2. A. H. Eagly and V. J. Steffen, "Gender Stereotypes Stem from the Distribution of Women and Men into Social Role," *Journal of Personality and Social Psychology* 46, no. 4 (1984): 735–54.
3. T. A. Kupers, "Toxic Masculinity as a Barrier to Mental Health Treatment in Prison," *Journal of Clinical Psychology* 61, no. 6 (2005): 713–24.
4. Y. J. Wong and A. B. Rochlen, "Demystifying Men's Emotional Behavior: New Directions and Implications for Counseling and Research," *Psychology of Men and Masculinity* 6, no. 1 (2005): 62–72.
5. D. D. Rucker, A. D. Galinsky, and J. C. Mage, "The Agentic–Communal Model of Advantage and Disadvantage: How Inequality Produces Similarities in the Psychology of Power, Social Class, Gender, and Race," *Advances in Experimental Social Psychology* 58 (2018): 71–125.
6. J. K. Swim and B. Campbell, "Sexism: Attitudes, Beliefs, and Behaviors," in R. Brown and S. Gaertner, eds., *The Handbook of Social Psychology: Intergroup Relations*, vol. 4 (Oxford: Blackwell Publishers, 2001), 218–37.
7. P. Glick and S. T. Fiske, "An Ambivalent Alliance: Hostile and Benevolent Sexism as Complementary Justifications for Gender Inequality," *American Psychologist* 56, no. 2 (2001): 109–18.
8. Associated Press, "Robertson Letter Attacks Feminists," *New York Times*, August 26, 1992, https://www.nytimes.com/1992/08/26/us/robertson-letter-attacks-feminists.html.
9. M. K. Roach, *Six Women of Salem: The Untold Story of the Accused and Their Accusers in the*

20. J. S. Ferreira, R. A. Rigby, and R. J. Cobb, "Self-Compassion Moderates Associations between Distress about Sexual Problems and Sexual Satisfaction in a Daily Diary Study of Married Couples," *Canadian Journal of Human Sexuality* 29, no. 2 (2020): 182–96.
21. K. D. Neff and E. Pommier, "The Relationship between Self-Compassion and Other-Focused Concern among College Undergraduates, Community Adults, and Practicing Meditators," *Self and Identity* 12, no. 2 (2013): 160–76.
22. Z. Hashem and P. Zeinoun, "Self-Compassion Explains Less Burnout among Healthcare Professionals," *Mindfulness* 11, no. 11 (2020): 2542–51.
23. K. D. Neff and R. Vonk, "Self-Compassion Versus Global Self-Esteem: Two Different Ways of Relating to Oneself," *Journal of Personality* 77 (2009): 23–50.
24. P. Gilbert, "Social Mentalities: Internal 'Social' Conflicts and the Role of Inner Warmth and Compassion in Cognitive Therapy," in P. Gilbert and K. G. Bailey, eds., *Genes on the Couch: Explorations in Evolutionary Psychotherapy* (Hove, UK: Psychology Press, 2000), 118–50.
25. S. W. Porges, *The Polyvagal Theory: Neurophysiological Foundations of Emotions, Attachment, Communication, and Self-Regulation* (New York: Norton, 2011).
26. R. J. Gruen et al., "Vulnerability to Stress: Self-Criticism and Stress-Induced Changes in Biochemistry," *Journal of Personality* 65, no. 1 (1997): 33–47.
27. S. Herculano-Houzel, *The Human Advantage: A New Understanding of How Our Brain Became Remarkable* (Cambridge, MA: MIT Press, 2016).
28. S. E. Taylor, "Tend and Befriend: Biobehavioral Bases of Affiliation Under Stress," *Current Directions in Psychological Science* 15, no. 6 (2006): 273–77.
29. C. S. Carter, "Oxytocin Pathways and the Evolution of Human Behavior," *Annual Review of Psychology* 65 (2014): 17–39.
30. S. W. Porges, "The Polyvagal Theory: Phylogenetic Contributions to Social Behavior," *Physiology and Behavior* 79, no. 3 (2003): 503–13.
31. T. Field, Touch (Cambridge, MA: MIT Press, 2014).
32. P. R. Shaver et al., "Attachment Security as a Foundation for Kindness toward Self and Others," in K. W. Brown and M. R. Leary, eds., *The Oxford Handbook of Hypoegoic Phenomena* (Oxford: Oxford University Press, 2017), 223–42.
33. N. D. Ross, P. L. Kaminski, and R. Herrington, "From Childhood Emotional Maltreatment to Depressive Symptoms in Adulthood: The Roles of Self-Compassion and Shame," *Child Abuse and Neglect* 92 (2019): 32–42.
34. R. C. Fraley and N. W. Hudson, "The Development of Attachment Styles," in J. Specht, ed., *Personality Development across the Lifespan* (Cambridge, MA: Elsevier Academic Press, 2017), 275–92.
35. M. Navarro-Gil et al., "Effects of Attachment-Based Compassion Therapy (ABCT) on Self-Compassion and Attachment Style in Healthy People," *Mindfulness* 1, no. 1 (2018): 51–62.
36. L. R. Miron et al., "The Potential Indirect Effect of Childhood Abuse on Posttrauma Pathology through Self-Compassion and Fear of Self-Compassion," *Mindfulness* 7, no. 3 (2016): 596–605.
37. C. Germer, *The Mindful Path to Self-Compassion: Freeing Yourself from Destructive Thoughts and Emotions* (New York: Guilford Press, 2009).

com/freedom-heart-heart-wisdom-episode-11, accessed November 13, 2020.

3. K. D. Neff, "Self-Compassion: An Alternative Conceptualization of a Healthy Attitude toward Oneself," *Self and Identity* 2 (2003): 85–101.
4. L. Mak et al., "The Default Mode Network in Healthy Individuals: A Systematic Review and Meta-analysis," *Brain Connectivity* 7, no. 1 (2017): 25–33.
5. J. A. Brewer, "Meditation Experience Is Associated with Differences in Default Mode Network Activity and Connectivity," *Proceedings of the National Academy of Sciences* 108, no. 50 (2011): 20254–59.
6. M. Ferrari et al., "Self-Compassion Interventions and Psychosocial Outcomes: A Meta-Analysis of RCTs," *Mindfulness* 10, no. 8 (2019): 1455–73.
7. For a good review of the research literature on self-compassion, see chapters 3 and 4 of C. K. Germer and K. D. Neff, *Teaching the Mindful Self-Compassion Program: A Guide for Professionals* (New York: Guilford Press, 2019).
8. K. D. Neff, S. S. Rude, and K. L. Kirkpatrick, "An Examination of Self-Compassion in Relation to Positive Psychological Functioning and Personality Traits," *Journal of Research in Personality* 41 (2007): 908–16.
9. A. MacBeth and A. Gumley, "Exploring Compassion: A Meta-Analysis of the Association between Self-Compassion and Psychopathology," *Clinical Psychology Review* 32 (2012): 545–52.
10. S. Cleare, A. Gumley, and R. C. O'Connor, "Self-Compassion, Self-Forgiveness, Suicidal Ideation, and Self-Harm: A Systematic Review," *Clinical Psychology and Psychotherapy* 26, no. 5 (2019): 511–30.
11. C. L. Phelps et al., "The Relationship between Self-Compassion and the Risk for Substance Use Disorder," *Drug and Alcohol Dependence* 183 (2018): 78–81.
12. K. D. Neff et al., "The Forest and the Trees: Examining the Association of Self-Compassion and Its Positive and Negative Components with Psychological Functioning," *Self and Identity* 17, no. 6 (2018): 627–45.
13. T. D. Braun, C. L. Park, and A. Gorin, "Self-Compassion, Body Image, and Disordered Eating: A Review of the Literature," *Body Image* 17 (2016): 117–31.
14. D. D. Biber and R. Ellis, "The Effect of Self-Compassion on the Self-Regulation of Health Behaviors: A Systematic Review," *Journal of Health Psychology* 24, no. 14 (2019): 2060–71.
15. W. J. Phillips and D. W. Hine, "Self-Compassion, Physical Health, and Health Behaviour: A Meta-Analysis," *Health Psychology Review* (2019): 1–27.
16. J. G. Breines and S. Chen, "Self-Compassion Increases Self-Improvement Motivation," *Personality and Social Psychology Bulletin* 38, no. 9 (2012): 1133–43.
17. J. W. Zhang and S. Chen, "Self-Compassion Promotes Personal Improvement from Regret Experiences Via Acceptance," *Personality and Social Psychology Bulletin* 42, no. 2 (2016): 244–58.
18. A. A. Scoglio et al., "Self-Compassion and Responses to Trauma: The Role of Emotion Regulation," *Journal of Interpersonal Violence* 33, no. 13 (2018): 2016–36.
19. L. M. Yarnell and K. D. Neff, "Self-Compassion, Interpersonal Conflict Resolutions, and Well-Being," *Self and Identity* 12, no. 2 (2013): 146–59.

原注

はじめに　思いやりの力

1. A. Gorman, "The Hill We Climb," poem, read at the presidential inauguration of Joseph Biden on January 20, 2021, https://www.cnbc.com/2021/01/20/amanda-gormans-inaugural-poem-the-hill-we-climb-full-text.html.
2. J. L. Goetz, D. Keltner, and E. Simon-Thomas, "Compassion: An Evolutionary Analysis and Empirical Review," *Psychological Bulletin* 136, no. 3 (2010): 351–74.
3. C. Germer and K. D. Neff, "Mindful Self-Compassion (MSC)," in I. Ivtzan, ed., *The Handbook of Mindfulness-Based Programs: Every Established Intervention, from Medicine to Education* (London: Routledge, 2019), 55–74.
4. G. Groth, Jack Kirby Interview, Part 6, *Comics Journal* #134, May 23, 2011.
5. "Beyond Vietnam: A Time to Break Silence," speech delivered by Dr. Martin Luther King Jr. on April 4, 1967, at a meeting of Clergy and Laity Concerned at Riverside Church in New York City.
6. K. D. Neff, "Self-Compassion: An Alternative Conceptualization of a Healthy Attitude toward Oneself," Self and Identity 2, no. 2 (2003): 85–102.
7. K. D. Neff, "Development and Validation of a Scale to Measure Self-Compassion," *Self and Identity* 2 (2003): 223–50.
8. K. D. Neff, K. Kirkpatrick, and S. S. Rude, "Self-Compassion and Adaptive Psychological Functioning," *Journal of Research in Personality* 41 (2007): 139–54.
9. Based on a Google Scholar search of entries with "self-compassion" in the title conducted November 2020.
10. L. Kohlberg and R. H. Hersh, "Moral Development: A Review of the Theory," *Theory into Practice* 16, no. 2 (1977): 53–59.
11. E. Turiel, *The Culture of Morality: Social Development, Context, and Conflict* (Cambridge, UK: Cambridge University Press, 2002).
12. C. Wainryb and E. Turiel, "Dominance, Subordination, and Concepts of Personal Entitlements in Cultural Contexts," *Child Development* 65, no. 6 (1994): 1701–22.
13. A. C. Wilson et al., "Effectiveness of Self-Compassion Related Therapies: A Systematic Review and Meta-Analysis," *Mindfulness* 10, no. 6 (2018): 979–95.
14. K. D. Neff and C. K. Germer, "A Pilot Study and Randomized Controlled Trial of the Mindful Self-Compassion Program," *Journal of Clinical Psychology* 69, no. 1 (2013): 28–44.
15. F. Raes et al., "Construction and Factorial Validation of a Short Form of the Self-Compassion Scale," *Clinical Psychology and Psychotherapy* 18 (2011): 250–55.

第 1 章　セルフ・コンパッションの基礎

1. Commencement address given by Kavita Ramdas on May 19, 2013, to the graduates of Mount Holyoke College.
2. J. Kornfield (2017), "Freedom of the Heart," *Heart Wisdom*, Episode 11, https://jackkornfield.

●著者

クリスティン・ネフ
Kristin Neff

カリフォルニア大学バークレー校で道徳の発達を研究し、博士号を取得。デンバー大学では自己概念の発達に関するポスドク研究を2年間行った。現在はテキサス大学オースティン校で人間発達学の准教授を務めている。大学院の最終年に仏教に興味を持ち、それ以来、伝統的な洞察瞑想を実践してきた。ポスドク時代に、仏教心理学の中心的な構成概念でありながら、まだ実証的に調査されていなかったセルフ・コンパッションの研究に取り組むことを決意。2003年、この概念を測定する尺度を作成し、セルフ・コンパッション研究の第一人者となった。セルフ・コンパッションに関する学術論文や共著書を多数執筆するほか、*Self-Compassion*（邦題『セルフ・コンパッション［新訳版］』〔金剛出版〕）を単著として出版。同僚のクリス・ガーマー博士と共同開発し、実証的に支持されているトレーニングプログラム、通称「マインドフル・セルフ・コンパッション」は、世界中で何千人もの講師によって教えられている（www.CenterforMSC.orgを参照）。また、ガーマーとの共著書に*The Mindful Self-Compassion Workbook*（邦題『マインドフル・セルフ・コンパッション ワークブック』〔星和書店〕）、*Teaching the Mindful Self-Compassion Program: A Guide for Professionals*（未邦訳）がある。セルフ・コンパッション度を調べるテスト、研究論文、ガイド付きの実践、ネフ博士の指導スケジュールを含めた詳しい情報は、www.self-compassion.orgまで。

◉監訳者

木蔵（ぼくら）シャフェ君子
（一般社団法人マインドフルリーダーシップインスティテュート理事）

ICU卒。ボストン大学MBAを取得し、P&G、LVMHなどでブランドマネジャーとして活躍後、グーグル本社で開発された研修プログラム「Search Inside Yourself（SIY）」の日本人初の認定講師としてSIYを導入し、展開する。

日本の企業、組織、リーダーに向け、マインドフルネスとコンパッションの概念を取り入れた企業コンサルティング、トレーニングも実施。

東京工業大学学外アドバイザー。瞑想アプリCALMインストラクター。

IMTA国際認定瞑想指導者。

著書に『シリコンバレー式頭と心を整えるレッスン』（講談社）、『心のモヤモヤを書いて消すマインドフルネス・ノート』（日本能率協会出版）、監訳書に『Compassion（コンパッション）』（ジョアン・ハリファックス著、英治出版）など多数。

◉訳者

湊麻里

翻訳者。東京都出身。訳書に『世界から消えゆく場所 万里の長城からグレート・バリア・リーフまで』（日経ナショナル ジオグラフィック社）、『Women ここにいる私　あらゆる場所の女性たちの、思いもかけない生き方』（日経ナショナル ジオグラフィック社）などがある。

本書のワークの日本語オリジナル音声ガイドは
右のQRコードからお聞きいただけます

[英治出版からのお知らせ]

本書に関するご意見・ご感想を E-mail（editor@eijipress.co.jp）で受け付けています。
また、英治出版ではメールマガジン、Web メディア、SNS で新刊情報や書籍に関する記事、イベント情報などを配信しております。ぜひ一度、アクセスしてみてください。
メールマガジン：会員登録はホームページにて
Web メディア「英治出版オンライン」：eijionline.com
Twitter / Facebook / Instagram：eijipress

自分を解き放つセルフ・コンパッション

発行日	2023 年 7 月 18 日　第 1 版　第 1 刷
著者	クリスティン・ネフ
監訳者	木蔵シャフェ君子（ぼくら・しゃふぇ・きみこ）
訳者	湊麻里（みなと・まり）
発行人	原田英治
発行	英治出版株式会社
	〒150-0022 東京都渋谷区恵比寿南 1-9-12 ピトレスクビル 4F
	電話　03-5773-0193　　FAX　03-5773-0194
	http://www.eijipress.co.jp/
プロデューサー	齋藤さくら
スタッフ	高野達成　藤竹賢一郎　山下智也　鈴木美穂　下田理
	田中三枝　平野貴裕　上村悠也　桑江リリー
	石﨑優木　渡邉吏佐子　中西さおり　関紀子
	荒金真美　廣畑達也　木本桜子
印刷・製本	中央精版印刷株式会社
翻訳協力	株式会社トランネット（www.trannet.co.jp）
校正	小林伸子
装丁	アルビレオ

ISBN978-4-86276-313-6　C0011　Printed in Japan